Ökonomie und Common Sense
Gunther Tichy zum 60. Geburtstag
Lutz Beinsen und Heinz D. Kurz, Herausgeber

Lutz Beinsen und Heinz D. Kurz, Herausgeber

Ökonomie und Common Sense

Gunther Tichy
zum 60. Geburtstag

Leykam

Druck: Druckerei Theiss GmbH, A-9400 Wolfsberg
ISBN 3-7011-0018-7

Gunther Tichy feierte am 19. März 1997 seinen sechzigsten Geburtstag. Er verläßt nach fast zwanzigjährigem Wirken das Institut für Volkswirtschaftslehre der Universität Graz, um – wie er selbst es ausdrückt – in einen ganz normalen Ruhestand zu gehen. Da er nach seinem Studium an der Universität Wien sofort in die – in seinem Falle allerdings recht wissenschaftsnahe – Praxis ging, sich 1976 „extern" an der Universität Wien habilitierte und erst mit 41 Jahren in die eigentliche wissenschaftliche Laufbahn überwechselte, kann er auf viele höchst aktive Arbeitsjahre zurückblicken. Er wird sich künftig verstärkt seinen interessanten Aufgaben als wissenschaftlicher Leiter des „Instituts für Technologiefolgenabschätzung" der Österreichischen Akademie der Wissenschaften widmen und seine wirtschaftspolitische Beratungstätigkeit weiterführen. Es wird also ein Schein-Ruhestand sein.

Gunther Tichy hat in seiner Auseinandersetzung mit wirtschaftswissenschaftlichen Fragestellungen den Realitätsbezug niemals verloren. Dies hat ihm in der praktischen Wirtschaftspolitik entscheidendes Gehör verschafft. So konnte er an wichtigen Gesetzgebungsvorhaben mitarbeiten. Auch seine Auffassungen über die Umstruktierung der verstaatlichten Industrie haben sich inzwischen nicht nur als nicht ganz falsch, sondern sogar als ziemlich richtig erwiesen. In diesem Zusammenhang verdient hervorgehoben zu werden, daß sich Tichy auch äußerst kritischen Auseinandersetzungen mit den „Praktikern" stets gestellt hat. Angesichts all dessen glauben wir, daß der Titel dieses Buches auf Tichys Schaffen ein treffendes Schlaglicht wirft.

Die Autoren dieses Buches sind durchwegs Kolleginnen und Kollegen, die mit dem hier Gefeierten durch gemeinsame Tätigkeitsbereiche oder durch gemeinsame Diskussionen oder durch beides in Beziehung stehen. Wir haben die Themen in keiner Weise vorgegeben. Dennoch befassen sich in stillschweigendem Einverständnis alle Beiträge mit Problemen, die in Tichys Arbeiten immer wichtig waren und die nach wie vor für Österreich, für kleine Länder, für Mitglieder der Europäischen Union und überhaupt für Wachstum, Außenhhandel und internationale Integration eine wesentliche Rolle spielen.

Graz, im Dezember 1997 L. B. & H.D.K.

Danksagung

Die Herausgeber statten den Förderern dieses Buches, nämlich

der Österreichischen Bundeskammer für Arbeiter und Angestellte,

der Steiermärkischen Landesregierung,

der Industriellenvereinigung Steiermark,

der Kammer für Arbeiter und Angestellte für Steiermark,

dem Österreichischen Institut für Wirtschaftsforschung,

der Girozentrale,

der Raiffeisenbank und

der Sozial- und wirtschaftswissenschaftlichen Fakultät der Karl-Franzens-Universität Graz

ihren herzlichen Dank ab.

Inhaltsverzeichnis

Einleitung 9

Benchmarking von Firmen
zur Beurteilung ihrer Förderungswürdigkeit

Karl Aiginger 13

The Efficiency of Bargaining
in the Austrian Social Partnership

Nick Baigent 23

Wurde der Austrokeynesianismus verlassen?

Lutz Beinsen 33

Politische versus ökonomische Optimalität der WWU

Fritz Breuss 53

Wachstum und Beschäftigung
durch Ratonalisierung oder durch Innovation

Josef Falkinger 73

Wettbewerb der Standorte:
Anpassungsprobleme Österreichs

Heinz Handler 87

Lohnzurückhaltung, Aufwertung und Beschäftigung

Peter Kalmbach 107

Effizienzlöhne und Arbeitsmarktdynamik

Ingrid Kubin 129

Was können Adam Smith und David Ricardo
von der „neuen“ Wachstumstheorie lernen?

Heinz D. Kurz 163

Energiebesteuerung

Christian Lager 195

Unsicherheitsfaktoren der Konvergenzkriterien

Ulrike Leopold-Wildburger 211

Freedom Unlimited?
Bemerkungen zum Freihandelsdogma

Kurt W. Rothschild 227

The Political Economy of the Better Régime:
A Historical Test of the Theory of Social Situations

Christian Seidel 243

Wie wird Theorie praxisrelevant?
Über Stile der Politikberatung

Richard Sturn 257

Einleitung

Die in dieser Festschrift versammelten Beiträge widmen sich einigen der Themen, die in Gunther Tichys reichem Schaffen eine wichtige Rolle gespielt haben und zum Teil noch spielen. Sie decken nicht die gesamte Spannweite seiner fachlichen Interessen ab. Dies war auch nicht zu erwarten – zu umfänglich und vielschichtig ist sein Werk. Die Herausgeber schätzen sich gleichwohl glücklich, einen Satz von Arbeiten vorlegen zu können, die zahlreiche signifikante Bezüge zum Werk des Geehrten aufweisen. Wir danken allen Beitragenden für Ihre Bereitschaft zur Mitwirkung. Jetzt ist es an Gunther Tichy (und schließlich auch den sonstigen Lesern dieses Buches) zu entscheiden, ob die Festgabe Gefallen finden kann. Ein deutsches Sprichwort lautet: "Einem geschenkten Gaul schaut man nicht ins Maul." So wie wir den Jubiliar kennen, wird er sich an diese Maxime ebensowenig halten, wie an zahlreiche andere. Möge er es nicht bereuen!

Einige der Beiträge weisen enge Bezüge zueinander auf, einige widmen sich mehreren Themen gleichzeitig. Sie lassen sich grob wie folgt gruppieren.

Eine erste Gruppe von Arbeiten befaßt sich mit dem Phänomen des *Austrokeynesianismus* bzw. Aspekten desselben, zu dessen Schöpfung und näheren Bestimmung Tichy bedeutende Beiträge geleistet hat. Nicholas Baigent diskutiert mittels eines zweistufigen spieltheoretischen Modells die Effizienzeigenschaften der österreichischen Sozialpartnerschaft und gelangt zum Ergebnis, daß die hierarchische Struktur innerhalb eines jeden "Partners" zu Allokationsineffizienzen führt. Lutz Beinsen wendet sich der Frage zu, ob, wann und gegebenenfalls warum der Austrokeynesianismus in Österreich aufgegeben worden ist. Er ortet u.a. in der schwieriger gewordenen parlamentarischen Mehrheitsfindung den Grund für die Abkehr von zumindest einem der wesentlichen Elemente des Austrokeynesianismus: der Stabilisierung unternehmerischer Erwartungen. Zwei bedeutende andere Elemente des Konzepts – die Hartwährungspolitik und die Einkommenspolitik – seien allerdings im Kern bis auf den heutigen Tag beibehalten worden. Richard Sturn diskutiert zunächst kritisch zwei gegensätzliche Auffassungen von theoriegestützter Wirtschaftspolitik – eine, die die Theorie als Werkzeuglieferant der Politik, die andere, die die Theorie als rhetorisches Mittel in der politischen Diskussion begreift. Im Anschluß daran entwickelt er eine dritte Sicht, die der Komplexität der ineinandergreifenden Wirkungsebenen angewandter Ökonomik besser gerecht wird, und die er in wesentlichen Zügen im Austrokeynesianismus verkörpert sieht. Die Arbeit von Christian Seidl ist zwar nicht dem Austrokeynesianismus, wohl aber einem verwandten Thema gewidmet. Ausgehend von Greenbergs Theorie sozialer Situationen, die zur vergleichenden Einschätzung verschiedener Wirtschaftsordnungen herangezogen werden kann, analysiert er die Sozialisierungsdebatte in Österreich nach dem Ersten Weltkrieg. Erörtert werden insbesondere die unterschiedlichen Sichtweisen von Joseph Alois Schumpeter und Otto Bauer.

Eine zweite Gruppe von Beiträgen gilt dem Problem der *Arbeitslosigkeit* und der Beschäftigungspolitik. Peter Kalmbach erörtert den Zusammenhang von Lohnzurückhaltung, Aufwertung und Beschäftigung unter besonderer Berücksichtigung der Bundesrepublik Deutschland und wendet sich gegen die Verengung der Debatte auf den Kostenaspekt der Löhne unter Vernachlässigung des Kaufkraftaspekts. Sein besonderes Augenmerk gilt einer sich infolge von Lohnzurückhaltung ergebenden Aufwertungstendenz. Diese kann indirekt zu einer Verschärfung des Beschäftigungsproblems führen, das man mittels der Lohnpolitik direkt verringern wollte. Ingrid Kubin befaßt sich mit der Arbeitsmarktdynamik im Rahmen eines Effizienzlohnmodells, in dem die Dauer der Arbeitslosigkeit die Effizienzlöhne mitbestimmt, diese ihrerseits aber auf die Entlassung von beim Bummeln erwischten Arbeitskräften einwirken. Sie gelangt auf diese Weise zu einem reichhaltigeren Muster konjunktureller Entwicklungen als es in der gängigen Literatur anzutreffen ist.

Eine dritte Gruppe von Arbeiten beschäftigt sich mit Fragen der *wirtschaftlichen Integration Europas*. Fritz Breuss stellt die Frage nach der ökonomischen bzw. politischen Optimalität der Wirtschafts- und Währungsunion. Welche der Mitgliedstaaten im Frühjahr nächsten Jahres in diese eintreten werden, nimmt seiner Auffassung nach entscheidenden Einfluß auf die weiteren Aussichten der europäischen Integration. Er plädiert dafür, mit einer "kleinen" Union um die Hartwährungsländer rund um die DM, Österreich eingeschlossen, zu beginnen. Ulrike Leopold-Wildburger geht näher auf verschiedene Unsicherheiten ein, die die Fassung der Konvergenzkriterien und die Überprüfung ihrer Einhaltung betreffen; ihr Hauptaugenmerk gilt dabei Österreich. Darüber hinaus diskutiert sie den "Teufel im Detail" bei der Währungsumstellung. Die Frage, ob bei der sich abzeichnenden Lösung ein weicher Euro drohe, verneint sie. Kurt Rothschild stellt einleitend fest, daß das auf Adam Smith zurückgehende "Freihandelsdogma" aus guten Gründen zu keiner Zeit die praktische Politik dominierte. Erst in jüngerer Zeit scheint das Dogma einen Durchbruch zu erleben. Diese Tendenz kann Rothschild zufolge aber nicht auf die an Überzeugungskraft gewinnende Freihandelsdoktrin zurückgeführt werden, sondern ergibt sich aus den realen Entwicklungen und Notwendigkeiten im dritten Stadium, den seiner Auffassung nach der Industriekapitalismus durchläuft: das Stadium des "Transnationalen Kapitalismus".

Eine vierte Gruppe wendet sich *aktuellen Themen der Wirtschaftspolitik* zu, wobei die Situation Österreichs im Vordergund steht. Karl Aiginger dikutiert das Konzept des "Benchmarking" von Firmen zur Beurteilung ihrer Förderungswürdigkeit. Er zeigt u.a., daß Gunther Tichy mit seiner Idee, die Firmen nach "Vermutungstatbeständen" zu ordnen und zu fördern, der praktischen Wirtschaftspolitik zeitlich um ein gutes Stück voraus war, und geht näher auf die Umsetzung des Konzepts in Österreich ein. Heinz Handler erörtert das Problem des Standortwettbewerbs angesichts der beobachtbaren Globalisierungstendenzen. Gefordert sei eine Beschäftigungspolitik, die langfristig konkurrenzfähige Arbeitsplätze schaffe. Nach einer genaueren Bestimmung des Kriteriums der Konkurrenzfähigkeit geht er auf die Möglichkeiten der Wirtschaftspolitik in einer kleinen offenen Volkswirtschaft ein und erörtert kritisch, inwieweit die aktuelle österreichische Politik einen Beitrag zur Bewältigung der Anpassungsprobleme des Landes leistet. Christian Lager beschäftigt sich mit einem Teilaspekt des Problems der wirtschaftlichen Auswirkungen von Energieabgaben im Rahmen eines multisektoralen Modells, in dem Unternehmungen verschiedene Techniken zur Erzeugung der verschiedenen Produkte zur Verfügung stehen. Senken Energieabgaben, wie üblicherweise angenommen wird, den Energieverbrauch? Er zeigt u.a., daß die durch eine Abgabe ausgelöste Änderung der relativen Preise und der Einkommensverteilung kostenminimierende Produzenten gegebenenfalls zur Wahl von Techniken veranlassen kann, die den Energieverbrauch unerwarteterweise erhöhen. Eine gut gemeinte Politik kann daher in ihrer Wirkung das Gegenteil von gut sein.

Eine fünfte Gruppe wendet sich dem Problem des *wirtschaftlichen Wachstums* zu. Josef Falkinger studiert ausgehend von der neueren Literatur zur Wachstumstheorie in einem makroökonomischen Modell zwei Strategien von Unternehmungen. Die eine zielt darauf ab, sich in einem existierenden Markt zu behaupten, und lautet "Rationalisierung", die andere darauf, neue Märkte zu erschließen, und lautet "Innovation". Sein Hauptinteresse gilt den sich bei unterschiedlichen Strategien ergebenden langfristigen wirtschaftlichen Effekten. Er gelangt zum Schluß, daß eine Verschiebung hin zur Rationalisierungsstrategie wegen der Zerstörung von Humankapital negative Auswirkungen auf Wachstum und Beschäftigung hat. Heinz D. Kurz zeichnet einen Dialog zwischen Adam Smith und David Ricardo auf, in dem die tatsächlichen bzw. vermeintlichen Errungenschaften der sogenannten "neuen" Wachstumstheorie zur Sprache kommen. Es zeigt sich, daß das, was sich "neu" nennt, der Sache nach häufig nur Altbekanntes in neuer Form ist. Hinsichtlich der analytischen Struktur der "neuen" Wachstumsmodelle wird nachgewiesen, daß uns der in der klassischen Theorie im Vordergund stehende Faktor "Arbeit" jetzt unter Namen wie "Humankapital" oder "Wissen" wiederbegegnet – Faktoren, die, wie ehedem die Arbeit, als produzier- und vermehrbar angesehen werden.

L.B. & H.D.K.

Benchmarking von Firmen zur Beurteilung ihrer Förderungswürdigkeit

Karl Aiginger

1. Eine Idee, ihre Umsetzung und historische Wertung

In den siebziger Jahren erlebte die direkte Wirtschaftsförderung ihre Blüte. Nach der Erdölkrise versuchte der Staat durch antizyklische Budgetpolitik im allgemeinen und durch eine Ausdehnung der Subventionen im besonderen das Wirtschaftswachstum wieder anzuheben. Es zeigt sich jedoch, daß die Vergabe der Mittel nicht so erfolgte, wie es beabsichtigt war. Was immer über „Steigerung der Produktivität", „Innovation" und „Strukturwandel" in die Richtlinien geschrieben wurde, den Löwenanteil der Gelder erhielten die großen, kapitalintensiven Firmen in reifen Branchen und mit guter institutioneller Einbettung.

Tichy (1979) entwickelte hier die Idee, Firmen nach „Vermutungstatbeständen"[1] zu fördern. Ökonomen wissen nicht welche Produkte erfolgreich sein werden und auch nicht welche Branchen, aber sie können in Grenzen doch Voraussetzungen nennen, die eine dynamische Entwicklung von Firmen in einem entwickelten Industriestaat wahrscheinlicher machen. Vielleicht noch leichter Tatbestände festmachen, die früher oder später zu einer negativen Entwicklung führen werden. Dieses Wissen sollte für die Diskriminierung zwischen zu fördernden und von Subventionen auszuschließenden Firmen genutzt werden. Dieser Grundgedanke wurde vom Autor dieses Beitrages in Zusammenarbeit mit einer Gruppe von Politikern und Finanzierungsexperten 1981 dazu benützt, eine Aktion zur Förderung von Zukunftsinvestitionen (TOP-Investitionsförderung) zu entwickeln. Über dieses Instrumentarium wurden in der Folge 28 Mrd. S an innovative Firmen ausgeben. Eine besondere Herausforderung war es, auszuschließen, daß auch diesmal die oben genannte Gruppe der kapitalintensiven, reifen Firmen über eine großzügige Auslegung der Richtlinien den Großteil der Mittel erhielt.

Aus heutiger Sicht könnte man die TOP-Idee als Benchmarking von Firmen oder Projekten bezeichnen Die Firmen und die vorgeschlagenen Projekte wurden an Industrie- und Branchendurchschnitten gemessen.

---

1 Tichy (1979, S. 115 ff) nennt die Begriffe Produktkriterien und Vermutungstatbestände.

Für jede überdurchschnittliche Performance wurden Punkte vergeben. War ein vorgegebenes Punktelimit erreicht, wurde die Förderung vergeben, sonst abgelehnt. Die Kriterien, für die Firmen und Projekte „gebenchmarkt“ wurden, waren Vermutungstatbestände für eine erfolgreiche und dynamische Entwicklung von Firmen. Die TOP-Aktion zeigt somit zweierlei: erstens wie das Prinzip des Benchmarkens auch auf staatliche Politik ausgedehnt werden kann und zweitens, daß auch Benchmarking einer Vision bedarf, wohin man kommen will. Andere Indikatoren – wie zum Beispiel Indikatoren für die Notwendigkeit einer staatlichen Finanzierung – hätten zur Auswahl einer anderen Firmengruppe geführt.

Abschnitt 2 stellt die Entwicklung der Idee z. T. aus den Publikationen von Tichy dar. In den Abschnitten 3 und 4 werden die verwendeten Kriterien und die Durchführung der Aktion beschrieben und Abschnitt 5 dokumentiert den Erfolg der TOP-Aktion. Der letzte Abschnitt beschreibt die TOP-Idee als Vorläufer des Benchmarking. Die Gedanken der TOP-Förderung werden heute in weiten Förderungsbereichen verwendet, wenn auch nicht unter diesem Namen und mit der gewünschten Rigorosität. Heute würde man die Beurteilung des Erfolges anhand vorgegebener Indikatoren als Benchmarking von Firmen bezeichnen.

2. Vermutungstatbestände für den künftigen Erfolg

Die siebziger Jahre brachten das Ende des ungebremsten Nachkriegswachstums. Die Preisverschiebung durch die zweimalige Ölverteuerung, die steigende Inflation und der erfolgreiche Aufholprozeß Österreichs durch Kapitalimport und Imitation führender Industrieländer erforderten eine stärkere Beachtung der Angebotsseite. Das Instrumentarium der indirekten Investitionsförderung (vorzeitige Abschreibungen) verlor durch den Abbruch der Investitionskette, aber auch durch sinkende Gewinnmargen an Attraktivität. Es wurde auch wegen seiner impliziten Begünstigung von kapitalintensiven Grundstoffbranchen und der mangelnden Anreize für innovative Unternehmen kritisiert. Die als Ersatz herangezogene Direkte Investitionsförderung (Kreditverbilligung) war potentiell sehr gezielt einsetzbar, und man dachte zunächst, damit innovative Unternehmen mit Produkten in der frühen Phase des Produktzyklusses fördern zu können. Die Förderrichtlinien versuchten dies in meist vager Form und durch eine Aufzählung von Zielen (Produktivitätssteigerung, Exportrelevanz, Arbeitsplatzschaffung). Die Richtlinien wurden in der Realität so umgesetzt, daß große, reife Firmen leicht zu Subventionen kamen, innovative, kleine und mittlere aber einen unterproportionalen Anteil erhielten.[2)]

---

2 Tichy (1979, S. 111): Nach den Ausführungen über den Sollzustand der österreichischen Wirtschaftsstruktur bedarf es keiner langen Ausführungen, daß es schwer fällt, darin Ansätze für eine Strukturverbesserung zu finden.

In der Förderungsdiskussion wurde zunehmend verlangt, den Schwerpunkt von der Förderung materieller Investitionen auf die Förderung von Innovationen zu verlegen und zweitens Firmen mit Projekten in der „frühen Phase des Produktzyklusses“ verstärkt zu fördern. Die Diskussion über Wachstumsbranchen hatte sich als Sackgasse erwiesen, da nur wenige Brachen signifikant und durchgehend stärker wuchsen und die Unterschiede innerhalb der Branchen größer waren als jene zwischen den Branchen. Signifikante Produkt- und Prozeßinnovationen gab es in fast allen Bereichen. Tichy entwickelte 1979 die Idee, alle jene Tatbestände aufzulisten[3)], die von Ökonomen als positiv für innovative und dynamische Entwicklungen angesehen werden. Er nannte diese Indikatoren „Vermutungstatbestände“. Sie sollten für die Förderungsentscheidungen herangezogen werden. Dies ermöglicht, die Vorteile der indirekten und der direkten Wirtschaftsförderung (gute Firmen und innovative Projekte) zu kombinieren (Tichy 1986, S 80).

Tichys Produktkriterien 1979

a) Entspricht das Produkt der industriellen Normalstruktur oder entspricht es einem höheren (positiv) oder niedrigeren (negativ) Entwicklungsstand
b) Höhe der Wertschöpfungsquote
c) Grad der Facharbeitsintensität
d) Grad der Forschungsintensität; unterhält das Unternehmen eine Forschungsabteilung (Designabteilung bei modischen Produkten) zur Weiterentwicklung, hat es eine Organisation, in der die Forschungs- bzw. Designabteilung einen entsprechenden Stellenwert hat?
e) Beruht das Produkt auf eigenen Patenten und Entwicklungen der Firma oder auf einem speziellen firmeneigenen Design
f) Reifegrad der Technologie
g) Standardisierungsgrad des Produktionsverfahrens, Seriengröße
h) Konkurrenzlage auf dem Produktmarkt: Kriterien: einerseits Zahl der Konkurrenten, andererseits: könnte das Produkt auch höhere Lohn- und Rohmaterialkosten vertragen
i) Höhe der Einkommens- und Preiselastizität der Nachfrage nach diesen Produkten

Eine Reformkommission des österreichischen Bundesministers für Finanzen nahm diese Idee 1980 auf. In einer Arbeitsgruppe von Experten[4)] wurden Indikatoren für den finanziellen Erfolg erstellt, kombiniert mit Indikatoren für die Qualität des Faktoreinsatzes, Innovation und für Eignung in Hochlohnländern.

---

3 Tichy (1979, S. 115 ff) listete 9 Produktkriterien auf. Die endgültige Liste sollte ein Beirat für Strukturfragen erstellen.

4 Auf politischer Ebene wurde die Umsetzung von Gertrude Gugerell-Tumpel und Peter Szopo, beide Volkswirte im Kabinett von Finanzminister Herbert Salcher, betrieben.

Neben einer Bewertung des Unternehmens wurde eine ähnliche Bewertung für das Projekt vorgenommen, um auch Unternehmen mit bisher nicht so erfolgreicher Entwicklung die Chance zu einer innovativen Neuorientierng zu bieten. Da allerdings die Punkte aus allen Bewertungengruppen zusammengezählt wurden, war die Latte für Turnarounds viel höher als für schon bisher erfolgreiche Unternehmen.

3. Die Kriterien im Einzelnen

In der TOP-Aktion wurden die Unternehmen bzw. geplante Investitionsprojekte anhand von mehr als 30 objektivierbaren Kriterien bewertet (vgl. Tabelle 1). Die erste Kriteriengruppe beurteilte die bisherige Performance des Unternehmens. Umsätze, Gewinne, Investitionen und Beschäftigtenentwicklung wurden am Branchen- und Industriedurchschnitt „gebenchmarkt". Diese Gruppe sollte garantieren, daß die Förderung nicht den Dauerverlustträgern zugute kam. Die zweite Gruppe von Kriterien beurteilte die strukturpolitische Relevanz des Unternehmens, dies ist eine Wertung des Unternehmens aus volkswirtschaftlicher Sicht. Unternehmen mit hohem Unit Value (Exporterlös je t) plazieren sich erfolgreich in anspruchsvollen Märkten, Produktgruppen in denen die EG einen Handelsbilanzüberschuß aufweist, sind offensichtlich gegen Billiglohnkonkurrrenz geschützt. Hohe Forschungsaufwendungen und qualifizierte Beschäftigte signalisieren die richtige Spezialisierung für ein Hochlohnland. Drittens wurde der Innovationsgrad des Produktes und seine vermutete Langfristigkeit beurteilt. Viertens wertete die Aktion die Fähigkeit der Unternehmen, zu exportieren; sie war eine Meßlatte für dynamische Wettbewerbsfähigkeit. Schließlich wurde noch die Relevanz für Umwelt- und Ressourcenverbrauch herangezogen. Bei allen Kriterien wurden quantitative Vergleiche des Unternehmens mit dem Branchen- und dem Industriedurchschnitt herangezogen. Diese beiden Größen waren also die impliziten Benchmarks.

Zumindest einige der verwendeten Kriterien entsprechen direkt der Abbildung der externen Effekte. Unternehmen, die qualifizierte Arbeit einsetzen, eigene Forschung betreiben oder im höherwertigen Preissegment arbeiten unterstützen auch Ausbildung, Wissen und Innovationsstärke in anderen Unternehmen. Dies geschieht teilweise über Mobilität von Arbeitskräften zwischen den Firmen, Produktinnovationen führen zu Imitation und Nachfolgeinnovationen oder regen das Interesse der Nachfrage an. Die Qualifikation der Arbeitskräfte zum Beispiel wurde auf Unternehmensebene und bei dem eingereichten Produkt nach den folgenden Kriterien gemessen: Lohnhöhe je Beschäftigten, Anteil der qualifizierten Beschäftigten (Facharbeiter plus Angestellte). Der Anteil der ausländischen Beschäftigten und der Anteil der Hilfsarbeiter wurden als Indikator dafür herangezogen, daß sich externe Effekte in Grenzen halten und Produkte in der Reifephase des Konjunkturzyklusses erzeugt werden. Die Wahrscheinlichkeit externer Effekte über die Produktseite wurde gemessen an der Höhe der Forschungsausgaben, am Grad der Eigenständigkeit der Produktinnovation (bei Eigenentwicklung werden eher Folgeinnovationen erwartet) und am Verarbeitungsgrad der Produkte. Der letztgenannte Indikator findet eine weite Anwendung, sowohl bei der Bewertung des Marktes in dem das Unternehmen arbeitet, wie auch des Marktsegmentes innerhalb des Marktes auf den sich das konkrete Projekt bezieht. Er soll im Folgenden etwas ausführlicher beschrieben werden.

4. Die Durchführung der Aktion

Die Verwendung von quantitativen Kriterien war ein entscheidender Unterschied zu den bisherigen Investitionsförderungsaktionen. Traditionellerweise wurden in den Förderungsrichtlinein vage Kriterien nebeneinandergestellt. Da jedes Projekt meist einigen der Kriterien entspricht (z.B. muß ein Projekt entweder arbeitsplatzschaffende oder erhaltende Effekte haben oder es muß zur Poduktivitätssteigerung beitragen), griffen die Richtlinien nicht, und politischer Druck oder leere Kassen setzten strukturkonservierende Mittelvergaben durch. Im Fall der TOP-Aktion wurden die Kriterien vorweg quantifiziert, die Gewichtung und die Benchmarks wurden fixiert, eine festgelegte Punkteanzahl mußte erreicht werden. Die Kriterien waren Meßzahlen, für die eine Firmenkennzahl der Branchenkennzahl und/oder der Industriekennzahl gegenübergestellt wurde. Aus heutiger Sicht würde man sagen, die Firma wurde gegen den Industriedurchschntt „gebenchmarkt".

Die Durchführung der Aktion wurde der Österreichischen Investkredit[5)] übertragen. Ihr Ökonomenstab war eine Voraussetzung dafür, daß die komplexen volskwirtschaftlichen Kennzahlen auch überprüfbar wurden. Die Auswahl wurde von einer Kommission von Experten getroffen, die in ihrer Funktion weisungsungebunden waren. Die Letztentscheidung fiel in dieser Aktion zum Unterschied von den meisten anderen Förderungen nicht durch einen Bundesminister. Letzteres wurde von Juristen und Interessensvertretern immer wieder beklagt.

5 Bei der Durchführung sind die Verdienste von Harald Lang, Alfred Reiter, Winfried Schenk (alle Investkredit) zu betonen.

5. Erfolg und Fortsetzung

Der Erfolg der TOP-Aktion kann an mehreren Latten gemessen werden. Eine selbstverständliche Untergrenze ist die Frage, ob die Mittel tatsächlich entsprechend den Kriterien vergeben wurden. Es ließ sich zeigen (Aiginger, Bayer 1987), daß innovative und dynamische Firmen mehr Mittel erhielten als große und kapitalintensive. Firmen im Bereich technischer Verarbeitung erhielten mehr als jene im Grundstoffsektor und jene im Bereich der traditionellen Konsumgüter. Der Unterschied zu vielen anderen Förderaktionen erwies sich als signifikant. Eine höhere Latte für den Erfolg ist die Frage, ob sich die geförderten Firmen nach der Förderung besser entwickeln als vorher und besser als ein Sample nicht geförderter Firmen. Beides hat Bayer (in Aiginger, Bayer 1986) nachgewiesen.

Insgesamt wurden im Rahmen der TOP-Aktion zwischen 1983 und 1994 Kredite in der Höhe von 28 Mrd. S vergeben. Die TOP-Aktion war mit einem Kreditvolumen von bis zu 4 Mrd. S pro Jahr zeitweise die größte Mittelvergabe für Industriefirmen in Österreich.

Die TOP-Aktion wurde 1994 eingestellt. Ursachen dafür waren einerseits der generelle Versuch, die direkte Förderung zurückzunehmen (verbesserter Kapitalmarkt etc.), andererseits stand die TOP-Aktion auch von Beginn an mehreren Kritikpunkten gegenüber. Ein gewisser „Brotneid" bestand einerseits von anderen Förderungsaktionen (ERP) aber auch von Banken, die sich mit der Vergabe der TOP-Aktion durch die „Investkredit" gestört fühlten. Zweitens stieg die Kritik der Branchen, deren Firmen unterdurchschnittliche Erfolgschancen erhalten sollten und erhielten (die Aktion sollte zum Unterschied von Branchenaktionen keine Branche ausschließen, und tat es auch nicht, doch war die Erfolgswahrscheinlichkeit für Betriebe der Nahrungsmittel- und der Stein- und Keramik-Industrie natürlich kleiner als für die Elektronikindustrie). Der dritte Kritikpunkt war, daß hier Mittel an Unternehmen vergeben wurden, die auch ohne Förderung investieren, weil sie vergangene Erfolge aufweisen konnten. Dieses Argument der „Mitnahmeeffekte" ist unter Juristen sehr populär, in früheren Förderrichtlinien wurde sogar explizit verboten, Geld an Unternehmen zu vergeben, die die Investition auch selbst finanzieren konnten. Eine ökonomische Wertung des Argumentes beginnt mit der Frage, wer die Mittel bekäme, wenn dieses Verbot Gültigkeit hätte: Nur Unternehmen mit deutlich unterdurchschnittlicher Perfomance kämen zum Zug. Das kann in Ausnahmefällen (beim Turnaround) sehr wichtig sein, in aller Regel bedeutet dieses Kriterium eine Bremsung des Strukturwandels. Eine Mittelvergabe an erfolgreiche Unternehmen bedeutet, daß diese zu niederen Zinssätzen investieren können und ihren Anteil an der Wirtschaft vergrößern. Aber diese dynamische, ökonomische Sicht, ist schwierig zu argumentieren. Erst in der Debatte um die Globalisierungsfalle taucht wieder die Frage auf, wie man finanzstarke Unternehmen veranlassen kann, in Realkapital zu investieren, statt in Finanzkapital.

Die Summe aus Brotneid, ehrlichen Sparbemühungen und der Verbesserung des Kredit- und Aktienmarktes hat dazu geführt, daß die Aktion am Beginn der neunziger Jahre eingestellt wurde. Die Industrielandschaft in den österreichischen Mittelbetrieben hatte sich in diesem Jahrzehnt entscheidend geändert (die Privatisierung der Verstaatlichten kam in den folgenden Jahren). Die TOP-Aktion hat dazu einen entscheidenden Beitrag gelesitet.

6. Die TOP-Idee als Vorläufer des Benchmarking

Die Idee, daß Vermutungstatbestände zur Diskriminierung für Wirtschaftsförderung herangezogen werden können, ist heute unumstritten. Sie wird in vielen Förderungsaktionen angewandt, wenn auch nicht mit der Strenge und Rigorosität der TOP-Aktion (Punkteschema mit JA/NEIN-Ergebnis). Letztlich ist die Idee des Benchmarking eine Bestätigung der TOP-Idee, allerdings mit ganz anderer Herkunft und anderem Hintergrund. Wenn eine Firma es als sinnvoll sieht, sich mit dem Branchendurchschnitt zu vergleichen, dann akzeptiert sie, daß Schwächen und Stärken meßbar sind. Früher hat man oft von Firmenseite gehört, daß Vergleiche mit Durchschnitten sinnlos seien, da jedes Unternehmen ein Spezialfall sei. Wenn es aber anerkannte Stärken gibt, dann können diese genutzt werden, entweder um förderungswürdige Firmen auszusuchen, („picking the winners") oder um die eigene Firma konkurrenzfähiger zu machen („Firmenbenchmarking").

Andererseits erspart Benchmarking nicht die Positions- und Zielbestimmung. Um den stärksten Mitbewerber festzulegen, muß man wissen, in welchem Marktsegment man arbeitet und noch mehr, in welchem man sich in Zukunft plazieren möchte. Nummer 1 in einem schrumpfenden Marktsegment zu werden, mag ebenso schwierig wie erfolglos sein, wenn die derzeitige Nummer 1 uneinholbare Vorteile (Größe, Technologie, Goodwill) besitzt. Es ist auch notwendig zu wissen, welche Faktoren für den Wettbewerb besonders wichtig sind. Das Unternehmen mit den niedrigsten Energiekosten zu erreichen, ist relativ uninteressant, wenn die Energiekosten ein unbedeutender Kostenfaktor sind und/oder der Konkurrent historisch eine billige Energiequelle besitzt. Wichtig ist es, die Nummer 1 bei für den Zukunftserfolg wichtigen Faktoren zu erreichen.

Die Vision war bei der TOP-Förderung, daß Firmen mit einem hohen Anteil an innovativen Produkten an Vermutungstatbeständen erkennbar sein müssen. Wer viel forscht, qualifizierte Arbeitskräfte einsetzt, im anspruchsvollen Segment eines dynamischen Marktes tätig ist und schon bisher erfolgreich war, wird es mit großer Wahrscheinlichkeit auch künftig sein. Nicht immer, aber mit größerer Wahrscheinlichkeit als bei vagen, schwammigen Kriterien oder bei einer Mittelvergabe an Firmen, die von Banken als nicht mehr kreditwürdig angesehen werden. Die Idee der Quantifizierung oder des Messens an vorweg festgelegten Indikatoren hilft, den Grundgedanken in der Abwicklung gegen Tagesinteressen oder Lobbying durchzuhalten. Tichy hat der Idee des Benchmarking zwanzig Jahre bevor sie die Volkswirtschaft zu erobern begann, vorgearbeitet.

Literatur

Aiginger, K., Die Konkurenzfähigkeit der Österreichischen Wirtschaft, Österreichische Strukturberichterstattung 1986, WIFO, Wien, 1987.

Aiginger, K., Effizienzprüfung der TOP-Aktionen, WIFO, Wien, 1989.

Aiginger, K., A Framework for Evaluating the Dynamic Competitiveness of Countries, EUNIP Working papers, 1996.

Aiginger, K., Bayer, K., „Die TOP-Aktion – eine neue Form der Investitionsförderung", WIFO-Monatsberichte, 1982, 55(10), S. 594ff.

Aiginger, K., Bayer, K., Untersuchung der wirtschaftlichen Auswirkungen der TOP-Aktion, 1.Teil, WIFO, Wien, 1985.

Aiginger, K., Bayer, K., Untersuchung der wirtschaftlichen Auswirkungen der TOP-Aktion, 2.Teil, WIFO, Wien, 1986.

Aiginger, K., Hutschenreiter, G., Förderungsberichte als Instrument der Effizienzkontrolle, in: Gantner, M. (Ed.), Handbuch des österreichischen Haushaltswesens, Manz, Wien, 1991, S. 183–201.

Aiginger, K., Peneder, M., Die qualitative Wettbewerbsfähigkeit der österreichischen Industrie, WIFO, Wien 1994.

Bayer, K., Peneder, M., Ohler, F., Polt, W., Zwischen Rohstoff und Finalprodukt. Die wirtschaftliche Wettbewerbsfähigkeit des Wirtschaftsbereiches Holz-Papier, tip, Wien, 1993.

Beirat für Wirtschafts- und Sozialfragen, Industriepolitik, Wien, 1990.

Beirat für Wirtschafts- und Sozialfragen, Wirtschaftsstandort Österreich, Wien, 1994.

Hahn, F., Die Fördertätigkeit des ERP-Fonds, WIFO, Wien, 1991.

Hahn, F., Ertragskraft der österreichischen Industrie stagniert auf hohem Niveau. Der Cash-Flow im Jahr 1995, WIFO-Monatsberichte, 1996, 69(3), S. 217–222.

Hutschenreiter, G., Die „Regionale Innovationsprämie". Eine begleitende Evaluierung, WIFO, Wien, 1993.

Hutschenreiter, G., et.al., Evaluierung der Technologieförderungsprogramme der Bundesregierung 1985/1987, WIFO, Wien, 1993.

Peneder, M., Pattern of Industrial Competitiveness, Wien, 1994.

Peneder, M., Clusteranalyse und sektorale Wettbewerbsfähigkeit der österreichischen Industrie, WIFO, Wien, 1994.

Szopo, P., Die direkte Wirtschaftsförderung des Bundes, WIFO, Wien, 1990.

Szopo, P., Aiginger, K., Lehner, G., Ziele, Instrumente und Effizienz der Investitionsförderung in Österreich, WIFO, Wien, 1985.

Tichy, G., Zahlungsbilanz und beschäftigungsrelevante Strukturprobleme von Industrie und Gewerbe sowie Ansätze zu ihrer Überwindung, in: Quartalshefte der Girozentrale 14, Sonderheft 1, 1979, S. 77–131.
Tichy, G., Neue Anforderungen an die Industrie und Innovationspolitik in Österreich, in: Aiginger, K. (Hrsg.), Weltwirtschaft und unternehmerische Strategien, WIFO, Gustav Fischer, Stuttgart 1986.

Tabelle 1: Kriterien und Gewichte im TOP-1-Schema[6])

		Gewichte in %
1.A	**Dynamik des Unternehmens – Teilbewertung A**	
1.1	Entwicklung der Betriebsleitung	2,4
1.2	Entwicklung des Exportumsatzes	2,4
1.3	Entwicklung der Selbstfinanzierungskraft (Cash-flow)	2,4
1.4	Entwicklung der Investitionen in Sachanlagen	2,4
1.5	Entwicklung der Beschäftigtenanzahl	12,0
1.B	Dynamik des Unternehmens – Teilbewertung B	
1.6	Anpassung des Produktionsprogrammes an Marktgegebenheiten	4,0
1.7	Unternehmensplanung und interne Organisation	4,0
2.	**Strukturpolitische Relevanz des Unternehmens**	
2.1	Wertschöpfung (ohne Afa und Zinsen) je Beschäftigten	3,3
2.2	Wertschöpfung (ohne Afa und Zinsen) in % der Betriebsleistung	3,3
2.3	Verarbeitungsgrad der Hauptprodukte des Unternehmens (Unit value)	3,3
2.4	Forschungs- und Entwicklungsintensität des Unternehmens	3,3
2.5	Beschäftigtenstruktur des Unternehmens vor Projekt	3,3
2.6	Energieaufwand in % der Betriebsleistung vor Projekt	3,3
3.	**Strukturpolitische Relevanz des Projektes**	
3.1	Nachfrageentwicklung für Produktgruppe, auf die sich das Projekt bezieht	3,7

[6]) Nach der Revision im Jahr 1982.

3.2	Verarbeitungsgrad der Produkte, auf die sich das Projekt bezieht (Unit value)	3,7
3.4	Innovatorischer Gehalt des Projektes	3,7
3.5	Änderung der Beschäftigtenstruktur durch Projekt	3,7
3.6	Standort des Projektes – regionalwirtschaftlicher Effekt	3,7
4.	**Leistungsbilanzpolitische Relevanz des Unternehmens und des Projektes**	
4.1	Vertriebsorganisation des Unternehmens im Ausland	4,2
4.2	Exportquote des Unternehmens vor Projekt	4,2
4.3	Erwartete Änderung der Exportquote des Unternehmens durch Projekt	4,2
4.4	Erwartete Änderung der Importquote des Unternehmens durch Projekt	4,2
4.5	Auswirkungen des Projektes auf Energieverbrauch des Unternehmens	4,2
4.6	Erwarteter Einfluß auf ausländische Marktanteile im Inland durch Projekt	4,2
5.	**Nebenwirkungen des Projekts**	
5.1	Auswirkungen des Projekts auf inländische Konkurrenzunternehmen	2,0
5.2	Projektbezogener Infrastruktur- und Folgeaufwand für Gemeinde	2,0
5.3	Umweltbelastung durch Produktion, der das Projekt dient	2,0
5.4	Auswirkungen des Projekts auf die Rohstoffversorgung	2,0
6.	**Erreichung der Projektziele**	
6.1	Vorgesehene Dauer bis zur vollen Auswirkung des Projekts	1,7
6.2	Technisches und marktmäßiges Risiko für Erreichung der Projektziele	1,7
6.3	Risken aus der Finanzierungsstruktur des Unternehmens für die Erreichung der Projektziele	1,7
		5,1
	Gesamtsumme	100,0

The Efficiency of Bargaining in the Austrian Social Partnership*

Institute of Public Economics
Karl-Franzens-Universität Graz

Nick Baigent

Abstract

The literature on Comparative Government argues that power is hierarchically organized within the coalitions that make up the Austrian Social Partnership. Thus, the Social Partners bargain between themselves and the outcome of this is allocated within each coalition by intra coalition bargaining subject to a hierarchical power structure. A two stage game is formulated to analyze the efficiency of this arrangement. It is shown that the hierarchical power structure prevents efficient allocation within each coalition.

1. Introduction

Writing a tribute to the work of Gunter Tichy presents special challenges to the theorist. This is largely because good analysis of economic policy must pay attention to „reality" in a way that good theory should not. That is one reason why one cannot expect good policy analysis to come from a single model or theory. Good policy analysis is eclectic and depends on good economic sense as well as good economic theory. Both of which are amply displayed in Tichy's work.

So how can a theorist respond to Tichy's work? One way is to take a subject in policy analysis, and ask the kind of question that theoretical modeling is good at answering. As a subject, what better than the Austrian Social Partnership. This is certainly something on which Tichy has presented penetrating discussion. Therefore, this paper will ask whether there is any reason in theory to expect that the Austrian Social Partnership will work well.

* I am very grateful for helpful comments received from Christian Gehrke, Heinz Kurz, Benjamin Lane and Gerhard Wohlfahrt. Responsibility for any shortcommings and the views expressed are mine alone.

What kind of theory is relevant for this question? Again, a lead may be taken from Tichy. Commenting on Harsanyi's presentation in Graz, shortly after receiving the Nobel Prize, Tichy said that „Game Theory is the workhorse of economics". Never was a truer word spoken and it is tempting to digress on the reasons for the current dominance of game theory. However, I will resist the temptation except to remark that, alone in economics, game theory is explicitly based on individual rational behavior. That is, unlike both classical and neoclassical economic theory, game theory includes models in which the set of individuals is explicitly a component of the model and certain things about individuals, namely exactly what they can do[1], exactly what they know and what they believe, are all explicitly part of the model. To some extent, neoclassical theory has absorbed much of this and this is a major reason its popularity. The same attention to basing everything explicitly on individual rational behavior is eagerly awaited from other theoretical perspectives.

Whereas Tichy (1986) presents a comprehensive discussion of policy in the context of the Austrian Social Partnership, this paper will focus much more narrowly. It will ask whether there is any game theoretic reason to think that it will work well. As in Welfare Economics, what I mean by „working well" is working efficiently in the sense of Pareto Optimality. The particular focus is the bargaining that takes place between and within the coalitions of the Social Partnership, although attention is mainly focused on intra coalition bargaining. Finally, the main structural feature that is assumed is that the coalitions in the Social Partnership are, at least to some extent, hierarchically organized. This surely, is one of the main reasons why the literature on Comparative Government and Politics classifies Austria not as a Pluralist Liberal Democracy but as a Corporatist State.[2]

The next section presents a preliminary discussion to motivate the model and section 3 presents the model. Conclusions are presented in the final section, 4.

---

[1] Their moves in extensive form games and their strategies in normal form games.

[2] See Cawson (1985), Wilson (1990) and Hague et all (1994). A Corporatist State is one in which policies and decisions are determined jointly between Government and other major groups with neither the Government nor any of the groups dominating.

2. Preliminaries

It is characteristic of Tichy's analysis of economic policy that politics is taken seriously. After all, politics constrains both the adoptability and implementability of policies. Most formal political modeling is of Liberal Democracies in which there is a chain of influence from individual citizens up, via elections and interest group activity, to public policy. Not that all Liberal Democracies are very successful in this, but that is the principle behind that political system. Not so for Corporatist Societies in which the main chain of influence runs in the other direction, from top to bottom. Hague et al (1994) for example say: „ So in contrast to Pluralism, which emphasizes an upward flow of preferences from group members to their leaders and then on to government, corporatism stresses the downward flow of influence“, and again, „The state controls its citizens and the groups control their members“.

For influence to run from top to bottom presumably requires hierarchical power structures. Leaders of the Social Partner coalitions have much more freedom to negotiate than their counterparts in Liberal Democracies where they are often clearly constrained or mandated by their members even before negotiations begin. In Corporatist government, „The leaders' main role is to carry their members with them after deals have been struck with other power-brokers“.[3]

The picture to emerge then, is the following. The main determinant of policy is bargaining between the three coalitions in the Social Partnership. This determines the distribution of the cake between the coalitions.[4] Since the influence runs from top to bottom, the activities of coalitions that determine their success in bargaining with other Social Partners, must be hierarchically organized. At least to some extent, leaders can instruct members what to do. This, however, can also be expected to influence distribution within each coalition. For example, it may be that a leader could tell followers to increase the level of some activity because that would increase the bargaining strength of the coalition in bargaining with the other coalitions. But would it always be rational for the leader to so instruct followers? Perhaps not. For example, suppose that increasing the level of the activity in question would not only increase the bargaining power of the coalition vis a vis other coalitions, but also increase the bargaining power of a follower in the internal bargaining within the coalition. Perhaps it would increase the prestige of the follower eliciting an effective claim for a larger slice of the coalition's slice of the cake.

---

[3] Hague et. al (1994, p. 224).

[4] Not that they overtly negotiate over distribution. But even a silent acceptance of the status quo distribution is still a distributional decision. Participants not admitting that they are distributing the cake should not fool social scientists when this is in fact exactly what they are doing.

In the next section, it is this aspect of bargaining within a hierarchical coalition that will receive formal analysis.

3. Bargaining in a hierarchy

In this section, a model of bargaining within a hierarchical coalition will be formulated as a two stage game. The coalition leader chooses the level of an activity in the first stage. The level of this activity determines the success of the coalition in its bargaining with the other Social Partners. In the second stage, there is bargaining within the coalition which determines the utilities of its members. Thus, the size of the slice of the cake obtained by the coalition is determined at stage one and its distribution between coalition members is determined at stage two. The two stages are linked by the activity chosen by the leader in stage 1.

This activity not only determines the success of inter coalition bargaining in stage 1, but also the bargaining powers of the coalition members in the intra coalition bargaining in stage 2.

For simplicity, let the coaltion have only two members, b and m which will be called boss and minion respectively. In stage 1, the level x of an activity is chosen by b and it is assumed that $0 \leq x \leq 1$. A possible interpretation is that x is the proportion of some given resource that is devoted to some purpose such as influencing the media and $1 - x$ is then devoted to something else such as internal organization. The fact that b and m do not directly bargain over x, b just chooses it alone, is the basic asymmetry between the players. It is this that embodies the idea of hierarchy.

The utility possibility frontier for b and m depends on their success in bargaining with other coalitions. While this inter coalition bargaining is not explicitly modeled, it is assumed that the success of inter coalition bargaining also depends on x. More specifically, let u_b & u_m denote the utility levels of the boss and the minion respectively. Then, it is assumed that the utility possibility frontier may be written as follows:

$$u_b = f(u_m)x(1-x) \qquad (1)$$

where $0 \leq u_m$, $f(0) > 0$; $f'(u_m) < 0$ & $f''(u_m) < 0$; & $f(\hat{u}_m) = 0$ for all $u_m \geq 0$ and some $\hat{\boldsymbol{u}}_m > 0$.

Thus, at x = 0, the utility of both b and m is zero, so a positive level of x is „essential". As x increases from zero, the utility possibility frontier shifts outwards until x = (1/2). Further increases in x shift the utility possibility frontier inwards till it reaches the origin at x = 1. Clearly, therefore, in the bargaining between coalitions the slice of the cake for coalition {b,m} is maximized when x = (1/2).

Therefore, the efficient[5] level of x is that which maximizes the utility possibilities of b and m. That is, if x were chosen exogenously with regard only to efficiency it would be chosen so as to maximize u_b with respect to x, for any given level of u_m. Differentiating u_b with respect to x:

$$\frac{\partial u_b}{\partial x} = f(u_m)(1-2x) = 0 \quad at \quad x = \frac{1}{2}$$

But, will b choose x = (1/2)? That depends on how x affects m's bargaining power at stage 2, when b bargains with m. Clearly, b is not interested in efficiency, but in the level of u_b. Perhaps the efficient level of x would increase m's bargaining power sufficiently so that what b gets from an efficient level of x would be less than it would be from an inefficient level of x. In order to analyze this, the way in which x determines m's bargaining power must the specified.

One of the simplest ways to do this is to assume that, at stage 2, the distribution of utilities is determined by the Generalized Nash Bargaining Solution. Thus, given the level of x determined at stage 1, the levels of u_b and u_m determined at stage 2 are those that maximize:

$$\Pi = (u_m - \bar{u}_m)^{\alpha(x)}(u_b - \bar{u}_b)^{1-\alpha(x)} \tag{2}$$

where the „threat points“ are given by the strictly positive pair $\bar{u} = (\bar{u}_b, \bar{u}_m)$. The exponents of the utility gains, a and 1 – a, depend on x. For definiteness, it is assumed that a is everywhere increasing in x, so that a' > 0, and that a is always strictly positive.

Thus let $\bar{u}^*(x) = (\bar{u}_b^*(x), \bar{u}_m^*(x))$ denote the distribution of utility determined at stage 2, for any possible level of x chosen by b at stage 1. Of course, when b is thinking about what level of x to choose in stage 1, the relevant thing is the level of $\bar{u}_m(x)$ which will then be obtained at stage 2.

---

5 Efficiency here is taken only with respect to the given coalition. It therefore means being on the utility possibility frontier of that coalition.

The solution of the overall game then, is obtained by backward induction, and is the level of x that maximizes $\overline{u}_m^*(x)$. Let x* denote the solution level of x. As the following result shows, this is not the efficient level of x. u_b and u_m

Theorem *The solution is not efficient:* $x^* \neq \frac{1}{2}$

Proof x* must be a global maximum for $u_b^*(x)$ in order to be a solution and, given the assumptions of the model, this must be an interior point of the unit interval. It will be shown that the derivative of u_b^* with respect to x at x = (1/2) is not zero, but negative.

For any given level of x, the solution to the bargaining problem at stage 2 must be interior and is therefore given by the tangency of the utility possibility frontier and an iso Generalized Nash Product curve (an iso contour of (2)).

Writing the utility gains, that is the terms in parenthesis in (2), as Δu_m & Δu_b, this requires:

$$f'x(1-x) = -\left(\frac{\alpha}{1-\alpha}\right)\left(\frac{\Delta u_b}{\Delta u_m}\right)$$

Totally differentiate this and the utility possibility frontier (1) with respect to du_m, du_b & dx and dividing throughout by dx gives:

$$\left[f''x(1-x) - \hat{\alpha}\frac{\Delta u_b}{\Delta u_m{}^2}\right]\frac{du_m}{dx} + \left[\hat{\alpha}\frac{u_b}{\Delta u_m}\right] = -\left[f'(1-2x) + \frac{\alpha'}{(1-\alpha)^2}\right]$$

$$[f'x(1-x)]\frac{du_m}{dx} + \frac{du_b}{dx} = -f(u_m)(1-2x)$$

$$where\ \hat{\alpha} = \frac{\alpha}{1-\alpha}$$

Now assume that x = (1/2) and consider the right hand sides of these two equations. The right hand side of the second equation vanishes and the right hand side of the first reduces to the second term in parenthesis. Given this, and solving for $\frac{du_b}{dx}$:

$$\frac{du_b}{dx} = \frac{f'x(1-x)\dfrac{\alpha'}{(1-\alpha)^2}}{\hat{\alpha}\dfrac{\Delta u_b}{\Delta u_m{}^2} - f''x(1-x) - f'x(1-x)\hat{\alpha}\dfrac{u_b}{\Delta u_m}}$$

Given the properties assumed for the functions *f* and *a*, the signs of the terms in this expression can be determined. The numerator is negative and since, in the denominator, the second and third terms are negative while the first is positive, it follows that $\frac{du_b}{dx} < 0$. Therefore x = (1/2) is not a local maximum which implies that x = (1/2) is not a global maximum either and the theorem is proved.

The theorem is illustrated in the diagram below. The unbroken lines show an iso Generalized Nash Product curve and, tangent to it, the utility possibility frontier for x = (1/2). The broken lines show the corresponding curves when x is reduced from (1/2) by a small amount. It is clear that b is better of with a level of x (marginally) less than 1/2.

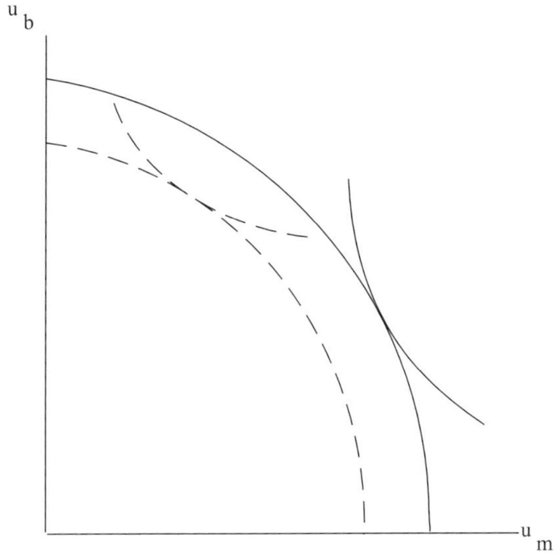

Thus, it is in the interest of the coalition boss to issue orders within the coalition such that the utility possibility frontier for the coalition is not as far out as it could be. Bosses of hierarchical coalitions of the type in this model, do not maximize the size of the slice of cake obtained by their coalition in inter coalition bargaining. If there are three coalitions bargaining, as in the Austrian Social Partnership, each one would be operating within its highest possible utility possibility frontier. This, of course, implies that the society as a whole is inefficient.[6]

4. Conclusion

The model presented in this paper is not a model of the Austrian Social Partnership. But it does raise questions about it. That is, its purpose is not to describe but to suggest what problems might exist for such arrangements. Tichy (1986) gives a broad discussion of the advantages and disadvantages of the Austrian Social Partnership from a policy perspective. In particular, he notes that under some conditions the Partnership may be expected to perform better than under other conditions. What the analysis in this paper has shown is that, even under conditions that Tichy regards as favorable to the Social Partnership arrangements, there may be still be efficiency problems.

These problems arise from constraints placed on bargaining by hierarchical asymmetry. In particular, if x could be bargained over directly, and were not hierarchically determined, then cooperative game theory would give an efficient solution.[7] Thus, the real source of the problem, namely a restriction on the scope of bargaining arising from a given power structure, has a distinctly Coasian character. This raises the question of how such hierarchical power structures can persist if there exist deals which could make everyone better off. But this is a much deeper question. In any case, it is hoped that the analysis in this paper, and the deeper question it raises, shows how fruitful it is for theorists to respond to the work of Gunter Tichy. Whether there is a benefit in the other direction, from theory to policy, others must judge!

---

6 Similar conclusions in models of the family in which there is an asymmetry between marriage partners, have been presented at various Conferences by Baigent, Klemisch-Ahlert and Manian and also in her dissertation work at Graz University by Miriam Steurer.

7 Of course, this begs the question of what enforces agreements. Enforcement is simply presumed in cooperative game theory. However, it is well known that some non cooperative games, in which enforcement is not presumed, do implement the cooperative solution used in this paper.

References

Cawson, A. (1986): *Corporatism and Political Theory* (Oxford: Basil Blackwell).
Hague, R., Harrop M. and Breslin S. (1992): *Comparative Government and Politics: An Introduction*, 3rd. ed., (London: Macmillan).
Tichy, G. (1986): „Die Österreichische Wirtschaftspolitik – Stärken und Schwächen", Europäische Rundschau: Vierteljahreszeitschrift für Politik, Wirtschaft und Zeitgeschichte.
Wilson, G. (1990): *Interest Groups* (Oxford: Basil Blackwell).

Wurde der Austrokeynesianismus aufgegeben?

Lutz Beinsen

1. Das Problem

Es hat eine Weile gedauert, bis man erkannte, daß die sozialpartnerschaftlich ausgerichtete Wirtschaftspolitik Österreichs, für die heute das Schlagwort „Austrokeynesianismus“ (AK) steht, wesentlich mehr war als ein geschicktes Lavieren zwischen einengenden ökonomischen Tatsachen in einer schwierigen Zeit, sondern eine wirtschaftspolitische Konzeption, für die es eine gute theoretische Basis gibt[1]. Im Vergleich zur gleichzeitigen Wirtschaftspoltitik unserer westeuropäischen Partner kann man dem AK sogar eine gewisse Raffinesse in der Anwendung allgemein bekannter Theorien bescheinigen, z.B. bei der Lösung des Assignationsproblems zwischen Zielen und Instrumenten[2]. Mittlerweile ist der AK – obwohl erst später als solcher bezeichnet und erkannt – in seiner tatsächlichen Existenz mehr als 20 Jahre alt[3] und hat sich in dieser Zeit als recht erfolgreich erwiesen. Das zeigt sich besonders bei internationalen Vergleichen des Realeinkommens, bei denen Österreich die wiederholten aktiven oder passiven Schillingaufwertungen zugutekommen[4]. Österreich ist dabei nach dem pro-Kopf-Einkommen eines der reichsten Länder der EU geworden[5].

Allerdings hat der österreichische Erfolg relativ zum Ausland in den letzten Jahren zumindest an Schwung verloren, vielleicht sogar etwas abgenommen. Es fragt sich, ob das eine Folge der Tatsache ist, daß die Konzeption des AK schon seit einer Reihe von Jahren nicht in allen Merkmalen konsequent eingehalten wurde. Andererseits haben die meisten EU-Länder in den letzten Jahren ebenfalls eine Hartwährungspolitik aufgenommen. Auch dies könnte ein Grund sein, warum die österreichische Lage schwieriger geworden ist.[6] In dieser Situation erheben sich

---

[1] Tichy 1995a, S. 51, insbes. S. 53 und S. 59ff.

[2] Tichy 1984, S. 369

[3] Tichy 1995a, S. 54

[4] Seit 1982 hat Österreich einen festen Kurs des Schilling zur Deutschen Mark gehalten (Tichy 1995a, S. 54) und dadurch die Aufwertungen der DM mitvollzogen. Die relative Verbesserung des österreichischen pro-Kopf-Einkommens im internationalen Vergleich beruht daher nur zum Teil auf höheren realen Wachstumsraten, zum anderen Teil eben auf den Aufwertungen des Schilling.

[5] Österreichisches Statistisches Zentralamt, Statistische Übersichten, H 4, 1997, S. 32. In Kaufkraftparitäten gerechnet sind vor Österreich nur Luxemburg und Dänemark.

[6] Die Hartwährungspolitik belastet die Leistungsbilanz und kann daher leichter erfolgreich sein, solange andere Staaten eine weniger harte Linie verfolgen. Unter dem Druck der Konvergenzkriterien

nun einige klärungsbedürftige Fragen. Einmal ist zu prüfen, welche Teile des AK zu welcher Zeit aufgegeben wurden. Dem ist der 2. Abschnitt gewidmet, der damit automatisch eine kurze Skizzierung des AK enthält. Im 3. Abschnitt wird überlegt, ob der AK überhaupt endgültig verlassen werden kann, wenn die Hartwährungspolitik, die ein wesentlicher Bestandteil ist, aufrecht bleibt. Man kann auch noch einen Schritt weiter gehen und fragen, ob die allgemeine Hartwährungspolitik im Schlußrennen um die Erfüllung der Konvergenzkriterien der EU bedeutet, daß unsere Partner den AK gar übernehmen. Im 4. Abschnitt wird, unter den Rahmenbedingungen der Konvergenzregeln, nach dem Verhältnis des AK zu anderen wirtschaftspolitischen Konzeptionen gefragt. Abschnitt 5 gibt eine kurze Zusammenfassung.

2. Welche Teile des AK wurden wann aufgegeben?

a.) Institutionelle und funktionale Vorausssetzungen

Im Zentrum des AK steht die Hartwährungspolitik, weil sie, um langfristig durchgehalten werden zu können, viele andere Bedingungen diktiert.

Mit dem Begriff ist nicht einfach eine Politik des stabilen Außenwertes gemeint, sondern eine (zumindest zeitweilige) leichte Überbewertung des Schilling[7], abweichend von einem rein marktmäßigen Ergebnis des Devisenhandels. Das ist der erste Schritt. Der nächste Schritt besteht darin, die sonstigen wirtschaftspolitischen Daten so zu setzen, daß die Devisenmärkte den zunächst überbewerteten Schillingkurs als nunmehr marktmäßiges Ergebnis regelmäßig produzieren. Die Nationalbank muß dieses Ergebnis durch restriktive Geldpoltik unterstützen, um die Ausgabenüberschüsse der Privaten gering zu halten und dadurch den Leistungsbilanzsaldo zu steuern. Das Hauptgewicht liegt wohl auf den Tarifpartnern, die die internationale Konkurrenzfähigkeit durch relativ niedrige Lohnabschlüsse und ebenfalls niedrige Preissteigerungen wiederherstellen müssen. Dazu bringt die vorangehende Überbewertung des Schilling insofern eine Vorleistung, als sie die importierten Vorprodukte verbilligt. Schließlich hat auch der Staat seinen Beitrag zu leisten, indem er die Budgetdefizite gering hält.

verfolgen seit einer Reihe von Jahren fast alle EU-Mitglieder eine Hartwährungspolitik. Seither - wenn schon nicht deswegen - erfährt Österreich zunehmende Leistungsbilanzdefizite, die merkwürdigerweise in der offiziellen oder öffentlichen Diskussion, d.h. seitens Regierung, Nationalbank oder Massenmedien, bis Februar 1997 nicht als Problem behandelt wurden.

[7] Tichy 1984, S. 370 ff, spricht die Überbewertung zwar nicht wörtlich aus, befaßt sich aber seitenlang mit den notwendigen Kompensationsmaßnahmen für die Hartwährungspolitik.

Diese Politik hat gewisse institutionelle und funktionale Voraussetzungen[8]. Zu den erstgenannten gehören der hohe Organisationsgrad auf Arbeitgeber- sowie auf Arbeitnehmerseite; die zentrale Organisation des Österreichischen Gewerkschaftsbundes, die die Konkurrenz zwischen den Fachgewerkschaften unterbindet; die indirekten Wahlen zu den sozialpartnerschaftlichen Leitungsgremien, die gelegentlich unpopuläre Entscheidungen ermöglichen; die Einbindung der Sozialpartner durch Übertragung von Beratungsfunktionen in allen wichtigen Entscheidungen, auch im Gesetzgebungsprozeß; schließlich ein gutes sachliches Verhandlungsklima zwischen den Spitzenorganen der Sozialpartner.

An all diesen institutionellen Voraussetzungen hat sich nichts wesentliches geändert – vielleicht mit drei Ausnahmen:

1. Das erwähnte gute Verhandlungsklima zwischen den Spitzen der Sozialpartner entstammt ursprünglich den Wiederaufbaujahren nach dem zweiten Weltkrieg. Dieser Grund für den Zusammenhalt hat durch den Generationenwechsel an Bedeutung verloren.

2. Die Mehrfachfunktionen vieler Spitzenfunktionäre haben die Kompromiß- und die Handlungsfähigkeit der Sozialpartnerschaft, sowie ihre Kompetenz und Ausgewogenheit der Urteilsbildung positiv beeinflußt. Im Zuge der begonnenen Beschränkung der Mehrfachgehälter werden sich die betroffenen Personen aus manchen Funktionen zurückziehen, womit die vorerwähnten positiven Effekte abnehmen.

3. Die umfassende Einbindung der Sozialpartner in die Entscheidungen des Staates ist in den letzten Jahren etwas zurückgegangen, was nicht zuletzt mit der schwierigeren Koalitionsbildung angesichts im Wandel begriffener parlamentarischer Mehrheitsverhältnisse zusammenhängt.

Von diesen Überlegungen hat jedenfalls der letzte Punkt einige Bedeutung. Angesichts der Stimmenverluste der großen Parteien im Zusammenhang mit dem Auftreten und den Stimmengewinnen der kleineren Parteien wird die schließlich zu erwartende Koalitionsbildung selbst immer schwerer prognostizierbar. Von einer solchen Prognose kann man zur Zeit über eine Wahlperiode hinaus keine große Zuverlässigkeit erwarten. Das gilt mindestens ebenso für den Inhalt künftiger Koalitionsverträge, in denen das Wirtschaftsprogramm festgelegt wird. Wenn man die Koalitionsbildung als Stimmentauschproblem auffaßt, wird diese Einschätzung nicht günstiger. Auch von der parlamentarischen Ebene her haben sich daher die Voraussetzungen für die langfristige Vorhersehbarkeit der Wirtschaftspolitik

[8] Vgl. zu den institutionellen Voraussetzungen insbes. Nowotny, 1989, S. 136ff; zu den funktionalen Voraussetzungen Tichy 1984, S. 368 ff.

bedeutend verschlechtert. Zusätzliche Unsicherheit entsteht dadurch, daß knappe und ungewisse Mehrheiten leichter zu vorzeitigen Neuwahlen verleiten.

Zu den funktionalen Voraussetzungen gehören die kleine offene Wirtschaft mit hohen Import- und Exportquoten, die festen Wechselkurse mit den wichtigsten Handelspartnern, der Verzicht auf eine eigenständige Geldpolitik, der Verzicht auf eine aktive Verteilungspolitik. Auch diese Voraussetzungen haben sich bis jetzt nicht nennenswert verändert. Allerdings fragt sich, ob der verteilungspolitische Verzicht noch lange gehalten werden kann.[9]

Abgesehen von den recht bedeutenden Veränderungen in der Parteienlandschaft ist in den institutionellen und funktionalen Voraussetzungen des AK aber kein dramatischer Wandel eingetreten.

b.) Die Durchführung des Austrokeynesianismus

b.1) Die Hartwährungspolitik

Weniger einheitlich ist das Bild bei den wirtschaftspolitischen Maßnahmenbündeln, mit denen der AK eigentlich arbeitet und die seine Wirkungsweise bestimmen. Da ist an erster Stelle die Wechselkurspolitik, nämlich die Hartwährungspolitik. Man kann kaum genug betonen, daß sie nicht in der Hauptsache von der Nationalbank verwirklicht wird. Die letztgenannte verkündet, bei welchem Schillingkurs sie Schilling unbegrenzt ankauft, Devisen also unbegrenzt verkauft. Bei dem angestrebten hohen Außenwert ist dieser Kurs entsprechend niedrig angesetzt. Er kann nicht langfristig gegen den Markt gestützt werden, da die Währungsreserven der Nationalbank nicht unendlich groß sind. Die Hartwährungspolitik kann nur gelingen, wenn die Preis- und Einkommenspolitik der Sozialpartner ihren stabilisierenden Einfluß auf Lohn- und Preisniveau so rasch entfalten, daß der Nationalbank nicht zuvor die Devisen ausgehen. Oder anders ausgedrückt: Um die erwähnte Politik einzuführen, sind am Anfang hohe Devisenreserven erforderlich. Das war in der Tat erfüllt, so daß die Hartwährungspolitik erfolgreich auf den Weg gebracht werden konnte.

Seither ist sie geradezu tabuisiert. Wenn wirtschaftspolitisch einflußreiche Gruppen sie in Frage stellen, gefährden sie das ganze System. Denn eine ernsthaft geführte öffentliche Diskussion über die richtige Höhe der Schillingkurse müßte im Zweifel eine Spekulation gegen den Schilling auslösen, weil das Ergebnis einer

9 Das Sparprogramm des Jahres 1996 hat durch seine zahlreichen punktuellen Eingriffe die Beurteilung der individuellen Position in der Einkommensverteilung verunsichert und damit verteilungspolitische Auseinandersetzungen wieder wahrscheinlicher gemacht. Eine jüngst gemachte Aussage des Bundeskanzlers unterstützt diese Erwartung, vgl. „Die Presse“ v. 10.4.1997, S. 7.

solchen Diskussion in der Richtung weitgehend vorgegeben wäre: wenn sich überhaupt etwas änderte, könnte es höchstens eine Abwertung sein.

Die Hartwährungspolitik wurde also nicht aufgegeben, sondern interessanterweise (und gewissermaßen im Widerspruch zur vorigen, theoretischen Überlegung) eher noch verschärft – eine geradezu automatische Folge der starren „Anlehnung" an die DM. Der Schilling[10] hat gemeinsam mit dem französischen und dem belgischen Franc, dem holländischen Gulden und eben der Deutschen Mark 1992 gegenüber der Finnmark und der italienischen Lira, 1993 gegenüber dem britischen Pfund, der spanischen Pesete, dem portugiesischen Escudo, der schwedischen und der norwegischen Krone, 1995 gegenüber dem US- und dem kanadischen Dollar zum Teil ganz erheblich aufgewertet. Eine Abwertung trat nur gegenüber dem Yen und dem Schweizer Franken ein. Die Aufwertungen waren so stark, daß sie auch durch bescheidenste Lohnabschlüsse der Tarifpartner nicht zu kompensieren waren. Darin ist eine tatsächliche Änderung zu sehen, obgleich sie nicht aktiv herbeigeführt, sondern passiv angenommen wurde.

Österreich ist so nicht nur eines der reichsten, sondern zugleich eines der teuersten Länder Europas geworden. Der Leistungsbilanzausgleich hat sich dadurch als schwieriger erreichbar erwiesen. Dies ist die zweite wesentliche Änderung, teilweise bedingt durch die erste. Nach nahezu 20 erfolgreichen Jahren (die durch die massiven Stützungszahlungen für die verstaatlichte Industrie in den 80er Jahren leicht getrübt waren) hat Österreich in den letzten vier Jahren Leistungsbilanzdefizite in der Höhe von ca. 120 Mrd. Schilling kumuliert[11]. Das ist wichtig, weil eine Hartwährungspolitik nur dann als erfolgreich angesehen werden kann, wenn es ihr gelingt, mittelfristig die Leistungsbilanz auszugleichen. Sonst ist sie nicht durchhaltbar und die Währung eben nicht „hart". Die Devisenreserven haben sich zwar noch leicht erhöht, aber nur deswegen, weil der Staat in den gleichen Jahren einen etwas größeren Betrag an neuen Auslandsschulden aufgenommen hat[12]. Da wir letztere in einigen Jahren mit Zinsen zurückzahlen müssen, ist dies selbstverständlich nicht die Lösung des Problems.

Das mittlerweile sehr ernste Leistungsbilanzproblem wird in offiziellen Mitteilungen der Regierung, der Nationalbank oder der empirischen Wirtschaftsforschung nicht als solches ausgesprochen, sondern als Tourismusproblem behandelt. Das ist von der Verursachung her wohl richtig. Die Hartwährungspolitik kann im gewerblichen und industriellen Bereich sowohl durch zurückhaltende Tarifabschlüsse als auch durch Produktivitätsanstieg aufgefangen werden. Im Tourismus ist aber nicht viel Spielraum für Produktivitätssteigerungen, und ob dieser ohnehin schlechtverdienende Bereich die Entwicklung durch zusätzliche Lohnzurückhaltung

[10] Vgl. zum folgenden: Deutsche Bundesbank, Devisenkursstatistik Februar 1997, S. 10-15.
[11] Österreichisches Statistisches Zentralamt, H. 4, 1997 S. 1,3.
[12] Finanzschuldenbericht des Bundes 1995, S. 12.

kompensieren kann, darf infrage gestellt werden. Für uns ist hier nur wichtig, daß es sich um ein für die Hartwährungspolitik typisches Problem handelt: diese Politik verringert die Zahl der potentiellen Exportgüter, und Güter mit unterdurchschnittlichem Produktivitätszuwachs müssen auf die Dauer aufgegeben werden. Daß die Hartwährungspolitik den Ferntourismus genau so verbilligt wie auch alle anderen Importe, ist keine zufällige Folge, sondern gehört zu diesem System. Wir glauben, daß dies zu den wichtigen Änderungen im Ablauf des AK gehört. Jene Leute, welche die Verbilligung des Ferntourismus als außerösterreichische Ursache eines österreichischen Problems auffassen, müßten ja erst einmal zeigen, warum diese Entwicklung Österreich nicht ebenso zugutekommt wie vielen anderen Ländern.

Man kann nicht sagen, daß die Nationalbank mit der bloßen Verkündung der Hartwährungspolitik noch gar keinen positiven oder nur einen symbolischen Beitrag leistet. Denn sie setzt hier zumindest eine wichtige Initialzündung[13]. Ihr dauerhafter Beitrag besteht allerdings in einer restriktiven Geld- und Kreditpolitik. Sie bestimmt damit zwar nicht die Geldmenge, aber den Zahlungsbilanzsaldo. Das ist nicht wenig, aber nicht genug. Die restriktive Geldpolitik sollte die inländischen Zinssätze nicht übermäßig erhöhen, weil sonst erstens die inländischen Investitionen erschwert werden und zweitens der Zahlungsbilanzausgleich durch zusätzliche Auslandsverschuldung erfolgt, was Kapitaldienstprobleme in der Zukunft schafft. Schon mittelfristig und um so mehr langfristig bleibt der Leistungsbilanzausgleich notwendig. Er verlangt erstens weiterhin noch bescheidenere Tarifabschlüsse als zuvor. Hier zeichnet sich seit 1994 eine gewisse Reaktion ab. Zweitens ist der weitere Rückgang der Haushaltsdefizite notwendig. Diesbezüglich waren erst 1996 große Bemühungen zu bemerken, während in den drei Vorjahren vor allem auf Grund bewußter steuerpolitischer und sozialpolitischer Maßnahmen[14] die Budgetdefizite sogar noch stark gewachsen waren.

b.2) Die Einkommenspolitik

Die Einkommenspolitik dient im AK auf zweierlei Weise der Erhaltung des außenwirtschaftlichen Gleichgewichtes. Einerseits steuert sie über das Einkommensniveau die Importe, d.h. die private Absorption von Gütern und Diensten. Das ist insofern zweifellos konzeptionskonform, als der Absorptionsansatz einen typisch keynesianischen Zugang darstellt. Andererseits beeinflußt die Einkommenspolitik über die Entwicklung der Lohnstückkosten die Preise und die internationale Konkurrenzfähigkeit österreichischer Güter und Dienste und damit auch die Exporte. Allerdings kann dieses Instrument nicht allzu stark eingesetzt werden.

---

13 „[R]evaluation is used as a starter...", Tichy 1984, S. 370.

14 Vgl. Busch 1996, S. 439.

Wenn die österreichische (als kostenniveauneutral gedachte) Lohnpolitik zu sehr von einer produktivitätsorientierten Linie abweicht, verstößt sie gegen die Verteilungsneutralität und rührt damit an eine der Grundfesten des AK. Dies trifft sicher auf die Primärverteilung zwischen den Privaten zu. Ob es auch für die Sekundärverteilung und für die Verteilung zwischen den Privaten und dem Staat gilt, wird man genauer feststellen können, wenn die Auswirkungen des Sparprogramms von 1996 bei den Betroffenen spürbar werden. Geändert haben sich nicht die Preis- und Einkommenspolitik der Sozialpartner, wohl aber die Eingriffe des Staates.

b.3) Die Nachfragesteuerung

Die Nachfragesteuerung wird im AK – fast – überhaupt nicht eingesetzt. Die geldpolitischen Instrumente sind schon gebunden, weil sie für die Sicherung der Devisenreserven dauernd leicht restriktiv eingesetzt werden müssen. Eine zusätzliche Verschärfung in dieser Richtung war in den letzten zwanzig Jahren nicht gefragt. Expansive fiskalpolitische Nachfragesteuerung soll in dieser Konzeption nur eingesetzt werden, um eine kumulative Verstärkung von Arbeitslosigkeit zu verhindern. Dann gefährdet sie allerdings die Leistungsbilanz, weswegen sie immer nur sehr vorsichtig durchgeführt werden kann. Sie ist auch de facto in diesen Jahren wegen der bereits hohen und noch zunehmenden Staatsverschuldung eigentlich indiskutabel. Aus der entsprechenden Diskussion während der letzten beiden Jahrzehnte und aus den statistischen Daten ist kaum zu entnehmen, daß die Fiskalpolitik überhaupt sehr gezielt eingesetzt wurde. Nach der starken öffentlichen Schuldenzunahme während der 70er Rezessionsjahre wurde überwiegend versucht, die Budgetdefizite zu verringern, um die Zinseszinsdynamik der Staatsschuld unter Kontrolle zu behalten. Die Schwankungen der laufenden Defizite der öffentlichen Hand ergaben sich wohl hauptsächlich durch die automatischen Stabilisatoren[15]. Die im internationalen Vergleich recht geringe österreichische Arbeitslosigkeit ist im Beobachtungszeitraum bei ganz geringen Schwankungen langfristig doch recht erheblich gestiegen, ohne sich in dieser Entwicklung allerdings irgendwann erkennbar beschleunigt zu haben. So könnte man sagen, daß bezüglich der vorsichtigen Nachfragesteuerung der AK konsequent weitergeführt wurde, wenn nicht in den Jahren 1992 bis 1995 die Staatsausgaben und die Budgetdefizite ziemlich überraschend sehr stark erhöht worden wären. Da die letztere Entwicklung mit dem AK nicht zu erklären ist, muß man wohl feststellen, daß auch insofern diese wirtschaftspolitische Konzeption in den letzten fünf Jahren doch verlassen wurde.

[15] Tichy 1984, S. 367, zitiert dazu Robert Holzmann 1983, S. 11.

b.4) Die langfristige Stabilisierung der Erwartungen

Das wahre Kernstück des AK ist die Stabilisierung der Unternehmererwartungen – als österreichische Antwort auf radikal-keynesianische Überlegungen zur Unaufhebbarkeit der grundsätzlichen Ungewißheit aller Zukunftserwartungen. Diesem Verstetigungsziel sind alle anderen Merkmale untergeordnet. Dazu bedarf es einer sehr langfristig orientierten Stabilisierungspolitik in Bezug auf die wichtigsten ökonomischen Variablen. Zu diesen gehören als Wechselkurspolitik eine sehr langfristig konzipierte Hartwährungspolitik (einschließlich der notwendigen „flankierenden" Maßnahmen im monetären und im fiskalischen Bereich), eine langfristig vorhersehbare Lohnpolitik, ein generell behutsamer, gleichmäßiger Einsatz diskretionärer Maßnahmen und schließlich eine langfristig kalkulierbare, gleichmäßige Steuerpolitik.

Die Hartwährungspolitik wurde seit den frühen 70er Jahren durchgehalten. Auf die gleichbleibende Ausrichtung der Lohnpolitik konnte man sich ebenfalls verlassen. Und auch die diskretionären wirtschafspolitischen Maßnahmen wurden die meiste Zeit über vorsichtig gehandhabt.

Hinsichtlich der Geldpolitik kann man das für den ganzen Zeitraum behaupten. Hier ist eigentlich nur anzumerken, daß die Nationalbank wegen der fast völlig fixen DM-Parität des Schilling die Geldpolitik der deutschen Bundesbank fast identisch mitvollziehen mußte. Aber ein in der ökonomischen Theorie als Schock zu bezeichnendes besonderes Ereignis darf nicht unerwähnt bleiben: die deutsche Wiedervereinigung, deren ziemlich plötzlich erkennbar gewordene Chance innerhalb eines Jahres realisiert wurde. Daraus folgten für Deutschland besondere Belastungen in Form zusätzlicher Steuern und hoher Kreditzinssätze. Hinzukommt noch, daß die deutsche Bundesbank nicht zuletzt wegen der kompromißlosen Haltung der deutschen Gewerkschaften, die im Zusammenhang mit der Wiedervereinigung wenig gesamtwirtschaftliche Verantwortung zeigten, einen besonders restriktiven Kurs verfolgte. Obwohl beide Ursachen nicht in Österreich lagen, waren die restriktiven Folgen auch hierzulande spürbar.

Die diskretionäre Finanzpolitik konnte bis vor zehn Jahren ebenfalls noch als vorsichtig evolutionär gelten. Danach wurde die Behutsamkeit verlassen[16]. Was folgte, gehört unter das Stichwort 'langfristig kalkulierbare Steuerpolitik'[17]. Die Steuerreform von 1988 brachte zunächst noch einige für die Zensiten erfreuliche Ereignisse, z.B. die deutliche Verminderung der Progression und der effektiven

[16] Für wertvolle Hinweise zum Folgenden danke ich Birgit Ferch.

[17] Vgl. zum Folgenden verschiedene Auflagen von W. Doralt (1988/89, Hrsg.), Steuerrecht, 12. Aufl., Wien (Linde) bis W. Doralt (1996/97, Hrsg.), Steuergesetze, 23. Aufl., Wien (Linde), Reihe: Kodex des österreichischen Rechts.

Belastung bei der Einkommensteuer, die Aufhebung des gespaltenen Körperschaftsteuersatzes in Verbindung mit dem Halbsatzverfahren bei der Einkommensteuer. Auf sozialpolitischem Gebiet gab es später die Einführung der Pflegeversicherung und die Anrechnung von Kindererziehungszeiten auf die Altersversicherungszeiten von Frauen, was eine gewisse Ausgabendynamik für die Zukunft erwarten ließ, aber gesellschaftspolitisch so hoch bewertet ist, daß man es kaum jemals wird zurücknehmen können. Die Abschaffung der steuersystematisch schwer zu begründenden Gewerbesteuer (1993) war in einer Zeit steigenden staatlichen Abgabenbedarfs eine finanzpolitische Großtat.

Aber all diese, auf den ersten Blick positiven Maßnahmen konnten nicht ohne entsprechende abgabenseitige Konsequenzen bleiben. Die Gesamtverschuldung des Bundes stieg 1993 um ATS 117 Mrd., 1994 um ATS 119 Mrd. und 1995 um ATS 122 Mrd[18]. Die Zinsen auf die laufende Staatsschuld hatten fast die gleiche Höhe erreicht. Diese Entwicklung war offensichtlich nicht haltbar – ganz unabhängig von den Konvergenzkriterien der EU. Eine deutliche und nachhaltige Senkung der öffentlichen Ausgaben und Erhöhung der öffentlichen Einnahmen waren praktisch unabwendbar.

Bei dieser Gelegenheit wurde auch eine heilige Kuh geschlachtet, nämlich in Gestalt der vorzeitigen Abschreibung. Eine wichtige Selbstfinanzierungsquelle der Sachkapitalbildung wurde damit verschlossen. Vor allem stellte es ein Abgehen von einer langfristig vorhersehbaren Steuerpolitik dar und insofern den Anfang einer neuen, abenteuerlichen Entwicklung. Die Investitionsrücklage wurde abgeschafft, ebenso pauschale Wertberichtigungen und Rückstellungen, die aber weiterhin handelsrechtlich vorgeschrieben bleiben. Wiederholte Überraschungen gab es beim Investitionsfreibetrag, aber auch bei der PKW-Besteuerung. Die Mindestkörperschaftssteuer mußte vom Höchstgericht zurückgewiesen werden. Die 13. (Sonder-)Vorauszahlung bei der Umsatzsteuer in Höhe von 1/11 (!) der Vorjahresschuld (§21 Abs. 1.a UStG 1994)[19] ist eine weitere echte Überraschung. Die rückwirkende Änderung von Steuern ist eine andere gravierende Neuerung, weil sich dadurch die Erwartungsunsicherheit paradoxerweise sogar in die Vergangenheit richtet. Das Sparprogramm der Regierung von 1996 hat für mittlere Einkommensschichten Einbußen im verfügbaren Realeinkommen durchgesetzt, die das reale Wirtschaftswachstum der letzten fünf bis zehn Jahre nachträglich plötzlich wieder zum Verschwinden bringen. Diese Entwicklungen sind mit dem AK nicht in Einklang zu bringen.

Zusammenfassend ist festzustellen, daß der AK als in sich abgeschlossene Konzeption in einer Reihe einzelner Schritte eher unspektakulär verlassen wurde, wäh-

[18] Österr. Statistisches Zentralamt, 1996, S. 6.
[19] Doralt1996/97, S. 190.

rend die jüngeren Änderungen in der Finanzpolitik stärkere Eingriffe darstellen und daher Verunsicherungseffekte erwarten lassen. Damit ist aber noch nicht klar, was die Alternative ist, zumal die Hartwährungspolitik nicht nur in Österreich sondern auch in der Europäischen Union eine wichtige Vorgabe bleiben soll.

3. Hartwährungspolitk im Rennen um die Konvergenzkriterien

Nachdem wir soeben festgestellt haben, daß Österreich in den letzten zehn Jahren den AK in einzelnen Merkmalen nach und nach verlassen hat, ergeben sich einige weitere Fragen.

Seit Anfang der 90er Jahre verfolgen fast alle Mitgliedsländer der EU mit Ausnahme von Griechenland eine Hartwährungspolitik – eine geradezu automatische Folge des Rennens um die Erfüllung der Konvergenzkriterien. Zum Eintritt in die Wirtschafts- und Währungsunion wird gefordert, daß die Kandidaten eine längere Phase der währungspolitischen Stabilität durchlaufen haben, konkretisiert in der Bedingung, daß sie in den letzten zwei Jahren ihre Währung nicht von sich aus abgewertet haben dürfen[20]. Diese Bedingung wirkt auf den ersten Blick zwar nicht sehr anspruchsvoll, aber zusammen mit der Unabänderbarkeit der Währungsparitäten nach dem Eintritt in die Wirtschafts- und Währungsunion wird hier zweifellos von allen potentiellen Mitgliedern eine Hartwährungspolitik verlangt[21]. Das wird auch unterstützt durch die Inflationsregel, wonach die Kandidaten anhaltende Preisstabilität aufweisen sollen und ihre Inflationsrate maximal 1,5 Prozentpunkte über jener der drei preisstabilsten Länder liegen darf[22]. Die Währungsstabilität darf aber nicht durch überhöhte Zinssätze herbeigeführt werden. Denn gemäß der Zinsregel darf der langfristige Nominalzinssatz nur maximal zwei Prozentpunkte über demjenigen der drei preisstabilsten Länder liegen[23].

Wegen der drei vorgenannten Bedingungen muß die Konvergenz über Maßnahmen erreicht werden, die sich nicht einfach in restriktiver Geldpolitik erschöpfen, sondern den für den AK typischen Rahmenbedingungen nahekommen. Zwei solche Merkmale sind explizit im EG-Vertrag angeführt, nämlich die 3 %-Regel für

[20] Art. 109j, Abs. (1), dritter Gedankenstrich, EG-Vertrag, i.V.m. Art. 3 Protokoll über die Konvergenzkriterien nach Art. 109j EG-Vertrag, vgl.Vedder 1992, S. 112, 225.

[21] Art. 105, Abs. (1) EG-Vertrag nennt die Preisstabilität als vorrangiges Ziel, vgl. Vedder 1992, S. 100.

[22] Art. 109j, Abs. (1), erster Gedankenstrich, EG-Vertrag, i.V.m. Art. 1 Protokoll über die Konvergenzkriterien nach Art. 109j EG-Vertrag, vgl.Vedder 1992, S. 112, 225.

[23] Art. 109j, Abs. (1), vierter Gedankenstrich, EG-Vertrag, i.V.m. Art. 4 Protokoll über die Konvergenzkriterien nach Art. 109j EG-Vertrag, vgl.Vedder 1992, S. 112f, 226.

die gesamte öffentliche Neuverschuldung und die 60 %-Regel für den gesamten öffentlichen Schuldenstand[24].

Nicht gefordert wird eine zurückhaltende Lohnpolitik der Tarifpartner. Letztere kann schon deswegen kein Gegenstand des Vertrages sein, weil sie einen schweren Eingriff in die Kollektivvertragsfreiheit darstellen würde. Nicht Vertragsgegenstand sein kann auch die Stabilisierung der langfristigen Erwartungen, weil sie kein Instrument sondern ein (Zwischen-)Ziel darstellt. Aber von der instrumentalen Seite her sind beachtliche Ansätze zur Erwartungsstabilisierung jedenfalls mit den vorher zitierten Stabilitätsregeln gegeben. In den prozeßpolitischen Konsequenzen kommen demnach die EU-Regeln dem AK beachtlich nahe.

Kann man nun sagen, daß die europäische Wirtschafts- und Währungsunion künftig den AK einführt? Die Antwort ist nein, was die institutionellen Voraussetzungen angeht. Sie sind in den Mitgliedsländern zu unterschiedlich. Bei den funktionalen Voraussetzungen ist die Antwort geteilt. Sie lautet nein für die großen Volkswirtschaften der EU. Bei den kleinen Volkswirtschaften sind die funktionalen Voraussetzungen indessen durchaus ähnlich den österreichischen und unterscheiden sich hauptsächlich durch die Haltung der Gewerkschaften zur Verteilungspolitik.

Bevor wir endgültig die originelle Schlußfolgerung ziehen können (was doch zweifellos eine Pointe wäre), daß ganz Westeuropa die österreichischkeynesianische Konzeption übernimmt, muß gefragt werden, was das Keynesianische im AK ausmacht, oder zuerst einfacher und spezieller: Worauf beruhen die expansiven Wirkungen dieser Konzeption?

Fiskalpolitische Nachfragesteuerung kann mit Rücksicht auf die Preisniveaustabilität und das außenwirtschaftliche Gleichgewicht nur in geringem Umfang eingesetzt werden. Das ergibt sich auch aus der hohen bereits erreichten Staatsverschuldung und wird sich wegen der Regeln der Wirtschafts- und Währungsunion im übrigen nicht ändern. Die Geldpolitik muß grundsätzlich restriktiv bleiben und kann in dieser Konzeption überhaupt keine positiven Nachfrageimpulse liefern. Dementsprechend bleibt auch für die Zinspolitik wenig Spielraum: die Zinsregel beschränkt die Zinssätze nach oben, das außenwirtschaftliche Gleichgewicht bechränkt sie nach unten. Die Einkommenspolitik ist ebenfalls auf das außenwirtschaftliche Gleichgewicht ausgerichtet und kann nur geringe expansive Nachfragewirkungen entfalten.

Demnach bleiben nur die Exporte als Quelle positiver Nachfrageimpulse. Aber auch dies ist nicht besonders aussichtsreich. Denn wegen der harten Währung

[24] Art. 109j, Abs. (1),, zweiter Gedankenstrich, EG-Vertrag, i.V.m. Art. 1 Protokoll über das Verfahren bei einem übermäßigen Defizit, Vedder 1992, S. 112, 223f.

haben zunächst die Tarifpartner über eine relativ zum Ausland zurückhaltende Lohn- und Preispolitik die internationale Konkurrenzfähigkeit wieder herzustellen. Das ist per se noch kein expansiver Impuls, und ob daraus ein „virtuous circle" entsteht, hängt nicht allein vom Inland ab. In vielen EU-Ländern laufen seit Beginn der 90er Jahre gleichzeitig öffentliche Sparprogramme mit kontraktiver Wirkung. Deutlich steigende Exporte in diese Länder sind nicht zu erwarten.

Fazit: Als einziges expansives Element bleibt die mögliche Steigerung der privaten Aktivität aufgrund der Stabilisierung von Zukunftserwartungen. Gerade dieser Punkt hat in den letzten Jahren gelitten. Die strenge Unterordnung der meisten Instrumente unter das Wechselkursziel im Zusammenhang mit der gegebenen und voraussichtlich noch eine Reihe von Jahren andauernden Staatsschuldensituation hat schon an sich die verbleibenden Möglichkeiten einer Nachfragesteuerung und damit eben das keynesianische Merkmal sehr stark eingeengt. Dieses wird im gegenwärtigen internationalen „Konvergenzrennen" noch weiter vermindert. Was die diesbezüglichen EU-Regeln bewirken, ist die Sicherung einer Reihe von Nebenbedingungen, die auch für den AK notwendige Voraussetzungen sind. Aber sie führen den Keynesianismus (in irgendeiner Prägung) nicht ein, sondern beschränken ihn vielmehr auf ein in Zukunft budgetverträgliches Maß.

Was übrig bleibt, ist die Hartwährungspolitik mit den notwendigen Nebenbedingungen. Der restliche wirtschaftspolitische Gestaltungsspielraum, der in Österreich bis vor wenigen Jahren durch den AK wahrgenommen wurde, kann durchaus auch durch andere wirtschaftspoltitische Konzeptionen ausgefüllt werden.

4. Über das Verhältnis des AK zu anderen Konzeptionen der Wirtschaftspolitik

Der AK fällt genau in die Zeitspanne, welche durch die Auseinandersetzung zwischen Neuer Keynesianischer und Neuer Klassischer Makroökonomik gekennzeichnet ist. Der AK ist – nicht nur – dem Namen nach keynesianisch, also gewiß nicht neu-klassisch. Man kann das anhand der beiden zentralen Annahmen der Neuen Klassik feststellen: der Rationalen Erwartungen und der jederzeitigen (spontanen) Markträumung durch Preisanpassung. Letztere Prämisse ist hier zweifellos nicht erfüllt. Österreich ist sicher nicht das Land der spontanen Preisanpassung sondern – gerade im Gegenteil – der administrierten Preise. Das ist sogar wichtig. Denn die administrierten Preise (und Löhne) sind ein wesentlicher Bestandteil der Einkommenspolitik. Die sozialpartnerschaftliche Preis- und Lohnkontrolle wird ja gerade wegen ihrer erwartungsstabilisierenden Wirkung als systematischer Bestandteil des AK angesehen.

Weil dann keine spontane Preisanpassung möglich ist, haben wir hier in der Tat einen zusätzlichen Hinweis auf den „keynesianischen" Charakter des AK. Immerhin vereinfacht die Erwartungssicherheit bezüglich Preisen und Löhnen die langfristige Mengenanpassung, so daß die spontane Markträumung in diesem System etwas an Bedeutung verliert.
Anders steht es mit der ersterwähnten zentralen Annahme der Neuen Klassik, den Rationalen Erwartungen. Die Verstetigung der Erwartungen im AK, zusammen mit der billigen Verfügbarkeit der Daten und Prognosen der empirischen Wirtschaftsforschung[25], schafft eine Ausgangslage, in der die Individuen über die künftige Entwicklung unter Einschluß der wirtschaftspolitischen Maßnahmen gut informiert sind – nicht schlechter als die Regierung. Dies ist eigentlich schon fast die Annahme der Rationalen Erwartungen[26].

Eine langfristig durchgehaltene wirtschaftspolitische Konzeption schafft in dieser Hinsicht nahezu ideale Bedingungen. Man könnte also fragen, ob Österreich einen AK mit Rationalen Erwartungen betrieben hat. Jedenfalls hat die sozialpartnerschaftliche Preis- und Lohnpolitik in dieser Konzeption eine merkwürdige Zwitterrolle, indem sie einerseits die spontane Preisanpasung (mit Markträumung) verhindert, andererseits jedoch gute Voraussetzungen für Rationale Erwartungen schafft. Auch alle anderen erwartungsstabilisierenden Elemente, wie die Konstanz der langfristigen Geld-, Währungs-, Fiskal- und Steuerpolitik, erzeugen beste Voraussetzungen für Rationale Erwartungen.

Die Rationalen Erwartungen aber sind – zumindest im System der Neuen Klassik – hinreichende Bedingung für die Politikineffektivität. Nachdem die österreichische Entwicklung (oder Politik?) im Großen und Ganzen in den letzten Jahrzehnten sehr erfolgreich war, werden die österreichischen „hommes (et femmes) politiques" diesen Erfolg gern an ihre Fahnen heften und die Möglichkeit der Politikineffizienz kaum einräumen wollen. Andererseits läßt die Hartwährungspolitik zumal im Rahmen des AK fast keinen Spielraum mehr für eine aktive Prozeßpolitik. Die Währungspolitik ist per se festgelegt. Sie ist zugleich das Instrument zur Inflationsbekämpfung. Auf Verteilungspolitik wird verzichtet. Dies schränkt die Möglichkeiten einer Wachstumspolitik über die Struktur der öffentlichen Abgaben erheblich ein. Konjunkturpolitik ist zumindest über Nachfragesteuerung kaum möglich. Die Einkommenspolitik steuert die Leistungsbilanz. Dem Staat und der Nationalbank sind also in hohem Maße die Hände gebunden. Rationale Erwartungen wären unter solchen Rahmenbedingungen nicht einmal besonders schädlich, vielleicht sogar nützlich.

---

25 Die Idee, daß professionelle Prognosedienste mit ihrer Kenntnis des ökonomischen Systems Gewinne erzielen „...by selling a price forecasting service to the firms.", stammt in Ansätzen schon von John F. Muth 1961, S. 318.

26 Sargent 1988, S. 76.

Die Theorie der Rationalen Erwartungen geht in zu hohem Maße davon aus, daß die Wirtschaftspolitik gegen die Privaten gerichtet ist. Das mag in der mittelfristigen Stabilisierungspolitik teilweise richtig sein. Diese ist ja in der Tat nur deswegen notwendig, weil sich die Privaten nicht freiwillig und keineswegs von selbst stabilisierend, also antizyklisch, sondern im Gegenteil meistens prozyklisch verhalten.[27] Wenn sie in rationaler Weise erwarten, daß die Vorteile der expansiven Politik in der Rezession durch die Nachteile der kontraktiven Politik in der nächsten Hochkonjunktur wieder aufgehoben werden, ist die Ineffektivität der mittelfristigen antizyklischen Politik die logische Konsequenz, jedenfalls nicht überraschend. Also lernen sie daraus, sich langfristig zu orientieren, und die langfristige Politik ist viel weniger gegen die Pläne der Privaten, sondern meistens auf ihre Unterstützung gerichtet.

Deshalb wird, auch unter Rationalen Erwartungen, langfristige Wirtschaftspolitik oft wirksam sein. Selbst dann, wenn sie sich gegen die Pläne der Privaten richtet, können die letztgenannten jedenfalls nicht zeitlich sondern höchstens räumlich ausweichen. Rationale Erwartungen sind mit dem AK kompatibel. Die wichtigste Besonderheit des AK bleibt dessen ungeachtet die sozialpartnerschaftliche Preis- und Einkommenspolitik.

Die Konvergenzregeln der EU, die sich mit wichtigen Voraussetzungen des AK decken, werden in hohem Maße erwartungsstabilisierend wirken und in diesem Rahmen für alle Mitglieder der Wirtschafts- und Währungsunion gleiche, voraussichtlich auch dauerhafte Bedingungen schaffen. Die Geldpolitik wird in Zukunft durch die Europäische Zentralbank geführt werden. Sofern sich die Mitglieder des Europäischen Zentralbankrates einerseits streng an den Vorrang des Geldwertstabilitätsziels halten, ohne andererseits reale Wachstumschancen zu unterdrücken, wird sich die Geldmenge nach dem erwarteten Potentialprodukt richten müssen. Im Ergebnis wird voraussichtlich eine monetaristische Politik im Sinne einer Geldmengenregel dabei herauskommen, ähnlich wie sie die „BuBa"[28] seit 1974 betrieben hat[29]. Das ist auch deswegen nicht unwahrscheinlich, weil im Laufe der Jahre auch andere EU-Länder der deutschen Geldpoltik gefolgt sind – nicht immer gerne. Eine offene Frage ist, welche Geldmengendefinition zu Grunde gelegt werden wird, ob es sich um eine starre oder flexible, kurz- oder langfristige Geldmengenregel handeln, und ob ein zu erreichender Zielwert oder ein einzuhaltender Korridor vorgegeben werden wird[30].

---

[27] Dies tun sie vielleicht nicht im Konsum und in der Planung der Produktionskapazität - aber irgendwie müssen sie ihre Einkommen dann erzielen, wenn es möglich ist, und das ist die Hochkonjunktur.

[28] In Frankreich übliche Abkürzung für die Deutsche Bundesbank

[29] Duwendag et.al., S. 423 ff.

[30] Gemäß den Erfahrungen der Deutschen Bundesbank aus den letzten zwei Jahrzehnten müßte es sich wohl um einen Korridor mit kurz- bis mittelfristiger Anpassung handeln, wobei ein weiter Geldmengenbegriff zu Grunde gelegt wird. Vgl. op. cit., S. 427 ff.

Die Finanzpolitik wird weiterhin durch die Regeln über die Vermeidung „exzessiver“ Defizite gebunden sein. Wegen der offensichtlichen Schwierigkeiten der meisten Kandidaten[31], insbesondere die finanzpolitischen Konvergenzkriterien zu erfüllen, wird damit zu rechnen sein, daß die Mehrheit der schließlich aufgenommenen Mitglieder der Währungsunion noch geraume Zeit an der äußerst zulässigen Grenze des Konvergenzbereiches verweilen werden. Dazu trägt auch der Umstand bei, daß in einer Reihe von Mitgliedsländern einige nicht wiederholbare Sanierungsmaßnahmen ergriffen wurden, die nur Einmaleffekte bringen, daher keine dauerhafte Sanierung erwarten lasssen.

Eine keynesianische Politik im traditionellen Sinne des ‘deficit spending’ wird daher voraussichtlich noch auf Jahre hinaus an der 3 %-Regel hängen bleiben, kann also nicht flexibel gesteuert werden. Sie stellt insofern gar keine Politik dar. Nur wenige Länder bilden hier eine Ausnahme. Wenn sich erwartungsgemäß die Wachstumssituation in der EU nicht grundlegend bessert, ist die 3 %-Regel sicher nicht zu tief angesetzt. Eine gemeinsame Defizitregel wird deswegen weiterhin wichtig sein, weil sich sonst Länder mit höheren Defiziten Vorteile verschaffen auf Kosten von Ländern mit geringeren Defiziten.

Man mag einwenden, daß die ärmeren Mitglieder höhere Defizite gut brauchen könnten. Das langfristige Funktionieren der Wirtschafts- und Währungsunion setzt annähernd gleiche wirtschaftliche Rahmenbedigungen zwischen allen Partnern voraus. Die ärmeren Länder sind folglich in Bezug auf die wichtigsten Wirtschaftsdaten mittelfristig an die reicheren Länder heranzuführen. Aber gemeinsam beschlossene Konvergenzprogramme, um dies zu erreichen, besitzen zweifellos eine höhere Akzeptanz und auch Wirksamkeit als die unkontrollierte Willkür selbstgewählter Budgetdefizite der schwächeren Partner. Daneben ist der Sinn des ‘deficit spending’ nicht nur wegen der zu erwartenden Sickerverluste sondern auch wegen der internationalen Ausschreibungspflicht für öffentliche Aufträge in Frage zu stellen.

Wenn schon zu erwarten ist, daß die öffentlichen Haushaltsdefizite noch für einige Zeit EU-weit ziemlich gleichförmig an der 3 %-Grenze verweilen werden, erhebt sich andererseits die Frage, ob das Haushaltsvolumen dem verbleibenden nationalen Gestaltungsspielraum angehört. Dieser wird zwischen großen und kleinen, reicheren und ärmeren Ländern vergleichbar gemacht als Anteil der öffentlichen Wirtschaft[32] am Bruttoinlandsprodukt. Historisch ist dieser Staatsanteil in

[31] Noch Ende 1996 erfüllt außer Luxemburg noch kein einziger WWU-Bewerber beide finanzpolitischen Kriterien, vgl. Statistische Übersichten, Heft 4, 1997, S. 33. Zu den schier unglaublichen Widersprüchen und Verwirrungen in der offiziellen Diskussion über die Erfüllung der Konvergenzkriterien vgl. den Beitrag von Ulrike Leopold-Wildburger in diesem Band.

[32] kurz: Staatsanteil, Staatsquote.

allen westlichen Industrieländern während der letzten hundert Jahre, von kurzen Unterbrechungen abgesehen, ständig gestiegen[33], und zwar bis heute auf das vier- bis fünffache des Ausgangswertes. Doch wird in der finanzwissenschaftlichen Literatur die Auffassung vertreten und begründet, daß diese Entwicklung nicht zwangsläufig war und auch ihre Fortsetzung nicht zwangsläufig ist, sondern vielmehr von bewußten politischen Entscheidungen abhängen wird.

Andererseits sehen wir, daß es offensichtlich sehr schwierig ist, den Staatsanteil zu stabilisieren oder gar zu verringern. In den letzten Jahren versuchen die meisten EU-Staaten, die Staatsausgaben zu senken und die Staatseinnahmen zu erhöhen, um beide einander anzunähern und das Haushaltsdefizit zu verringern. Trotzdem erfüllt zur Zeit außer dem winzigen Luxemburg mit seinen 400.900 Einwohnern kein einziges Mitgliedsland beide finanzpolitischen Konvergenzkriterien. Von einem Gestaltungsspielraum auch nur bezüglich des Haushaltsvolumens kann demnach bei keinem dieser Länder die Rede sein. Wenn kein plötzlicher Wachstumsschub über Europa kommt, wird das noch auf Jahre hinaus so bleiben. Wirtschaftspolitische Konzeptionen, die auf einem aktiven Staat aufbauen, haben also gegenwärtig keine guten Aussichten.

Die österreichische sozialpartnerschaftliche Preis- und Einkommenspolitik wird weiterhin möglich sein. Sie wird sogar – wenn möglich – noch notwendiger sein als bisher, weil in der Wirtschafts- und Währungsunion das Wechselkurs-'Instrument' endgültig wegfällt. Die Preis- und Einkommenspolitik stellt dann im Vergleich zu großräumigen Produktionsfaktorbewegungen immer noch das sanftere Instrument dar. Denn solche Faktorbewegungen werden nicht nur durch positive Lohn- und Gewinnanreize sondern auch durch Arbeitslosigkeit und die Stillegung unrentabler Unternehmungen ausgelöst. Das hier Gesagte gilt nicht nur für Österreich. Auch andere Länder hätten Grund genug, eine Preis- und Einkommenspolitik zu entwickeln – sofern ihre Gewerkschaften das zulassen. Denn die Hartwährungspolitik im Sinne des unabänderlichen Festhaltens an der Eintrittsparität in die Währungsunion wird für alle WWU-Mitglieder zur Notwendigkeit.

Der verbleibende finanzpolitische Gestaltungsspielraum erstreckt sich nach dem oben Gesagten für alle Länder weniger auf das Volumen als auf die Struktur von Staatsausgaben und -einnahmen. Das sind – mangels anderer Möglichkeiten – keine schlechten Voraussetzungen für eine 'supply side policy' – eine angebotsorientierte Politik, ähnlich dem klassischen 'laissez faire', das später in der österreichischen Schule sehr prominente Vertreter fand[34]. Die Grundidee dahinter besagt,

[33] Für Großbritannien und die USA vgl. Atkinson/Stiglitz, S. 17 ff.; für Deutschland vgl. Brümmerhoff, S. 187 ff.

[34] Israel M. Kirzner, Austrian School of Economics, in: John Eatwell/Murray Milgate/ Peter Newman (eds.), *The New Palgrave Dictionary of Economics*, London: Macmillan, New York: Stockton, Tokyo: Maruzen 1987, repr. 1988, Vol. 4, S. 149.

daß die Privaten, wenn sie nur nicht zu viel Steuern zahlen und in ihrer Handlungsfreiheit nicht zu stark beschränkt („reguliert") werden, die wünschenswerte Dynamik der Wirtschaft von sich aus entfalten werden. Die Staaten können ihre Abgabensysteme durchforsten, um anreizhemmende durch anreizverträgliche Abgaben zu ersetzen, wobei das Abgabenaufkommen gehalten werden muß.[35] Zu einer aussichtsreichen 'supply side policy' gehört die allmählicheVerringerung des Staatsanteils. Als Beispiel für diese Konzeption, auch für deren Schwierigkeiten, kann Deutschland genannt werden. Die OECD bescheinigt diesem Staat, seit Mitte der 80er Jahre ein 'programme of supply-side reforms' betrieben zu haben[36], das aus Steuerreform, Privatisierung und Deregulierung bestand. Die finanzpolitischen Konsolidierungserfolge der Jahre 1982 bis 1989 wurden dann durch die Wiedervereinigung wieder zunichte gemacht. Heute empfiehlt die OECD eine Rückführung der Steuerlast auf das Vorwiedervereinigungsniveau durch tiefere Kürzung der öffentlichen Ausgaben[37]. Das wird schwierig durchzusetzen sein, weil die Ausgabenkürzung vorangehen muß und nach Meinung der OECD wohl auch das soziale Netz nicht verschonen kann[38]. Aber diese Politik wird jedenfalls im Rahmen der Konvergenzregeln möglich sein.

5. Zusammenfassung

Der AK wurde erst als wirtschaftspolitische Konzeption erkannt und systematisch ausformuliert, nachdem er schon einige Jahre lang angewandt worden war und den Höhepunkt seiner praktischen Anwendung bereits überschritten hatte. Heute stellt sich die Frage, ob der AK vielleicht überhaupt schon aufgegeben wurde. Die institutionellen Voraussetzungen wurden nicht bewußt verändert, de facto auch nicht durch die Mitgliedschaft in der EU. Geändert hat sich aber doch etwas, und zwar in erster Linie die Zusammensetzung des Parlaments. Die parlamentarische Mehrheitsfindung ist so schwierig geworden, daß die Regierungen der Zusammenarbeit mit den Sozialpartnern nicht mehr die gleiche Aufmerksamkeit widmen können wie früher.

Auch die funktionalen Voraussetzungen des AK haben sich nicht direkt geändert.

Die Hartwährungspolitik wurde nicht aufgegeben, sondern durch verschiedene passive Aufwertungen der letzten Jahre eher verschärft, wenn auch in allerjüngster

---

35 Eine wichtige Nebenbedingung ist dabei die internationale Abgabenharmonisierung, d.h. die Beseitigung international konkurrenzverzerrender Effekte des Abgabensystems, was den Handlungsspielraum natürlich wieder einschränkt.

36 OECD Economic Survey, Germany, 1994, Paris., S. 109.

37 ibid., S. 109.

38 ibid., S. 120 f.

Zeit eine gewisse Rückentwicklung in Gang gekommen ist. Davon abgesehen verfolgen heute nicht nur Deutschland und Österreich, sondern fast alle EU-Länder eine Hartwährungspolitik. Das ändert die außenwirtschaftlichen Übertragungs- und Rückkoppelungseffekte, also einen wichtigen Funktionalzusammenhang.

Die Einkommenspolitik der Sozialpartner ist gleich geblieben und bildet damit das beständigste Element des AK. Gleich geblieben ist auch die restriktive Geldpolitik als (notwendige) flankierende Maßnahme der Hartwährungspolitik. Die Nachfragesteuerung über die Fiskalpolitik war bis 1991 im wesentlichen unverändert und wirkte eher passiv über automatische Stabilisatoren. Sie wurde dann als Nebenwirkung verschiedener sozial- und steuerpolitischer Maßnahmen von 1992 bis 1995 stark expansiv, mit dem Sparprogramm von 1996 plötzlich wieder sehr kontraktiv. Diese ungleichmäßige Entwicklung war verbunden mit wichtigen Änderungen in den Steuertarifen. Daher muß man den Schluß ziehen, daß der AK gerade in der Erwartungsstabilisierung, seinem Kernelement, aufgegeben wurde.

Wegen der Vorbereitungen auf die Währungsunion verfolgen heute fast alle EU-Länder eine Hartwährungspolitik. Das führt aber nicht zu einer allgemeinen Verbreitung des AK. Die auf absehbare Zeit anhaltenden Sachzwänge bei der Erfüllung der Konvergenzkriterien lassen eher ein Wiederaufleben angebotsorientierter Konzeptionen der Wirtschaftspoltitk erwarten.

Literatur

Anthony B. Atkinson/Joseph E. Stiglitz (1980), Public Economics (McGraw-Hill), London u.v.a.

Dieter Brümmerhoff (1990), Finanzwissenschaft, 5. Aufl. (Oldenbourg), München.

Georg M. Busch (1996), Österreich im Endspurt zur Europäischen Währungsunion, Wirtschaftspolitische Blätter, H. 5, (Wirtschaftskammer Österreich) Wien.

Deutsche Bundesbank (1997), Statistisches Beiheft zum Monatsbericht 5, Frankfurt am Main.

Werner Doralt (1988/89, Hrsg.), Steuerrecht, 12. Aufl., Wien (Linde), Reihe: Kodex des österreichischen Rechts.

Werner Doralt (1996/97, Hrsg.), Steuergesetze, 23. Aufl., Wien (Linde), Reihe: Kodex des österreichischen Rechts. Weitere Auflagen zwischen 1988 u. 1997.

Dieter Duwendag/Karl-Heinz Ketterer/Wim Kösters/Rüdiger Pohl/Diethard B. Simmert (1993), Geldtheorie und Geldpolitik, 4.Aufl. (Bundverlag),Köln.

Gareth D. Myles (1995), Public Economics, (Cambridge University Press) Cambridge.

Robert Holzmann (1983), Budgetary and Related Policies in Austria, University of Vienna, Working Paper No. 8304.

John F.Muth (1961), Rational Expectations and the Theory of Price Movements, in: Econometrica 29,3, 1961, pp.315–335.

Israel M. Kirzner (1987), Austrian School of Economics, in: John Eatwell/Murray Milgate/ Peter Newman (eds.), The New Palgrave Dictionar y of Economics, London (Macmillan), New York (Stockton), Tokyo (Maruzen), repr. 1988, Vol. 4, S. 149.

Ewald Nowotny (1989), Art. „Institutionelle Grundlagen, Akteure und Entscheidungsverhältnise in der österreichischen Wirtschaftspolitik", in:

Abele, Hanns et al. (Hrsg.), Handbuch der österreichischen Wirtschaftspolititk, 3. Aufl., Wien (Manz).

Österreichisches Statistisches Zentralamt (Hrsg.) (1996), Statistische Übersichten, H. 4, Wien.

Österreichisches Statistisches Zentralamt (Hrsg.) (1997), Statistische Übersichten, H. 4, Wien.

Organisation for Economic Co-operation and Development (Hrsg.) (1994), OECD Economic Surveys 1993–1994. Austria, (OECD Publications) Paris.

Organisation for Economic Co-operation and Development (Hrsg.) (1994), OECD Economic Surveys 1993–1994. France, (OECD Publications) Paris.

Organisation for Economic Co-operation and Development (Hrsg.) (1994), OECD Economic Surveys 1993–1994. Germany, (OECD Publications) Paris.

Organisation for Economic Co-operation and Development (Hrsg.) (1994), OECD Economic Surveys 1993–1994. Italy, (OECD Publications) Paris.

Thomas J. Sargent (1987), „Rational Expectations" in: John Eatwel/Murray Milgate/ Peter Newman (eds.), The New Palgrave Dictionary of Economics, London (Macmillan), New York (Stockton), Tokyo (Maruzen), repr. 1988, Vol. 4, pp. 76–79.

Hans Seidel (1982), Der Austro-Keynesianismus, Wirtschaftspolitische Blätter, H. 4, Bd. 29, (Wirtschaftskammer Österreich)Wien.

Gunther Tichy (1984), Strategy and Implementation of Employment Policy in Austria. Successfull Experiments with unconventional Assignment of instruments to Goals, Kyklos, Bd. 37, S. 363–386.

Gunther Tichy (1995a), Austrokeynesianismus. Angewandte Wirtschaftspolitik oder ex post – Konstrukt? in: Reinhard Sieder et al. (Hrsg.), Österreich 1945–1995. Gesellschaft, Politik, Kultur. (Verlag für Gesellschaftspoltitk) Wien, S. 51–63.

Gunther Tichy (1995b), Konjunkturpolitik. Quantitative Stabilisierungspolitik bei Unsicherheit, 3. neubarb. Aufl. (Springer), Berlin etc.

Christoph Vedder (1992, Hrsg.), Das neue Europarecht: EG-Vertrag und Europäische Union; Textausgabe, Einf. u. Zusammenstellg. v. Ch. Vedder, Wiesbaden (Gabler), München (European Law Press).

Politische versus ökonomische Optimalität der WWU

Forschungsinstitut für Europafragen
an der Wirtschaftsuniversität Wien
und WIFO

Fritz Breuss

1. Einleitung

Die Europäische Union hat mehrere Anläufe gebraucht, um die ökonomische Integration mit der Schaffung einer Wirtschafts- und Währungsunion (WWU) zu krönen. Nach ersten Vorschlägen Ende der sechziger Jahre (Werner-Plan von 1970) und der seit 1979 bestehenden Zwischenlösung eines Europäischen Währungssystems (EWS) hat der Vertrag über die Europäische Union (EUV) – der Maastricht-Vetrag – mit der WWU ernst gemacht. Darin wurden die wesentlichen Vorschläge des Delors-Planes von 1989 aufgegriffen und in den Rang europäischen Primärrechts erhoben. Mit dem Inkrafttreten des Maastricht-Vetrages am 1. November 1993 wurden alle Voraussetzungen für die Teilnahme (Konvergenzkriterien) und der Terminplan für das Inkrafttreten der WWU fixiert. Zwei Gipfeltreffen des Europäischen Rates (Madrid im Dezember 1995; Dublin im Dezember 1996) haben den 1. Jänner 1999 als Beginn für die WWU bekräftigt und damit bestätigt.

Entsprechend dem „Szenario für die Einführung der Einheitlichen Währung in der EU", das am Gipfel des Europäischen Rats in Madrid im Dezember 1995 beschlossen wurde, sind vor Beginn der WWU noch zwei wichtige Fragen zu klären. Eine davon – nämlich wie die Umrechnungskurse, zu denen die nationalen Wechselkurse der an der WWU teilnehmenden Staaten per 1. Jänner 1999 unwiderruflich fixiert und in den Euro übergeführt werden, festgelegt werden sollen – ist eine eher währungspolitisch-technische Frage. Die andere hingegen – nämlich die Entscheidung im Frühjahr 1998, wer in der ersten Gruppe der WWU teilnehmen wird – ist eine höchst politische Frage. Nach Art. 109j Abs. 4 EG-Vertrag entscheidet darüber letztlich der Rat in der Zusammensetzung der Staats- und Regierungschefs mit qualifizierter Mehrheit auf der Grundlage der Empfehlungen des Rates.

Diese Entscheidung im Frühjahr 1998 wird auch den Fortgang und die Effizienz der künftigen wirtschaftlichen Integration entscheidend beeinflussen. Würden alle 15 EU-Mitgliedstaaten in die WWU eintreten, wäre zwar formal der Bestand der Europäischen Integration (Zusammenhalt im Binnenmarkt) gerettet, ob dies auch ökonomisch Sinn macht, sollen die folgenden Ausführungen beleuchten.

2. Welche Größe ist für die WWU optimal?

2.1 Integrationspolitische Optimalität

Der Logik der wirtschaftlichen Integration der EU folgend, steht am Ende dieses historischen Prozesses die Schaffung eines einheitlichen Wirtschafts- und Währungsraumes. Oder anders gesagt, der Binnenmarkt kann erst dann voll seine Integrationswirkungen ausspielen, wenn auch noch die letzte Barriere, die Währungsvielfalt, beseitigt wird. Vielleicht ist die Einheitswährung aber auch nur die vorletzte Barriere. Wollte sich die WWU der EU mit der „WWU" der USA vergleichen, so müßte eigentlich noch eine Barriere, die Sprachvielfalt, beseitigt werden.

Im Idealfall sollte die WWU alle 15 EU-Mitgliedstaaten umfassen. Denn nur so könnte man vermeiden, daß ein „Europa der zwei oder mehr Geschwindigkeiten" entsteht. Eine „differenzierte Integration" ist aber durch die Festlegung der Konvergenzkriterien als Barriere für den Eintritt in die WWU leider bereits im Maastricht-Vertrag vorprogrammiert. Da sich weder gegenwärtig, noch voraussichtlich in naher Zukunft die Volkswirtschaften der EU-Mitgliedstaaten genügend ähnlich entwickeln bzw. denselben Status an Stabilität (bezüglich Preisen, Zinsen, Staatsdefiziten, Staatsschulden und Wechselkursen) aufweisen werden, bleibt das integrationspolitische Ziel einer WWU, an der alle teilnehmen können, noch lange Zeit Illusion. Aus rechtlichen Gründen kann man jetzt nicht mehr den Weg einschlagen, den Österreich mit seiner Hartwährungsoption gegangen ist. Es hat 1981 den Schilling-DM-Kurs auf 7,04 S/DM fixiert und seither daran festgehalten. Die österreichische Wirtschaft mußte sich an jene Deutschlands anpassen, sie mußte konvergieren und sie tat es auch. Das zeigt sich in der Konvergenz von Zinsen, Preisen, aber auch an jener der realen Größen wie Industrieproduktion und Konjunkturverlauf des Brutto-Inlandsprodukts (siehe Breuss, 1992). Österreich verfolgte damit den in der Literatur im Zusammenhang mit der Diskussion einer Währungsunion als „monetaristische Theorie" bezeichneten Ansatz, wonach eine gemeinsame Währung zur Beschleunigung und (durch den Zwang zur wirtschaftlichen Konvergenz) Festigung und Vertiefung der Integration führt. Im Maastricht-Vertrag wurde hingegen die „Krönungstheorie" bevorzugt, die besagt, daß zuerst eine wirtschaftliche Konvergenz vorliegen muß. Erst dann kann man eine Einheitswährung einführen.

2.2 Ökonomische Optimalität

2.2.1 Auswahl anhand der Konvergenzkriterien

Nachdem viele Mitgliedstaaten der EU die Sanierung ihrer Staatshaushalte lange Zeit verzögerten, obwohl sie seit der Einigung auf den Maastricht-Vertrag im Dezember 1991 wußten, was die Voraussetzungen für den Eintritt in die WWU sind, unternahmen sie seit 1995 enorme Anstrengungen, die Konvergenzkriterien doch noch zeitgerecht zu erfüllen. Dies hat dazu geführt, daß sich die Werte der für die Konvergenzkriterien ausgewählten Variablen in den letzten Jahren angeglichen haben. Dies gilt insbesondere für die Entwicklung von Preisen und Zinssätzen. Bei den Fiskalkriterien dürften infolge der synchronen Konsolidierungsmaßnahmen die laufenden Defizite tatsächlich beträchtlich verringert worden sein, während die Staatsverschuldung nach wie vor ein hohes Niveau aufweist (siehe Breuss, 1997, Kapitel 3). Nicht zuletzt die in den meisten EU-Staaten simultan eingeschlagene restriktive Fiskalpolitik seit 1995 hat den Konjunkturverlauf gedämpft und daher zu Einbußen von Realeinkommen und Beschäftigung geführt. Im Zuge der Dämpfung der gesamtwirtschaftlichen Nachfrage im Ausmaß von rund 1 % des BIP sind die Zinsen gesunken. Dem kurzfristigen Einbruch der Konjunktur in den Jahren 1996–97 sollte bis zum Beginn der WWU infolge niedrigerer Zinsen ein kräftiger Aufschwung folgen (siehe Breuss, 1997, Kapitel 3).

Tabelle 1: Konvergenzkriterien für das Jahr 1997

	Preis-stabilität VPI [1] In %	Budget-saldo Staat % BIP	Staats-schuld brutto % BIP	Zinssatz lang-fristig In %	Wechselkurse im EWS: innerhalb „normaler" Bandbreiten	Wechselkurse im EWS: Teilnahme am WKM	Alle Kriterien erfüllt: „strenge" Aus-legung [2]	Alle Kriterien erfüllt: „milde" Aus-legung [2]
					1995/96	1996		
Belgien	1,9	-2,7	126,7	5,8	ja	ja	nein	ja
Dänemark	2,4	0,3	67,2	6,2	ja	ja	nein[4)]	ja[5)]
Deutschland	1,8	-3,0	61,8	5,6	ja	ja	nein	ja
Griechenland	6,0	-4,9	108,3	10,8	nein	nein	nein	nein
Spanien	2,3	-3,0	68,1	6,6	ja	ja	nein	ja
Frankreich	1,6	-3,0	57,9	5,8	ja	ja	ja	ja
Irland	2,0	-1,0	68,3	6,4	ja	ja	nein[4)]	ja
Italien	2,3	-3,2	122,4	7,0	nein	ja[3)]	nein	ja/nein ?
Luxemburg	1,7	1,1	6,5	6,0	ja	ja	ja	ja
Niederlande	2,4	-2,3	76,2	5,6	ja	ja	nein[4)]	ja
Österreich	1,4	-2,8	68,3	5,6	ja	ja	nein	ja
Portugal	2,5	-3,0	64,1	6,5	ja	ja	nein	ja
Finnland	0,9	-1,9	59,2	5,9	nein	ja[3)]	ja[4)]	ja
Schweden	0,7	-2,6	76,5	6,7	nein	nein	nein	nein
Großbritannien	2,2	-2,9	54,7	7,5	nein	nein	nein	nein[5)]
EU-Durchschn.	2,1	-2,9	72,9	6,2			Länder	Länder
Referenzwerte	**2,5** [*)]	**-3,0**	**60,0**	**8,1** [+)]			3	10-11 (12)

1) Zur Bewertung der Konvergenzkriterien wird ein eigener „harmonisierter" VPI verwendet, der hier noch nicht verwendet wurde.

2) Bezieht sich auf die Fiskalkriterien (Defizit, Staatsverschuldung) laut EG-Vertrag, Art. 104c, Abs. 2.

3) Finnland nimmt seit 12. Oktober 1996 am Wechselkursmechanismus teil. Italien nimmt wieder seit 24. November 1996 am WKM teil.

4) Gemäß Entscheidung des Rates (ECOFIN) vom Juli 1996 haben Dänemark und Irland die Kriterien für den Finanzierungssaldo und die Staatsschuld erfüllt (Daten von 1995; kein „übermäßiges Defizit"). Luxemburg hat diese Bedingung immer schon erfüllt. Am 12. Mai 1997 entschied der Rat, daß auch die Niederland und Finnland (Daten von 1996) kein „übermäßiges Defizit" aufweisen.

5) Dänemark und Großbritannien haben eine „opting out"-Regelung (Protokolle 11 und 12 des EU-Vertrag).

*) Inflationsrate um nicht mehr als 1,5% über dem Durchschnittswert der Inflationsrate der drei preisstabilsten Mitgliedstaaten.

+) Langfristiger Nominalzinssatz um nicht mehr als 2 Prozentpunkte über dem entsprechenden Satz in jenen drei Mitgliedstaaten, die am preisstabilsen sind.

Konvergenzkriterien laut EG-Vertrag, Art.109.
EWS=Europäisches Währungssystem; WKM=Wechselkursmechanismus des EWS.

Die Auswahl der Kandidaten für die erste Runde, mit der die WWU am 1. Jänner 1999 beginnen soll, erfolgt am ersten Wochenende im Mai 1998 auf Basis der tatsächlichen Daten des Jahres 1997. Ein Simulation einer solchen Entscheidung, die letztlich vom Rat der Staats- und Regierungschefs vorgenommen wird, läßt sich anhand der Erfüllung der Konvergenzkriterien entsprechend der Prognosen für das Jahr 1997 durchführen. Dies führt zum Schluß, daß theoretisch 11 EU-Mitgliedstaaten an der WWU in der ersten Runde ab 1. Jänner 1999 teilnehmen könnten (Tabelle 1). Nach der „strikten", d.h. exakten Interpretation der Konvergenzkriterien – insbesondere bezüglich der Fiskalkriterien – würden nur 2 Länder (Frankreich und Luxemburg) legitimiert sein, mit der WWU zu beginnen. Interpretiert man etwas „flexibler", aber durchaus vertragskonform den Art. 104c Abs. 2 EG-Vertrag (wonach auch die Nähe des Referenzwertes bzw. die Bewegung in dessen Richtung für Defizit und Staatsschuld genügt), so kämen 11 Staaten als Kandidaten für die WWU in Frage. Lediglich Griechenland kann auch mit Nachsicht aller Taxen nicht in die erste Runde aufgenommen werden, weil es alle 5 Konvergenzkriterien eindeutig verfehlt. Dänemark wäre theoretisch ein Kandidat, kann aber – ebenso wie Großbritannien die „Opting-out-Regelung" (Protokolle 11 und 12 EU-Vertrag) in Anspruch nehmen. Schweden (ebenso wie Großbritannien und Griechenland) ist noch nicht dem Wechselkursmechanismus des EWS beigetreten. Da dies zwei Jahre vor Beginn der WWU erfolgen sollte, hat sich Schweden freiwillig von der Teilnahme ausgeschlossen. Diese Haltung der schwedischen Regierung entspricht der Empfehlung des Calmfors-Berichts. Italien und die anderen südlichen EU-Mitgliedstaaten (ohne Griechenland) wären somit auch Teilnehmer der WWU.

Abgesehen davon, daß die Auswahl im Frühjahr 1998 auf politischer Ebene getroffen wird, muß man sich fragen, ob die soeben probeweise vorgenommene Auswahl, die dem politischen Ideal einer möglichst großen WWU sehr nahe käme, auch tatsächlich ökonomisch optimal für die WWU wäre.

2.2.2 Was sagt die Theorie?

Robert Mundell (1961) hat zum ersten Mal die Frage nach der Optimalität eines Währungsgebietes aufgeworfen. Seither spricht man von der Theorie der optimalen Währungsräume (oder Theory of optimum currency area – OCA-Theorie). Damals ging es um die Frage, ob es für zwei oder mehrere Länder vorteilhaft wäre, ihre bilateralen Wechselkurse dauerhaft zu fixieren, was ein Austritt aus dem Bretton-Woods-Wechselkurssystem bedeutet hätte.

Die Hauptaussage der OCA-Theorie besagt, daß Flexibilität auf dem Arbeitsmarkt (Reallohnflexibilität, Arbeitskräftemobilität) und ein hoher Grad an fiskalpolitischer Integration eine Vorbedingung für eine erfolgreiche Währungsunion sind. Obwohl spätere Vertreter noch andere Merkmale als wichtig für einen optimalen Währungsraum reklamierten (z.B. der Grad an Offenheit einer Volkswirtschaft – McKinnon (1963), oder die Produktdiversifizierung – Kenen (1969, 1995)), bleibt die Arbeitsmarktflexibilität eines der wichtigsten Kriterien.

Die OCA-Theorie läßt sich anhand der Grafik 1 wie folgt zusammenfassen: Sie repräsentiert einen Zusammenhang zwischen „realer Divergenz“ und „Flexibilität des Arbeitsmarktes“. Die senkrechte Achse mißt die „reale Divergenz“, d.h. das Auseinanderlaufen im Wachstum des realen BIP und der Beschäftigung nach einem asymmetrischen Schock, auf die die an einer WWU teilnehmenden Länder aufgrund unterschiedlicher Wirtschaftsstrukturen verschieden reagieren. Die horizontale Achse mißt den Grad an „Flexibilität des Arbeitsmarktes“ in den potentiellen Ländern einer WWU. Sie bezieht sich auf die Reallohnflexibilität und die interregionale (internationale) Mobilität des Faktors Arbeit.

Grafik 1:Die Theorie der optimalen Währungsräume (OCA-Theorie)

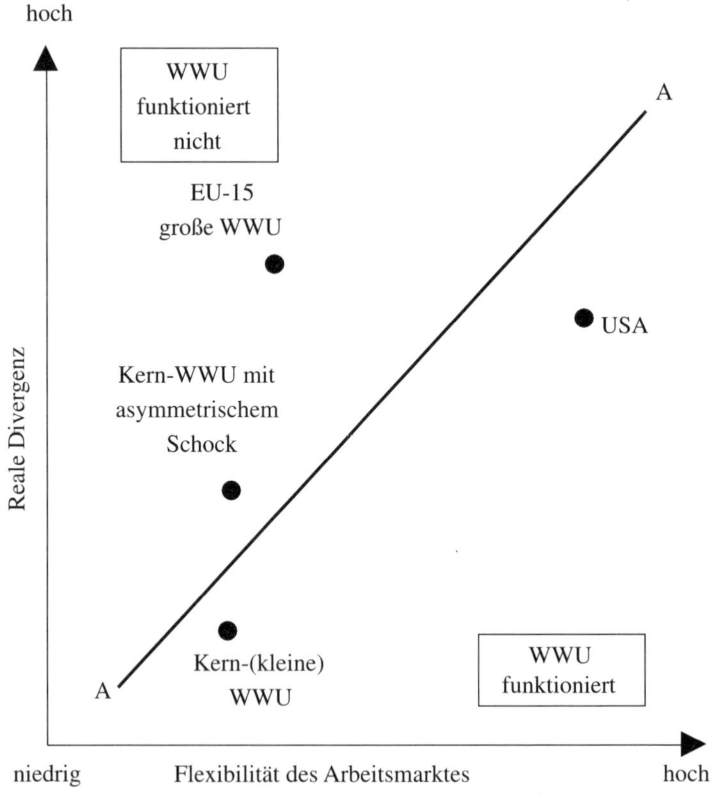

Die OCA-Theorie postuliert nun folgende Zusammenhänge: Je größer der Grad an realer Divergenz, umso höher müßte die Arbeitsmarktflexibilität sein, damit eine Währungsunion (im Falle exogener Störungen) gut funktionieren kann (siehe die Linie AA). Länder, die unterhalb dieser Linie angesiedelt sind, können eine WWU ohne „exzessive" Anpassungskosten bilden. Diese Länder würden zu einer „optimalen Währungsunion" gehören. Länder, die oberhalb der AA-Linie liegen, müssen mit hohen Anpassungskosten rechen, wenn sie eine WWU gründen. Sie weisen zuwenig Arbeitsmarktflexibilität auf, um große Störungen kostenminimierend abzufedern. Diese Länder bilden keine „optimale Währungsunion". Für sie wäre es besser, wenn sie noch eine zeitlang den nominellen Wechselkurs als Anpassungsinstrument besäßen (z.B. die Option Schwedens).

Die OCA-Theorie bietet allerdings keine theoretische Fundierung für die Konvergenzkriterien laut Maastricht-Vertrag. Gemäß dieser Theorie ist eine Konvergenz von Inflationsraten, Zinsen, Budgetsalden und Staatsverschuldung weder notwendig, noch hinreichend für eine WWU. Bezüglich der Fiskalkriterien geht die OCA-Theorie sogar noch einen Schritt weiter (De Grauwe, 1996a). Wenn es in einer WWU nicht gleichzeitig mit der Zentralisierung der Geldpolitik zu einer Form der Zentralisierung der nationalen Budgets kommt, könnte die Auferlegung fiskalischer Konvergenzerfordernisse das Steuern der WWU sogar noch schwerer machen. Wenn asymmetrische Schocks auftreten, beraubt der Zwang, alle nationalen Budgets durch die Konvergenzkriterien („Stabilitäts- und Wachstumspakt") gleichzuschalten, die Mitgliedstaaten, die von den Schocks stärker betroffen sind der Möglichkeit, dagegen anzukämpfen. Als Folge davon würde der Druck auf die Europäische Zentralbank (EZB) zunehmen, die Geldpoltitik zu lockern oder die Notwendigkeit für Fiskaltransfers würde steigen. De Grauwe (1996a) und andere Autoren kommen sogar zum Schluß, daß die Konvergenzkriterien des Maastrichter Vertrags nicht nur unnötig und unzureichend sind, sondern sogar gefährlich und kontraporoduktiv.

Eine große WWU, die alle 15 Mitgliedstaaten der EU umfaßt, ist nach den Kriterien der OCA-Theorie – untermauert durch zahlreiche empirische Evidenz (für einen Überblick, siehe Breuss, 1996 sowie Breuss, 1997, Kapitel 7) – sicher kein „optimaler Währungsraum". Die empirische Evidenz der OCA-Theorie (im wesentlichen Schockanalysen mittels Zeitreihenverfahren) bringt die überwältigende Aussage, daß im Rahmen der EU nur eine kleine WWU oder eine „Kern-WWU" eine optimale Währungsunion in der EU ist[1].

Die OCA-Theorie läßt allerdings eine Reihe von Fragen unbeantwortet (für die beiden ersten Argumente, siehe De Grauwe, 1996b):

---

[1] *Tichy* (1993, 1994, 1996, 1997) hat in mehreren Beiträgen empirisch die „Ingegrationshomogenität" der EU-Mitgliedstaaten untersucht. Er verwendete dabei makroökonomische Größen wie Außenhandelsverflechtung, Preisentwicklung, Arbeitslosigkeit und sonstige Variablen. Dabei findet er ebenfalls, daß die EU derzeit keinen optimalen Währungsraum darstellt.

Sie bietet keinerlei praktische Hilfe für die Entscheidung, wer an einer künftigen WWU teilnehmen soll. Die meisten empirischen Studien konzentrieren sich nur auf die Kostenseite einer WWU (Wie hoch sind die Anpassungskosten nach Schocks?) und vernachlässigen mögliche Vorteile bzw. den Nutzen einer WWU. Die OCA-Theorie kann keine Grenze angeben, die es erlauben würde, die maximale Größe der Anpassungskosten zu ermitteln, unter der Länder liegen sollten, damit eine WWU attraktiv wird.

Die traditionelle OCA-Theorie läßt das „Externalitätsproblem" außer Acht. Dieses Problem entsteht dadurch, daß durch die Entscheidung von einem oder mehreren Ländern, der WWU beizutreten, auch die Kosten und Nutzen der WWU für die anderen Mitglieder tangiert werden. Wenn ein potentiell in eine WWU eintretendes Land (z.B. Deutschland) findet, daß die künftigen Partner zu unterschiedlich sind (z.B. wenn Italien dabei ist), sodaß die Wahrscheinlichkeit asymmetrischer Schocks hoch ist, wird das Interesse des sich zu entscheidenden Landes gering sein, sich mit diesen „unpassenden" Ländern währungspolitisch zu vereinen.

Die OCA-Theorie und ihre empirischen Tests basieren ihre Analysen immer auf eine Situation oder die Entwicklung der Vergangenheit. Sie lassen damit die Möglichkeit außer Acht, daß durch die Fixierung der Wechselkurse bzw. durch die Teilnahme an einer Währungsunion die notwendigen Anpassungen z.B. bezüglich der Reallohnflexibilität tatsächlich erfolgen können (künftiger Lernprozeß). Österreich, das den Schilling seit 1981 an die DM koppelt, kann als ein gelungenes Beispiel einer erfolgreichen Anpassung gelten (siehe Breuss, 1992), die deutsche Wiedervereinigung, die mit dem 1:1-Umtausch von Ost- zu Westmark begann, ist eher als Negativbeispiel bekannt. Dieses Modell hat die Grenzen aufgezeigt, die einer währungspolitischen Integration gesetzt sind, wenn dies Länder mit sehr divergierender Wirtschaftsentwicklung versuchen. Ohne massive Transfers (rund 200 Mrd.DM pro Jahr) von West nach Ost wäre die deutsch-deutsche Währungsunion zum Scheitern verurteilt.

2.2.3 Gesamtwirtschaftliche Auswirkungen der WWU in Modellsimulationen

Die Einführung einer Einheitswährung sollte im Idealfall den Binnenmarkt effizienter machen. Im folgenden werden die in der Literatur sowohl von Theoretikern, als auch von Praktikern (z.B. in der ersten umfassenden Analyse der WWU seitens der Europäischen Kommission mit dem Titel „one market – one money", EG, 1990) immer wieder kolportierten Vor- und Nachteile einer WWU ernst genommen und versucht, sie zu quantifizieren. Während die empirischen Tests der OCA-Theorie nur eine Seite der Medaille, nämlich die Anpassungskosten durch die Fixierung der Wechselkurse anläßlich von exogenen Schocks untersuchen, soll im folgenden eine makroökonomische Bilanz der Vor- und Nachteile gezogen werden. Als Instrument dazu dient ein makroökonomisches Weltmodell (das Oxford Economic Forecasting – OEF - Modell).

Die Errichtung einer Währungsunion ist im wesentlichen ein makroökonomisches Projekt und impliziert im Kern zweierlei:
Zum einen die unwiderrufliche Fixierung der Wechselkurse der teilnehmenden Länder untereinander und die daraus resultierende Festsetzung des Wertes der ECU, die dann 1:1 am 1. Jänner 1999 in den Euro umgetausch wird. Modelltechnisch bedeutet eine WWU, daß die bilateralen Wechselkurse der teilnehmenden Länder zur DM fixiert werden[2] und dadurch die Wechselkursrisikoprämien wegfallen. Dies impliziert, daß der Außenwert der DM jenem des Euro gleichkommt.
Zum anderen geht zum gleichen Zeitpunkt die nationale Geldpolitik auf die ESZB/EZB über, das heißt die Geld- und Wechselkurspolitik wird ab 1. Jänner 1999 in Euro zentral von der EZB für alle an der WWU teilnehmenden Länder gestaltet.

Im folgenden wird ein Szenario einer „großen“ WWU unter Berücksichtigung von vier Kategorien von möglichen Effekten (die sowohl Vor- als auch Nachteile aufweisen können) simuliert (Tabelle 2):

- Einsparung an Transaktionskosten durch Wegfall des Währungsumtausches
- Intensivierung des Wettbewerbs im Finanzsektor durch die Einführung des Euro
- Wechselkursstabilität durch Fixierung der Wechselkurse
- Dynamische Effekte oder Wachstumseffekte durch Steigerung der gesamtwirtschaftlichen Effizienz und die Ausnützung von economies of scale.

Die simulierten Effekte einer großen WWU[3], die alle EU-Mitgliedstaaten umfaßt (de facto ist eine solche große WWU im OEF-Modell explizit durch 9 Länder repräsentiert) stellt implizit auch einen Test der OCA-Theorie dar[4]. Es geht um die Frage, wer gewinnt und wer verliert in einer großen WWU, in der (unabhängig von der Erfüllung der Konvergenzkriterien) sowohl Hart- als auch Weichwährungsländer zusammengespannt sind. Bezüglich der Geldpolitik der EZB wurden keine besonderen Annahmen getroffen: weder wurde angenommen, daß sie am Beginn – um Glaubwürdigkeit zu erwerben – besonders restriktiv sein wird, noch wurde das Gegenteil angenommen.

---

2 Zur Umrechnung der Wechselkurse gibt es im wesentlichen drei Methoden: a) die Devisenkurse des letzten Tages im Jahr 1998; b) ein Durchschnitt der Devisenkurse über eine Periode von sechs bis 12 Monaten vorher (*Lamfalussy*-Formel) oder c) die Leitkurse des EWS. Laut Beschluß des informellen ECOFIN-Rates vom 12. –13. 9. 1997 werden Anfang Mai 1998 gleichzeitig mit der Bekanntgabe der Teilnehmer an der WWU auch deren bilateralen Wechselkurse angekündigt, zu denen am 1. 1. 1999 in den ECU bzw. in den Euro eingestiegen wird.

3 Die hier vorgestellten Modellberechnungen sind eine Sonderauswertung der im Rahmen des WWU-Studie des WIFO angestellten Berechnungen; siehe *Breuss* (1997), Kapitel 3.

4 Für weitere Analysen von Angebots- und Nachfrageschocks im Rahmen von Simulationen mit dem OEF-Modell, siehe *Breuss* (1997), Kapitel 3.

Tabelle 2: Vor- und Nachteile einer nicht optimalen großen WWU

Effekte (Modellinputs)	**Vorteile**	**Nachteile**
Transaktionskosten-Abbau (0,2 % bis 0,9 % des BIP)	Wegfall der Kosten beim Währungsumtausch (für Touristen, Ex- und Importeure)	Verlust des entsprechenden Devisengeschäfts der Banken
Mehr Wettbewerb im Finanzsektor (-1 % kurzfrist. Zinsen)	Verwirklichung des cross-border-Wettbewerbs bei Banken/Versicherungen (günstigere Finanzierungsbedingungen für Firmen)	Gewinnkompression im Bankensektor (möglicher Personalabbau)
Wechselkursstabilität (fixe Wechselkurse versus flexible: Muster der Wechselkursvolatilität 1992-96 auf 1999-2003 extrapoliert)	begünstigt (Hartwährungs)-Länder, die bisher Wechselkurse nicht als Wettbewerbswaffe einsetzten Konvergenz von Zinsen und Preisen (steigen)	benachteiligt (Weichwährungs)-Länder, die bisher auf Kosten anderen EU-Staaten abwerteten Konvergenz von Zinsen und Preisen (sinken) Gefährdung der inneren (Preise) und äußeren Stabilität (Außenwert des Euro)
Wachstumseffekte (Anhebung der TFP, um 0,3 %-0,7 % p.a. - Baldwin-Multiplikator)	Stärkere Vorteile für die bisher weniger effizienten EU-Staaten (Weichwährungsländer)	Geringere zusätzlicher Vorteile für EU-Staaten (Hartwährungsländer), die bereits sehr effizient sind. Gesamtwirtschaftliche Produktivitätssteigerung teilweise auf Kosten von Beschäftigten.

[1] TFP = Total factor productivity (gesamtwirtschaftliche Faktorproduktivität)

Ergebnisse:

1. Den positiven Wachstumseffekten einer „großen" WWU steht die Gefährdung der inneren und äußeren Stabilität der EU gegenüber, wenn von Beginn an alle EU-Staaten an der WWU teilnehmen. Die Gewinner – gemessen am BIP-Zuwachs wären in jedem Fall die Hartwährungsländer (Grafik 2, Tabelle 3, Tabelle 4). Sie würden mittelfristig einen kumulierten BIP-Zuwachs von knapp 2 % aufweisen, während es die Weichwährungsländer nur auf ein Plus von 1¼ % bringen würden (Österreich wäre mit einem BIP-Zuwachs von 2¼ % voran). Im EU-Durchschnitt würde sich der positive Einkommenseffekt in einem Zuwachs des realen BIP von 1¾ % niederschlagen.

Die Beschäftigungseffekte entsprechen annähernd dem Muster der BIP-Effekte, allerdings sind sie – wie von vielen Experten erwartet – nicht sehr hoch. Hier würden die Hartwährungsländer leicht gewinnen und die Weichwährungsländer verlieren, sodaß im EU-Durchschnitt kaum nennenswerte Beschäftigungssteigerungen zu erwarten wären (im EU-Durchschnitt nicht mehr als 1/10 % mehr nach fünf Jahren).

Die hier ermittelten Beschäftigungseffekte unterstellen, daß die bisherige Lohnpolitik unverändert auch in der WWU gilt. Eine Währungsunion schränkt den wirtschaftspolitischen Handlungsspielraum vieler Makropolitikbereiche ein. Durch die Zentralisierung der Geldpolitik und der Fixierung der Wechselkurse sowie der Notwendigkeit, die Fiskalpolitik zu koordinieren, geht die Hauptlast der Anpassung auf exogene Störungen bzw. der Aufrechterhaltung der außenwirtschaftlichen Konkurrenzfähigkeit auf die Lohnpolitik über (Breuss, 1994). Auch hier gilt wiederum, daß die entsprechenden Anpassungslasten (Lernkosten) bei den Weichwährungsländern höher sein werden als bei den Hartwährungsländern, die schon bisher gelernt haben, mit relativ stabilen Wechselkursen ihre Lohnpolitik an die Produktivitätsentwicklung anzupassen. Die Modellsimulationen (siehe Breuss, 1997, Kapitel 3) zeigen, daß es im Übergang von einer kleinen (auf Hartwährungsländer beschränkten) auf eine große WWU (inklusive der Weichwährungsländer) bei unveränderter Lohnpolitik zu einer realen Abwertung in den Hartwährungsländern und zu einer realen Aufwertung in den Weichwährungsländern (gemessen an den relativen Lohnstückkosten in einheitlicher Währung) kommen könnte. Diese Nachteile können die Weichwährungsländer nur ausgleichen, wenn es ihnen gelingt, ihre Lohnpolitik radikal zu ändern und an der Produktivitätsentwicklung zu orientieren. Die WWU müßte daher, um erfolgreich zu sein, in den Weichwährungsländern zur „Produktivitätspeitsche" werden. Auch hier ist wiederum das österreichische Beispiel der Hartwährungspolitik seit 1981 illustrativ (Breuss, 1992).

Die Hartwährungsländer würden – neben den positiven Wachstumsimpulsen, die sich aus den Wirkungen des „Transaktionskosten-Abbaus“, durch „mehr Wettbewerb im Finanzsektor“ und durch die „Wachstumseffekte“ ergeben und allen Ländern zugute kommen – zusätzlich von der „Wechselkursstabilität“ profitieren. Der Grund liegt darin, daß die Konkurrenten in den Weichwährungsländer in einer WWU nicht mehr abwerten könnten.

Durch die auf dem Gipfel des Europäischen Rats in Dublin im Dezember 1996 vereinbarten Beziehungen zwischen den „ins“ und den „pre-ins“ im Rahmen eines neuen Wechselkursmechanismus (WKM2) sollten die Weichwährungsländer, die nicht gleich an der WWU teilnehmen können – innerhalb der noch festzulegenden Bandbreiten – ein wechselkurspolitisches Wohlverhalten an den Tag legen. Wenn dies auch tatsächlich realisiert wird, sollten die „Wechselkursstabilitäts“-Effekte für die Hartwährungsländer gleich groß sein, ob nun die WWU anfänglich groß oder nur klein ist, d.h. nur auf den DM-Kern beschränkt bleibt.

Alle übrigen positiven Wachstums- und Beschäftigungseffekte hängen aber von der Größe der WWU ab. Je kleiner eine WWU, um so geringer die Vorteile aus dem Transaktionskosten-Abbau. Je kleiner der Euro-Währungsraum, um so geringer die veranschlagten Wettbewerbseffekte im Finanzsektor. Insbesondere die hier postulierten Wachstumseffekte, die auf economies of scale basieren, hängen natürlich stark von der Größe der WWU ab.

Grafik 2: Makroökonomische Gesamteffekte einer „großen WWU“

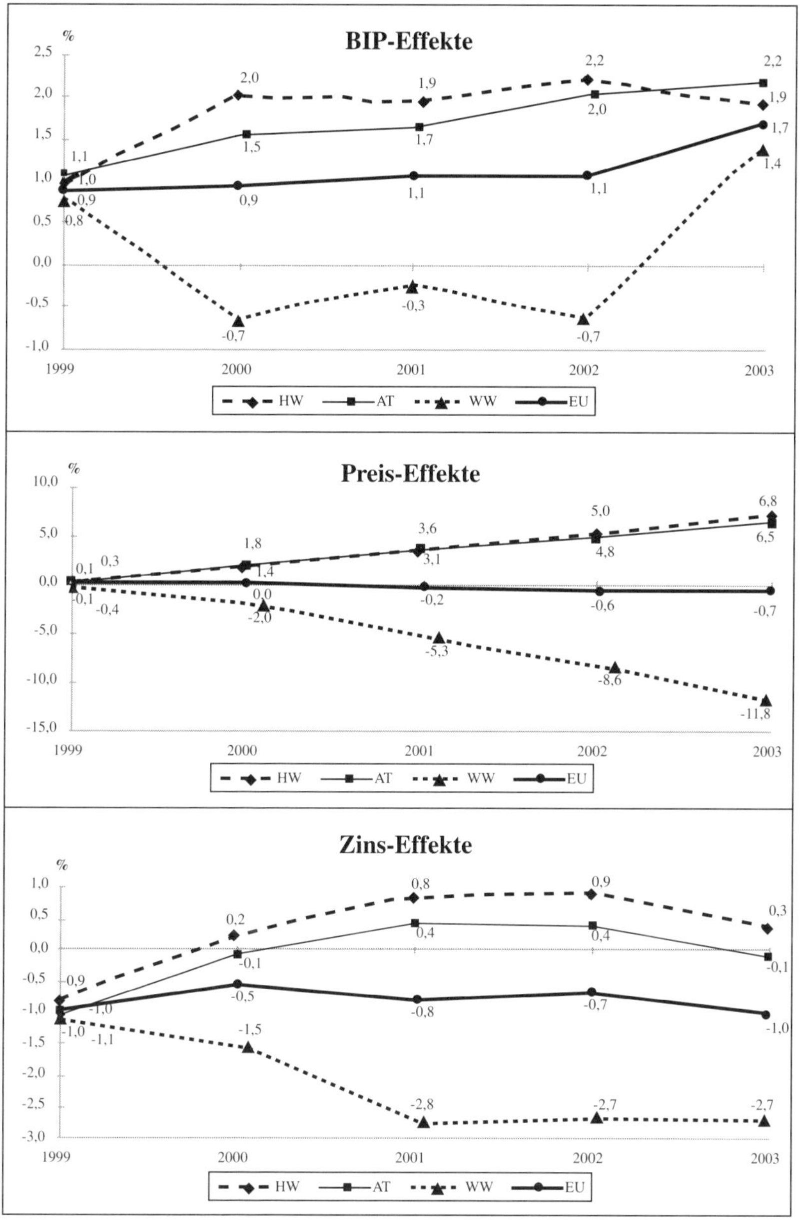

Fortsetzung von Grafik 2

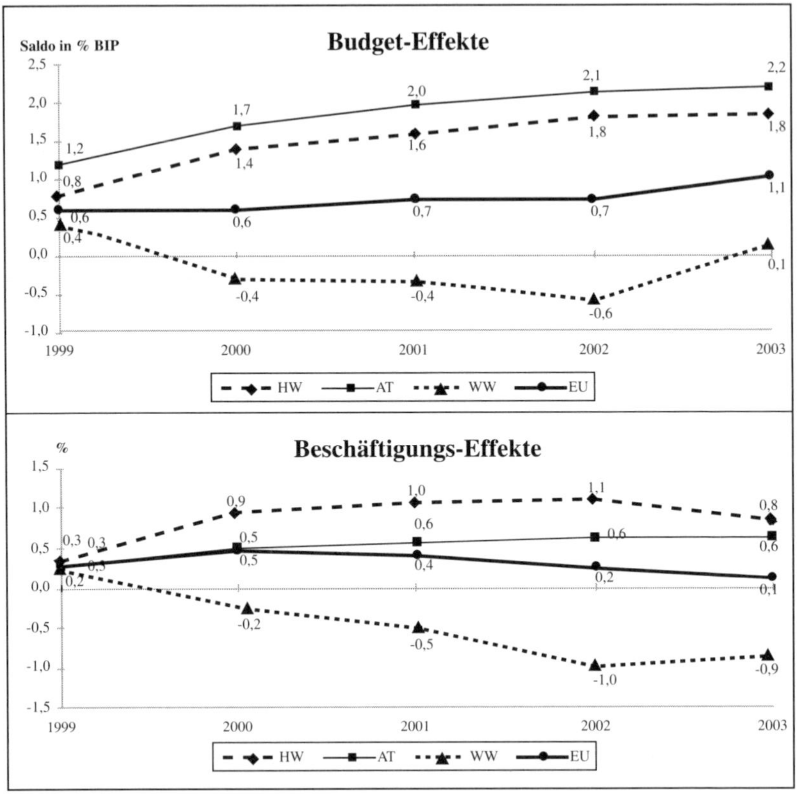

HW=Hartwährungsländer (Deutschland, Frankreich, Niederlande, Belgien, Österreich). WW=Weichwährungsländer (Italien, Großbritannien, Spanien, Schweden); AT=Österreich; EU=HW+WW.

Gesamteffekte = Transaktionskosten-Abbau + Effekte durch mehr Wettbewerb im Finanzsektor + Wechselkursstabilität + Wachstumseffekte.

Quelle: Eigene Berechnungen mit dem OEF-Weltmodell.

Tabelle 3: Gesamtwirtschaftliche Auswirkungen einer „großen WWU“ auf Hart- und Weichwährungsländer der EU

	Einzeleffekte der WWU								**Gesamteffekte**	
	Transaktionskosten-Abbau (1)		Mehr Wettbewerb im Finanzsektor (2)		Wechselkursstabilität (3)		Wachstumseffekte („dyn. Effekte“) (4)		(1+2+3+4)	
	1. J.	5. J.	1. J.	5. J.	1. J.	5. J.	1. J.	5. J.	1. J.	5. J.
	(Abweichungen von der Basislösung in %)									
BIP-Effekte:										
HW	0,25	0,12	0,31	0,18	0,28	0,16	0,13	1,46	0,97	1,92
AT	0,45	0,00	0,36	0,25	0,06	0,30	0,21	1,64	1,08	2,19
WW	0,72	0,24	0,38	0,60	-0,51	-1,97	0,18	2,54	0,77	1,41
EU	0,44	0,17	0,34	0,35	-0,04	-0,70	0,15	1,89	0,89	1,71
Preis-Effekte:										
HW	0,08	1,85	0,13	2,44	0,05	5,00	-0,13	-2,46	0,13	6,83
AT	0,19	1,90	0,14	2,80	0,00	3,10	-0,07	-1,35	0,26	6,45
WW	0,21	3,10	-0,13	2,82	-0,22	-15,17	-0,21	-2,56	-0,35	-11,81
EU	0,13	2,35	0,02	2,60	-0,06	-3,12	-0,16	-2,50	-0,07	-0,67
Zins-Effekte:										
HW	0,20	0,78	-0,84	-0,36	0,11	2,19	-0,33	-2,27	-0,86	0,34
AT	0,23	0,66	-0,93	-0,45	0,08	2,25	-0,38	-2,55	-1,00	-0,09
WW	0,22	0,65	-0,89	-0,39	-0,02	-0,51	-0,41	-2,50	-1,10	-2,75
EU	0,21	0,72	-0,86	-0,37	0,05	0,99	-0,36	-2,37	-0,96	-1,03
Budget-Effekte:										
HW	0,32	0,34	0,26	0,46	0,07	0,29	0,11	0,73	0,76	1,82
AT	0,55	0,23	0,43	0,81	0,02	-0,01	0,18	1,18	1,18	2,21
WW	0,26	0,36	0,22	0,63	-0,14	-1,81	0,10	0,92	0,44	0,10
EU	0,29	0,35	0,24	0,54	-0,02	-0,64	0,10	0,82	0,61	1,07
Beschäftigungs- Effekte:										
HW	0,09	0,11	0,12	0,17	0,08	0,21	0,04	0,34	0,33	0,83
AT	0,13	0,09	0,10	0,21	0,02	0,22	0,04	0,11	0,29	0,63
WW	0,23	0,44	0,11	0,57	-0,13	-2,15	0,03	0,24	0,24	-0,90
EU	0,15	0,24	0,12	0,33	0,00	-0,74	0,03	0,30	0,30	0,13
Wechselkurs (Euro/US-$)[2]	0,01	1,83	0,27	2,61	-0,01	4,86	-0,01	-2,52	0,26	6,78

[1] Basislösung ist generell das WWU-Szenario mit fixierten Wechselkursen zur DM ab 1. Jänner 1999. Das Szenario für die „Wechselkursstabilität“ vergleicht das WWU-Szenario mit einer Situation von Wechselkursvolatilität wie sie zwischen 1992 und 1996 in Europa geherrscht hatte. „Große WWU“ bedeutet modelltechnisch, daß 9 EU-Mitgliedstaaten an der WWU teilnehmen. Implizit versteht man unter einer „großen WWU“ jedoch, daß tatsächlich alle 15 EU-Staaten mitmachen.

2) Ein Anstieg (Sinken) bedeutet eine Abwertung (Aufwertung) des Euro gegenüber dem US-Dollar.
BIP-Effekte = reales BIP; Preis-Effekte = VPI; Zins-Effekte = langfristige Nominalzinssatz; Budget-Effekte = Finanzierungssaldo des Staates in % des BIP (+/- = Budgetverbesserung/-verschlechterung),- Beschäftigungs-Effekte = unselbständig Beschäftigte.
HW = Hartwährungsländer (Deutschland, Frankreich, Niederlande, Belgien, Österreich).
WW = Weichwährungsländer (Italien, Großbritannien, Spanien, Schweden).
AT = Österreich; EU = HW + WW.

Quelle: Eigene Berechnungen mit dem OEF-Weltmodell.

Tabelle 4: Gesamtwirtschaftliche Auswirkungen einer „großen WWU" für Österreich

	Einzeleffekte der WWU								Gesamteffekte	
	Transaktionskosten-Abbau (1)		Mehr Wettbewerb im Finanzsektor (2)		Wechselkursstabilität (3)		Wachstumseffekte („dyn. Effekte") (4)		(1+2+3+4)	
	1. J.	5. J.	1. J.	5. J.	1. J.	5. J.	1. J.	5. J.	1. J.	5. J.
	(Abweichungen von der Basislösung[1] in %)									
Privater Konsum, real	1,20	0,39	0,31	-0,02	-0,05	-2,31	0,14	2,60	1,60	0,66
Brutto-Anlageinvestitionen, real	-0,06	-1,82	1,01	1,61	-0,07	-2,37	0,36	4,00	1,24	1,42
Exporte i.w.S., real	0,61	0,22	0,54	0,26	-0,08	1,54	0,03	-0,52	1,10	1,50
Importe i.w.S., real	1,21	-0,23	0,84	0,50	-0,27	-2,39	0,06	1,22	1,84	-0,90
BIP, real	***0,45***	***0,00***	***0,36***	***0,25***	***0,06***	***0,30***	***0,21***	***1,64***	***1,08***	***2,19***
Pers. verfügb. Einkommen, real	1,96	1,08	-0,18	-0,49	-0,05	-1,83	0,00	1,84	1,73	0,60
Verbraucherpreise	0,19	1,90	0,14	2,80	0,00	3,10	-0,07	-1,35	0,26	6,45
Leistungsbilanz (in % BIP)	-0,26	0,18	-0,13	0,00	-0,13	1,29	0,02	-0,62	-0,50	0,85
Unselbständig Beschäftigte	0,13	0,09	0,10	0,21	0,02	0,22	0,04	0,11	0,29	0,63
Arbeitslosenquote	-0,12	-0,08	-0,10	-0,20	-0,01	-0,20	-0,04	-0,03	-0,27	-0,51
Finanzierungssaldo, Staat (in % BIP)	0,55	0,23	0,43	0,81	0,02	-0,01	0,18	1,18	1,18	2,21
Staatsschulden (in % BIP)	-0,80	-2,87	-0,59	-4,73	-0,04	-2,14	-0,18	-3,10	-1,61	-12,84
Zinsen, kurzfristig	0,56	0,52	-1,35	-0,86	0,10	1,78	-0,53	-2,69	-1,22	-1,25
Zinsen, langfristig	0,23	0,66	-0,93	-0,45	0,08	2,25	-0,38	-2,55	-1,00	-0,09
Effektiver Wechselkurs, real[2]	0,08	-0,25	-0,02	0,16	-0,16	-4,07	-0,01	1,46	-0,11	-2,70
Wechselkurs (Euro/US-$)[3]	0,01	1,83	0,27	2,61	-0,01	4,86	-0,01	-2,52	0,26	6,78
EU: BIP, real[4]	0,44	0,17	0,34	0,35	-0,04	-0,70	0,15	1,89	0,88	1,71

1) Basislösung ist generell das WWU-Szenario mit fixierten Wechselkursen zur DM ab 1. Jänner 1999.
Das Szenario für die „Wechselkursstabilität" vergleicht das WWU-Szenario mit einer Situation von Wechselkursvolatilität wie sie zwischen 1992 und 1996 in Europa geherrscht hatte. „Große WWU„ bedeutet modelltechnisch, daß 9 EU-Mitgliedstaaten an der WWU teilnehmen. Implizit versteht man unter einer „großen WWU" jedoch, daß tatsächlich alle 15 EU-Staaten mitmachen.

2) Ein Anstieg (Sinken) bedeutet eine real-effektive Aufwertung (Aufwertung), d.h. eine Verschlechterung (Verbesserung) der österreichischen Wettbewerbsposition, gemessen an den relativen Lohnstückkosten.

3) Ein Anstieg (Sinken) bedeutet eine Abwertung (Aufwertung) des Euro gegenüber dem US-Dollar.

4) EU = gewogene Summe aus 9 EU-Staaten (Deutschland, Frankreich, Niederlande, Belgien, Österreich, Italien, Großbritannien, Spanien und Schweden).

Quelle: Eigene Berechnungen mit dem OEF-Weltmodell.

2. Die innere Stabilität ist dann in Gefahr, wenn gleich von Beginn alle – oder doch viele – EU-Staaten an der WWU teilnehmen. Insbesondere das Zusammenspannen von Hart- und Weichwährungsländern führt zu einem Währungsraum, den man als (noch) nicht optimal bezeichnen muß. Insbesondere die Fixierung der Wechselkurse löst einen starken Druck zur Konvergenz der Inflationsraten aus. Als Folge davon steigt das Preisniveau in den Hartwährungsländern (stärkere Inflation) und sinkt relativ stark in den Weichwährungsländern (gedämpfte Inflation). Im Durchschnitt der EU würde dieser Prozeß mittelfristig zu einer Dämpfung des Preisniveaus von 3/4 % führen.

Einen ähnlichen Effekt stellt sich auf den Finanzmärkten ein. Obwohl die Zinssätze in den letzten Jahren – insbesondere seit 1996 – stark konvergierten, gibt es zwischen Hart- und Weichwährungsländern doch noch eine Gefälle. Eine große WWU führt nun theoretisch zu einem einheitlichen Geld- und Kapitalmarkt. Die Folge dieser Konvergenz ist, daß die Zinssätze in den Hartwährungsländern steigen und in den Weichwährungsländern sinken. Im EU-Durchschnitt würden sie nach fünf Jahren um rund einen Prozentpunkt sinken.

3. Die ungleiche reale Performance (das reale BIP steigt in den Hartwährungsländern rascher als in den Weichwährungsländern) führt auch zur Gefahr des Auseinanderdriftens beider Ländergruppen bezüglich der Fiskalkriterien. In einem solchen Fall würden die im Rahmen des „Stabilitäts- und Wachstumspaktes" in Dublin im Dezember 1996 ausgehandelten relativ strikten Regeln im Falle des Nichteinhaltens des Defizitkriteriums in der dritten Stufe eine zusätzliche Eintrittsbarriere für die Weichwährungsländer errichten. Oder anders gesagt, eine solche Entwicklung würde die Frage der Finanztransfers von den Hartwährungsländern in die Weichwährungsländer aufwerfen (Fiscal federalism).

4. Die äußere Stabilität des Euro ist umso gefährdeter, je mehr Länder an der WWU teilnehmen, deren Währungen in den letzten Jahren für die Wechselkursturbulenzen in Europa verantwortlich waren. Die Modellsimulationen einer „großen WWU" spiegeln diese Vermutung in Form einer Abwertung des Euro gegenüber dem Dollar von 6¾ % nach fünf Jahren wider. Sollte die EZB allerdings zur Stärkung ihrer Glaubwürdigkeit und zur Verteidigung eines starken Euro gleich zu Beginn eine sehr restriktive Geldpolitik einschlagen, dann würden die Zinsen ansteigen und damit viele der simulierten positiven Einkommenseffekte konterkarieren.

3. Schlußfolgerungen

Die Teilnahme an einer Währungsunion hat nicht nur Vorteile. Sie impliziert auch Kosten der Anpassung. Diese sind um so höher, je weiter entfernt sich ein Land vom Standard der am weitesten fortgeschrittenen Länder befindet. Für Länder, die bereits gelernt haben, ihre Volkswirtschaften ohne Abwertungen zu steuern – die Hartwährungsländer – sind diese Anpassungskosten minimal. Für Länder, die diesen Lernprozeß noch vor sich haben, ist ein sofortiger Eintritt in die WWU mit hohen Anpassungslasten verbunden. Dabei stellt sich die Frage, ob die Anpassungskosten gleich zu Beginn der WWU am 1. Jänner 1999 im Hinblick auf das hehre Ziel einer ungeteilten Integrationsentwicklung der EU von allen – vielleicht in Form von Finanztransfers – bezahlt werden müssen („monetaristische Theorie") oder ob man warten soll, bis alle EU-Mitgliedstaaten tatsächlich eine für das Funktionieren einer Währungsunion hinreichende Konvergenz erreicht haben („Krönungstheorie").

Aufgrund der Simulationen eines Szenarios einer großen, aber nicht unbedingt optimalen WWU, ergibt sich folgende Schlußfolgerung bezüglich der Größe einer WWU. Die EU sollte mit einer „kleinen WWU", bestehend aus den Hartwährungsländern rund um die DM (mit Österreich) beginnen, der in rascher Folge (innerhalb von 3 Jahren) die anderen Staaten folgen würden, sofern sie sich im Rahmen des WKM2 durch eine hohe Wechselkursdisziplin (keine nennenswerten Abwertungen) und natürlich durch die Erfüllung der Konvergenzkriterien ausgezeichnet haben. Eine solches schrittweises Hineinwachsen in die WWU würde auch die Glaubwürdigkeit des Euro auf den Finanzmärkten stärken.

Literatur

Baumgartner, J., Breuss, F., Kramer, H., Walterskirchen, E., Auswirkungen der Wirtschafts- und Währungsunion, Studie des WIFO, Wien, Februar 1997.

Breuss, F., „Was erwartet Österreich in der Wirtschafts- und Währungsunion der EG?", WIFO-Monatsberichte 10/1992, S. 536–548.

Breuss, F., „Herausforderungen für die österreichische Wirtschaftspolitik und die Sozialpartnerschaft in der Wirtschafts- und Währungsunion", in: Haller, M., Schachner-Blazizek, P. (Hrsg.), Europa – wohin? Wirtschaftliche Integration, soziale Gerechtigkeit und Demokratie, Graz: Leykam-Verlag, 1994, S. 111–147.

Breuss, F., Die Wirtschafts- und Währungsunion. Abschluß oder Ende der Europäischen Integration?, WIFO Working Papers, Nr. 86, April 1996.

Breuss, F., „Die gesamtwirtschaftlichen Auswirkungen der WWU in Modellsimulationen“ (Kapitel 3) und „Überblick über die theoretischen Überlegungen zur „optimum currency area“ (Kapitel 7), in: Baumgartner, J., Breuss, F., Kramer, H., Walterskirchen, E., Auswirkungen der Wirtschafts- und Währungsunion, Studie des WIFO, Wien, Februar 1997.

De Grauwe, P., The Economics of Convergence: Towards Monetary Union in Europe, CEPR Discussion Paper Series, Nr. 1213, 1995 (publiziert im Weltwirtschaftlichen Archiv, 132(1), 1996a, S. 1–27.

De Grauwe, P., The Prospects of a Mini Currency Union in 1999, CEPR Discussion Paper Series, Nr. 1458, 1996b.

EG, „One market, one money: An evaluation of the potential benefits and costs of forming an economic and monetary union“, European Economy, Nr. 44, October 1990.

Kenen, P.B., „The Theory of Optimum Currency Areas: An Eclectic View“, in: Mundell, R.A., Swoboda, A,K. (Hrsg.): Monetary Problems of the International Economy, Chicago,1969, S. 41–60.

Kenen, P.B., Economic and Monetary Union in Europe: Moving beyond Maastricht, Cambridge: Cambridge University Press, 1995.

McKinnon, R.I., „Optimum Currency Areas“, The American Economic Review, Vol. 53, 1963, S. 717–725.

Mundell, R.A., „A Theory of Optimum Currency Area“, The American Economic Review, Vol. 51, 1961, S. 657–665.

Tichy, G., „Österreich und das optimale europäische Integrationsgebiet“, in: Neck, R., Schneider, F. (Hrsg.), Österreich und Europa 1992 – Herausfordeurngen der Europäischen Integration an eine kleine offene Marktwirtschaft, Wien: Manz-Verlag, 1993, S. 9–54.

Tichy, G., „Geliebte Vielfalt in der nötigen Einheit – Zur Langsamkeit des europäischen Integrationsprozesses“, in: Haller, M., Schachner-Blazizek, P. (Hrsg.), Europa – wohin? Wirtschaftliche Integration, soziale Gerechtigkeit und Demokratie, Graz: Leykam-Verlag,, 1994, S. 49–63.

Tichy, G., „The credibility of monetary integration. The experience of European countries and some inferences for a greater Europe“, in: Good, D., Kindley R. (eds.), Internationalization and institution building: Lessons from small European states, Boulder, 1996, Chapter 3.

Tichy, G., „Der Euro – ein Problem für die anderen“, in: Handler, H. (Hrsg.), Vom Schilling zum Euro: Wirtschaftspolitische Aspekte des Übergangs, Bundesministerium für wirtschaftliche Angelegenheiten, Sektion Wirtschaftspolitik, Wien, März 1997, S. 123–128.

Wachstum und Beschäftigung durch Rationalisierung oder Innovation?

Josef Falkinger*

1. Einleitung

Tichy (1991) hat in seiner kritischen Darstellung jener „Leitfossilien der ausgehenden achtziger Jahre", welche die moderne Wachstumstheorie eingeleitet haben, darauf hingewiesen, daß die wachstumstheoretische Literatur Modewellen ausgesetzt ist. Aber auch die unternehmens- und wirtschaftspolitische Praxis ist Moden unterworfen. Sie stimmen nicht immer mit den Moden der Theorie überein und bestimmen das Leben zumindest kurzfristig mehr als diese. Eine solche „Mode" und ihre Auswirkungen möchte ich im vorliegenden Beitrag untersuchen.

Ende der siebziger und Anfang der achtziger Jahre wurden Innovation und die Suche nach neuen Märkten zu wichtigen Schlagworten der wirtschaftspolitischen Diskussion. Inzwischen hat sich der Jargon gewandelt. Schlanksein, Down-sizing, Re-engineering heißen die Rezepte der Unternehmensberater, Standortwettbewerb, Gürtel enger schnallen sind zu zentralen Parolen des wirtschaftspolitischen Diskurses geworden. Auch andere auffällige Verschiebungen sind zu beobachten. Einerseits ist die neuere volkswirtschaftliche Literatur - in der Industrieökonomie, der neuen Wachstumstheorie, der neuen Außenhandelstheorie - reich an Modellen, in denen Wettbewerb mit differenzierten Produkten eine große Rolle spielt. Andererseits wird in der medialen Öffentlichkeit oft das Bild von einem globalen Markt mit homogenen Gütern gezeichnet, in dem man nur durch Kostensenkung und Rationalisierung überleben kann.

Das Problem dieser Verschiebungen ist, daß es sich nicht nur um Sprach- und Wahrnehmungsvarianten handelt. Schlagworte und Denkschablonen prägen über die darin gefangenen Entscheidungsträger in Wirtschaft und Politik auch die Realität. Es ist das Anliegen dieses Beitrags, die Auswirkungen der unterschiedlichen Denkmuster und der daraus abgeleiteten unterschiedlichen wirtschaftlichen Strategien auf die Beschäftigungs- und Wachstumssituation eines Landes in einem

---

* Universität Regensburg, Universitätsstraße 31, D-93053 Regensburg, josef.falkinger@wiwi.uni-regensburg.de
Ich danke Volker Großmann für die Durchsicht des Manuskripts.

rigorosen Rahmen zu untersuchen. Dazu ist natürlich eine entsprechende Vereinfachung und Abstrahierung notwendig. Folgende Elemente erscheinen mir für eine adäquate Analyse des Problems wesentlich:

Erstens, die Firmen haben zwei verschiedene Möglichkeiten, einen profitablen Markt zu erobern. Entweder sie nehmen einer anderen Firma einen Markt weg. Die dazu nötigen Maßnahmen fasse ich unter dem Stichwort „Rationalisierung“ zusammen. Oder sie erschließen einen neuen Markt durch ein bisher von keiner anderen Firma produziertes Produkt. Die dazu geeigneten Maßnahmen nenne ich „Innovation“.

Zweitens, die zwei Markteroberungsstrategien haben unterschiedliche Auswirkungen auf die Wirtschaft, möglicherweise auf die Produktivitätsentwicklung, jedenfalls aber auf die Beschäftigung. Insbesondere wird durch Entlassungen, wie sie bei der Rationalisierungsstrategie anfallen, Humankapital zerstört, das erst wieder aufgebaut werden muß, wenn die Entlassenen wieder beschäftigt werden sollen. Von der Innovationsstrategie sind hingegen keine derartigen Humankapitalverluste zu erwarten. Mit dieser Unterscheidung soll den inzwischen auch von amerikanischen Managementgurus geäußerten Warnungen Rechnung getragen werden, daß die Strategie, durch Down-sizing auf den härter umkämpften bestehenden Märkten einen Wettbewerbsvorteil zu erringen, durch den damit verbundenen Humankapitalabbau langfristige Nachteile mit sich bringt.

Zur Modellierung der Nachfrage- und Wettbewerbssituation verwende ich ein monopolistisches Wettbewerbsmodell nach Dixit und Stiglitz (1977). Firmen haben die Wahl, durch Investitionen die Monopolposition für eine schon existierende Variante zu übernehmen oder eine neue Produktvariante auf den Markt zu bringen. Der endogene Wachstumsprozeß wird in der Art von Romer (1987) modelliert, wobei ich der Einfachheit halber auf differenzierte Kapitalgüter verzichte und mich auf eine Ökonomie mit differenzierten Konsumgütern beschränke. Beschäftigung und Humankapitalbildung wird auf Grundlage des in Falkinger und Zweimüller (1997) vorgestellten Modells analysiert, in welchem Beschäftigung entsprechende Ausbildungsinvestitionen voraussetzt. Ich werde jeweils die denkbar einfachste Variante der angeführten Modelle verwenden. Außer dem Verzicht auf differenzierte Kapitalgüter wird angenommen, daß Arbeitslose durch Eigenversorgung überleben, daß Arbeiter eine Sparquote von Null und Kapitalisten eine Sparquote von Eins haben. Diese Annahmen dienen der Einfachheit. Wie anhand von Falkinger und Zweimüller (1997) ersichtlich ist, können differenzierte Investitionsgüter, Arbeitslosenunterstützung und endogene Sparentscheidung ohne weiteres in das verwendete Modell eingebaut werden.

Ich werde im nächsten Kapitel analysieren, wie Firmen durch Investitionen entweder neue Märkte kreieren oder anderen Firmen bestehende Märkte wegnehmen. Im übernächsten Kapitel wird untersucht, wie entlassene Arbeiter durch Ausbildungsinvestitionen ihr dadurch verlorenes Humankapital wiedererwerben, und welche Auswirkungen die Zerstörung von Humankapital auf die Beschäftigung hat. Im vierten Kapital werden dann das langfristige Wachstums- und Beschäftigungsgleichgewicht untersucht, sowie die Auswirkungen einer Verschiebung der Gewichte weg von der Innovationsstrategie in Richtung Rationalisierungsstrategie diskutiert. Das letzte Kapitel faßt zusammen.

2. Eroberung alter vs. Eröffnung neuer Märkte

Monopolistische Firmen konkurrieren um die Bedienung des aggregierten Konsumvolumen. Ohne Beschränkung der Allgemeinheit nehme ich an, daß nur die beschäftigten Arbeiter konsumieren, so daß das aggregierte nominelle Konsumniveau gleich der Lohnsumme ist. Nichtbeschäftigte decken ihren Konsum durch Eigenproduktion. Die Firmen gehören Kapitalisten, die ihre Profite investieren.

Die aggregierte Konsumnachfrage teilt sich auf $n(t)$ symmetrische Produktvarianten auf, die in monopolistischer Konkurrenz angeboten werden. Eine Firma erzielt Profit, indem sie einer anderen Firma die Monopolposition für eine bereits existierende Produktvariante wegnimmt, oder indem sie eine neue Produktvariante auf den Markt bringt. In jedem Fall sind Investitionen der Höhe $B(t)$ erforderlich, um die Monopolposition für eine Produktvariante zu erringen. Im Falle einer alten Produktvariante wird diese Summe für „Rationalisierung" ausgegeben, im Falle einer neuen Variante für „Innovation".

Es bezeichne v den Prozentsatz jener Firmen, deren Monopolposition für eine bestehende Produktvariante durch Rationalisierungsmaßnahmen von einer neuen Firma übernommen wird. Dieser Prozentsatz wird als konstant angenommen. Er wird nicht endogen im Modell erklärt, sondern von später diskutierten exogenen Faktoren bestimmt. Durch komparative Steady-state Analyse können die Folgen der in der Einleitung angesprochenen Verschiebungen, die zu einer Änderung von v führen, sichtbar gemacht werden.

Die Zahl der durch Innovationen kreierten neuen Produktvarianten in Periode t ist $\dot{n}(t)$, so daß in Summe die Zahl der in t getätigten Investitionen durch

$$N(t) \equiv vn(t) + \dot{n}(t) \tag{1}$$

gegeben ist.

Diese Zahl ergibt sich endogen aus dem Investitionskalkül der einzelnen Firmen. Um die Monopolposition für eine Produktvariante zu erringen, müssen *B(t)* Geldeinheiten aufgewendet werden. In jeder Periode besteht die Gefahr, diese Position mit Wahrscheinlichkeit v an einen Angreifer abgeben zu müssen. Diese Wahrscheinlichkeit ist unabhängig davon, wie lange die Firma schon am Markt ist. In jeder Periode τ, in welcher die Firma die Monopolposition für eine Produktvariante innehat, wird sie einen Profit $\pi(t)$ ernten. Der Gegenwartswert *V(t)* der durch die Investition *B(t)* im Zeitpunkt t errungenen Monopolposition ist also

$$V(t) = \int_0^\infty \pi(\tau) e^{-v\tau} e^{r\tau} d\tau \qquad (2)$$

wobei r den Zinssatz bezeichnet.
Wie groß ist $\pi(t)$ und damit $V(t)$?

Um eine Einheit einer Produktvariante produzieren zu können, sind $a(t)$ Arbeitseinheiten erforderlich. Produktivitätsfortschritt reduziert diesen Inputkoeffizienten. In dem auf Romer (1987) zurückgehenden Zweig der endogenen Wachstumstheorie wird der Produktivitätsfortschritt durch die Innovationen getrieben. In abstrakter Form wird der die Arbeitsproduktivität bestimmende Wissensstand einer Wirtschaft durch die Summe der bis zum entsprechenden Zeitpunkt durchgeführten Innovationen erfaßt.[1] In dem hier entwickelten Modell gibt es in jeder Periode t neben den $\dot{n}(t)$ Produktinnovationen auch $vn(t)$ Rationalisierungsinvestitionen. Es stellt sich die Frage, inwiefern diese Rationalisierungsinvestitionen ebenfalls zu dem für den Produktivitätsfortschritt maßgeblichen Wissensstand einer Ökonomie beitragen. Die folgende Modellierung erlaubt eine flexible Antwort auf diese Frage.

Sei g die Steady-state Wachstumsrate der Ökonomie. Dann gilt für die Summe der bis zum Zeitpunkt t unternommenen Produktinnovationen $n(t) = n(0)e^{gt}$. Die Summe der in der Vergangenheit durchgeführten Rationalisierungsinvestitionen hingegen ist gegeben durch $\int_{-\infty}^{t} vn(0)e^{g\tau} d\tau = \frac{v}{g} n(t)$. Ich nehme nun an, daß sich der bis zum Zeitpunkt t akkumulierte Wissensstand $K(t)$ einer Ökonomie als gewichtete Summe der Innovations- und Rationalisierungsaktivitäten darstellen läßt:

$$K(t) = n(t) + \alpha \frac{v}{g} n(t) \qquad (3)$$

mit $0 \leq \alpha$ und $n(t) = n(0)e^{gt}$.

[1] Siehe Grossman und Helpman (1991) zu diesem Argument.

Dieser Wissensstand bestimmt die Arbeitsproduktivität in der betrachteten Wirtschaft. Wir haben

$$a(t) = \frac{a}{K(t)}, \tag{4}$$

wobei a eine positive Konstante ist.

Der Lohnsatz sei $w(t) = w(0)e^{gt}$. Indem wir $w(0)$ auf Eins normieren, erhalten wir für die Stückkosten der Produktion einer Einheit einer Produktvariante

$$w(t)a(t) = \frac{a}{n(0)[1+\alpha\frac{v}{g}]}. \tag{5}$$

Für den Preis einer Outputeinheit ergibt sich dann aus dem verwendeten Modell der monopolistischen Konkurrenz in jeder Periode

$$p = \frac{a}{n(0)[1+\alpha\frac{v}{g}]} \cdot \frac{1}{1-1/\varepsilon}, \tag{6}$$

wobei ε die durch die Substitutionselastizität zwischen den Varianten bestimmte Preiselastizität der Nachfrage ist.

Die aggregierte Konsumnachfrage ist gleich der realen Lohnsumme $w(t)L/p = e^{gt}L/p$, wobei L das noch zu bestimmende gleichgewichtige Beschäftigungsniveau bezeichnet. Die auf eine Produktvariante entfallende Nachfrage ist daher durch $c(t) = e^{gt}L/(pn(t))$ gegeben. Da im Steady-state $n(t)$ mit der konstanten Rate g wächst, ergibt sich unter Verwendung von (6) für das einer Firma pro Periode offen stehende Marktvolumen

$$c = \frac{\varepsilon - 1}{\varepsilon} \cdot \frac{[1+\alpha\frac{v}{g}]L}{a}. \tag{7}$$

Der Periodenprofit $[p(t) - w(t)a(t)]c(t)$ ist damit in einem Steady-state

$$\pi = \frac{L}{\varepsilon n(0)}. \tag{8}$$

Indem wir dies in (2) einsetzen, erhalten wir als Return, den das Erringen der Monopolposition für eine Produktvariante bringt, den Wert

$$V = \frac{L}{\varepsilon n(0)(v+r)}. \tag{9}$$

Wettbewerb um die Märkte führt dazu, daß genau so viele Produktvarianten $n(t)$ angeboten werden, bis dieser Wert gleich ist den Kosten $B(t)$, die für die Erringung der Monopolposition für eine Produktvariante notwendig sind. Arbeit ist in der betrachteten Ökonomie der einzige Produktionsfaktor. Daher entspricht $B(t)$ der Lohnsumme $w(t)b(t)$ für die zur Erringung der Monopolposition auf einem Markt einzusetzenden Arbeitseinheiten $b(t)$. Auch dieser Inputkoeffizient nimmt mit dem Wissensstand $K(t)$ der Ökonomie ab. Es gilt:

$$b(t) = \frac{b}{K(t)} \tag{10}$$

Unter Berücksichtigung von (3) ergibt dies, zusammen mit $w(t) = w(0)e^{gt}$ und der Normierung von $w(0)$ auf Eins:

$$B(t) = \frac{b}{n(0)[1 + \alpha \frac{v}{g}]} \tag{11}$$

Durch Auflösung der Gleichgewichtsbedingung $V = B(t)$ erhalten wir für den Gleichgewichtszinssatz

$$r = \frac{[1 + a \frac{v}{g}]}{eb} L - v\,. \tag{12}$$

Vom Return auf die Investition b zur Markterringung wird um das Risiko v, daß dieser Markt wieder weggenommen wird, abgezogen.

3. Verlust und Wiedererwerb der Beschäftigung

Wachstum ist nach Schumpeter (1942) ein „Prozeß der kreativen Zerstörung“. Alte Produktionen und die damit verbundenen Arbeitsplätze werden zerstört, neue Produktionslinien aufgebaut, und neue Arbeitsplätze entstehen. Aghion und Howitt (1994) haben begonnen, diesen Aspekt in die neue Wachstumstheorie einzubauen. In der aktuellen wirtschafts- und unternehmenspolitischen Diskussion beginnt man zu realisieren, daß die unter den Schlagworten Lean Management oder Down-sizing ablaufenden Maßnahmen Humankapital zerstören, während die kreative Verwendung dieses Humankapitals und seine Weiterbeschäftigung in neuen Produktionen vernachlässigt wird.

Im Rahmen des vorgestellten Modells kann dieses Spannungsfeld wie folgt präzisiert werden. Durch Innovationen werden neue Märkte erschlossen. Dies schafft neue Arbeitsplätze. Durch Rationalisierungsinvestitionen werden v Prozent der Firmen, die alte Produktvarianten produzieren, durch reorganisierte Firmen ersetzt.

Davon sind auch die Arbeitsplätze in diesen Firmen betroffen. Es kann angenommen werden, daß ein gewisser, mit v steigender Prozentsatz $z(v)$ der Beschäftigten L dadurch den Arbeitsplatz verliert. Die freigesetzten Arbeitskräfte finden aber nicht automatisch nach einer bestimmten Suchdauer einen neuen Job. Durch die Freisetzung geht Humankapital verloren, das erst durch Ausbildungsinvestitionen wiedererworben werden muß. Um diesen meiner Meinung nach zentralen Aspekt der Folgen des Wettbewerbs um bestehende Märkte, im Gegensatz zum innovatorischen Wettlauf um neue Märkte, zu analysieren, greife ich auf die in Falkinger und Zweimüller (1997) ausgearbeitete Idee zurück, daß im modernen Wachstumsprozeß Beschäftigung Lerninvestitionen voraussetzt.

Ich werde dieses Argument in zwei stark vereinfachten Varianten betrachten. Einerseits werde ich die Folgen der durch Rationalisierungsmaßnahmen notwendigen Umschulung ohne Arbeitslosigkeit analysieren, indem ich annehme, daß alle freigesetzten Arbeitskräfte die notwendigen Ausbildungsinvestitionen tätigen können und dadurch sofort wieder Beschäftigung finden. Andererseits werde ich den Fall von Dauerarbeitslosigkeit untersuchen. Dazu kommt es, wenn ein Teil der Arbeitskräfte die für eine (Wieder)beschäftigung notwendigen Ausbildungsinvestitionen nicht finanzieren kann. In beiden Fällen wird angenommen, daß nur ausgebildete Arbeitskräfte Beschäftigung finden. Diese Annahme ist essentiell. Im zweiten Fall lege ich einen unendlichen Zeithorizont der Arbeiter zugrunde. Dies geschieht der Einfachheit halber. Ebenso nehme ich der Einfachheit wegen an, daß ein dauerhaft Arbeitsloser durch Nichtmarktaktivitäten auch ohne soziales Netz überleben kann. Die Berücksichtigung einer aus den Löhnen finanzierten Arbeitslosenversicherung würde zwar das Niveau der diskutierten Effekte betreffen, nicht aber die qualitativen Schlußfolgerungen aus der durchgeführten komparativ-statischen Analyse einer Gewichtsverlagerung zwischen innovationsorientierten und rationalisierungszentrierten Wachstumsstrategien.

3.1 Ausbildungskosten ohne Arbeitslosigkeit

Damit ein Arbeiter, der freigesetzt worden ist, wieder beschäftigt werden kann, muß das durch die Freisetzung verloren gegangene Humankapital durch Investition in der Höhe von h Arbeitseinheiten erneuert werden. Wir wollen zunächst annehmen, daß die Finanzierung dieser Investitionen kein Problem darstellt und daß jeder freigesetzte Arbeiter diese Investition eingeht und dadurch in der nächsten Periode wieder beschäftigt ist. Das Beschäftigungsniveau entspricht also dem Arbeitskräftepotential $\bar{L}$, das ich auf Eins normiere. Allerdings muß die Ökonomie Ressourcen für die Ausbildung aufwenden. Da pro Periode $z(v)$ Prozent der Beschäftigten $L = 1$ freigesetzt werden, beträgt der im Ausbildungssektor notwendige Arbeitskräfteeinsatz

$$L_A = \bar{h}z(v), \tag{13}$$

wobei $\bar{h}$ die durchschnittlichen Ausbildungskosten eines freigesetzten Arbeiters sind.

3.2 Ausbildungskosten und dauerhafte Arbeitslosigkeit

Wir wollen jetzt annehmen, daß die für den Wiedererwerb des Humankapitals notwendige Investition h nicht für alle Individuen identisch ist, sondern gemäß einer Verteilungsfunktion F (mit Dichtefunktion f) verteilt ist. Diese Heterogenität der Individuen kann durch Unterschiede in der Lernfähigkeit oder durch unterschiedlich schwierigen Zugang zu Ausbildungseinrichtungen erklärt werden.

Weiterhin wird angenommen, daß Arbeitslose nur nach entsprechender Ausbildung einen Job erhalten. Wer die Ausbildungsinvestition getätigt hat, bekommt sicher und sofort eine Stelle, und zwar zu dem für alle Beschäftigten gleichen Lohnsatz $w(t)$. Der Wiedererwerb von Beschäftigung ist also unterschiedlich schwierig, nach Erwerb einer Stelle sind jedoch alle Beschäftigten gleich. Auch vom Entlassungsrisiko $z(v)$ infolge von Rationalisierungsmaßnahmen sind sie in gleicher Weise betroffen. Der Gegenwartswert des bei Wiedergewinnung einer Beschäftigung im Zeitpunkt t bis zur nächsten Entlassung zu erwartende Einkommensstrom eines Arbeiters ist also

$$\begin{aligned} y(t) &= w(t)\int_t^{\infty} e^{g(\tau-t)}\, e^{-r(\tau-t)}\, e^{-z(v)(\tau-t)}\, d\tau \\ &= \frac{w(t)}{r+z(v)-g} \end{aligned} \tag{14}$$

Es werden sich also genau diejenigen die Ausbildungsinvestition nach einer Entlassung leisten können, für welche $y(t) \geq w(t)h$. Die anderen bleiben auf Dauer arbeitslos. Das Beschäftigungsniveau der Wirtschaft ist somit durch die Bedingung

$$L = F\left(\frac{1}{r+z(v)-g}\right) \tag{15}$$

festgelegt[2]. Der im Ausbildungssektor anfallende Arbeitseinsatz ist in diesem Fall[3]

$$L_A = z(v)\bar{h}(L) \tag{16}$$

mit $\bar{h}(L) \equiv \int_0^{F^{-1}(L)} hf(h)dh$ und $\bar{h}' = F^{-1}(L) = \frac{1}{r+z(v)-g}$ $(\leq \frac{1}{z(v)}$ f r $r \geq g)$.

[2] Es geht um das langfristige Beschäftigungsgleichgewicht, nach dem jeder zumindest einmal mit der Ausbildungsnotwendigkeit konfrontiert war.

[3] Damit die Ökonomie lebensfähig ist, muß $h(L) < 1/z(v)$ gelten, da $\bar{L}$ auf Eins normiert worden ist.

4. Das langfristige Wachstums- und Beschäftigungsgleichgewicht

Fassen wir zusammen, was wir über den Ressourceneinsatz wissen. In jeder Periode werden gemäß (1) $N(t)$ Markteroberungsinvestitionen getätigt, von denen jede den durch (3) und (10) bestimmten Arbeitseinsatz $b(t)$ erfordert:
Insgesamt sind daher zur Eroberung und Eröffnung neuer Märkte

$$L_I = \frac{(g+v)g}{g+av} b$$

Arbeitskräfte notwendig.

In der Produktion der $n(t)$ Produktvarianten, deren jeweiliges Marktvolumen c durch (7) gegeben ist, werden $n(t)ca(t)$ Arbeitskräfte benötigt, also unter Berücksichtigung von (3) und (4)

$$L_C = \frac{\varepsilon - 1}{\varepsilon} L. \tag{18}$$

Die im Ausbildungssektor notwendige Zahl von Arbeitskräften, L_A, ist durch (13) bzw. (16) bestimmt.

Das Arbeitsmarktgleichgewicht $L_I + L_C + L_A = L$ der betrachteten Wirtschaft lautet somit

$$\frac{(g+v)g}{g+\alpha v} b + \frac{\varepsilon - 1}{\varepsilon} L + z(v)\bar{h}(L) = L. \tag{19}$$

Dies definiert g in Abhängigkeit von L.

Ich werde mich im weiteren auf den Fall $\alpha = 1$ konzentrieren. Dies ist der für die Rationalisierungsinvestition „günstigste" Fall in dem Sinn, daß diesem dasselbe langfristige Wissenspotential beigemessen wird wie den Innovationen.[4] Für $\alpha = 1$ reduziert sich (19) zu

$$g = \frac{L/\varepsilon - z(v)\bar{h}(L)}{b} \tag{20}$$

Dies entspricht einem monoton steigenden Zusammenhang zwischen g und L, wie er in Grafik 1 dargestellt wird. Steigt v auf v', so verschiebt sich die entsprechende Kurve im (L,g)-Raum nach unten.

---

[4] Man überprüft leicht, daß die gezogenen qualitativen Schlußfolgerungen für $\alpha = 0$ aufrecht bleiben.

Grafik 1

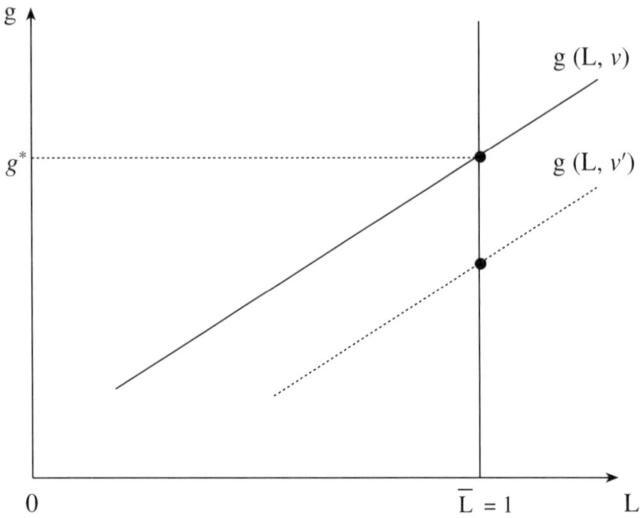

In dem in 3.1 diskutierten Fall der Vollbeschäftigung ist das langfristige Gleichgewicht durch den Schnittpunkt der vertikalen Linie $\bar{L} = 1$ mit der durch (20) definierten $g(L,\nu)$-Kurve bestimmt. Eine Verlagerung der Wettbewerbsstrategien von der Erschließung neuer Märkte in Richtung Eroberung bestehender Märkte dämpft also das Wachstum, weil der Wiedererwerb des durch Rationalisierungsmaßnahmen zerstörten Humankapitals der Wirtschaft Ressourcen entzieht.

Im Falle von dauerhafter Arbeitslosigkeit, wie sie unter 3.2 diskutiert wurde, ist die Bestimmung des Gleichgewichtes komplizierter, weil auch L gemäß (15) endogen bestimmt ist. L hängt von r - g ab, wobei r durch (12) bestimmt ist. Löst man (20) nach $\frac{L}{\varepsilon b}$ auf und setzt dann in (12), mit $\alpha = 1$, ein, erhält man:

$$r = g + \frac{z(\nu)\bar{h}(L)}{b}\,(1 + \tfrac{\nu}{g}). \tag{21}$$

Substitution in (15) ergibt:

$$L = F\left(\frac{1}{z(\nu)[1 + \bar{h}(L)(1 + \nu / g) / b]}\right). \tag{22}$$

Wir hätten also im Falle von $z(v) = 0$ wiederum ein g-unabhängiges Beschäftigungsniveau $L = 1$.[5] Im Falle von $z(v) > 0$ aber, mit $z' > 0$, ist L eine mit g steigende Kurve,[6] wobei aber die Beschäftigung mit steigendem v ceteris paribus abnimmt. In Grafik 2 ist ein möglicher Kurvenverlauf und seine Reaktion auf einen Anstieg von v auf $v' > v$ dargestellt.

Grafik 2

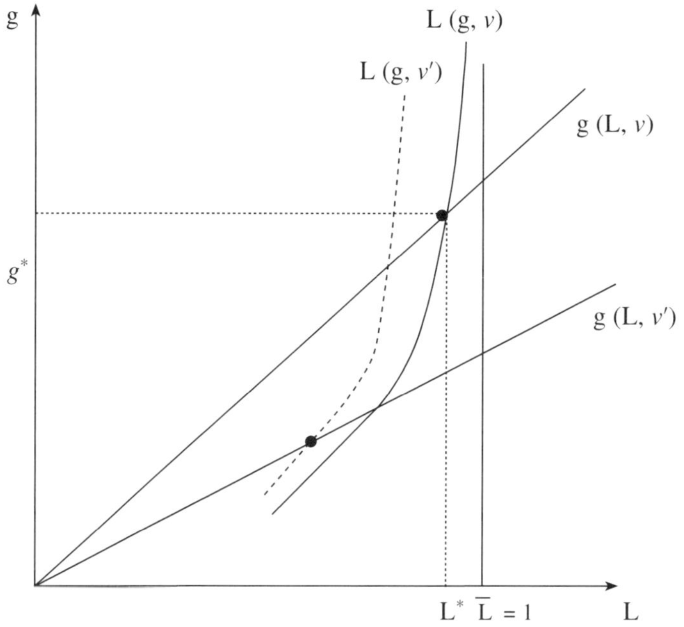

Die Verlagerung der Wettbewerbsstrategien in Richtung Rationalisierung erhöht die langfristige Dauerarbeitslosigkeit und senkt die Wachstumsrate.

[5] Beachte, daß $\lim_{h \to \infty} F(h) = 1$ für jede Verteilungsfunktion F.

[6] Im komplexeren Modellrahmen von Falkinger und Zweimüller (1997), in dem die Sparquote endogen bestimmt wird und welches Kapital in Form differenzierter Investitionsgüter enthält, jedoch keine Rationalisierungsinvestitionen, kann diese Kurve auch negativ geneigt sein.

5. Schlußfolgerung

Wissenschaftliche Modelle, wirtschaftspolitische Argumentationsmuster, Vorstellungen von Unternehmensberatern, Managementkonzepte, mediale Schablonen beeinflussen die Wahrnehmung der Welt durch die Menschen und den öffentlichen Diskurs. Sie prägen auch durch die daraus resultierenden Handlungen die Wirklichkeit. Die vorliegende Arbeit hat versucht, das Augenmerk auf jene realen Folgen zu lenken, die sich ergeben, wenn sich die Investitionsstrategien zur Sicherung der Wettbewerbsfähigkeit von der Innovation zur Rationalisierung verschieben. Da Humankapital zerstört wird, wenn sich die Firmenstrategien auf das Erobern und Verteidigen bestehender Märkte durch Rationalisierungsmaßnahmen konzentrieren, hat dies im Vergleich zur Strategie, durch Innovationen neue Märkte zu schaffen, negative Auswirkungen auf das langfristige Wachstums- und Beschäftigungsniveau einer Wirtschaft.

In der vorgelegten Analyse wird die Verschiebung der Wettbewerbsstrategien von der Innovation zur Rationalisierung auf exogene Kräfte zurückgeführt. „Moden“ oder psychologische Faktoren könnten eine Erklärung dafür sein. Es wäre aber auch denkbar, daß Machtverschiebungen und politische Faktoren dahinterstehen. Humankapitalverlust und Arbeitsplatzbedrohung schwächen die Verhandlungsposition der Arbeiter. Dies könnte ein Interesse der Firmen an Rationalisierung statt Innovation begründen. Das präsentierte Modell reicht allerdings für eine rigorose Analyse dieses Arguments nicht aus, da es keinen Verhandlungsspielraum zwischen Kapitalisten und Arbeitern offen läßt. Die Löhne sind endogen bestimmt. Eine andere interessante Weiterführung der hier durchgeführten Analyse bestünde darin, die Rolle der Kapitalmärkte für die Ausrichtung der Wettbewerbsstrategien zu betrachten. Aktionäre sind am Return auf das eingesetzte Kapital interessiert. Gleichung (21) zeigt, daß dieser bei gegebenem Wachstums- und Beschäftigungsniveau mit steigendem v, d.h. mit einer Verlagerung von der Innovations- zur Rationalisierungsstrategie, steigt. Im Gleichgewicht sinken allerdings Wachstumsrate und Beschäftigung, was den Return drückt. Aber der einzelne Anleger antizipiert vielleicht nicht das Gleichgewicht, sondern reagiert auf das jeweils gegebene Beschäftigungs- und Wachstumsniveau.

Ich habe versucht, einige aktuelle Entwicklungen und ihre sehr realen Auswirkungen mit Hilfe der „modernen“ Wachstumstheorie zu analysieren. Ich bin mir bewußt, daß diese abstrakte Modellwelt nur sehr bedingt weiterhilft und dies nur, wie Professor Tichy festgestellt hat, „in Kombination mit empirischen Analysen und Plausibilitätsüberlegungen „. Denn „Wirtschaftspolitik und Politikberatung insbesondere im Bereich des Wachstums können einen gewissen Anteil an „Kunst“ nie verlieren.“ (Tichy [1991], S. 106).

Literatur

Aghion, P. und Howitt, P. (1994), Growth and Unemployment, *Review of Economic Studies* 61, 477-494.

Dixit, A.K. und Stiglitz, J. (1977), Monopolistic Competition and optimum product diversity, *American Economic Review* 67, 297-308

Falkinger, J. und Zweimüller, J. (1997), Learning for employment, innovating for growth, mimeo, Regensburg-Zürich.

Grossman, G.M. und Helpman, E. (1991), *Innovation and Growth in the Global Economy*, Cambridge/M.: MIT Press.

Romer, P.M. (1987), Growth based on increasing returns due to speicialization, *American Economic Review* 77, 36-52.

Schumpeter, J.A. (1942), *Capitalism, Socialism and Democracy*. New York: Harpers & Brothers.

Tichy, G. (1991), Wachstumstheorie und moderne Makroökonomik: (K)ein neuer Anlauf, in: Gahlen u.a. (Hg.), *Wachstumstheorie und Wachstumspolitik*, Tübingen: Mohr (Siebeck).

Wettbewerb der Standorte: Anpassungsprobleme Österreichs

Heinz Handler

Ausgehend von den Phänomenen der Globalisierung und anhaltender Unterbeschäftigung in den europäischen Industriestaaten diskutiert die vorliegende Arbeit die verbliebenen Handlungsmöglichkeiten der Wirtschaftspolitik zur langfristigen Sicherung der Wettbewerbsfähigkeit und damit von Einkommen und Beschäftigung. Angesichts des zunehmenden Wettbewerbs der Standorte liegt der Schwerpunkt hier nicht auf der Verringerung bestehender Arbeitslosigkeit durch die Arbeitsmarktpolitik, sondern auf nachhaltiger Beschäftigungspolitik zur Schaffung von langfristig konkurrenzfähigen Arbeitsplätzen. Es wird der Frage nachgegangen, welche theoretischen und empirischen Anhaltspunkte sich für ein Eingreifen des Staates ergeben. Die Ergebnisse werden auf den Standort Österreich bezogen sowie dessen Standortpotential und die Standortverträglichkeit der gegenwärtigen Wirtschaftspolitik beurteilt.

1. Globalisierung und Wettbewerbsfähigkeit

Globalisierung und Standortwettbewerb sind heute wieder gängige Schlagworte – sowohl in den Medien als auch in der akademischen wie in der politischen Diskussion. Das Faktum der Globalisierung ist allerdings nicht neu, es kann – je nach Begriffsinhalt – bis in das 19. Jahrhundert zurückverfolgt werden und trat zunächst als Internationalisierung der Warenmärkte auf. Krugman (1994a) verweist auf die Verbilligung der Transportkosten durch den Einsatz der Eisenbahn und der Dampfschiffahrt, als deren Folge sich Großbritannien bereits in den 1840er Jahren zu einer weltweit agierenden Wirtschaft entwickelt hatte. Seine Exportquote betrug mehr als ein Drittel des Brutto-Inlandsproduktes (BIP), etwa 40 % seines Sparvolumens wurden in Übersee investiert. Charakteristisch für die damalige Globalisierung war auch die (teilweise durch inferiore Lebensumstände erzwungene) hohe Mobilität der Arbeit, die sich in verschiedenen Migrationswellen niederschlug.

Die Globalisierung ist heute die gemeinsame Folge der Marktöffnung auf multilateraler Ebene (insbesondere im Rahmen des GATT und nun der WTO) und der Entwicklung neuer Informationstechnologien, die die volle Nutzung der Marktöffnung erst ermöglichen.

Sie tragen zur Vernetzung von Informationen bei und erhöhen damit die Anpassungsgeschwindigkeit auf den Güter- und Kapitalmärkten. Matthes (1996) sieht in der gegenwärtigen Globalisierungswelle den Beginn eines neuen (des 5.) Kondratieff-Zyklus, mit dem Technologie – bis vor kurzem ein Reservat der industrialisierten Welt – ubiquitär, also überall gleichermaßen verfügbar wird. Mit der Einbeziehung des Dienstleistungssektors in die weltwirtschaftliche Arbeitsteilung kann hochspezialisierte Fertigung auch an der einstigen Peripherie der Weltwirtschaft erfolgen, und die Industriestaaten verlieren ihre bisherigen Renten. Die nationalen Einkommens-, Sozial- und Regulierungssysteme werden direkt vergleichbar, sodaß die Industriestaaten mit ihrem hohen Pro-Kopf-Einkommen jeden verbleibenden Kostenvorteil ausschöpfen müssen. Um ihre preisliche Wettbewerbsfähigkeit zu verbessern, müssen sie entweder die Produktivität relativ zu den außereuropäischen Konkurrenzländern steigern oder es müssen die relativen Herstellungskosten sinken. Insbesondere erleiden Standorte mit kostenintensiver Regulierung einen Wettbewerbsnachteil, der durch entgegenwirkende Standortfaktoren kompensiert werden muß. Daraus ergibt sich ein starker Anreiz für weitere Integrationsschritte in Europa, insbesondere zur Vollendung der Wirtschafts- und Währungsunion (WWU).

In der Literatur ist umstritten, ob die Globalisierung allen Ländern nützt (wie von der Freihandelslehre verfochten) oder ob es letztlich Gewinner und Verlierer geben wird (vgl. Nunnenkamp 1996a, Hahn 1997). Als mögliche Gewinner werden zum einen die Industriestaaten wegen ihres Vorsprungs an externen Skalenerträgen betrachtet, zum anderen die Entwicklungsländer, weil sie nicht zuletzt mit Hilfe mobilen Kapitals und moderner Informationstechnologien in der Lage wären, billige Arbeit produktiv einzusetzen. Allerdings bestreiten die Niedriglohnländer nur etwa $1^1/_2$ % der Gesamtausgaben der OECD-Länder, sodaß kein unmittelbarer Einfluß auf die durchschnittlichen Lohnniveaus in der OECD besteht (OECD 1994). Die heutigen Niedriglohnländer wachsen zwar rasch und dringen allmählich auf die traditionellen Märkte der Industriestaaten vor, doch gelingt kaum eine empirische Bestätigung der These, daß zunehmende Konkurrenz aus der Dritten Welt für die steigende Arbeitslosigkeit in Europa verantwortlich wäre (Krugman 1994b, Sapir 1996).

Die Globalisierung ist ein dynamischer Prozeß, in welchem private, staatliche und internationale Akteure zusammenwirken. Die Marktöffnung verschärft zunächst den Wettbewerb, worauf die Anbieter von Gütern und Dienstleistungen mit der Suche nach neuen Nischen reagieren, in denen sie weiterhin mit Gewinn produzieren können. Die Staaten verhalten sich ebenso, indem sie ihre Standortfaktoren auf regionaler und nationaler Ebene an den Wettbewerb der Standorte anpassen. Auch die EU-weiten Überlegungen in der Ciampi-Gruppe, wie die künftige Wettbewerbsfähigkeit Europas gesichert werden kann, gehören in diese Kategorie.

Parallel dazu nehmen auf der internationalen Ebene Argumente für „fairen" Welthandel zu, die den allzu freien Güter- und Kapitalverkehr aus sozial- und umweltpolitischen Gründen einschränken wollen. Es ist daher nicht auszuschließen, daß die mit der Globalisierung verbundenen Nachteile für die reicheren Industriestaaten (insbesondere die Gefahr der Umverteilung zugunsten ärmerer Schichten der Weltbevölkerung) das Pendel allmählich wieder zurückschlagen lassen in eine von neuen Protektionismen erfüllte Weltwirtschaft. In diesem Zusammenhang setzt Tichy (1996a) den Höhepunkt der gegenwärtigen Globalisierungswelle schon in den 1960er Jahren an und sieht die neunziger Jahre als von zunehmendem Regionalismus, verschiedenen „Selbstbeschränkungsabkommen" und einer wirtschaftsstrategischen Forschungspolitik zugunsten einzelner Staaten oder Staatengruppen geprägt. Wie die Behandlung der integrationswilligen Staaten Osteuropas durch die EU zeigt, ist wohl kaum mit einer die weltweite Umverteilung begünstigenden internationalen Solidarität der reichen Länder zu rechnen; sie haben angesichts des schwachen Wirtschaftswachstums und ihrer internen Strukturprobleme ausreichend zu tun, die nationale Solidarität zu wahren.

Globalisierung verringert die Transaktionskosten und erhöht den Wettbewerb zwischen den Standorten. Gehrig (1996) betont das Wechselspiel zwischen Wettbewerb der Standorte einerseits und Wettbewerb am Standort andererseits. „Bei niedrigen Transportkosten ist der Wettbewerb der Standorte sehr intensiv. ... Je mehr die Transportkosten jedoch zunehmen, desto stärker sinkt die Wettbewerbsintensität zwischen den Standorten und desto stärker steigt die Wettbewerbsintensität am jeweiligen Standort." Mit Zunahme der Globalisierung steigt nicht nur der Wettbewerb zwischen den Unternehmen, sondern auch zwischen den Gewerkschaften verschiedener Standorte. Letztere können auf attraktiveren Standorten im allgemeinen auch höhere Lohnaufschläge durchsetzen. Die Wettbewerbsfähigkeit eines Standortes hängt somit sowohl von der Höhe seiner Agglomerationsvorteile als auch von der für den Standort gewählten Lösung für die internen Verteilungskonflikte ab. Dieser Analyseansatz ergänzt die von Krugman (1991a,b) begründete „Economic Geography"-Literatur, die vom freien Marktzutritt ausgeht und daher keine Renten kennt, aus denen Unterschiede in den Wettbewerbsbedingungen abgeleitet werden könnten.

2. Neue Schwerpunkte in der Wirtschaftspolitik

In den sechziger und frühen siebziger Jahren entsprachen die Wirtschaftsdaten in den Industriestaaten in etwa den Annahmen, die in neoklassisch orientierte Modelle einflossen. Seither hat sich auch in den reichen Ländern anhaltende Arbeitslosigkeit breitgemacht, die die gewohnt stabilen Sozialsysteme dieser Wirtschaften beeinträchtigt und mit Markträumungsmodellen allein nicht erklärt werden kann. Wie in den sechziger Jahren angesichts zunehmender Voll- bis Überbeschäftigung die keynesianischen Modelle an Erklärungswert verloren, sehen sich die Anwender neoklassischer Modelle für kurz- bis mittelfristige Problemlösungen nun mit unrealistischen Annahmen konfrontiert. Der mehrfache Paradigmenwechsel mag teilweise – insbesondere in der US-Wirtschaftspolitik – mit der jeweiligen Dominanz politischer Ideologien zu tun haben, überwiegend folgt er jedoch den empirischen Fakten und den von ihnen bestimmten Anforderungen an die Wirtschaftspolitik.[1] Es erscheint daher wenig hilfreich, die beiden Modellschulen gegeneinander auszuspielen, sie sollten besser als Varianten eines übergeordneten Modells verstanden werden, das mit beiden Regimen umgehen kann.

Über erfolgversprechende Möglichkeiten des Staates, langfristig zur Beschäftigungssicherung beizutragen, bestehen ganz unterschiedliche Auffassungen. Mit (keynesianischen) Eingriffen in die Wirtschaft ist angesichts der geänderten Rahmenbedingungen in Zukunft wohl wenig zu erreichen. Schon vor dem Eintritt Österreichs in den Europäischen Wirtschaftsraum und dem Beitritt zur EU war es als Folge der zunehmenden Verflechtung der Volkswirtschaften für ein kleines Land kaum mehr möglich, im Alleingang durch zusätzliche Staatsnachfrage Beschäftigung im Inland zu schaffen. Vielmehr resultierten solche Versuche zum guten Teil in massiven Leistungsbilanzdefiziten. Hinzu kommt nun in der EU die Vollendung des Binnenmarktes, die gemeinschaftsweite Koordination der Wirtschaftspolitik und in der WWU die Verlagerung von geldpolitischen Kompetenzen auf die Gemeinschaftsebene sowie die verstärkte gemeinschaftliche Überwachung der fiskalischen Stabilität (vgl. hiezu Handler 1997).

In diesem Umfeld verlagern sich die Schwerpunkte der nationalen Wirtschaftspolitik von der kurzfristigen Stabilisierungspolitik zur mittel- bis langfristigen Strukturpolitik, und zwar mit dem Ziel, die langfristige Wettbewerbsfähigkeit der nationalen Wirtschaft (des nationalen Standortes) zu sichern, wenn nicht zu verbessern. Da aber letztlich die Unternehmen mit ihren Produkten auf den interna-

1 Stigler (1965) kommt dagegen für die USA zur Auffassung, daß die Theorienbildung weniger von faktischen Entwicklungen als vom Fortschritt und der Adäquanz der verfügbaren Methoden abhängt. Ähnlich schreibt Krugman (1991a), daß sich die Wachstums- und Handelsökonomen mit dem Phänomen steigender Skalenerträge erst dann auseinandersetzten, als ihnen entsprechende Modelle aus der Industrieökonomie bekannt wurden.

tionalen Märkten bestehen müssen, stellt sich die Frage, was man unter der Wettbewerbsfähigkeit eines Standortes oder Landes zu verstehen hat und welche Maßnahmen die öffentliche Hand zu ihrer Verbesserung setzen kann und soll. Internationale Wettbewerbsfähigkeit kann wohl nur das Ergebnis des Zusammenwirkens von unternehmerischem Erfolg mit den rechtlichen, institutionellen und politischen Rahmenbedingungen auf der Makroebene sein (Straubhaar 1994).

Es besteht also zunächst ein privatwirtschaftlicher Handlungsbedarf zur Sicherung der internationalen Wettbewerbsfähigkeit. Nunnenkamp (1996b) weist darauf hin, daß in korporatistischen Wirtschaftssystemen häufig die Tarifparteien die Hauptverantwortung für hohe Lohnstückkosten tragen, indem sie eine von der Produktivitätsentwicklung abweichende Höhe und Struktur der Entlohnung zulassen.[2] Der Staat sollte dies durch sein Anreizsystem erschweren und selbst für mäßige Lohnnebenkosten sorgen, doch hängen letztere wiederum von den Ansprüchen (auch der Unternehmer nach staatlichen Beihilfen) an die öffentlichen Haushalte ab. Hohe Lohnkosten werden überwiegend als Standortnachteil interpretiert, sie sind jedoch bei entsprechend hoher Produktivität auch Ausdruck von Standortstärke. Die Wirtschaftspolitik wird daher nicht primär eine Senkung von Löhnen anstreben, sondern eine Zunahme der Produktivität.[3]

Folgt man der neoklassischen Wachstumstheorie, dann sollten sich Hochlohnländer wie Österreich und Deutschland auf die Erzeugung von technologie- und humankapitalintensiven Gütern spezialisieren, weil sie mit den entsprechenden Produktionsfaktoren relativ reichlich ausgestattet sind. „Eine Spitzenposition bei Einkommen und Löhnen erfordert es, an der Spitze des technologischen Fortschritts zu operieren, um dem nachdrängenden Wettbewerb von Ländern mit niedrigem Pro-Kopf-Einkommen gewachsen zu sein“ (Nunnenkamp 1996b: 247). Die Theorie des endogenen Wachstums (die „neue“ Wachstumstheorie) empfiehlt eine Spezialisierung auf technologie- und humankapitalintensive Güter auch unabhängig von der relativen Faktorausstattung. Das sektorale und regionale Wachstum der Wirtschaft hängt hier nämlich nicht – wie in der neoklassischen Wachstumstheorie – in erster Linie von der exogenen Faktorausstattung und der Faktorakkumulation ab, sondern von mehr oder weniger zufälligen Ausgangsanstößen (Schwellenüberwindungen) und einer steigenden Grenzproduktivität des akkumulierbaren Produktionsfaktors (Kapital in einem weiteren Sinn). Letztere kann aus externen Effekten resultieren, wenn etwa der soziale Ertrag einer Investition für die

---

2 Ähnliches gilt wohl auch für die Innovationsfähigkeit der Wirtschaft, die von den Unternehmen selbst anzustreben und zu erreichen ist und die nicht primär von staatlicher Technologiepolitik abhängen kann.

3 Empirisch ist allerdings kaum ein positiver Zusammenhang zwischen Produktivität und Beschäftigung zu finden, weil Produktivitätsfortschritte in der Regel in höheren Einkommen abgegolten werden und daher keine Verbesserung der Arbeitskosten mit sich bringen (Krugman 1994b).

gesamte Wirtschaft größer ist als der private Ertrag des Investors, weil sich das beim Investor entstandene Wissen nicht lange verheimlichen läßt (Romer 1986, Grossman/Helpman 1991). Externe Effekte werden auch durch jene Form der Spezialisierung erzielt, bei welcher Vorprodukte zugekauft werden oder der Staat selbst Vorleistungen in Form von Ausbildungs- und Infrastruktureinrichtungen erbringt (Romer 1987).

Die neue Wachstumstheorie beschäftigt sich mit „pfadabhängigen Entwicklungen“ (Paqué 1995) auf Märkten mit unvollkommenem Wettbewerb und ihren Implikationen für die Wirtschaftspolitik. Anders als bei vollkommenen Märkten lassen sich nämlich hier staatliche Eingriffe – wenigstens im Sinne einer Politik des Zweitbesten – eher rechtfertigen, insbesondere wenn folgende Faktoren vorliegen (vgl. etwa Grossman 1990):

- steigende Skalenerträge
- Transaktions- und Informationskosten
- administrative Eintrittsbarrieren
- Learning-by-doing (unternehmensinterne Wissensakkumulation)
- externe Effekte (Verfügbarkeit von Vorprodukten, lokalen Faktormärkten und einer lokalen Infrastruktur, technologische Spillovers, aggregierte Nachfrageeffekte u.ä.)

Durch Einflußnahme auf die Ausgangsbedingungen und die Richtung des Pfades kann der Staat einen kumulativen Wachstumsprozeß in Gang setzen. Über staatliche Interventionen lassen sich hohe Anfangskosten (sunk costs) in der Produktion bewältigen, Synergien aus der Clusterbildung schöpfen, Investitions- und Bildungsmöglichkeiten ausnützen oder es kann der Schritt zur Internationalisierung gewagt werden.

Staatliche Eingriffe leiden allerdings generell am Mangel an wesentlichen Informationen sowie an unzuverlässigen Meßmethoden: Selbst wenn sich der Staat ein Bild über dominierende Pfadabhängigkeiten machen kann, bleiben ihm relevante Details wie die künftige Marktentwicklung unbekannt. Hahn (1994) will daher diesen Ansatz von Wirtschaftspolitik, bei welchem die Identität von privaten und sozialen Kosten und Nutzen von Spillovers durch Subventionen oder Steuern hergestellt wird, durch die Überlegungen von Coase (1960) ergänzt wissen: Nach dem Coase-Theorem wird diese Identität nämlich auch ohne staatliche Eingriffe durch marktwirtschaftliche Allokationsmechanismen erreicht. Für den Staat bleibt bestenfalls die Aufgabe, diese Allokation durch die Beseitigung von Barrieren gegen die Schaffung privatwirtschaftlicher Institutionen zur Internalisierung externer Effekte (z.B. Kooperationsabkommen zwischen Unternehmen) zu erleichtern.

Staatliche Eingriffe im Sinne der neuen Wachstumstheorie werfen aber noch ein anderes Problem auf: Lassen sich in Entwicklungsländern wegen des Aufholbedarfs zu den Industriestaaten Eingriffe zur Erhöhung des Bildungs- und Technologieniveaus rechtfertigen, gibt es in den Industriestaaten kaum noch „wirklich traditionelle Sektoren". Es spricht daher wenig dafür, daß einzelne Industriestaaten durch Eingriffe in ihr Spezialisierungsmuster permanent rascher wachsen könnten.

Als besten Weg sieht Paqué (1995: 252) daher, „daß der Staat in einer hochindustrialisierten Wirtschaft in seiner Standortpolitik für allgemein günstige Rahmenbedingungen sorgt, mit besonderem Blick auf das Angebot von Gütern, das im großen und ganzen tatsächlich nach finanzwirtschaftlichen Kriterien als öffentlich gelten kann, das aber im Regelfall nicht sektorspezifisch genutzt wird." Darunter versteht er eine Politik, die die Entstehung und Verbreitung von Wissen erleichtert, etwa durch eine kommunikationserleichternde Infrastrukturpolitik, ein auf Qualität und Flexibilität ausgerichtetes Bildungssystem und eine grundlagenorientierte Forschungspolitik.

3. Bewältigung der Globalisierung durch Standortpolitik

Die **langfristige Wettbewerbsfähigkeit** eines Standortes kann also vom Staat über die Verbesserung der Produktionsfaktoren Kapital und Arbeit und die Effizienz ihres Einsatzes sowie über die Verringerung von Marktunvollkommenheiten, insbesondere auch durch Vereinfachung der ordnungspolitischen Rahmenbedingungen gesichert werden. Dabei wird der Staat die Verbesserung der Produktivität und Anpassungsfähigkeit der Unternehmen im Auge haben, damit diese mit ihren Erzeugnissen auf den internationalen Märkten und auf dem Inlandsmarkt bestehen können – auch bei gegebenen hohen Lohnkosten im Inland. **Ziel der Standortpolitik** ist es, einen möglichst hohen Grad an Beschäftigung zu akzeptablen Einkommen bei fairer Einkommensverteilung und unter Berücksichtigung angemessener Sozial- und Umweltstandards zu ermöglichen (vgl. Handler/Buchinger/Darlap 1996).

Den wohl wichtigsten Beitrag zu einer offensiven Standortstrategie kann die Verbesserung der **Qualität der Produktionsfaktoren** leisten. In erster Linie ist dabei an die Ausbildung der Arbeitskräfte zu denken, weil sich mit dem Ausmaß ihrer Qualifikation die Abhängigkeit von Niedriglohnkonkurrenz verringert. Krugman (1994b) sieht die Ursache für die hohe strukturelle Arbeitslosigkeit in der OECD – abgesehen von den Anreizeffekten des Sozialsystems – in technologischen Änderungen, die vor allem die ungelernten Arbeitskräfte nachteilig treffen: Innerhalb der einzelnen OECD-Staaten ist das Qualifikationsniveau negativ mit der Arbeitslosenquote korreliert. Wichtiger als das Ausbildungsniveau ist aber in

Zukunft wahrscheinlich die Flexibilität, sich die Kenntnisse für neue Berufe anzueignen. Das Schlagwort vom „lebenslangen Lernen“ zielt in diese Richtung, wenn auch Tichy (1996a) darin kein neu auftretendes Erfordernis sieht, sondern bestenfalls eine Fortsetzung früherer Anforderungen auf einem anderen Niveau und vielleicht mit höherer Geschwindigkeit.

Die Bedeutung technologieintensiver Produktionen ergibt sich aus der überdurchschnittlichen Nachfrage nach ihnen: Wie Hutschenreiter/Peneder (1997) zeigen, hat der Anteil der Hochtechnologiegüter am OECD-Export von Industriewaren zwischen 1970 und 1994 besonders rasch zugenommen (von 9,5 % auf 17,5 %), doch ist auch die Bedeutung von Gütern der Gebrauchstechnologie von 35,1 % auf 38,1 % gestiegen. Zurückgegangen sind die Anteile der sachkapitalintensiven Güter (von 3,4 % auf 2,0 %), der arbeitsintensiven Güter (von 21,4 % auf 18,7 %) und der ressourcenintensiven Güter (von 20,2 % auf 11,8 %). Auf der Importseite ist ein ähnliches Muster festzustellen, doch ist dort auch die Bedeutung der arbeitintensiven Güter gestiegen
(s. Tabelle 1).

Die Qualität eines Standortes hängt auch von der Innovationsfähigkeit der Wirtschaft ab. Im Zuge der Globalisierung werden grenzüberschreitende Investitionen und der mit ihnen verbundene Know-how-Transfer erleichtert. Die Unternehmen können ihre Konkurrenzfähigkeit nur bewahren, wenn sie in der Lage sind, rasch auf neue Technologien umzustellen. Dies ist zwar für die betreffenden Unternehmen und für die Gesamtwirtschaft von Vorteil, bedeutet aber in einem Teil der Wirtschaft den Verlust obsolet gewordener Einkommens- und Beschäftigungsmöglichkeiten. Um die Reibungsverluste aus diesem Prozeß der Schumpeterschen „kreativen Zerstörung“ möglichst gering zu halten, bedarf es einer Reihe von begleitenden Voraussetzungen, die in dem seit 1994 laufenden OECD-Projekt über „Technologie, Produktivität und Beschäftigung“ aufgearbeitet werden. Sie umfassen (a) ein günstiges Investitionsklima durch makroökonomische Stabilität, (b) Verbesserungen in der Funktionsfähigkeit der Arbeits- und Finanzmärkte sowie in der internationalen Diffundierung von technologischem Wissen und schließlich (c) die Entwicklung technologieintensiver Fertigungen in kleinen und mittleren Unternehmen (KMU). Tichy (1996a) sieht auch hier keine dramatisch neuen Entwicklungen, er führt vielmehr Indizien an, wonach sich die technische Entwicklung derzeit – auch angesichts der neuen Informationstechnologien – nicht auf einem Quantensprung, sondern eher auf dem Weg zur Verfeinerung und Qualitätssteigerung befindet.

Die **Modernisierung der institutionellen Rahmenbedingungen** ist auf den internationalen Güter- und Finanzmärkten bereits weit fortgeschritten. Andererseits verfangen sich auf nationaler Ebene – und gerade in Österreich – Konzepte zur

Deregulierung und Flexibilisierung oft in der emotionsgeladenen Tagespolitik, die eine sachbezogene Diskussion ihrer möglichen Wirkungen erschwert. Das gilt u.a. für die Strukturreformen auf den Arbeitsmärkten, bei natürlichen Monopolen und bei ausländischen Direktinvestitionen im Inland.

Besonders um die Flexibilität der Arbeitsmärkte und ihre Bedeutung für die Beschäftigung ist auch auf internationaler Ebene eine heftige Auseinandersetzung entbrannt (OECD 1994, 1996a, 1996c). Als Beispiele für erfolgreiche Reformen werden häufig die radikalen Ansätze von Großbritannien und Neuseeland oder die gemäßigte Vorgangsweise der Niederlande genannt, die von einer deutlichen Verringerung der strukturellen Arbeitslosigkeit – kombiniert mit einer Konsolidierung der öffentlichen Haushalte – begleitet waren. Solche Politiken sind kurzfristig mit hohen Anpassungskosten verbunden, gewähren aber einen zeitlichen Vorsprung vor den weiterhin mit Anpassungslasten kämpfenden Konkurrenzländern. Im Durchschnitt der OECD-Länder sind aber im letzten Jahrzehnt weder die Anreize aus der Arbeitslosenunterstützung noch die Mindestlöhne im Verhältnis zu den Durchschnittslöhnen merklich gesenkt worden, die Beschäftigungsverhältnisse sind rechtlich weiterhin strikt geregelt und es hat keine wesentliche Umschichtung der Arbeitsmarktgelder von passiver zu aktiver Arbeitsmarktpolitik gegeben (OECD 1996b).

Gegner jeglicher Neugestaltung des Regulierungssystems befürchten, daß mit Deregulierung ein Abbau von sozialen Errungenschaften (so etwa Fitoussi 1996) oder das Zurückdrängen der Verwirklichung einer nachhaltigen Kreislaufwirtschaft verbunden sein könnte. Sie stellen häufig die Frage, welchen Beitrag die Deregulierung zu den unmittelbar anstehenden Arbeitsmarktfragen leisten kann und übersehen das eigentliche Anliegen, nämlich die Beschäftigung langfristig und unter Berücksichtigung der neuen Rahmenbedingungen im Binnenmarkt und auf globalen Märkten abzusichern. Wenn unter diesen exogenen Bedingungen kurzfristig die Vollbeschäftigung unter Beibehaltung bisheriger Standards nicht zu halten ist, sollte nicht (jedenfalls nicht von einem Kleinstaat) gegen die Globalisierung zu Felde gezogen, sondern über interne Deregulierungsmaßnahmen nachgedacht werden. In diese Überlegungen ist durchaus einzubeziehen, daß manche empirischen Analysen (z.B. Jackman/Layard/Nickell 1996) einen Zusammenhang zwischen Arbeitsmarktflexibilität und Arbeitslosigkeit nicht feststellen können.

4. Zur Qualität des Wirtschaftsstandortes Österreich

Die Qualität eines Wirtschaftsstandortes ergibt sich aus der Kombination seiner Stärken und Schwächen. Für Tichy (1996a: 35f) ist **Standortqualität** „letztlich eine Folge der gesamten Wirtschaftspolitik, ja mehr noch der gesamten Politik und zwar über einen längeren Zeitraum; insofern hat die österreichische Sozialpartnerschaft und die österreichische Hartwährungspolitik sicherlich positiv auf die Qualität des Standortes Österreich gewirkt, und die gegenwärtige politische Unsicherheit, der Bedeutungsverlust der Sozialpartnerschaft und die Schwäche der Koalitionsparteien wirken sicherlich stärker negativ, als ein etwas höherer Lohnabschluß oder ein paar Milliarden Schilling mehr Budgetdefizit."

Die wirtschaftlichen Aspekte der Standortqualität faßt Tichy aus einer Reihe von Untersuchungen wie folgt zusammen: Österreich hat sich in den letzten Jahren wettbewerbsmäßig gut gehalten, indem es Exportmarktanteile – auch im Hochtechnologiebereich – gewonnen hat. Die Qualität der Exporte (gemessen an den Durchschnittswerten) und der internationale Verflechtungsgrad sind gestiegen. Andererseits erweist sich Österreich am ehesten bei Produkten mittlerer Qualität und auf nahen Märkten wettbewerbsfähig, wogegen es kein besonders guter Standort für Hochtechnologie und Weltmarktprodukte zu sein scheint. Im Gegensatz zur Schweiz konnte Österreich kein markantes Angebotsprofil entwickeln, es bietet vielmehr einen Bauchladen höchst unterschiedlicher Produkte an. Die wenigen vorhandenen technologischen Cluster sind zu klein, um auf die Produktgruppen durchzuschlagen. Österreich weist kein besonderes Ansiedlungsimage auf, kann also kaum spezifische Argumente beibringen, warum hochwertige Produktionen gerade hier angesiedelt werden sollen.

Tichy sieht in den drei Schwachpunkten des Standortes Österreich – der bloß mittleren Qualität, der Konzentration auf Nachbarschafts- statt auf Weltmärkte und dem Fehlen von Clustern – eine erhebliche Gefahr für die künftige Wettbewerbsfähigkeit gegenüber Niedrigpreiskonkurrenten.[4] Österreich fehle die Qualifikation zum unverzichtbaren, unverwechselbaren Lieferanten, zum dauerhaften Partner. Es gehe daher nicht so sehr um eine Standortqualifizierung als vielmehr um eine Standortspezialisierung oder „besser um eine Standortqualifizierung durch Standortspezialisierung. Es gilt nicht so sehr den Standort als solchen zu verbessern, als vielmehr ganz spezifische Vorteile für ganz spezifische Produktlinien zu schaffen" (S. 38).

[4] Vgl. hiezu die frühere Einschätzung Tichys, der 1988 schrieb: "Österreichs Wettbewerbsfähigkeit ist zwar derzeit (noch) gegeben, sie ist aber in Zukunft arg bedroht" (S. 601).

Der Standort Österreich ist vor allem durch eine **„Technologielücke“** (Hutschenreiter/Peneder 1997) gekennzeichnet, die schon aus der niedrigen Forschungsquote von 1,5 % des BIP folgt, sich aber auch in der Warenstruktur der Exporte niederschlägt. 1994 betrug der Anteil der Hochtechnologiegüter am österreichischen Export von Industriewaren 8,2 % (im Vergleich zu 17,5 % in der OECD). Auch die Bedeutung von Gütern der Gebrauchstechnologie ist mit 33,3 % geringer als in der OECD (38,1 %). Dagegen waren arbeitsintensive Güter mit 26,3 % (OECD-Durchschnitt 18,7 %) und ressourcenintensive Güter mit 18,5 % (OECD-Durchschnitt 11,8 %) von deutlich größerer Bedeutung als in den Exporten der OECD (s. Tabelle 1).

Um diese Lücke zu schließen, müßte in Österreich ein Bewußtsein für Investitionen in die Qualifizierung des Standortes erst geschaffen werden. Angesichts der latenten Forschungs- und Technologieskepsis in Österreich stößt eine Entwicklung in diese Richtung auf schwerwiegende Hindernisse. Ein Beispiel hiefür ist die Einstellung der Öffentlichkeit zu **ausländischen Direktinvestitionen** (DI) in Österreich. An Fällen wie Semperit-Traiskirchen und dem Verkauf von Handelsketten an ausländische Eigentümer wird ein „Ausverkauf Österreichs“ an die Wand gemalt. Um dem entgegenzuwirken, werden auf politischer Ebene im Zusammenhang mit Privatisierungsschritten „österreichische Lösungen“ propagiert. Dem stehen allerdings die Erwartungen gegenüber, die mit dem EU-Beitritt verknüpft wurden, daß sich nämlich die Attraktivität des Standortes Österreich für ausländische Investoren unmittelbar verbessern sollte. Selbst wenn solche Investitionen nicht in der Neuansiedlung von Unternehmen und der Schaffung zusätzlicher Arbeitsplätze verbunden sind, können sie doch der Erhaltung bestehender Arbeitsplätze dienen. Bedenklich wären nur solche „Investitionen“, die ausschließlich der Marktbereinigung durch Eliminierung eines Konkurrenten dienten.

In Fortsetzung des längerfristig steigenden Trends, wenn auch mitbestimmt durch einzelne Großtransaktionen, verzeichnete Österreich 1996 mit brutto 43,5 Mrd.S einen Rekordzustrom an DI (eine Zunahme um 24,8 Mrd.S)[5]. Gleichzeitig stiegen auch die österreichischen DI im Ausland um 3,1 Mrd.S auf 20,4 Mrd.S, womit der Rückgang der letzten beiden Jahre, der mit den abgeebbten Engagements in Osteuropa zusammenhängt, überwunden erscheint.

Nach einer im Auftrag des Wirtschaftsministeriums vorgenommenen Bewertung der wichtigsten **Standortfaktoren** und ihrer jüngsten Entwicklung durch das Österreichische Institut für Wirtschaftsforschung (WIFO) ist Österreich ein „Wirtschaftsstandort der oberen Mittelklasse“, der zwischen 1990 und 1994 zwar merklich verbessert wurde, durch die rasche Änderung der Rahmenbedingungen

---

[5] Jahresdaten der vorläufig revidierten Zahlungsbilanz der Oesterreichischen Nationalbank.

jedoch allmählich in Bedrängnis zu geraten droht (Pfaffermayr 1997). 1995 konnten zwar die Exportmarktanteile erhöht werden, doch stagnierte der Strukturwandel, und es mußten als Folge von Aufwertungseffekten Einbußen an preislicher Wettbewerbsfähigkeit hingenommen werden. Erst 1996 dürfte Österreich vom EU-Beitritt durch eine günstige Außenhandelsentwicklung und massive Direktinvestitionen profitiert haben. Allerdings sind die internen Strukturen noch nicht an die Öffnung der geschützten Märkte angepaßt worden. Die gleichzeitig auf Österreich zukommende Konkurrenz aus Osteuropa ist zunächst durch die Auslagerung arbeitsintensiver Produktionen in diese Länder beantwortet worden, doch reicht das bisherige Ausmaß möglicherweise nicht aus, den Standort Österreich auf Dauer abzusichern.

5. Standortpolitik für Österreich

Die laufende Wirtschaftspolitik muß auf die längerfristig konzipierte Standortpolitik Rücksicht nehmen. Nur wenn die Stabilisierungspolitik einigermaßen kalkulierbare Voraussetzungen für unternehmerische Entscheidungen bietet, kann die betriebliche Wettbewerbsfähigkeit sinnvoll weiterentwickelt werden. Vor diesem Hintergrund sind auch die Bemühungen zur Konsolidierung der öffentlichen Haushalte als Beitrag zur Verbesserung der Standortqualität Österreichs zu sehen. Langfristig von entscheidendem Gewicht sind freilich jene Weichenstellungen, die Österreich den Weg in den großen europäischen Wirtschafts- und Währungsraum ebneten: der Beitritt zur EU und die Teilnahme an der dritten Stufe der WWU.

Von der gegenwärtigen **Standortdiskussion** wäre zu erwarten, daß sie die notwendige Ergänzung dieser Politik im Hinblick auf die Sicherung des langfristigen Beschäftigungspotentials liefert. Im Einklang und in Fortsetzung früherer umsetzungsorientierter Analysen (vgl. Handler 1996) sollen dabei Österreichs Stärken und Schwächen identifiziert und Maßnahmen zur Betonung der Stärken und zum Abbau der Schwächen formuliert werden. Im skizzierten Umfeld sind entscheidende Beiträge zur Verbesserung der Wettbewerbsfähigkeit Österreichs wohl nur in einer Verstärkung der marktwirtschaftlichen Elemente im traditionell korporatistisch organisierten Wirtschaftssystem zu finden. Der Staat wird seine Aufgaben allerdings dort behalten, wo reine Marktwirtschaft nicht zum Ziel führt, weil externe Kosten die Produktion verhindern, weil einseitige Versorgung eintritt oder eine sozial nicht verträgliche Einkommensverteilung entsteht.

Die von der Bundesregierung eingeleiteten wirtschaftspolitischen **Maßnahmen** sind überwiegend aus diesem Verständnis heraus konzipiert worden, wenn ihre parlamentarische Umsetzung auch häufig Kompromisse erfordert, die die ursprüngliche Absicht bis zur Unkenntlichkeit verstümmeln können.

Umgekehrt werden im politischen Alltag zuweilen ohne ausreichende Vorbereitungsarbeit wirtschafts- und sozialpolitische „Offensiven“ angekündigt, die oft nicht über erste Ansätze hinauskommen. Für den engeren Bereich des Wirtschaftsministeriums, dessen standortpolitischen Strategien der Autor mitverantwortet, sind folgende Aktionsbereiche anzuführen:

Modernisierung des Regulierungssystems

Alle Untersuchungen und Umfragen unter in- und ausländischen Unternehmern bestätigen, daß die rechtlichen und behördlichen Strukturen in unserem Land überholt, teilweise unnötig und weitgehend wirtschaftshemmend sind. Ein besonderer wirtschaftspolitischer Schwerpunkt gilt daher der Vereinfachung des Rechts- und Verwaltungssystems. Obwohl die Bundesregierung bereits mehrere Initiativen in diese Richtung ergriffen hat, trifft die parlamentarische Umsetzung immer wieder auf den heftigen Widerstand einzelner betroffener Gruppen. Der politische Prozeß der Entscheidungsfindung ist von der Krise der Sozialpartnerschaft geprägt. Sie ist nicht so sehr eine Krise der Beziehungen zwischen den Sozialpartnern als vielmehr Ausdruck einer Verflachung der internen Autoritätsstrukturen, die den Erfolgsdruck gegenüber der eigenen Klientele dramatisch erhöht und das Bewußtsein für gesamtstaatliche Lösungen verdrängt hat.

Diesen Widerständen zum Trotz konnten in jüngster Zeit einige Deregulierungsschritte erfolgreich umgesetzt werden. Zwar ist mit der Teilliberalisierung der Ladenöffnungszeiten, den Reformen im dualen Ausbildungssystem, den Ansätzen zu flexibleren Arbeitszeiten und der Novelle zur Gewerbeordnung noch keine nachhaltige Modernisierung des österreichischen Regulierungssystems gelungen, doch scheint ein Durchbruch in Richtung auf eine Marktöffnung zugunsten der Nachfrager möglich: Die von den Befürwortern erwarteten Vorteile sind zwar (noch) nicht deutlich sichtbar, doch sind auch die von den Gegnern jeglicher Öffnung befürchteten Nachteile nicht eingetreten. In weiterer Anpassung des Regulierungssystems sollten von der Wirtschaftspolitik folgende Schritte eingeleitet werden:

- Vereinfachung und Beschleunigung des Anlagengenehmigungsverfahrens nach dem „One-Stop Shop“-Prinzip, auch wenn zwischen Länge der Verfahrensdauer und Standortqualität nicht unbedingt ein signifikanter empirischer Zusammenhang besteht (Winner 1996: 804);
- Kodifizierung des Arbeitsrechts;
- Umsetzung von Methoden des New Public Management in der öffentlichen Verwaltung;
- Öffnung natürlicher Monopole und Errichtung unabhängiger Regulierungsbehörden (Energie, Telekom, Verkehr);

- Aktive Unterstützung der SLIM-Initiativen[6] der Europäischen Kommission, mit denen eine Rechts- und Verwaltungsvereinfachung auf europäischer Ebene angestrebt wird;
- Abbau unötiger Regulierungen im Bereich der freien Berufe.

Diese Schritte können dazu führen, traditionelle Beschäftigungsmuster in Zukunft durch neue Formen zu ergänzen, in denen etwa die Teilzeitbeschäftigung an Bedeutung gewinnt. Dies kann für manche Beschäftigten bedeuten, daß sie nicht ein Leben lang vollzeitbeschäftigt sein werden, doch bietet es eine Chance, die Arbeitslosigkeit zu verringern. Da Österreich eine der niedrigsten Teilzeitquoten in der OECD aufweist (OECD 1995, S. 22), besteht hier ein gewisses Arbeitsplatzpotential.

Zweifellos dürfen Maßnahmen zur Deregulierung nicht Selbstzweck sein. Vielmehr muß sich die Wirtschaftspolitik auch mit ihren Auswirkungen befassen und allenfalls flankierende Schritte zur Vermeidung unerwünschter Nebeneffekte setzen. Ein Beispiel wären Maßnahmen zur Sicherung der Nahversorgung, wenn durch den Abbau bisheriger Normen eine ungerechtfertigte Bevorzugung neuer Einkaufszentren an den städtischen Periperien einträte. Dies wäre etwa dann der Fall, wenn Einkaufszentren durch eine kostenlose Bereitstellung der Infrastruktur einseitig begünstigt würden.

„Technologie – Produktivität – Beschäftigung“

Im bereits erwähnten OECD-Projekt mit diesem Titel wird untersucht, ob und in welchem Ausmaß neue Technologien in einem Sektor über höhere Produktivität (a) bei konstantem Output zu weniger Beschäftigung führt oder (b) durch Kostensenkung die Konkurrenzposition gestärkt und der Output erhöht werden kann. Außerdem wird gefragt, inwieweit neue Beschäftigung in jenen Bereichen geschaffen wird, aus denen die neuen Technologien stammen. Diese Fragen sind auch für Österreich relevant und sollten in der aktuellen Politik laufend gestellt werden.

Tichy (1996b) hebt hervor, daß Österreich auf dem Gebiet von F&E ein Nachzügler ist, dessen Aufwendungen seinem Einkommensniveau keineswegs entsprechen. Der von ihm geleitete Arbeitskreis zur Technologiepolitik im Wirtschaftsministerium kam daher zur Empfehlung, daß das nationale Innovationssystem dringend zu verbessern wäre, wobei die nationale F&E-Quote von derzeit 1½ auf etwa 2% angehoben werden sollte.

[6] Initiativen zugunsten von "**S**impler **L**egislation for the **I**nternal **M**arket".

Ähnlich fordern Hutschenreiter/Peneder (1997) eine Erhöhung auf wenigstens 2 %. Dies würde einen zusätzlichen staatlichen Forschungsaufwand in einem 5-Jahres-Zeitraum von kumuliert etwa 40 Mrd.S erfordern. Betont wird allerdings auch, daß es mit dem Ausschütten staatlicher Mittel allein nicht getan ist, vielmehr müsse damit ein möglichst hoher Multiplikatoreffekt für die Forschung und Entwicklung in den Unternehmen ausgelöst werden. Im internationalen Vergleich sind nämlich die staatlichen Forschungsausgaben durchaus nicht unbedeutend, sie werden jedoch überwiegend in unternehmensfernen Bereichen eingesetzt.

Die Wirkungskanäle in der Technologiepolitik hängen offenbar auch davon ab, ob es der Wirtschaftspolitik gelingt, ein entsprechendes Forschungsklima zu erzeugen und durch technologiepolitische Maßnahmen Innovationen anzuregen.

Angesichts der Anstrengungen zur Budgetkonsolidierung ist in den nächsten Jahren zwar nicht mit zusätzlichen Mitteln für die Wirtschaftsförderung zu rechnen, doch bietet die technologiepolitische Diskussion die Chance, ernsthaft Umschichtungen innerhalb des Förderungssystems zu konzipieren. Mit ihnen sollen Innovationsaktivitäten in den Unternehmen und Privatkapital für die Gründung innovationsorientierter Unternehmen mobilisiert werden. Darüber hinaus könnten die Kooperationsbeziehungen zwischen Forschungsinstitutionen und Unternehmen vertieft werden. Die aus der Veräußerung von Bundesanteilen an Wirtschaftsunternehmen in den Jahren 1997/98 reservierten „Technologiemilliarden“ wären in diesem Sinne einzusetzen.

Unternehmensgründung und -finanzierung

Die Unterstützung von Unternehmensgründungen, insbesondere von KMU, empfiehlt sich schon wegen der hohen Beschäftigungsintensität in diesem Bereich. Während bestehende Großbetriebe als Folge des zunehmenden Wettbewerbs häufig zu Rationalisierungsmaßnahmen und einer Verringerung des Beschäftigtenstandes greifen müssen, entstehen in Kleinbetrieben viele neue Jobs: Etwa die Hälfte der Nettoausweitung an Beschäftigten in der OECD stammt von nur 5 % dynamischer KMUs (OECD 1996a). Da es für die Wirtschaftspolitik kaum möglich ist, die „dynamischen“ Unternehmen herauszufinden und direkt zu unterstützen, empfiehlt sich eine breit angelegte Strategie, die ein unternehmensfreundliches Klima und damit den Wunsch zur Selbständigkeit fördert.

Österreich gilt als ein Land mit nur geringer Neigung zur Selbständigkeit. Dieses Phänomen wird teilweise mit einer im Durchschnitt eher auf Einkommenssicherheit gerichteten Mentalität der Österreicher erklärt, könnte aber auch mit rechtlichen und bürokratischen Zutrittsschranken, Rechts- und Verwaltungskosten im Betrieb und Finanzierungsbeschränkungen zusammenhängen. Die Bundesregierung hat daher bereits mehrmals eine „Gründungsoffensive“ angekündigt, der jeweils nur zaghafte Umsetzungsschritte folgten. Um in diesem Bereich sichtbare Erfolge zu erzielen, bedarf es daher weiterer Maßnahmen, insbesondere in den folgenden Bereichen:

- Einfache Unternehmensgründung, am besten nach dem „One-Stop Shop“-Prinzip;
- einfacher Zugang zu Berufen;
- Maßnahmen zur Clusterbildung, also zur Unterstützung der Vernetzung von Unternehmen mit ähnlicher Produktionspalette (horizontale Vernetzung) oder hintereinanderliegenden Produktionsschritten (vertikale Vernetzung);
- die Verringerung der Informationsasymmetrie, insbesondere für KMU;
- Marktbearbeitungshilfen und Unterstützung des Entstehens von Markenprodukten;
- Maßnahmen zur Stärkung der Risikokapitalfinanzierung durch neue Finanzierungsinstrumente (insbesondere für KMU);
- Funktionsfähiger Kapitalmarkt zur Verbesserung der Marktfähigkeit (besserer Zugang, neue Finanzierungsinstrumente, Börseorganisation, Übernahmerecht, Minderheitsaktionäre);

Marktorientiertes System der Wirtschaftsförderung.

Weitere Aktivitäten überschneiden einander teilweise mit den bereits angeführten. So bezieht sich etwa die zu Jahresbeginn 1997 eingeleitete „Exportoffensive“ nur teilweise auf das Exportgeschehen selbst, teilweise handelt es sich um Vorschläge zur Bildungs- und Technologiepolitik und somit um Standortpolitik. Die wiederholt angekündigte „Bildungsoffensive“ hat schon vor einiger Zeit zur Einrichtung des Fachhochschulwesens geführt und damit die berufsrelevante Ausbildung gestärkt. Keine wesentlichen Fortschritte sind in der Modernisierung des Universitätssystems erzielt worden, obwohl gerade hier ein großer Reformbedarf geortet wird (Tichy 1996b, OECD 1997).

6. Zusammenfassende Bemerkungen

Eine kleine offene Volkswirtschaft wie Österreich kann nicht wirksam in den Prozeß der Globalisierung eingreifen. Andererseits kann ein kleines Land am ehesten von der Globalisierung profitieren, indem es sich aktiv an die damit verbundenen Folgen anpaßt. Zweifellos können Marktöffnung und neue Technologien kurzfristig die Anpassungsarbeitslosigkeit erhöhen; und sie können langfristig zur „Beschäftigungsfalle" werden, wenn die Chancen daraus nicht genützt, sondern anderen Standorten überlassen werden. Negativ betroffen sind in erster Linie unqualifizierte Arbeitsplätze, weil sie am ehesten in aufstrebende Billiglohnländer ausgelagert werden können. Mit der rasch steigenden Produktivität in Osteuropa und der Zunahme des Bildungsgrades in den Entwicklungsländern werden zunehmend auch höher qualifizierte Arbeitsplätze bedroht.

Der mit der Globalisierung zunehmende internationale Wettbewerb der Standorte wird in Europa durch die fortschreitende Integration und die Ostöffnung noch verstärkt. Österreich ist allen diesen Einflüssen gleichzeitig ausgesetzt und muß daher einen umfassenden Anpassungsbedarf decken. Zugute kommt Österreich dabei, daß die Hartwährungspolitik der letzten zwei Jahrzehnte dieses Erfordernis teilweise schon vorweggenommen hat. Erschwerend wirkt, daß die Anpassungsgeschwindigkeit in der österreichischen Wirtschaft aufgrund ausgeprägter Rigiditäten auf den Güter-, Arbeits- und Finanzmärkten niedrig ist. Österreich wird aus diesem Grund auch nur als „Standort der mittleren Oberklasse" apostrophiert, der allerdings sein Potential bei weitem nicht ausschöpft. Maßnahmen zur Standortverbesserung müssen an der Qualität der Produktionsfaktoren und an der Beseitigung von Markthemmnissen ansetzen. Selbst wenn mit der Globalisierung auch negative Erscheinungen verbunden sein sollten, ist für Österreich jeder Schritt zur größeren Durchlässigkeit und Transparenz des Wirtschaftssystem zu befürworten. Die Hemmnisse für effizientes Wirtschaften sind hier nämlich noch sehr verbreitet, und Österreich ist bisher über erste Ansätze zur Liberalisierung nicht hinausgekommen.

Die Wettbewerbsfähigkeit auf den Märkten muß von den Unternehmen selbst erreicht und gehalten werden, der Staat kann aber durch die Gestaltung der institutionellen Rahmenbedingungen Anreize geben bzw. erleichternd wirken. Er kann sich dabei einer defensiven oder einer offensiven Standortpolitik bedienen. Defensive Maßnahmen – wie das Senken der Löhne und Gehälter, die Wiedererrichtung von Handelshemmnissen oder der Ausbau von Investitionsförderungen – sind tendenziell geeignet, die Produktion und den Export von Massenprodukten zu fördern. Dem wären offensive Maßnahmen, die die Entwicklung einer langfristig wettbewerbsfähigen Produktions- und Exportstruktur unterstützen, zweifellos vorzuziehen. Gefordert sind dabei nicht unbedingt zusätzliche Budgetmittel, sondern die produktivere Verwendung der verfügbaren Mittel und die bessere Ausnützung von möglichen Synergieeffekten.

Literatur

Bayer, K. (1995), „Standortindikatoren“, Gutachten des Österreichischen Instituts für Wirtschaftsforschung im Auftrag des Bundesministeriums für wirtschaftliche Angelegenheiten, Wien.

Coase, R. (1960), „The problem of social cost“, Journal of Law and Economics 3: 1–44.

Deutsche Bundesbank (1994), „Reale Wechselkurse als Indikatoren der internationalen Wettbewerbsfähigkeit“, Monatsbericht 46(5): 47–60.

Fitoussi, J.-P. (1996), „Substitutabilities and complementarities between structural and macroeconomic policies“, in: OECD (1996c): 209–228.

Gehrig, T. (1996), „Zum Wettbewerb der Standorte“, ifo-Studien, Nr. 1: 5–16.

Grossman, G.M. (1990), „Promoting new industrial activities: A survey of recent arguments and evidence“, OECD, Economic Studies 14, Paris 1990: 87–125.

Grossman, G.M., Helpman, E. (1991), „Innovation and growth in the global economy“, Cambridge, MA (MIT Press).

Hahn, F.R. (1994), „Wachstum und Arbeitslosigkeit: Neue Erkenntnisse aus der Wachstumstheorie“, ifo-Studien: 305–319.

Hahn, F.R. (1997), „Globalisierung und Wirtschaftspolitik: Theoriegrundlagen für eine Neubewertung“, Österreichisches Institut für Wirtschaftsforschung, Monatsberichte 70(2): 91–102.

Handler, H. (Hsg.) (1996), „Wirtschaftsstandort Österreich: Wettbewerbsstrategien für das 21. Jahrhundert“, Bundesministerium für wirtschaftliche Angelegenheiten, Sektion Wirtschaftspolitik, Wien, Februar.

Handler, H. (Hsg.) (1997), „Vom Schilling zum Euro: Wirtschaftspolitische Aspekte des Übergangs“, Bundesministerium für wirtschaftliche Angelegenheiten, Sektion Wirtschaftspolitik, Wien, März.

Handler, H., Buchinger, S., Darlap, P. (1996), „Ansätze zu einem Leitbild für den Wirtschaftsstandort Österreich“, in: Handler (1996): 80–90.

Hutschenreiter, G., Peneder, M. (1997), „Österreichs 'Technologielücke' im Außenhandel“, Österreichisches Institut für Wirtschaftsforschung, Monatsberichte 70(2: 103–114.

Jackman, R., Layard, R., Nickell, S. (1996), „Combatting unemployment: Is flexibility enough?“, in: OECD (1996c): 19–49.

Krugman, P. (1991a), „Geography and trade“, MIT Press, Cambridge, MA – London.

Krugman, P. (1991b), „Increasing returns and economic geography“, Journal of Political Economy 99(3): 483–499.

Krugman, P. (1994a), „Peddling prosperity: Economic sense and nonsense in the age of diminished expectations“, N.Y. – London.

Krugman, P. (1994b), „Past and prospective causes of high unemployment“, in: Federal Reserve Bank of Kansas City, Reducing unemployment: Current issues and policy options, Symposium Proceedings, Jackson Hole, August 25–27: 49–80.

Larsen, F. (1996), „Comments“ zu Fitoussi, in: OECD (1996c): 229–236.

Matthes, H. (1996), „Die Europäische Währungsunion – eine Politik ohne Alternative“, Wirtschaftsdienst 76(11), November.

Nunnenkamp, P. (1996a), „Winners and losers in the global economy: Recent trands in the international division of labour and policy challenges“, Institut für Weltwirtschaft Kiel, Discussion Papers 281, September.

Nunnenkamp, P. (1996b), „Die deutsche Wirtschaft im internationalen Wettbewerb – Standortschwächen und wirtschaftliche Herausforderungen“, Konjunkturpolitik 52(4): 245–274.

OECD (1994), „The OECD jobs study: Facts, analysis, strategies“, Paris.

OECD (1995), „The OECD jobs study: Implementing the strategy“, Paris.

OECD (1996a), „The OECD jobs strategy: Pushing ahead with the strategy“, Paris.

OECD (1996b), „Interactions between structural reform, macroeconomic policy and economic performance“, Economic Outlook 59, Paris, June: 42–57.

OECD (1996c), „Macroeconomic policies and structural reform“, OECD Proceedings, Paris.

OECD (1997), „Wirtschaftsberichte 1996–1997: Österreich“, Paris.

Paqué, K.-H. (1995), „Technologie, Wissen und Wirtschaftspolitik – Zur Rolle des Staates in Theorien des endogenen Wachstums“, Die Weltwirtschaft Nr. 3: 237–253.

Pfaffermayr, M. (1997), „Standortindikatoren Österreich: Jahresbericht 1995/96“, Gutachten des Österreichischen Instituts für Wirtschaftsforschung im Auftrag des Bundesministeriums für wirtschaftliche Angelegenheiten, Wien, März.

Romer, P.M. (1986), „Increasing returns and long-run growth“, Journal of Political Economy 94(5), October: 1002–1037.

Romer, P.M. (1987), „Growth based on increasing returns due to specialization“, American Economic Review, Papers and Proceedings, 77(2), May: 56–62.

Sapir, A. (1996), „The impact of globalization on employment in Europe“, Université Libre de Bruxelles, mimeo., June.

Stigler, G.J. (1965), „The influence of events and policies on economic theory“, in: ders., Essays in the history of economics, Chicago-London: 16–33.

Straubhaar, T. (1994), „Internationale Wettbewerbsfähigkeit einer Volkswirtschaft – was ist das?“, Wirtschaftsdienst 74(10): 534–540.

„Technologiepolitisches Konzept der Bundesregierung: Expertenentwurf“ (1996), erstellt vom Österreichischen Institut für Wirtschaftsforschung, Forschungszen-

trum Seibersdorf und Joanneum Research im Auftrag des Bundesministeriums für Wissenschaft und Forschung, Wien.
Tichy, G. (1988), „Was ist eigentlich Wettbewerbsfähigkeit?“, Wirtschaftspolitische Blätter 35(5): 596–604.
Tichy, G. (1996a), „Rahmenbedingungen für die österreichische Wettbewerbsfähigkeit“, in: Handler (1996): 24–42.
Tichy, G. (1996b), „Technologie und Bildung“, Arbeitskreisbericht, in: Handler (1996): 92–115.
Winner, M. (1996), „Deregulierung im Anlagenrecht“, Zeitschrift für Verwaltung, Nr. 6: 801–815.

Tabelle 1: Außenhandelsspezialisierung nach Technologieklassen: OECD und Österreich

Anteile am Außenhandel von Industriewaren in %

	Exporte		Importe	
Technologieklassen:	1970	1994	1970	1994
	a) OECD			
Hochtechnologie	9,5	17,5	9,0	16,5
Gebrauchstechnologie	35,1	38,1	31,4	32,4
Sachkapitalintensive Güter	3,4	2,0	3,5	1,9
Arbeitsintensive Güter	21,4	18,7	22,9	26,3
Ressourcenintensive Güter	20,2	11,8	23,7	12,4
Restgruppe	10,4	8,4	6,9	6,8
	b) Österreich			
Hochtechnologie	3,8	8,2	7,3	11,3
Gebrauchstechnologie	26,1	33,3	40,3	36,9
Sachkapitalintensive Güter	5,4	2,6	4,4	2,4
Arbeitsintensive Güter	26,6	26,3	22,8	29,1
Ressourcenintensive Güter	30,8	18,5	19,4	12,6
Restgruppe	7,3	10,9	5,6	7,4

Quelle: Hutschenreiter/Peneder (1997)

Lohnzurückhaltung, Aufwertung und Beschäftigung

Peter Kalmbach

1. Das Problem

Die Zahl der Arbeitslosen in Deutschland hat Anfang 1997 den höchsten Stand in der Nachkriegszeit erreicht. Erfolgversprechende Strategien zur Bekämpfung der Arbeitslosigkeit sind gefragt – und werden reichlich verkündet. Ihr Originalitätsgrad ist allerdings in aller Regel bescheiden: Wie schon in der Weltwirtschaftskrise wird von einem Großteil der Wirtschaftswissenschaftler in Lohnzurückhaltung oder z. T. auch ganz offen in Lohnsenkung der wirksamste Beitrag gesehen, der geleistet werden kann, um das Arbeitsplatzangebot zu erhöhen. Nach den Löhnen sind es vor allem die Lohnnebenkosten, von deren Senkung ein nachhaltiger Beitrag zur Verbesserung der Beschäftigungspositionen erhofft wird. Bei letzterem geht es vielen nicht nur darum, die lohn- und gehaltsbasierte Finanzierung der sozialen Sicherungssysteme zu ändern und zu einer weniger beschäftigungsfeindlichen Form der Finanzierung überzugehen. Die Vorschläge zur Reduktion der Lohnnebenkosten laufen vielmehr inzwischen teilweise ganz unverblümt darauf hinaus, Teile des sozialen Sicherungssystems zur Disposition zu stellen. Lohnzurückhaltung (bzw. Lohnsenkung) und Abbau sozialer Leistungen sollen damit letztlich dem gleichen Zweck dienen: Die Kosten des Faktors Arbeit sollen verbilligt werden, um dessen Einsatz für Unternehmen wieder attraktiver zu machen.

Zweifel am beschäftigungspolitischen Erfolg einer solchen Strategie sind in der Vergangenheit vor allem mit dem Hinweis auf den Doppelcharakter des Lohns angemeldet worden: Er ist nicht nur ein Kostenfaktor, sondern gleichzeitig, indem er die Konsumausgaben der abhängig Beschäftigten bestimmt, eine Größe, die auf die Höhe der Nachfrage einwirkt. Die Beschäftigungswirkung einer Lohnsenkung scheint damit prinzipiell unsicher zu sein; der beschäftigungsförderlichen Kostensenkung steht die beschäftigungsfeindliche Nachfragereaktion gegenüber.

Die naheliegende Folgerung, daß das Vorzeichen des Beschäftigungseffekts von den jeweils obwaltenden Umständen abhängt, also eine nur jeweils empirisch zu entscheidende Frage ist, wurde selten gezogen. Arbeitgeberverbände und auch die überwiegend in mikroökonomischen Kategorien denkenden Wirtschaftswissenschaftler haben auf der Dominanz des Kosteneffekts beharrt, von gewerkschaftlicher Seite ist umgekehrt die „Kaufkrafttheorie des Lohns“ immer wieder benutzt worden, ihren Forderungen auch die höheren Weihen der gesamtwirtschaftlichen Rationalität zu verleihen.

Die grundsätzliche Unentschiedenheit des Beschäftigungseffekts einer Lohnvariation gilt zunächst für geschlossene Wirtschaften. Das sind Österreich und Deutschland nun gewiß nicht, und deshalb ist zu fragen, ob für eine offene Ökonomie die eine oder die andere Sicht an Plausibilität gewinnt. Das ist grundsätzlich zu bejahen. Eine Lohnsenkung reduziert nicht nur die Nachfrage nach inländischen, sondern auch nach ausländischen Gütern. Wenn ein beträchtlicher Teil der Nachfrage auf importierte Güter entfällt, bedeutet das, daß sich der einer Lohnsenkung folgende Nachfrageausfall im Inland weniger bemerkbar macht als in einer geschlossenen Wirtschaft: Gleichzeitig kann es im Inland zu Preissenkungen kommen, wodurch der Export angeregt und zudem Importsubstitution bewirkt würde. Gegenüber der geschlossenen Wirtschaft scheint für die offene damit zu gelten: Die Kaufkrafttheorie des Lohns verliert, das Kostenargument gewinnt an Überzeugungskraft.

Einer ganz entscheidenden Frage ist dabei nun freilich noch nicht Rechnung getragen worden. Sie betrifft den Zusammenhang von Lohnverzicht (bzw. Lohnsenkung) und Wechselkursveränderung. Mit welchem Beschäftigungseffekt ist zu rechnen, wenn sich aus der Lohnzurückhaltung eine Aufwertung der Währung ergibt? Muß das nicht dazu führen, daß Inländer verstärkt auf – in Inlandspreisen billiger gewordene – Importgüter zurückgreifen und daß umgekehrt der Export erschwert wird? Wenn Lohnzurückhaltung zu Aufwertung führt, scheint jedenfalls die gerade geäußerte Vermutung wieder in Frage gestellt, daß in einer offenen Wirtschaft die Reduktion von Lohnkosten eher auf einen Beschäftigungserfolg hoffen kann als in einer geschlossenen Wirtschaft.

Die Frage, ob die Lohnzurückhaltung in einer offenen Wirtschaft mit teilweise flexiblen Wechselkursen eine Verbesserung der Beschäftigungssituation zur Folge hat, ist insbesondere 1995/96 in der Bundesrepublik Deutschland recht kontrovers diskutiert worden. Die nominale und reale Aufwertung der D-Mark, die sich von Anfang 1994 bis April 1995 ergeben hatte, ist dabei von der einen Seite als Beleg dafür angeführt worden, daß Lohnzurückhaltung nur zur Aufwertung führe und ein positiver Beschäftigungseffekt dadurch verhindert werde. Die Mehrzahl der Ökonomen, allen voran der Sachverständigenrat, sieht demgegenüber jedoch in Lohnzurückhaltung bzw. Lohnverzicht nach wie vor einen wesentlichen Beitrag zu mehr Beschäftigung, der auch durch Aufwertung nicht in Frage gestellt werde.

Die inzwischen eingetretene Verringerung des Außenwertes der D-Mark hat die Diskussion dieser Frage wieder in den Hintergrund treten lassen, ohne daß die Voraussetzungen für die Gültigkeit der einen oder anderen Position geklärt worden sind. Wir halten es deshalb für notwendig, daß die Zusammenhänge zwischen Lohnzurückhaltung, Aufwertung und Beschäftigung etwas näher überprüft werden. Dazu wird unter Punkt 2 zunächst die Entwicklung des nominalen und realen Außenwerts der D-Mark skizziert. Punkt 3 befaßt sich mit einigen Ansichten zu den in Frage stehenden Zusammenhängen. Unter Punkt 4 wird ein stark vereinfachtes, kurzfristiges Modell entwickelt, mit dem Hinweise auf die kurzfristig wirksamen Einflußfaktoren gegeben werden sollen. Punkt 5 nimmt einige Annäherungen an die Realität vor und unter 6 werden einige Folgerungen gezogen.

Da das angesprochene Problem im Hinblick auf die Bundesrepublik Deutschland diskutiert werden soll, bleibt das Thema unbehandelt, dem Tichy erhebliche Aufmerksamkeit geschenkt hat: Den vermutlich unterschiedlichen Folgen einer Aufwertung für ein großes und ein kleines Land (siehe insbesondere Tichy 1981 und 1995). Daß man bei dem mit einer Festschrift Bedachten Weitergehenderes und Tieferes findet als in den Beiträgen, die ihm zu Ehren verfaßt wurden, ist aber fast zwangsläufig: Schließlich ist eine Festschrift immer ein Zeichen dafür, daß der Adressat mit seinen Arbeiten andere intellektuell beeinflußt und ihnen wichtige Anregungen verschafft hat.

2. Zur Entwicklung des Außenwertes der D-Mark

Im Zeitraum 1972–1996 ist der nominelle Außenwert der D-Mark gegenüber den Währungen der meisten Länder gestiegen. Insbesondere gilt das gegenüber dem US-Dollar, dem französischen Franc, der italienischen Lira und dem Pfund Sterling. Gefallen ist der Außenwert gegenüber dem japanischen Yen und dem Schweizer Franken, nur geringfügige Veränderungen sind im Verhältnis zum österreichischen Schilling eingetreten.

Von der Deutschen Bundesbank wird die Entwicklung des nominalen Außenwertes der D-Mark u.a. durch einen Index ausgewiesen, der die Währungen von 18 Industrieländern umfaßt und entsprechend gewichtet (siehe Grafik 1; zur Berechnung Deutsche Bundesbank 1989). Solche Indizes sind nicht ganz unproblematisch[1]. Wir wollen die Aussagekraft des Index jedoch nicht in Frage stellen und festhalten, daß der betrachtete Zeitraum durch eine Aufwertungstendenz der D-Mark gekennzeichnet war.

[1] So haben Coughlin und Pollard (1996) für die USA sechs verschiedene Indizes des Außenwertes des Dollars gegenübergestellt. Das auf den ersten Blick verblüffende Ergebnis: Vier Indizes ergeben für den Zeitraum ab 1985 einen sinkenden Außenwert des Dollars, zwei einen steigenden. Von den verschiedenen Unterschieden, die zwischen diesen Indizes existieren, scheint vor allem die Zahl der einbezogenen Länder eine erhebliche Rolle für das Ergebnis zu spielen.

Grafik 1: Nomineller und realer Außenwert der D-Mark, 1972–96

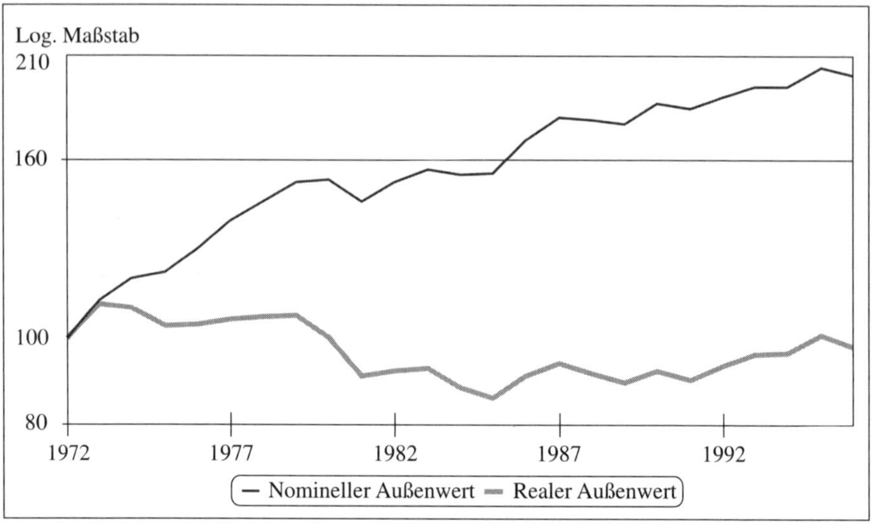

Anders verhält es sich, wenn man den Index des realen Außenwert der D-Mark betrachtet, bei dem der nominale Außenwert um das Verhältnis der Preisentwicklung in Deutschland zu der in den 18 Industrieländern bereinigt wird: Steigen im Ausland die Preise stärker, so ist die reale Aufwertung geringer als die nominale, ja es können sogar nominale Aufwertung und reale Abwertung miteinander einhergehen.

Wie man Grafik 1 entnehmen kann, hat der reale Außenwert der D-Mark 1996 annähernd wieder den Wert von 1972 erreicht – man kann im betrachteten Zeitraum keinen klaren Trend ausmachen. Allerdings gab es dazwischen Phasen, in denen es zu einer deutlichen Aufwertung der D-Mark kam, so wertete sie z. B. zwischen Anfang 1994 und April 1995 um 8,1 % auf. Die seitherige Entwicklung hat diese reale Aufwertung allerdings wieder vollständig beseitigt. Gegenüber 1995 ist es 1996 sogar zu einer Reduktion des nominalen Außenwerts der D-Mark gekommen. Es wäre allerdings verfrüht, hierin bereits eine Trendwende zu erblikken.

Der konstatierte trendmäßige Anstieg des nominellen Außenwerts der D-Mark bei gleichzeitiger trendloser Entwicklung des realen Außenwerts hat zwei offenkundige Konsequenzen. Die erste ist die, daß die Entwicklung bestimmter Kennzahlen für verschiedene Länder recht unterschiedlich ausfällt, je nachdem, ob man sie in der jeweiligen Landeswährung oder in einer gemeinsamen Währung erfaßt. Die Entwicklung der Lohnstückkosten bietet hier ein anschauliches Beispiel.

In jeweiliger Landeswährung ermittelt, sind die Lohnstückkosten in Westdeutschland in einem sehr viel geringerem Umfang gestiegen als (durchschnittlich) in den anderen Industriestaaten (siehe dazu z. B. Flassbeck 1995). Der Unterschied im Anstieg verschwindet, wenn man die Lohnstückkosten in einer einheitlichen Währung erfaßt – oder in Sonderziehungsrechten, wie das bei Flassbeck geschieht. Anders gesagt: Die Lücke, die sich beim Anstieg der Lohnstückkosten zwischen Westdeutschland und den anderen Industrieländern auftut, wenn man jeweils die Wachstumsraten der in Landeswährungen erfaßten Lohnstückkosten zugrunde legt, wird durch den Anstieg des Außenwertes der D-Mark zu Verschwinden gebracht.

Eine trendmäßige nominale Erhöhung des Außenwerts ohne eine gleichgerichtete Tendenz des realen Außenwerts bedeutet zum anderen, daß sich im Durchschnitt das ausländische Preisniveau stärker als das deutsche erhöht hat. Die Deflationierung der nominalen Lohnstückkosten fällt somit für Deutschland geringer aus als beim Ausland. Folge: Die Schere, die sich bei der Entwicklung der nominellen Lohnstückkosten zwischen Westdeutschland und den anderen Industriestaaten auftut, wird zugeklappt, wenn man statt der nominalen reale Lohnstückkosten zugrunde legt[2].

Über Kausalitäten ist damit noch nichts ausgesagt. Insbesondere ist noch ganz offen gelassen worden, welche Bedeutung der Lohnzurückhaltung für die Aufwertungstendenz zukommt. Dem haben wir uns nun zuzuwenden.

3. Ansichten über Lohnzurückhaltung, Aufwertung und Beschäftigung

Die Aufwertungstendenz der D-Mark ist verschiedentlich mit einer besonders zurückhaltenden Lohnpolitik in der Bundesrepublik Deutschland in Verbindung gebracht worden. So stellt z. B. Flassbeck ganz dezidiert fest: „Weil die Lohnstückkosten immer weniger stark als im Ausland gestiegen sind, kam es zu einer Aufwertung der D-Mark, die die via Produktivität und Löhne gewonnenen Wettbewerbsvorsprünge wieder zunichte machte. In internationaler Währung gemessen ist kein erkennbarer Wettbewerbsvorsprung geblieben“ (Flassbeck 1995, S. 702).

Eine solche Sicht der Dinge muß all diejenigen provozieren, die in einem zu hohen Lohnniveau die entscheidende Ursache für eine zu geringe internationale Wettbewerbsfähigkeit der deutschen Wirtschaft und für die hohe Arbeitslosigkeit sehen. Die Aufwertung wird der widersprechenden Sicht zufolge nicht nur als Konsequenz einer – vergleichsweise – zu moderaten Lohnpolitik dargestellt.

2 Zu verschiedenen Lohnstückkostenkonzepten und darauf basierenden Berechnungen siehe Köddermann 1996.

Letztere erscheint vielmehr als ganz unnütz, da eine Verbesserung der internationalen Wettbewerbsfähigkeit damit nicht erreicht worden sei.

Als Gegenthese zur weitverbreiteten Sicht von unangemessenen stark angestiegenen Löhnen geeignet, ist Flassbecks Aussage nun aber auch ihrerseits zu undifferenziert. Daß die deutschen Lohnstückkosten gegenüber denen des Auslands, jeweils in den Landeswährungen erfaßt, langsamer anstiegen, muß nicht heißen, daß die Löhne in Deutschland zu niedrig bzw. zu wenig gestiegen sind. Zum einen kann hinter einem geringeren Anstieg der Lohnstückkosten ein höheres Produktivitätswachstum stehen. Bedeutsamer war aber folgendes: Auch bei gleichem Produktivitätsanstieg bewirkte der gegenüber dem Ausland geringere Preisniveauanstieg in Deutschland, daß die gleichen Verteilungsziele von den Gewerkschaften mit einem geringeren Nominallohnanstieg durchgesetzt werden konnten.

Wenden wir uns der mehrheitlich vertretenen Position zu, für die der deutsche Sachverständigenrat (1995) und Siebert (1996) stellvertretend angeführt seien.

Beide stellen nicht in Abrede, daß durch Lohnzurückhaltung eine Aufwertungstendenz entsteht. Dennoch bestehen sie darauf, daß einer Lohnzurückhaltung beschäftigungspolitische Erfolge beschieden sind. Ganz dezidiert stellt Siebert fest: „Fragt man sich also, ob Lohnzurückhaltung etwas für die Beschäftigung bringt, so muß diese Frage eindeutig mit 'Ja' beantwortet werden“ (Siebert 1996, S. 14).

Fragt man darüber hinaus, worauf dieses eindeutige „Ja“ gegründet ist, muß man sich allerdings mit wenig überzeugenden Argumenten zufrieden geben. Eines, das vom Sachverständigenrat und von Siebert gleichermaßen vorgebracht wird, besteht darin, daß in der Zeit, die vergeht, bis es zu einer Aufwertung kommt, ein Beschäftigungsanstieg erfolgt: „Während dieser Anpassungsvorgänge sind zusätzliche Arbeitsplätze geschaffen worden; die Beschäftigungsverluste in den kapitalintensiven Branchen sind geringer als die Beschäftigungsgewinne in den arbeitsintensiven Sektoren“ (SVR 1995, Ziffer 367). In gleichem Sinn argumentiert Siebert.

Unklar ist dabei zum einen, wie die implizite Vorstellung über die involvierten Anpassungsgeschwindigkeiten begründet wird. Ist es wirklich plausibel davon auszugehen, daß die bei entsprechenden Erwartungen internationaler Geldanleger sofort mögliche Aufwertung regelmäßig länger auf sich warten läßt als die sektorale Umgestaltung einer Ökonomie? Mit der von Siebert (1996, S. 6) gleichzeitig aufgestellten Behauptung, daß Devisenmärkte „ohne Zeitverzug reagieren und überdies durch rationale Erwartungen charakterisiert sind“, ist diese Vorstellung über die relativen Anpassungsgeschwindigkeiten jedenfalls nicht verträglich.

Selbst wenn man die keineswegs plausible Annahme über die relativen Anpassungsgeschwindigkeiten einmal akzeptiert, ist zum anderen keineswegs klar, weshalb nach vollzogener Anpassung ein positiver Beschäftigungssaldo verbleiben soll. Wenn, wie unterstellt, durch die Lohnzurückhaltung vorübergehend arbeitsintensive Sektoren begünstigt und kapitalintensive benachteiligt werden, reduziert das tendenziell die Investitionstätigkeit. Da zudem der Export der Bundesrepublik sehr stark durch die Investitionsgüterindustrie bestimmt ist, kann sich aus inländischer Investitionsabschwächung und aufwertungsbedingten Marktverlusten ein – über den Multiplikatorprozeß verstärkter – Produktions- und Beschäftigungsverlust ergeben, der die Beschäftigungsgewinne durchaus übersteigen kann. Die Behauptung eines Nettobeschäftigungsgewinns ist insofern weder theoretisch noch empirisch fundiert.

Siebert ist darüber hinaus der Auffassung, die Argumentation, daß Lohnzurückhaltung durch Aufwertung ausgeglichen wird, ad absurdum führen zu können, wenn man den umgekehrten Fall unterstellt: „Angenommen eine Volkswirtschaft würde die Löhne beliebig in die Höhe treiben; dann käme es zu einer Abwertung der eigenen Währung, und – so das Argument – die Abwertung würde diesen Lohnanstieg in seiner Wirkung wieder voll ausgleichen. Man könnte also beliebig die Löhne erhöhen, die Abwertung würde es schon richten. Dies kann wohl nicht wahr sein“ (Siebert 1996, S. 6).

Warum es nicht wahr sein kann, sagt Siebert nicht. Offensichtlich ist er der Meinung, daß das jedem verständigen Menschen so offensichtlich ist, daß sich jede Erklärung erübrigt. Ist dem wirklich so? Sind flexible Wechselkurse einst nicht vor allem mit dem Argument propagiert worden, daß sie einer nationalen Wirtschaftspolitik, also auch einer nationalen Lohnpolitik, die Autonomie verschaffen, auf die sie bei festen Kursen verzichten muß? Natürlich weiß man inzwischen, daß dieser Autonomie Grenzen gesetzt sind: Ein Land, das die beschriebene Politik betriebe, stünde unter permanentem Abwertungsverdacht, wobei die dadurch ausgelösten Kapitalbewegungen den Abwertungsdruck noch einmal ganz erheblich verstärken können. Die Folge wäre, daß Kapital nur mit erheblichen Risikozuschlägen importiert werden könnte und die Zinsen auf ein Niveau stiegen, das die Investitionstätigkeit strapazieren und den Staatshaushalt in eine Krise stürzen würde.

Es gibt mithin durchaus Argumente, daß mit laufender Abwertung die nachteiligen Folgen exzessiver Lohnsteigerungen nicht vollständig neutralisiert werden können. Es bleibt allerdings gänzlich unklar, was damit ad absurdum geführt wird. Daß der langsamere Anstieg der Lohnstückkosten (in Landeswährung) in Deutschland die Erhöhung des nominalen Außenwerts der D-Mark zumindest mitbewirkt hat, ist kaum zu bestreiten. Man kann zwar mit theoretischen und empirischen Argumenten die Behauptung, daß die positiven Auswirkungen einer

Lohnzurückhaltung durch die Aufwertung vollständig neutralisiert werden, in Frage stellen. Eine solche Aussage wird aber keineswegs dadurch ad absurdum geführt, daß der Kombination „starke Lohnerhöhung/Abwertung“ in aller Regel kein Erfolg beschieden sein wird. Selbst wenn man zweifelsfrei zeigen könnte, daß das nicht funktionieren kann, ist damit über den beschäftigungspolitischen Erfolg einer Lohnzurückhaltung überhaupt nichts ausgesagt und erst recht ist nichts ad absurdum geführt.Man kommt nicht darum herum, sich der Frage zuzuwenden, unter welchen Bedingungen in einer offenen Wirtschaft ein Lohnverzicht zu mehr Beschäftigung führt und unter welchen das nicht der Fall ist.

4. Ein Modell der kurzen Frist zur Überprüfung der Behauptungen

Es soll nun im folgenden ein stark vereinfachtes kurzfristiges Modell[3] entwikkelt werden, das die aufgestellten Behauptungen zu überprüfen gestattet. Die vorgenommenen Vereinfachungen legen natürlich den Einwand nahe, daß den viel komplexeren Zusammenhängen der Realität damit nicht Rechnung getragen wird. Dieser Einwand ist im vorliegenden Zusammenhang jedoch nicht angebracht: Bezüglich dieser in der Tat viel komplizierteren Realität werden, wie wir sahen, ja ganz dezidierte Behauptungen aufgestellt. Wenn sich zeigen läßt, daß diese bereits in einem stark vereinfachten Modellrahmen keineswegs zwingend gelten und an Voraussetzungen gebunden sind, die alles andere als selbstverständlich sind, so ist ihre Gültigkeit für eine mit Sicherheit wesentlich komplexere Realität um so fraglicher.

Ziel des im folgenden entwickelten Modells ist es, unter rigoros vereinfachenden Annahmen die kurzfristigen Beschäftigungseffekte einer Lohnzurückhaltung in einer offenen Volkswirtschaft mit flexiblen Wechselkursen zu betrachten. Zu diesem Zweck sollen zunächst die Preis- und Wechselkurseffekte einer Lohnzurückhaltung studiert werden. Als Lohnzurückhaltung gelte dabei ein Rückgang des Nominallohns.

Die Preisgleichung sei $$p = m\left(\alpha w + \beta p_A e\right) \qquad (1)$$

p: Preis der im Inland produzierten Güter (auch der Exporte)
w: Nominallohnsatz
p_A: Preisniveau der ausländischen Güter in ausländischer Währung (gleichzeitig Importgüterpreise)
e: Nomineller Wechselkurs, d. h. Preis einer Einheit ausländischer Währung in einheimischer Währung

[3] Das Modell weist Ähnlichkeiten mit demjenigen auf, das von Bhaduri und Marglin (1990) in einem etwas anderen Zusammenhang verwendet wurde.

Bei α und ß handelt es sich um fixe Koeffizienten. Das impliziert auch, daß wir von einer konstanten Arbeitsproduktivität ausgehen. Eine Nominallohnsenkung bedeutet insofern eine entsprechende Reduktion der Lohnstückkosten.

Im Aufschlagsfaktor m kommt zum Ausdruck, daß die Preisbildung durch Aufschlag auf die (variablen) Kosten erfolgt. An späterer Stelle wird es sich als günstig erweisen, die Größe μ zu verwenden, die in folgender Beziehung zu m steht:

$$\mu = \frac{m-1}{m} \qquad (2)$$

Da Veränderungen von μ und m stets gleichgerichtet sind, können wir beliebig auf die eine oder andere Größe zurückgreifen.

Aufschlagstheorien gehen üblicherweise von einem konstanten Aufschlagsatz aus. Insbesondere in Kaleckis Arbeiten (siehe z. B. Kalecki 1987) kommt dieser Annahme große Bedeutung zu. Kostenbestimmte Preise sind für ihn diejenigen, die auf Nachfrageschwankungen nicht reagieren.

Weniger klar ist, ob der Aufschlagsatz auch dann konstant bleibt, wenn es zu Veränderungen bei den Kosten kommt, die die Basis für den Aufschlag bilden. Man wird nicht generell ausschließen können, daß sich der Aufschlagsatz in diesem Fall verändert. Für die hier interessierende Lohnsenkung ist vor allem vorstellbar, daß diese Kostenentlastung nicht oder nur teilweise in entsprechenden Preissenkungen zum Ausdruck kommt – der Gewinnaufschlag also auszudehnen versucht wird. Um diese Möglichkeit mit zu erfassen, sei unterstellt, daß

$$\frac{dm}{dw} \leq 0 \qquad (3)$$

Gehen wir davon aus, daß das Auslandspreisniveau exogen und konstant ist, kann von den Größen auf der rechten Seite der Preisgleichung nur noch der nominelle Wechselkurs auf die Lohnsenkung reagieren. Wir gehen davon aus, daß die Reaktion – sofern es zu einer kommt – in einer Aufwertung besteht. Da nach der in Deutschland und Österreich üblichen Wechselkursdefinition (e = Preis einer Einheit ausländischer Währung in einheimischer Währung) eine Aufwertung in einem sinkenden e zum Ausdruck kommt, gilt

$$\frac{de}{dw} \geq 0 \qquad (4)$$

Sehen wir uns unter diesen Voraussetzungen die von einer Lohnsenkung ausgelöste Preisreaktion an. Man erhält

$$dp = \left[m\alpha + \beta p_A m \frac{de}{dw} + \left(\alpha w + \beta p_A e \right) \frac{dm}{dw} \right] dw \tag{5}$$

Wenn weder der Aufschlagsatz noch der nominelle Wechselkurs auf die Lohnreduktion reagieren, führt letztere zu einer Preissenkung, die allerdings prozentual geringer als die Lohnsenkung ausfällt, da die Kosten der Importe unverändert bleiben,[4] was gleichzeitig bedeutet, daß ihr Anteil an den Kosten zunimmt.

Kommt es zu einer Aufwertung ($de/dw>0$) als Folge der Lohnreduktion, jedoch zu keiner Reaktion des Aufschlagsatzes, so verstärkt das die preissenkende Tendenz, da die Aufwertung die Importe in heimischer Währung verbilligt. Eine Reaktion des Aufschlagsatzes in die vermutete Richtung ($dm/dw < 0$) läuft dieser preissenkenden Tendenz entgegen.

Zu fragen ist jetzt noch, wie die Lohnsenkung auf den realen Wechselkurs wirkt. Im Rahmen unseres einfachen Modells ist es erlaubt, die Entwicklung des realen Wechselkurses gleichzeitig als einen Indikator für Gewinn oder Verlust an internationaler Wettbewerbsfähigkeit anzusehen. Eine reale Abwertung ($d\tau > 0$) wird dabei als Gewinn, eine reale Aufwertung ($d\tau < 0$) als Verlust an internationaler Wettbewerbsfähigkeit angesehen.

In Übereinstimmung mit der einschlägigen Literatur (siehe z. B. Kenen 1994, S. 356) definieren wir den realen Wechselkurs τ als

$$\tau = \frac{e\, p_A}{p} \tag{6}$$

wobei p_A als konstant vorausgesetzt wird.[5]

---

4 Nominal- und Reallohnsätze verändern sich also gleichgerichtet.

5 Zur Ermittlung der Entwicklung des realen Außenwerts muß der nominelle Außenwert um die unterschiedliche Preisentwicklung im In- und Ausland bereinigt werden. Zur Anwendung kommen dabei verschiedene Deflatoren (siehe Deutsche Bundesbank 1994, 1995). Im Rahmen unseres Modells ist der Index der Importgüter- preise mit dem ausländischen Preisniveau identisch.

Wenn von einer Reaktion des Aufschlagsatzes auf eine Lohnsenkung zunächst abgesehen wird, ergibt sich aus (5) und (6) nach einigen Umformungen

$$\eta_{\tau,w} = \frac{m\,\alpha\,w}{p}\left(\eta_{e,w} - 1\right) \tag{7}$$

mit $\eta_{\tau,w} = \frac{d\tau}{dw}\frac{w}{\tau}; \quad \eta_{e,w} = \frac{de}{dw}\frac{w}{e}$

Die Interpretation von (7) ist die folgende: Reagiert der nominelle Wechselkurs überhaupt nicht auf die Lohnsenkung ($\eta_{e,w} = 0$), so ist eindeutig, daß eine Lohnreduktion unter den gemachten Voraussetzungen zu einer Erhöhung von τ [6] und damit zu einer Verbesserung der internationalen Wettbewerbsfähigkeit führt ($\eta_{\tau,w} < 0$). Kommt es dagegen als Folge der Lohnreduktion zu einer nominellen Aufwertung, so ist $\eta_{e,w} > 0$. Je stärker die nominelle Aufwertung als Folge der Lohnreduktion ausfällt, desto geringer ist der von einer Lohnreduktion ausgehende Gewinn an internationaler Wettbewerbsfähigkeit. Wenn eine Lohnreduktion neben ihrer preissenkenden Tendenz gleichzeitig zu einer nominellen Aufwertung führt, wird in (6) nicht nur der Nenner reduziert (was ceteris paribus zu einer Erhöhung von τ führt) sondern auch der Zähler (was ceteris paribus zu einer Senkung von τ führt).

Es ist ziemlich klar, welche Modifikation sich ergibt, wenn man schließlich auch noch zuläßt, daß m (positiv) auf eine Lohnreduktion reagiert, wenn also $dm/dw < 0$ unterstellt wird. Die Folge ist selbstverständlich die, daß der Gewinn an internationaler Wettbewerbsfähigkeit als Folge der Lohnreduktion – so er überhaupt zustandekommt – geringer ausfällt. Steigt nämlich m als Folge der Lohnreduktion, so fällt die Preissenkung geringer aus als bei konstantem m.

Bereits ohne Veränderung von m läuft dem Effekt, der die internationale Wettbewerbsfähigkeit erhöht – nämlich der Preisniveausenkung – der nominale Aufwertungseffekt entgegen. Reagiert der Aufschlagssatz in der beschriebenen Weise auf die Lohnreduktion ($dm/dw < 0$), so fällt die Preissenkung bereits gemäßigter aus und es bleibt offen, ob sich τ und e in die gleiche Richtung bewegen: Eine nominelle Aufwertung als Folge der Lohnsenkung kann, muß aber nicht, mit realer Aufwertung einhergehen. Es kann somit kein eindeutiges Urteil darüber abgegeben werden, ob mit einer Lohnsenkung die internationale Wettbewerbsfähigkeit, gemessen an der Entwicklungsrichtung von τ, wirklich erhöht wird.

---

[6] Man beachte, daß der reale Außenwert $1/\tau$ ist. Er sinkt also, wenn τ steigt und umgekehrt.

Damit ist die Frage nach dem von der Lohnsenkung ausgelösten Beschäftigungseffekt aber noch nicht beantwortet. Auch ein stark vereinfachtes Modell sollte nicht den in der wirtschaftspolitischen Debatte besonders beliebten Irrtum reproduzieren, daß mit einer Verbesserung der internationalen Wettbewerbsfähigkeit zwingend eine Verbesserung der Beschäftigungssituation einhergeht.

Um das Modell zu vervollständigen, müssen wir uns den verschiedenen Verwendungskomponenten sowie der Beziehung zwischen Beschäftigung (L) und realem Sozialprodukt (Q) zuwenden. Letztere ist im hier verwendeten Modell sehr einfach. Dem kurzfristigen Charakter der Analyse entsprechend, gehen wir von einem gegebenen Produktionspotential Q_C aus, das wir ohne Beschränkung der Allgemeinheit auf Eins normieren. Es gilt dann

$$L = \gamma \frac{Q}{Q_c} = \gamma Q \tag{8}$$

Q liegt damit zwischen Null und Eins, wobei die Größe sowohl als Auslastungsgrad wie als reales Sozialprodukt definiert werden kann. Beschäftigung, reales Sozialprodukt und Auslastungsgrad variieren nach (8) also stets gleichgerichtet und proportional.[7]

Wenden wir uns den Verwendungskomponenten des Sozialprodukts zu und zwar zunächst dem Konsum bzw. dem Sparen. Unterstellt wird eine klassische Sparfunktion, also

$$S = s\,G \tag{9}$$

S: reale Sparsumme
G: reale Gewinnsumme
s: Sparneigung aus Gewinn ($0 < s \leq 1$)

Durch Erweiterung erhält man

$$S = s \frac{G}{Q} Q \tag{10}$$

Die vorgenommene Normierung hat zur Folge, daß auch S als Bruchteil von Q_C ausgedrückt wird.

[7] Es ist eigentlich nicht notwendig, im Rahmen einer kurzfristigen Analyse von einer konstanten Arbeitsproduktivität auszugehen, wie das in (8) geschieht. Tatsächlich gibt es genügend empirische Hinweise darauf, daß die Arbeitsproduktivität mit der Kapazitätauslastung positiv korreliert ist. Wir sehen davon jedoch ab, weil es die Analyse nur unnötig komplizieren würde.

Das gilt auch für die im folgenden auftauchenden Komponenten der Verwendung, ohne daß darauf jeweils noch einmal besonders hingewiesen wird.

Bei der Gewinnquote in (10) handelt es sich um das in Gleichung (2) bereits erwähnte μ, dessen Veränderungsrichtung immer der von m entspricht. Wir können auf die Umrechnung in m deshalb verzichten und schreiben

$$S = s\,\mu\,Q \tag{11}$$

Bezüglich der (realen) Investitionen nehmen wir an, daß diese von der Profitabilität, ausgedrückt in μ, und vom Auslastungsgrad (Q) abhängig sind:

$$I = I\left(\mu, Q\right) \tag{12}$$

mit $I_\mu > 0,\ I_Q > 0$

Export- und Importerlöse in inländischer Währung sind wie folgt definiert:

$$E = pX \tag{13}$$

$$Im = e\,p_A M \tag{14}$$

wobei X und M wiederum als Anteile der auf Eins normierten Kapazität ausgedrückt sind.

Was das Exportvolumen anbelangt, wird – naheliegenderweise – eine positive Abhängigkeit von der internationalen Wettbewerbsfähigkeit unterstellt, die ihren Ausdruck in der folgenden Exportelastizität findet:

$$\frac{dX}{d\tau}\frac{\tau}{X} = \eta_{X,\tau} \tag{15}$$

wobei $\eta_{X,\tau} > 0$

Bezüglich des Importvolumens müssen wir berücksichtigen, daß die Importe aus Endprodukten und aus Rohmaterialien bestehen können. Da der Rohmaterialanteil am Output als konstant vorausgesetzt wurde, sind die Importe zum einen outputabhängig – sie steigen mit Q. Sie sind aber auch – als Endprodukte – abhängig von τ: Ein Anstieg der internationalen Wettbewerbsfähigkeit hat ceteris paribus Importsubstitution zur Folge, ein Rückgang der internationalen Wettbewerbsfähigkeit führt ceteris paribus zu einem Anstieg der Importe.

Es gilt somit $$M = M(\tau, Q) \tag{16}$$

mit $\frac{\partial M}{\partial \tau} < 0$ und $\frac{\partial M}{\partial Q} > 0$

In (partiellen) Elastizitäten ausgedrückt, heißt das

$$\frac{\partial M}{\partial \tau}\frac{\tau}{M} = -\eta_{M,\tau}; \quad \frac{\partial M}{\partial Q}\frac{Q}{M} = \eta_{M,Q}; \tag{17}$$

mit $\eta_{M,\tau} > 0$; $\eta_{M,Q} > 0$

Die zugrunde gelegten Hypothesen implizieren, daß der Leistungsbilanzsaldo (im Rahmen unseres vereinfachten Modells mit dem Handelsbilanzsaldo identisch) durch die Entwicklung von τ und Q beeinflußt wird. Um die davon ausgehenden Einflüsse näher zu bestimmen, soll vereinfachend angenommen werden, daß die Ausgangslage durch eine ausgeglichene Leistungsbilanz gekennzeichnet ist. Aus (13) – (17) ergibt sich dann

$$(dE - d\,Im) = x\left(\eta_{X,\tau} + \eta_{M,\tau} - 1\right)\frac{d\tau}{\tau} - \eta_{M,Q}x\frac{dQ}{Q} \tag{18}$$

x bezeichnet dabei den ursprünglichen (und identischen) Anteil der Exporte und Importe an der Kapazität.

Die Aussage von (18) ist folgende: Ohne zunächst den Einkommens- (bzw. Kapazitätsauslastungs-)effekt zu berücksichtigen, gilt, daß eine Verbesserung der internationalen Wettbewerbsfähigkeit ($d\tau / \tau > 0$) die Leistungsbilanz verbessert, wenn die Marshall-Lerner-Bedingung – der Klammerausdruck auf der rechten Seite muß größer als Null sein – erfüllt ist. Kurzfristig ist deren Gültigkeit fraglicher als längerfristig: Der sogenannte J-Kurven-Effekt)[8].

Es ist also durchaus denkbar, daß kurzfristig eine Verschlechterung der internationalen Wettbewerbsfähigkeit ($d\tau / \tau < 0$) zu einer Verbesserung der Leistungsbilanz führen kann. Daß der Leistungsbilanzsaldo daneben aber auch von Veränderungen des Output, bzw. der Kapazitätsauslastung, beeinflußt wird, macht (18)

---

[8] In einer kürzlich veröffentlichten Untersuchung für die Bundesrepublik Deutschland kommt die Bundesbank in der Tat zu dem Schluß, daß die Handelsbilanz kurzfristig anomal auf eine Aufwertung reagiert, langfristig jedoch 'normal', d.h. mit einer – allerdings geringfügigen – Verschlechterung des Saldos. Siehe dazu Deutsche Bundesbank 1997.

zusätzlich deutlich. Wodurch Veränderungen von Q und damit – voraussetzungsgemäß – von L bewirkt werden, muß nun ergänzend betrachtet werden.

Dazu gehen wir von der Gleichgewichtsbedingung für die offenen Wirtschaft aus:

$$pI + E = pS + Im \tag{19}$$

oder

$$I(\mu, Q) + X(\tau) = s\,Q\,\mu + \tau\,M(\tau, Q) \tag{20}$$

Vollständiges Differenzieren von (20) ergibt, wenn wir (18) berücksichtigen

$$dQ = \frac{1}{\tau M_Q + s\,\mu - I_Q}\left[\left(I_\mu - sQ\right)\,d\mu + xQ\left(\eta_{C,\tau} + \eta_{M,\tau} - 1\right)\frac{d\tau}{\tau}\right] \tag{21}$$

Erinnern wir uns daran, daß die Veränderungsrichtung der Kapazitätsauslastung bzw. des normierten Outputs Q mit der der Beschäftigung übereinstimmt. (18) gibt uns damit an, wovon die Veränderung von Q und damit auch von L abhängt.

Betrachten wir zunächst den Term vor der eckigen Klammer. Aus keynesianischen Modellen für die geschlossene Wirtschaft ist bekannt, daß sie dann zu stabilen Lösungen führen, wenn das Sparen auf Outputerhöhungen stärker reagiert als die Investition. Unter unseren Voraussetzungen ist Stabilität in der geschlossenen Wirtschaft somit gewährleistet, wenn $s\,\mu > I_Q$. Da $M_Q > 0$ ist, kann für die offene Wirtschaft dann erst recht davon ausgegangen werden, daß der Term vor der eckigen Klammer positiv ist. Dies soll im folgenden nicht in Frage gestellt werden.

Damit sind es die Terme in der eckigen Klammer, die die Richtung der Veränderung bestimmen. Unserer Fragestellung entsprechend sollen sie nicht als jeweils exogene Veränderungen angesehen werden, vielmehr als Veränderungen, die ihrerseits durch Nominallohnsenkungen ausgelöst werden. Aufgrund der früher angestellten Überlegungen können wir den Einfluß einer Lohnreduktion schnell ermitteln. Aus Gleichung (2) ergibt sich, daß

$$d\,\mu = \frac{1}{m^2}\,dm \tag{22}$$

und da dm/m = $\eta_{m,w}$ dw/w und $d\tau / \tau = \eta_{\tau;w}\, dw/w$, erhält man schließlich (indem auch μ durch m ersetzt wird):

$$dQ = \frac{1}{\tau M_Q + s\,\frac{m-1}{m} - I_Q}\left[m\left(I_m - sQ\right)\,\eta_{m,w} + \frac{x}{\tau}\left(\eta_{X,\tau} + \eta_{M,\tau} - 1\right)\,\eta_{\tau,w}\right]\frac{dw}{w} \tag{23}$$

Die zuletzt abgeleitete Gleichung macht deutlich, daß auch unter den extrem vereinfachenden Annahmen unseres Modells die Outputreaktion – die aufgrund der in Gleichung (8) gemachten Annahme mit einer gleichgerichteten Beschäftigungsreaktion einhergeht – alles andere als offenkundig ist. Wie man sieht, sind zahlreiche Koeffizienten und Elastizitäten involviert, wobei wir gesehen haben, daß bei $\eta_{\tau;w}$ keine eindeutige Aussage über das Vorzeichen gemacht werden kann. Auch bei Gültigkeit der Marshall-Lerner-Bedingung kann man also keineswegs sicher sein, welche Output- und Beschäftigungswirkungen sich aus einer Lohnreduktion ergeben, zumal dafür auch die Reaktionen von Investitionen und Sparen auf veränderte Profitabilität eine Rolle spielen. Angemerkt sei schließlich noch, daß die Annahme einer konstanten Arbeitsproduktivität sicher übervereinfacht ist. Sie bewirkt, daß die Elastizität der Beschäftigung in bezug auf Outputänderungen Eins ist, wovon man im allgemeinen nicht ausgehen kann.

Insgesamt liefert uns bereits dieses höchst vereinfachte Modell die Einsicht, daß die Beschäftigungswirkungen einer Lohnsenkung für eine offene Wirtschaft die Kenntnis einer ganzen Reihe von Elastizitäten und Koeffizienten erfordert, ohne die man nichts über die Stärke, ja noch nicht einmal etwas über die Richtung des von einer Lohnsenkung ausgelösten Beschäftigungseffekts sagen kann. Es ist insofern leichtfertig, wenn für das komplizierteste vorstellbare Modell, nämlich die Realität, Aussagen gemacht werden, die noch nicht einmal für ein extrem vereinfachtes Modell allgemeine Gültigkeit beanspruchen können.

5. Einige Annäherungen an die Realität

Wir haben das im letzten Abschnitt entwickelte Modell mehrfach als extrem vereinfacht bezeichnet und auch deutlich gemacht, daß es uns eher geeignet erscheint, allzu forsche, theoretisch wie empirisch nicht genügend begründete Positionen in Frage zu stellen, weniger dafür, die real ablaufenden Vorgänge zu erklären. Es scheint nun angebracht, auf einige auffallende Unterschiede zwischen realer und Modellwelt einzugehen.

Die Realität, mit der wir es zu tun haben, unterscheidet sich vom zuvor diskutierten Modell zuallererst grundlegend darin, daß letzteres nur die Leistungs- (bzw. Handels-) bilanzreaktion in Rechnung stellt. Unberücksichtigt bleibt damit, daß heutzutage dem internationalen Kapitalverkehr eine ungleich größere Bedeutung als dem Waren- und Dienstleistungsverkehr zukommt. Daran kann kein Zweifel bestehen, wenn auch die dazu gemachten Aussagen voneinander abweichen und oft nicht direkt vergleichbar sind: So verweist z. B. Jarchow auf „Schätzungen, nach denen sich der Wert sämtlicher Ex- und Importe im Jahre 1989 nur auf etwa 1/30 aller Devisentransaktionen belief" (Jarchow 1995, S. 269). Ein anderer Autor berichtet, „daß sich das Volumen des täglichen Devisenhandels zwischen 1989 und 1992 von 650 Millionen US Dollar auf eine Billion US Dollar erhöht hat. Diesem Volumen stand ein jährliches Welthandelsvolumen von rund vier Billionen US Dollar gegenüber. Das gesamte Welthandelsvolumen wird also in nur vier Tagen an den Devisenmärkten umgesetzt" (von Hagen 1996, S. 256 f.).

Wie die Relationen auch immer sein mögen: Fest steht, daß der nicht unmittelbar mit Güter- und Dienstleistungsexporten und -importen in Zusammenhang stehende internationale Kapitalverkehr bei weitem überwiegt, daß die Wechselkursentwicklungen zumindest kurzfristig und wohl auch mittelfristig durch die Dispositionen von Kapitalanlegern dominiert werden und daß dadurch Bewegungen der Wechselkurse ausgelöst werden, die in keinem erkennbaren Verhältnis mehr zu den realwirtschaftlichen Entwicklungen stehen[9].

Eine immer stärkere Tendenz zu einer kapitalmarktdominierten Wechselkursbestimmung läßt sich insbesondere für die Bundesrepublik Deutschland feststellen: Schon in den achtziger Jahren ist der D-Mark immer stärker die Rolle einer Reserve- und Anlagewährung zugefallen. Die Auslandsverschuldung des Staates und der hohe Kapitalimport nach der deutschen Vereinigung haben hier noch verstärkend gewirkt.

---

[9] Die deutsche Bundesbank ist allerdings der Auffassung, daß jedenfalls in mittelfristiger Perspektive die Wechselkurse im wesentlichen den Kaufkraftparitäten folgen. Siehe Deutsche Bundesbank 1993 und 1995.

Für die Geldpolitik hat das dazu geführt, daß die erwarteten Reaktionen der internationalen Finanzmärkte immer größere Bedeutung gewannen und dem andere Erwägungen untergeordnet wurden. Diese Einschätzung wird jedenfalls durch Aussagen von Bundesbankvertretern gestützt: „(Es) ist daran zu erinnern, daß die Globalisierung der Finanzmärkte die nationalen Notenbanken in einen Qualitätswettbewerb geführt haben. Qualität heißt hier Stabilität" (Hesse 1997, S. 11). Die ob ihrer Macht gefürchtete Bundesbank wird von einem ihrer Repräsentanten hier geradezu als eine Institution dargestellt, der letztlich nichts anderes übrig bleibt als im Wettbewerb mit anderen Zentralbanken den Portfoliomanagern ihre hohe Qualität zu demonstrieren. Denn: „Auf Inflationsgefahren und Abwertungen der Währung reagieren sie vielfach geradezu allergisch und massiv. Ein negatives Urteil bedeutet für die betroffenen Staaten Kapitalabfluß, Abwertung, Zinsanstieg" (Hesse, a. a. O.).

All das bedeutet, daß kurz- und vielleicht auch mittelfristig die Wechselkursentwicklung sich um Kaufkraftparitäten, relative Preisniveauentwicklungen oder, kurz gesagt, um die im herkömmlichen Modell vorgesehenen Einflußgrößen wenig kümmert. Man wird deshalb auch nicht erwarten können, daß einer Lohnsenkung in einem Land oder – Produktivitätssteigerungen berücksichtigend – einem geringeren Anstieg der Lohnstückkosten stets und unmittelbar eine Aufwertung der entsprechenden Währung korrespondieren wird. Und selbstverständlich wird man unter den genannten Umständen der kurz- und mittelfristigen Entwicklung des realen Wechselkurses nur sehr beschränkt eine Indikatorfunktion für die Entwicklung der internationalen Wettbewerbsfähigkeit zuzuerkennen bereit sein.

Langfristig sieht das anders aus. Steigen die Lohnstückkosten in nationaler Währung für einen längeren Zeitraum langsamer als im Ausland, so wird sich daraus früher oder später eine Aufwertungstendenz ergeben. Anders als im zuvor skizzierten Modell kann man aber nicht eindeutig sagen, daß es auf eine besonders moderate Lohnpolitik zurückzuführen ist, wenn die Lohnstückkosten im internationalen Vergleich weniger steigen. Während im Modell die Nominallohnänderungen als exogen angenommen wurden, handelt es sich dabei tatsächlich jedoch um eine endogene Größe, für die insbesondere auch die Veränderungsrate des Preisniveaus von Bedeutung ist. Ein Anstieg der Nominallöhne, der sich im Rahmen des Produktivitätsanstiegs hält, kann nicht unbesehen mit moderater Lohnpolitik gleichgesetzt werden; möglicherweise steht ein hohes Maß an Preisstabilität dahinter, so daß auch die Reallöhne entsprechend steigen. Umgekehrt kann ein Anstieg der Nominallöhne, der das Produktivitätswachstum weit übertrifft – und damit einen deutlichen Anstieg der Lohnstückkosten bewirkt – die Folge einer starken Erhöhung des Preisniveaus sein; die Gewerkschaften versuchen mit ihrer Lohnpolitik, einen Inflationsausgleich zu erreichen.

Das zuletzt Ausgeführte läuft auf einen allen Ökonomen bekannten Sachverhalt hinaus: Lohnerhöhungen haben Preiserhöhungen zur Folge, Preiserhöhungen umgekehrt Lohnerhöhungen – wir haben es mit dem bekannten Huhn-Ei-Problem zu tun. Bezogen auf unser Problem kann man festhalten, daß der geringere Anstieg der Lohnstückkosten in der Bundesrepublik Deutschland zwei verschiedene Geschichten zu erzählen ermöglicht, deren Kausalitäten unterschiedlich sind. Die erste: Die Lohnabschlüsse waren im großen und ganzen moderat und haben dazu geführt, daß der Preisniveauanstieg unter dem in anderen Ländern blieb. Daraus entstand tendenziell eine Aufwertungstendenz. Die zweite: Die ehrgeizigeren Geldwertstabilitätsziele der Bundesbank und ihre rigorose Verfolgung haben einen geringeren Anstieg des Preisniveaus bewirkt, womit auch der Nominallohnanstieg im Verhältnis zu anderen Ländern begrenzt werden konnte. Dies ist die eigentliche Ursache der Aufwertungstendenz – die allerdings zuletzt von einer gegenteiligen Tendenz abgelöst wurde.

Nach diesen Hinweisen zu den Schwierigkeiten, die sich ergeben, wenn man den Zusammenhang zwischen Lohnmoderation und Wechselkursentwicklung untersuchen will, sollen noch einige zusätzliche Bemerkungen über den Zusammenhang von Wechselkurs und Außenhandel gemacht werden. Wie bereits erwähnt, werden mit der Marshall-Lerner-Bedingung die Voraussetzungen für eine normale Reaktion der Handelsbilanz definiert, d. h. für den Fall der Aufwertung deren Passivierung[10].

Die traditionelle Außenhandelstheorie geht dabei davon aus, daß es bei einer Wechselkursveränderung zu einem sofortigen und vollständigen „exchange rate passthrough" kommt. Im Falle einer Aufwertung der D-Mark bedeutet das, daß sie sofort in einer entsprechenden Senkung der DM-Preise von Importen und von Preiserhöhungen der Exporte in Fremdwährung ihren Ausdruck findet. Diesem üblicherweise unterstellten Fall steht als anderes Extrem das „pricing-to-market" gegenüber, bei dem die DM-Preise der Importe sowie die Fremdwährungspreise der Exporte unverändert bleiben. Im ersteren Fall machen Importeure oder deren Lieferanten zusätzliche Gewinne, während umgekehrt die Exporteure eine schrumpfende Gewinnmarge in Kauf nehmen – weil sie die Aufwertung nur für vorübergehend halten, weil sie ihre Absatzmärkte verteidigen wollen oder aus welchen sonstigen Gründen auch immer.

Es ist offenkundig, daß die Reaktionen der realen Exporte und Importe und damit letztlich auch die Produktions- und Beschäftigungseffekte einer Aufwertung davon abhängen, ob das eine oder andere dominiert. Die Deutsche Bundesbank

---

[10] Erfüllt sein muß eigentlich die sogenannte Robinson-Bedingung, deren Spezialität die Marshall-Lerner-Bedingung für den Fall darstellt, daß die Angebotselastizitäten gegen unendlich tendieren.

(1997) hat dazu eine ökonometrische Analyse durchgeführt, wobei eine dauerhafte Aufwertung der D-Mark um 5 % simuliert wurde.

Das Ergebnis war, daß kurzfristig überhaupt keine realen Effekte bei Importen und Exporten auftraten, die DM-Ausfuhrpreise um 0,5 % und die Importpreise um 2,3 % sanken. Nomineller Handelsbilanzsaldo und Terms of trade steigen kurzfristig mithin um 1,8 %. Die langfristige Reaktion bestand in einem Rückgang der realen Exporte um 3,9 % und einer Erhöhung der realen Importe um 0,9 %. Die reale Handelsbilanz verschlechterte sich um 4,8 %, die nominale um 0,4 %. Im Sinne der Marshall-Lerner-Bedingung, die hier freilich nur begrenzt anwendbar ist, war die kurzfristige Reaktion also anomal, die langfristige normal. Kommt es als Folge einer Lohnsenkung zu einer Aufwertung, so haben die davon ausgelösten Export- und Importeffekte zwar kurzfristig keine negativen Auswirkungen auf die Beschäftigung, langfristig jedoch schon.

6. Einige Folgerungen

Wie zu vorkeynesianischen Zeiten steht als Maßnahme zur Bekämpfung der Arbeitslosigkeit eine Senkung der Löhne wieder an oberster Stelle. Dabei werden die problematischen Seiten einer solchen Strategie entweder entschlossen übersehen oder aber mit wenig überzeugenden Argumenten als unerheblich abgetan.

Unsere Überlegungen galten einer möglichen Aufwertung der D-Mark als Folge von Lohnzurückhaltung bzw. Lohnsenkung. Indem eine solche Aufwertung als mögliche Folge anerkannt wird, haben wir implizit unterstellt, daß es nur in der Bundesrepublik Deutschland zu dieser Lohnsenkung kommt. Ein wesentlich düstereres Szenario ergäbe sich, wenn man davon ausginge, daß mit Lohnsenkungen in Deutschland auch in den anderen Industrieländern eine Lohnsenkungswelle ausgelöst würde. Man kann sich leicht ausmalen, daß einem solchen Lohnsenkungswettlauf eine ähnlich destruktive Wirkung zukäme wie Abwertungswettläufen seligen Angedenkens.

Auch wenn wir das hier ausschließen, so gilt für die realen Verhältnisse erst recht, was sogar unser kleines Modell schon zum Ausdruck brachte: Man muß die quantitative Bedeutung einer ganzen Reihe von Reaktionen kennen, um etwas Definitives darüber sagen zu können, wie eine Lohnsenkung auf den Wechselkurs und wie dessen Veränderung wiederum auf Produktion und Beschäftigung wirkt. Insbesondere ist die Wechselkursentwicklung zumindest kurz- und mittelfristig von den quantitativ klar dominierenden Kapitaltransaktionen bestimmt. Man kann insofern durchaus Beispiele für Jahre finden, in denen größere Lohnsteigerungen mit nominaler (z. T. auch realer) Aufwertung zusammentreffen oder auch (wie etwa 1996) für die entgegengesetzte Konstellation: moderate Lohnabschlüsse und Reduktion des Außenwerts der D-Mark.

Dennoch wird man sagen können, daß die gegenüber anderen Zentralbanken ehrgeizigeren – und einseitig auf Preisniveaustabilisierung gerichteten – Stabilitätsziele der Deutschen Bundesbank der entscheidende Grund dafür waren, daß der nominale Außenwert der D-Mark eindeutig gestiegen ist. Von kurzen Phasen abgesehen, hat die Lohnpolitik die Verfolgung dieses ehrgeizigen Stabilitätsziels nicht ernsthaft in Frage gestellt. Es wäre übertrieben, die nominale Aufwertung der D-Mark als Ergebnis einer besonders moderaten Lohnpolitik zu interpretieren. Wäre es in der Vergangenheit aber systematisch zu Lohnerhöhungen gekommen, die die Leistungskraft der Ökonomie überfordert hätten, wäre schwer verständlich, wie es der Bundesbank möglich war, ihre ehrgeizigen Stabilitätsziele zu verwirklichen. Man wird insofern wohl festhalten können, daß die Aufwertungstendenz der D-Mark zwar nicht von der Lohnpolitik ausgegangen ist, von dieser aber insgesamt auch nicht konterkariert wurde.

Käme es aufgrund der gegenwärtigen Kampagne zu Lohnsenkungen, würde sich das ändern: Die Aufwertungstendenz würde dann – einen Lohnsenkungswettlauf einmal ausgeschlossen – von der Lohnseite ausgelöst. Vorgänge am Kapitalmarkt können diese, wie schon bisher, überlagern. Würde sie sich aber durchsetzen, könnte sich zeigen, daß sich die hochrangigen Ärztegremien mit ihrer heute wieder verordneten Medizin der Lohnsenkung Doktor Eisenbart zum Vorbild genommen haben.

Literatur

Bhaduri, A. und Marglin, S. (1990), Unemployment and the Real Wage: The Economic Basis for Contesting Political Ideologies, Cambridge Journal of Economics, 14, S. 375–393

Coughlin, C.C. und Pollard P.S. (1996) A Question of Measurement: Is the Dollar Rising or Falling? Federal Reserve Bank of St. Louis Review, Vol. 78, No. 4, S. 3–18

Deutsche Bundesbank (1989), Aktualisierung der Außenwertberechnungen für die D-Mark und fremde Währungen, Monatsbericht, April, S. 44–53

Deutsche Bundesbank (1993), Entwicklung und Bestimmungsfaktoren des Außenwerts der D-Mark, Monatsbericht, November, S. 41–60

Deutsche Bundesbank (1994), Reale Wechselkurse als Indikatoren der internationalen Wettbewerbsfähigkeit, Monatsbericht, Mai, S. 47–60

Deutsche Bundesbank (1995), Gesamtwirtschaftliche Bestimmungsgründe der Entwicklung des realen Außenwerts der D-Mark, Monatsbericht, August, S. 19–40

Deutsche Bundesbank (1997), Wechselkurs und Außenhandel, Monatsbericht, Januar, S. 43–62

Flassbeck, H. (1995), Deutschland – kein Standort für Investitionen? WSI-Mitteilungen 48. Jg., 11, S. 699–704

von Hagen, J. (1996), Internationale Wirtschaftsbeziehungen, in: J. von Hagen, P.J.J. Welfens, S. Börsch-Supan (Hrsg.), Springers Handbuch der Volkswirtschaftslehre 2, Wirtschaftspolitik und Weltwirtschaft, Berlin u.a., S. 235–280

Hesse, H. (1997), Arbeitslose und Geldpolitik 1997 in: Deutsche Bundesbank, Auszüge aus Presseartikeln, Nr. 5, S. 6–14

Jarchow, H.-J. (1995), Monetäre Außenwirtschaftstheorie, in: N. Berthold (Hrsg.), Allgemeine Wirtschaftstheorie, Neuere Entwicklungen, München, S. 267–289

Kalecki, M. (1987), Krise und Prosperität im Kapitalismus, Ausgewählte Essays 1933–1971, Marburg

Kenen, P.B. (1994), The International Economy, 3rd. ed., Cambridge

Köddermann, R. (1996), Sind Löhne und Steuern zu hoch? Bemerkungen zur Standortdiskussion in Deutschland, ifo – Schnelldienst 20/96, S. 6–15

Siebert, H. (1996), Lohnzurückhaltung und Aufwertung, Kieler Diskussionsbeiträge, Nr. 266, Kiel

SVR (1995), Sachverständigenrat zur Begutachtung der gesamtwirtschaftlichen Entwicklung, Jahresgutachten 1995/96, Bonn

SVR (1996), Sachverständigenrat zur Begutachtung der gesamtwirtschaftlichen Entwicklung, Jahresgutachten 1996/97, Bonn

Tichy, G. (1981), Leistungsbilanzausgleich oder Inflationsbekämpfung als Ziele der Wechselkurspolitik in großen und kleinen Ländern, in: G. Bombach, B.Gahlen, A.E. Ott, (Hrsg.), Zur Theorie und Politik internationaler Wirtschaftsbeziehungen, Tübingen, S. 421–441

Tichy, G. (1995), Konjunkturpolitik, Quantitative Stabilisierungspolitik bei Unsicherheit. 3. Aufl., Berlin u.a.

Effizienzlöhne und Arbeitsmarktdynamik

Universität Mainz

Ingrid Kubin

1. Einleitung[1]

Arbeitslosigkeit ist ein genuin dynamisches Phänomen: Personen werden arbeitslos, bleiben es eine Zeit lang, um danach den Arbeitslosenbestand wieder zu verlassen. Eine Bestandsanalyse kann daher viel von der zugrunde liegenden Dynamik verbergen und zu falschen Schlüssen führen. Hinter einem ähnlich großen Anstieg im Arbeitslosenbestand können sich ganz unterschiedliche Probleme verbergen: Er kann vor allem mit einen Anstieg in der Dauer der Arbeitslosigkeit verbunden sein (wie das der Fall war in einigen europäischen Ländern in den 80'er Jahren) oder mit einem verstärken Zufluß zur Arbeitslosigkeit (was für die Situation in den USA kennzeichnend war).[2] Die Bedeutung der zugrunde liegenden Stromdynamik ist in der empirischen Arbeitsmarktanalyse anerkannt und – in geringerem, jedoch zunehmenden Ausmaß – auch in der Arbeitsmarkttheorie. Hier sind zwei theoretische Ansätze zu nennen:

Erstens die sog. *trade frictions* Ansätze, die die Strom-Bestands Interaktionen und das Ergebnis der am Arbeitsmarkt ablaufenden Suchprozesse in einer sog. *matching* Funktion zusammenfassen (siehe dazu im Überblick Pissarides 1988 und Blanchard/Diamond, 1992; im Original u.a.: Blanchard/Diamond, 1989, 1990; Pissarides, 1985, 1990; Jackman/Layard/Pissarides, 1989; Mortensen, 1989; und Burda/Wyplosz, 1994). Insbesondere das Modell von Blanchard/Diamond (1989, 1990) scheint gut geeignet zu sein, um die Stromdynamik, die am Arbeitsmarkt im Verlauf eines Konjunkturzyklus auftritt, darstellen und analysieren zu können.

Zweitens wurden in den 80'er Jahren – unabhängig davon – mikroökonomisch konsistente Erklärungen für Lohstarrheiten entwickelt, wobei die Effizienzlohntheorie eine prominente Stelle einnimmt (für einen Überblick vgl. den von Akerlof/Yellen, 1986, herausgegebenen Band).

---

[1] Dieses Papier basiert auf einer gründlegenden Überarbeitung des gleichnamigen Working Papers (Kubin, 1992). Insbesondere der zentrale Effizienzlohnteil ist neu konzipiert worden.

[2] Siehe zu diesen empirischen Befunden z.B. Layard/Nickel/Jackman, 1991, Blanchard/Diamond, 1990, Bean, 1994 und Burda/Wyplosz, 1994.

Trotz der geringen Querverweise zwischen diesen Gebieten scheinen sie sich in einer fruchtbaren Weise ergänzen zu können. Auf der einen Seite beziehen sich Effizienzlohnmodelle, insbesondere in der "Bummel"-Variante, auf die Arbeitsmarktdynamik, um ihre Grundidee ökonomisch plausibel zu machen. Diese wird jedoch nicht explizit modelliert. Auf der anderen Seite bestimmen die Modelle des *trade frictions* Ansatzes Dauer- und Stromkomponenten für die Bestandsgrößen am Arbeitsmarkt: Beschäftigung, Arbeitslose und offene Stellen. Die Frage der Lohnbildung wird jedoch entweder überhaupt nicht angesprochen (wie. z.B. bei Blanchard/Diamond, 1989) oder sie wird als separierbarer Block an das Modell der Arbeitsmarktdynamik angehängt: So z.B. in Pissarides, 1985, 1990, der eine Nash-Bargaining Lösung für die Bestimmung des Lohnsatzes verwendet, oder auch in Mortensen, 1989, der unterschiedliche Lohnbildungen untersucht. In all diesen Modellen werden jedoch keine Rückwirkungen vom Lohnsatz auf die Stromgrößen (insbesondere auf die Entlassungen) am Arbeitsmarkt berücksichtigt. Daher scheint es, daß beide Modell auf fruchtbare Weise miteinander verknüpft werden können.

Auf einen zweiten Blick ist jedoch diese Verknüpfung nicht ganz so einfach, wie sie aussehen mag. Insbesondere erweist sich das Effizienzlohnmodell doch als recht weit entfernt von einer expliziten Modellierung der Arbeitsmarktdynamik, auch wenn immer wieder implizit darauf Bezug genommen wird.

Effizienzlohnmodelle der "Bummel"-Variante, die in der folgenden Analyse im Vordergrund stehen sollen, basieren in der Regel auf folgender Logik: Arbeiter haben die Möglichkeit zu entscheiden, mit welcher Internsität sie ihre Leistung erbringen oder – bei Shapiro/Stiglitz (1984) – ob sie überhaupt die geforderte Leistung erbringen. Diese Entscheidung hängt von einem Vergleich ab zwischen dem Arbeitsleid und dem möglichen Nutzenverlust, der mit der Nichterbringung der Leistung, mit "Bummeln" verbunden sein könnte. In diesem Fall wird der Arbeiter mit einer gewissen Wahrscheinlichkeit entdeckt und entlassen werden; er muß mit einer gewissen Zeit Arbeitslosigkeit rechnen bzw. einen schlechter bezahlten Arbeitsplatz annehmen. Dieser Nutzenverlust hängt vom am betreffenden Arbeitsplatz gezahlten Lohnsatz ab. Nur wenn der Lohnsatz einen gewissen Schwellenwert – den sog. *non-shirk* Lohn – überschreiten wird, wird die geforderte Leistung erbracht werden. Eine entscheidende Rolle für die Höhe des *non-shirk* Lohns wird u.a. die erwartete Dauer der Arbeitslosigkeit spielen. Die Arbeiter werden als identisch angenommen. Daher ergibt sich auch ein einheitlicher *non-shirk* Lohn. Im Gleichgewicht muß der laufende Lohnsatz diesem *non-shirk* Lohn entsprechen[3] und alle, die einen Arbeitsplatz haben, werden die gewünschte Leistung erbringen.

Diese Grundlogik bringt einige Spannungen mit sich. Ein zentrales Element in ihr ist die Arbeitsmarktdynamik: Personen werden arbeitslos, bleiben es eine Zeit

[3] sonst würde niemand arbeiten

lang und finden dann wieder einen Arbeitsplatz. Im Gleichgewicht jedoch erbringen alle die geforderte Arbeitsleistung und keiner wird aus leistungsabhängigen Gründen entlassen. Das bedeutet einerseits, daß die für das Modell zentrale Entlassungsdrohung nie realisiert wird und daher mit der Zeit ihre Wirkung verlieren wird. Andereseits bedeutet das auch, daß jede Arbeitsmarktdynamik exogen eingeführt werden muß (üblicher Weise in Form einer exogenen Entlassungsrate, die nicht weiter erklärt wird).

Problematisch erscheinen auch – und darauf haben schon Akerlof/Yellen, 1986, in ihrem Überblick hingewiesen – die Implikationen der Effizienzlohnmodelle im Konjunkturverlauf. Ein negativer Schock (z.B. Preisschock) führt zu einem Rückgang in der Beschäftigung, zu einem Anstieg in der Dauer der Arbeitslosigkeit und damit zu einem Rückgang im *non-shirk* Lohn. Der Rückgang der Beschäftigung in Verbindung mit der exogen gegebenen und als konstant angenommenen Entlassungsrate bedeutet, daß in der Rezession ein Rückgang der Entlassungszahlen und der Betroffenheit von Arbeitslosigkeit vorausgesagt wird. Im Shapiro/Stigitz Modell bleibt das Leistungsniveau unverändert, in Modellen mit variablen Leistungsniveau (z.B. Sparks, 1986) wird es auf Grund der gestiegenen Dauer der Arbeitslosigkeit sogar ansteigen. Das kann[4] als Anstieg der Arbeitsproduktivität interpretiert werden.

Dieses Muster in der Arbeitsmarktdynamik (Anstieg der Dauer, Rückgang der Betroffenheit) ist zumindest nicht das einzige, das in den empirischen Fakten gefunden wird (vgl. die oben angeführten Literaturquellen). Auch der Anstieg in der Arbeitsproduktivität wiederspricht *prima facie* Standardwissen der Makroökonomik (Okun'sches Gesetz). Der Zusammenhang zwischen Arbeitslosigkeit und Produktivität wurde unter diesem Aspekt auch genaueren empirischen Untersuchungen unterworfen; die Ergebnisse bleiben jedoch zweideutig. Green und Weisskopf (1990, 241) merken in einem internationalen Vergleich an, daß "the effect of unemployment on productivity varies considerably". Weisskopf (1987) fand eine positive Korrelation für die USA, aber nicht für einige der untersuchten europäischen Länder. In anderen Studien war die Korrelation nicht so stark, wie in der Theorie erwartet wird (Wadhwani/Wall, 1991), oder sie variierte zwischen den Sektoren (Oster, 1980, Green/Weisskopf, 1990).

In den folgenden Abschnitten 2 und 3 wird daher ein Effizienzlohnmodell entwickelt, das in den Ergebnissen flexibler und somit besser mit den Fakten in Einklang zu bringen ist. Zentrale Idee ist, daß Arbeiter nicht identisch, sondern heterogenen sind. Ihr *non-shirk* Lohn wird sich unterscheiden. Wird im Gleichgewicht ein einheitlicher Lohn gezahlt, so werden dennoch einige bummeln und – wenn erwischt – entlassen werden. In einer Rezession können sich ganz unterschiedliche

[4] unterstellt ist dabei ein unverändertes Grenzprodukt in Bezug auf Arbeit in Effizienzeinheiten gemessen

Muster bezüglich der Entwicklung von Löhnen, Arbeitsmarktströmen und Arbeitsproduktivität ergeben. Für das Auftreten der einzelnen Fälle werden Bedingungen spezifiziert.

Nach einem kurzen Zwischenresümee in Abschnitt 4 wird in Abschnitt 5 das Modell von Blanchard/Diamond, 1989, leicht abgewandelt dargestellt, um in Abschnitt 6 schließlich die Kombination mit dem entwickleten Effizienzlohnmodell durchzuführen. Es zeigt sich, daß durch diese Kombination exogene Größen beider Teilmodelle endogenisiert werden können und daß sich ein vielfältiges Bild möglicher konjunktureller Muster ergibt. Eine kurze Schlußbetrachtung in Abschnitt 7 beendet den Beitrag.

2. Die Entscheidungen von Arbeitern und Unternehmen

Die Entscheidungen von Arbeitern und Unternehmen werden ähnlich wie im Modell von Shapiro/Stiglitz (1984) modelliert. Arbeiter haben auf ihrem Arbeitsplatz zwei Optionen: die erwartete Arbeitsleistung zu erbringen oder sie nicht zu erbringen[5]. Ohne das Modell von Shapiro/Stiglitz im Detail wiederholen zu wollen, seien an dieser Stelle nur folgende Eigenschaften des dort abgeleiteten *non-shirk* Lohn in Erinnerung gerufen: Er ist größer als die Arbeitslosenunterstützung, positiv abhängig vom Zinssatz (als Zeitpräferenzrate), der Arbeitslosenunterstützung und der (exogen gegebenen leistungsunabhängigen) Entlassungsrate; er ist negativ abhängig von dem Grenzleid, das mit der Erbringung der erwarteten Arbeitsleistung verbunden ist, von der erwarteten Dauer der Arbeitslosigkeit und von der Wahrscheinlichkeit, bei Nichterbringung der Arbeitsleistung entdeckt und entlassen zu werden. Bei identischen Nutzenfunktionen und gegebenen Parameterwerten ist der *non-shirk* Lohn für alle Arbeiter gleich hoch.

Berücksichtigt man nun Unterschiede in den Nutzenfunktionen, insbesondere im Grenzleid der Leistungserbringung, so ist der *non-shirk* Lohn nicht mehr einheitlich. Wir nehmen an, daß das Grenzleid der Leistungserbringung für jeden Arbeiter in jeder Periode zufällig gegeben ist.[6] In Abhängigkeit von diesem individuellen Grenzleid (und den anderen – für alle gleichen – Parametern) wählt jeder einzelnen Arbeiter seinen individuellen *non-shirk* Lohn. Ohne die Präferenzen genauer zu spezifizieren, wird im folgenden das Ergebnis der Entscheidungen auf Basis von heterogenen Präferenzen durch eine Verteilungsfunktion D (und eine Dichtefunkti-

---

5 Durch diese zweiwertige Entscheidungssituation werden Probleme mit der Messung der Arbeitsleistung (des "efforts"), die in Currie/Steedman, 1993, problematisiert werden, vermieden.

6 Durch diese Annahme wird die Argumentation auf die (unbeobachtbare) Heterogenität von Arbeitskräften zentriert; bewußt ausgeschaltet wird dadurch die Überlegung, daß bei systematischen Präferenzunterschieden die Beschäftigung-Arbeitslosigkeits-Geschichte des einzelnen Arbeiters Informationen über die sonst unbeobachtbaren Präferenzunterschiede vermittelt.

on *D'*) für den *non-shirk* Lohn beschrieben.[7] *D(w)* gibt den Prozentsatz der Arbeitskräfte an, die bei einem Lohnsatz von *w* die erwartete Arbeitsleistung erbringen, und kann daher auch als Erwartungswert der Leistungserbringung interpretiert werden. Die anderen Parameter, die den *non-shirk* Lohn bestimmen, beeinflussen die Charakteristika der Verteilungsfunktion, insbesondere ihren Mittelwert und ihre Varianz.

Spezifischer werden die Ergebnisse, wenn man konkrete Nutzenfunktionen und Verteilungsannahmen zugrunde legt. Unter Verwendung der Shapiro/Stiglitz Nutzenfunktion

$$U(w,e) = w - e \tag{1}$$

ist der *non-shirk* Lohn w^{ns} gegeben als

$$w^{ns} = w^{ub} + e\left(1 + \frac{\frac{1}{t} + \pi_0 + r}{q}\right) \tag{2}$$

(w^{ub} bezeichnet die Arbeitslosenunterstützung, r den Zinssatz, t die Dauer der Arbeitslosigkeit, π_0 die leistungsunabhängige Entlassungsrate und q die Wahrscheinlichkeit beim Bummeln entdeckt und entlassen zu werden). e gibt den Nutzenverlust an, der bei Leistungserbringung entsteht. Unter der Annahme[8], daß e normalverteilt ist gemäß $N\left(\varepsilon, \tau^2\right)$, ist der *non-shirk* Lohn w^{ns} ebenfalls normalverteilt mit

$$\mu = \left(1 + \frac{\frac{1}{t} + \pi_0 + r}{q}\right)\varepsilon + w^{ub} \qquad \sigma = \left(1 + \frac{\frac{1}{t} + \pi_0 + r}{q}\right)\tau \tag{3}$$

Auf der Unternehmensseite werden identische Firmen angenommen, die vor der Einstellung eines Arbeiters zwar die Verteilung $D\left(\mu, \sigma^2\right)$ kennen, nicht aber seinen individuellen *non-shirk* Lohn. Sie zahlen daher einen einheitlichen Lohnsatz an alle eingestellten Arbeiter, überwachen ihre Arbeitsleistung mit einer gewissen

[7] Unter der Annahme, daß mit Leistungserbringung ein Nutzenverlust verbunden ist – was übrigens nicht selbstverständlich ist –, ist die Verteilungsfunktion nur für Lohnsätze oberhalb der Arbeitslosenuntestützung relevant.

[8] Gleichzeitig wird angenommen, daß die Arbeiter in ihren Entscheidungen von statischen Erwartungen ausgehen.

Rate und entlassen die Arbeiter, die beim Bummeln erwischt werden.[9] Das Entscheidungsproblem des Unternehmens stellt sich somit folgendermaßen dar: In Abhängigkeit vom Lohnsatz, den das Unternehmen zahlt, werden $D(w)E$ Arbeitskräfte die geforderte Leistung erbringen (E bezeichnet die gesamte Beschäftigung), $(1-D(w))E$ werden bummeln, von denen ein Teil q (<1) erwischt und entlassen wird. Das Unternehmen wählt den Lohnsatz nun so, daß die Kosten pro Effizienzeinheit an Arbeit $\frac{wE}{D(w)E}$ minimiert werden. Die Bedingung erster Ordnung für ein Minimum ist

$$\eta = D'(w^*)\frac{w^*}{D(w^*)} = 1 \tag{4}$$

wobei η die Lohn-Elastizität der Verteilungsfunktion ist. Somit ergibt sich die bekannte Solow-Formel (vgl. Solow, 1979) für den Effizienzlohn, wobei die bei ihm unterstellte Arbeitseffizienzfunktion in Abhängigkeit vom Lohnsatz durch die Verteilungsfunktion der individuellen *non-shirk* Lohnsätze ersetzt wurde.

Ist $D(w)$ eine Normalverteilung, kann die Existenz eines kostenminimierenden Lohnsatzes w^* gezeigt werden. Insbesondere gilt:

Proposition 1: Ist $D(w)$ eine Normalverteilung $N(\mu, \sigma^2)$ und ist $\frac{\mu}{\sigma} > 0.5\sqrt{2\pi}$, so existiert ein kostenminimierender Lohnsatz $w^* > \mu$.

Zum Beweis siehe Anhang 1.

[9] Eine andere Begründung für das Zahlen eines einheitlichen Lohnsatzes kann in Fairnessüberlegungen gefunden werden, wie sie von Akerlof, 1982, vorgestellt werden.

3. Komparative Statik im Konjunkturverlauf

In diesem Abschnitt sollen die Auswirkungen einer Rezession (bei gleichzeitigen Anstieg der Arbeitslosenrate) auf den Lohnsatz, die Arbeitsmarktströme und auf *D(w)* – als Indikator für die Arbeitsproduktivität – analysiert werden.

Zunächst untersuchen wir den Fall eines Anstiegs in der Dauer der Arbeitslosigkeit *t*. Es gilt

Proposition 2: Ist $\frac{\partial D(w^*)}{\partial t} > 0$ und $\frac{\partial D'(w^*)}{\partial t} < 0$, so gilt $\frac{\partial w^*}{\partial t} < 0$.

Zum Beweis wird die Optimalitätsbedingung (4) nach *t* und *w** differenziert:

$$\eta = D'(w^*)\frac{w^*}{D(w^*)} = 1 \tag{5}$$

$$\frac{\partial \eta}{\partial w^*}dw^* + \left(\frac{\partial D'(w^*)}{\partial t}\frac{w^*}{D(w^*)} + D'(w^*)\frac{-w^*\frac{\partial D(w^*)}{\partial t}}{\left(D(w^*)\right)^2} \right) dt = 0 \tag{6}$$

$$\frac{\partial \eta}{\partial w^*}dw^* = \left(-\frac{\partial D'(w^*)}{\partial t}\frac{w^*}{D(w^*)} + \frac{D'(w^*)w^*}{\left(D(w^*)\right)^2}\frac{\partial D(w^*)}{\partial t} \right) dt \tag{7}$$

Unter Berücksichtigung von $\frac{\partial \eta}{\partial w^*} < 0$ ergibt sich unmittelbar Proposition 2.

Die Annahmen $\frac{\partial D(w^*)}{\partial t} > 0$ und $\frac{\partial D'(w^*)}{\partial t} < 0$ sind ökonomisch nicht unplausibel:

Mit dem Anstieg der Dauer der Arbeitslosigkeit kann erwartet werden, daß Arbeiter ihre Leistung bei einem niedrigeren Lohnsatz zu erbringen bereit sind als zuvor. Technisch gesprochen: Der Mittelwert der Dichtefunktion des *non-shirk* Lohns wird sinken; gleichzeitig wird vermutlich auch die Varianz zurückgehen (zumindest erscheint ein Anstieg als wenig plausibel). Beim alten kostenminimierenden Lohnsatz werden nun mehr Arbeiter die geforderte Leistung erbringen – *D(w*)* wird zunehmen.

Die unterstellte Abnahme von *D'(w*)* bedeutet ökonomisch, daß die Wirkung einer marginalen Lohnerhöhung auf den Prozentsatz der Arbeiter, die die geforderte Leistung erbringen, zurückgeht.

Ist somit die Wirkung eines Anstiegs der Dauer der Arbeitslosigkeit auf den Lohnsatz eindeutig bestimmt, so bleibt sie auf den Prozentsatz der Arbeiter, die die geforderte Leistung erbringen, unbestimmt: Einerseits trägt – wie soeben argumentiert wurde – der Rückgang des Mittelwerts zu einem Anstieg von *D(w*)* bei – diesen Effekt werden wir als Verteilungseffekt bezeichnen. Andererseits wird der Rückgang des Lohnsatzes zu einem Rückgang von *D(w*)* führen – diesen Effekt bezeichnen wir als Lohneffekt. Welcher dieser beiden Effekte dominiert, ist nicht allgemein zu bestimmen, sondern hängt von der jeweils gewählten Verteilungsfunktion ab. Der vorgeschlagene analytische Rahmen kann daher beide beobachteten Entwicklungen der Arbeitsproduktivität in einer Rezession abbilden: Dominiert der Verteilungseffekt, so steigt *D(w*)* an bei einer längeren Dauer der Arbeitslosigkeit. Der gewählte Indikator der Arbeitsproduktivität steigt somit an und leistungsbedingte Entlassungen gehen zurück. Dominiert hingegen der Lohneffekt, so gilt das umgekehrte: Leistungsbedingte Entlassungen nehmen zu und die Arbeitsproduktivität geht zurück bei einer längeren Dauer der Arbeitslosigkeit.

Anstieg in der Dauer der Arbeitslosigkeit	Lohnsatz	Entlassungen	Arbeitsproduktivität
dominierender Lohneffekt	↓	↑	↓
dominierender Verteilungseffekt	↓	↓	↑

Genauer kann man die Effekte auf Produktivität und Entlassungen für die Normalverteilung angeben:

Proposition 3: Steigt (sinkt) der Variationskoeffizient mit steigender Dauer der Arbeitslosigkeit, so dominiert der Lohneffekt (Verteilungseffekt): *D(w*)* geht zurück (steigt an) und leistungsabhängige Kündigungen nehmen zu (ab).

Beweis:

$$z = \frac{w-\mu}{\sigma} \qquad \textit{verteilt mit} \qquad N(0,1) \qquad w = \sigma z + \mu \quad (8)$$

$$D'(w) = \frac{1}{\sigma\sqrt{2\pi}} e^{-\frac{1}{2}\left(\frac{w-\mu}{\sigma}\right)^2} = \frac{1}{\sigma} D'(z) \qquad D(w) = D(z) \quad (9)$$

Damit kann die Optimalitätsbedingung (4) geschrieben werden als

$$\frac{\sigma z + \mu}{\sigma} \frac{D'(z)}{D(z)} = 1 \qquad \left(z + \frac{\mu}{\sigma}\right) D'(z) = D(z) \qquad (10)$$

Steigt der Variationskoeffizient an, so sinkt $\frac{\mu}{\sigma}$ und die linke Seite der Gleichung wird reduziert. Die rechte Seite bleibt unverändert und weist eine positive Steigung auf; daher muß das gleichgewichtige z zurückgehen und damit auch $D(z)$ bzw. $D(w)$.

Korollar 1: Für die Shapiro/Stiglitz Nutzenfunktion dominiert immer der Verteilungseffekt, da der Variationskoeffizient mit einem Anstieg in der Dauer der Arbeitslosigkeit zurückgeht. *D(w)* steigt somit ebenfalls an, was einen Anstieg in der Arbeitsproduktivität bedeutet und einen Rückgang in den leistungsbedingten Kündigungen.

Als zweiter Fall werden die Auswirkungen einer Rezession (Anstieg der Arbeitslosigkeit) untersucht, die mit einem Anstieg in der leistungsunabhängigen – exogenen – Entlassungsrate verbunden ist. In diesem Fall wird der Wert, einen Arbeitsplatz innezuhaben, reduziert (da er mit einer höheren Rate unabhängig von der Leistungserbringung verloren wird) und der *non-shirk* Lohn jedes einzelnen Arbeiters wird ansteigen – der Mittelwert der Dichte *D'(w)* wird ansteigen (und u.U. auch die Varianz). Die Effekte sind somit genau umgekehrt wie im eben untersuchten Fall eines Daueranstiegs. Der kostenminimierende Lohn w^* wird ansteigen (um die Arbeitskräfte trotz erhöhter Arbeitsplatzunsicherheit zu motivieren), der Effekt auf *D(w*)* ist wieder offen: Der Anstieg im Lohnsatz trägt zu einem Anstieg in *D(w*)* bei, der jedoch zumindest teilweise von Anstieg im Mittelwert kompensiert wird. Welcher der Effekte dominiert, hängt wieder von der gewählten Verteilungsfunktion ab.

Anstieg in der (exogenen) Entlassungsrate	Lohnsatz	Entlassungen	Arbeitsproduktivität
dominierender Lohneffekt	↑	↓	↑
dominierender Verteilungseffekt	↑	↑	↓

4. Zwischenresümee

In den vorangangenen beiden Abschnitten wurde ein Effizienzlohnmodell mit heterogenen Arbeitern vorgestellt. Ihre Einstellung zur Arbeit unterscheidet sich und daher auch ihr *non-shirk* Lohn. Diese Unterschiede wurde mit einer Verteilungsfunktion beschrieben. Es konnte gezeigt werden, daß in diesem Modell auch im Gleichgewicht – wenn der kostenminimierende Lohn gezahlt wird – ein Teil der Arbeiter bummeln und – wenn erwischt – entlassen wird. Auch im Gleichgewicht verschwinden daher die (endogenen) Arbeitsmarktströme nicht.

Die komparativ-statische Analyse hat gezeigt, daß dieser Modellrahmen eine Vielzahl von konjunkturellen Mustern abdecken kann. In Abhängigkeit von der Form des Konjunkturrückgangs (Anstieg in der Dauer von Arbeitslosigkeit bzw. in der exogenen Entlassungsrate) und von der Form der Präferenzen (dominierender Lohn- oder Verteilungseffekt) sagt das Modell einen Anstieg oder einen Rückgang in der Arbeitsproduktivität, in den leistungsbedingten Entlassungen und Löhnen voraus.

Bis jetzt ist das Modell bewußt offen. Die Lösung hängt parametrisch von der Dauer der Arbeitslosigkeit und von der leistungsunabhängigen Entlassungsrate ab. Hier deutet sich auch an, wie das Modell geschlossen werden kann. Blanchard/Diamond (1989) entwicklen ein Modell der Arbeitsmarktdynamik unter Verwendung einer *matching* Funktion, in dem die Bestands-, Strom- und Dauerkomponenten für Beschäftigte, Arbeitslose und offene Stellen bestimmt werden. Die exogene Entlassungsrate (die in ihrem Rahmen Rate der Arbeitspaltzvernichtung genannt wird) spielt eine zentrale Rolle in der Analyse des Konjunkturverlaufs. Die Autoren gehen jedoch auf keine Lohnbestimmung ein. Daher scheint eine Kombination mit obigen Effizienzmodell möglich. Bindeglieder sind die Dauer der Arbeitslosigkeit, die Rate der Arbeitsplatzvernichtung und die Entlassung von Bummlern.

5. Ein einfaches Modell der Arbeitsmarktdynamik

In folgendem wird das von Blanchard/Diamond (1989) entwickelte Modell der Arbeitsmarktdynamik kurz zusammengefaßt dargestellt (siehe Grafik 1). Gleichzeitig wird es leicht abgewandelt, um es mit den Effizienzlohnüberlegungen besser integrieren zu können.

Grafik 1

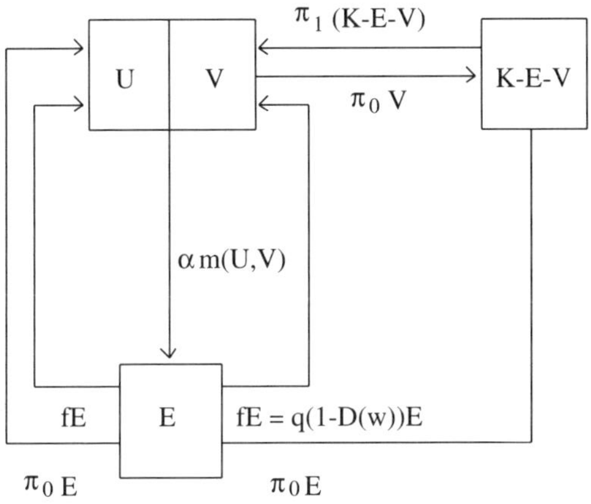

Mit K wird die Zahl der Arbeitsplätze bei voller Kapazitätsauslastung bezeichnet (die als gegeben angenommen wird) und mit c ($0 < c < 1$) ihr Auslastungsgrad. Die Zahl der aktuell profitablen Arbeitsplätze ist somit cK – nur ein Teil dieser Arbeitsplätze wird tatsächlich besetzt sein (E), während der Rest als offene Stellen (V) aufscheint. Wie Blanchard/Diamond (1989) nehmen wir laufende Prozesse der Arbeitsplatzvernichtung und -entstehung an, wobei $\pi_0$und π_1 die entsprechenden Raten angeben. Das Arbeitskräftepotential (L) ist ebenfalls gegeben, ein Teil davon ist beschäftigt (E), der Rest ist arbeitslos (U). In jeder Periode wird ein Teil der Beschäftigten ($\pi_0 E$) arbeitslos durch Vernichtung des Arbeitsplatzes. Dieser Strom von der Beschäftigung zur Arbeitslosigkeit wird nicht durch einen entsprechenden Strom von der Beschäftigung zu den offenen Stellen begleitet – der Arbeitsplatz geht verloren. Gleichzeitig werden Beschäftigte arbeitslos (fE), deren Arbeitsplatz nicht verschwindet, sondern der wieder besetzt werden soll (es fließt somit ein gleich hoher Strom von den Beschäftigten zu den offenen Stellen): darunter fallen alle freiwilligen Kündigungen (von denen wir hier abstrahieren) und auch – und das steht im Zentrum unserer Analyse – Entlassungen aus disziplinären Gründen. Dieser Strom stellt somit das zentrale Verbindungsglied dar zwischen dem Modell der Arbeitsmarktdynamik und dem Effizienzlohnmodell:

$$f = q\left(1 - D(w)\right) \tag{11}$$

In einem ersten Schritt werden wir die Arbeitsmarktdynamik mit einem parametrisch gegebenen f analysieren; erst anschließend werden wir die Verbindung zur Effizienzlohnüberlegung herstellen.

Der (gemeinsame) Strom aus der Arbeitslosenbestand und dem Bestand an offenen Stellen zurück zum Beschäftigtenbestand wird mit einer *matching* Funktion $\alpha m(U,V)$ (mit positiven ersten partiellen Ableitungen) beschrieben, die das Ergebnis der Suchprozesse zwischen Arbeitslosen und offenen Stellen global zusammenfaßt. Immer, wenn notwendig, werden wir eine Cobb-Douglas *matching* Funktion mit konstanten Skalenerträgen annehmen.[10]

Die formale Untersuchung beschränkt sich auf die Bestimmung (und komparativ statische Analyse) von stationären Gleichgewichten, die durch konstante Bestände an Arbeitslosen und offenen Stellen und durch eine konstante Kapazitätsauslastung charakterisiert sind.

Die Kapazitätsauslastung ist konstant, wenn der Prozeß der Arbeitsplatzvernichtung durch einen entsprechenden Strom der Arbeitsplatzentstehung genau kompensiert wird.

$$\pi_0(E+V) = \pi_1(K-E-V) \qquad \text{mit } E+V = cK \tag{12}$$

$$\pi_0 \frac{c}{1-c} = \pi_1 \tag{13}$$

In Zentrum der komparativ statischen Analyse wird eine Veränderung, insbesondere ein Rückgang, im Kapazitätsauslastungsgrad c stehen, wie er sich im Konjunkturverlauf ergibt. Dabei werden zwei dynamische Ursachen unterschieden: Ein gesunkener Auslastungsgrad kann entweder mit einer Reduktion in der Rate der Arbeitsplatzenstehung π_1 verbunden sein oder mit einem Anstieg in der Rate der Arbeitsplatzvernichtung π_0 (oder auf eine Kombination dieser beiden Extremfälle).[11] Wir werden beide Extremfälle analysieren, um die unterschiedlichen Arbeitsmarktskonsequenzen herauszuarbeiten. Der erste Fall (π_1 geht zurück,π_0 ist

[10] Diese Annahme steht nicht im krassen Widerspruch zu den empirischen Ergebnissen, vgl. z.B. für England Jackman/Layard/Pissarides, 1989, für Österreich Christl, 1991, und für Deutschland Buttler/Cramer, 1991.

[11] Mit dieser Unterscheidung folgen wir nicht Blanchard/Diamond, 1989, die c und $\pi_0 c$ – einen Indikator, den die Autoren für die die Beschreibung der Intensität von Strukturanpassungsprozesse heranziehen – als exogene Parameter behandeln. Diese Abweichung liegt einerseits in der hohen Variabilität von π_0 begründet, die Blanchard/Diamond, 1990, im Konjunkturverlauf gefunden haben, und andererseits in den Unterschieden, die sich im Arbeitsmarktergebnis bei den beiden Fällen ergeben.

konstant) ist einfacher zu analysieren, während der zweite Fall (Anstieg in π_0, Konstanz von π_1) eher den Fakten zu entsprechen scheint: Blanchard/Diamond (1990) fand entgegen ihrer Erwartung, daß die Rate der Arbeitsplatzvernichtung im Konjunkturverlauf flexibler ist als die Rate der Arbeitsplatzentstehung. Auch Burda/Wyplosz (1994) ermitteln einen deutlich antizyklischen Verlauf der Rate der Arbeitsplatzvernichtung, während sich die Rate der Arbeitsplatzentstehung leicht prozyklisch bzw. azyklisch verhält.

Der Bestand an Arbeitslosen ist konstant, wenn die Zahl derjeniger, die in einer Periode einen Arbeitsplatz finden, gleich hoch ist wie die, die einen Arbeitsplatz verlieren.

$$\alpha m(U,V) = (f + \pi_0)E \tag{14}$$

$$\alpha m(U,V) = (f + \pi_0)(L - U) \tag{15}$$

Der Bestand an offenen Stellen ist konstant, wenn der Abgang an besetzten oder "zerstörten" offenen Stellen genauso hoch ist wie der Zugang an offenen Stellen.

$$\alpha m(U,V) + \pi_0 V = fE + \pi_1 (K - V - E) \tag{16}$$

$$\alpha m(U,V) = fE + \pi_1 (K - V - E) - \pi_0 V \tag{17}$$

oder unter Verwendung von (13)

$$\alpha m(U,V) = f(L - U) + \pi_0 \frac{c}{1-c}\left(K - V - (L - U)\right) - \pi_0 V \tag{18}$$

Für gegebene Parameter sind beide Stationaritätsbedingungen (Gleichung (15) und (18)) negativ geneigt im *U*-*V*-Raum, wobei die erste Beziehung steiler verläuft als die zweite (vgl. Blanchard/Diamond, 1989). Ihr Schnittpunkt definiert eindeutige Gleichgewichtswerte für die Bestände an Arbeitslosen und an offenen Stellen (siehe Grafik 2, Punkt 0).

Grafik 2

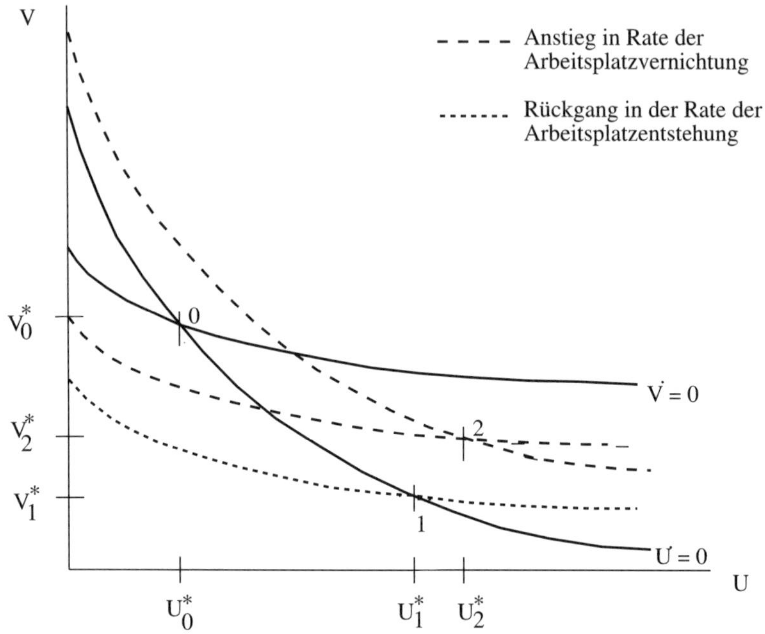

In einem stationären Zustand eines dynamischen Systems sind die durchschnittlichen Laufzeiten der Bestände gegeben als

$$\textit{mittlere Dauer} = \frac{\textit{Stromgröße}}{\textit{Bestandsgröße}} \tag{19}$$

Für den Bestand an Arbeitslosen und an offenen Stellen sind die entsprechenden Strom- und Dauergrößen gegeben als – wobei konstante Skalenerträge der *matching* Funktion unterstellt werden

$$\textit{Stromgröße} = \alpha m(U,V) = Um\left(1, \frac{V}{U}\right) = Vm\left(\frac{U}{V}, 1\right) \tag{20}$$

$$\textit{mittlere Dauer}(\textit{Arbeitslosigkeit}) = \frac{U}{Um\left(1, \frac{V}{U}\right)} = \frac{1}{m\left(1, \frac{V}{U}\right)} \tag{21}$$

$$mittlere\ Dauer\left(offene\ Stellen\right) = \frac{V}{Vm\left(\frac{U}{V},1\right)} = \frac{1}{m\left(\frac{U}{V},1\right)} \tag{22}$$

Wird eine *matching* Funktion mit konstanten Skalenerträgen zugrunde gelegt, so hängt sowohl die durchschnittlichen Dauern der Arbeitslosigkeit als auch die mittlere Laufzeit der offenen Stellen nur vom Verhältnis der entsprechenden Bestände $\frac{V}{U}$ ab, und zwar erstere negativ und zweitere positiv.

Im folgendem werden die Wirkungen auf die Bestands- und Dauergrößen analysiert, wenn die Kapazitätsauslastung c zurückgeht – entweder weil die Rate der Arbeitsplatzentstehung π_1 zurückgeht (während π_0 konstant bleibt) oder weil die Rate der Arbeitsplatzvernichtung π_0 ansteigt (während π_1 konstant bleibt). Dazu werden Gleichung (15) und (18) nach V und c differenziert, wobei U konstant gehalten wird. Nach Umstellen der Ausdrücke ergibt sich

$$\alpha\frac{\partial m}{\partial V}dV = (L-U)\frac{\partial\pi_0}{\partial c}dc \quad \text{bzw} \quad \frac{dV}{dc} = \frac{(L-U)\frac{\partial\pi_0}{\partial c}}{\alpha\frac{\partial m}{\partial V}} \tag{23}$$

$$\left(\alpha\frac{\partial m}{\partial V} + \frac{\pi_0}{1-c}\right)dV =$$

$$= \frac{\pi_0}{(1-c)^2}\left(K - V - (L-U)\right)dc + \frac{\partial\pi_0}{\partial c}dc\left(\frac{c}{1-c}\left(K-(L-U)\right) - \frac{1}{1-c}V\right)$$

$$\frac{dV}{dc} = \frac{\frac{\pi_0}{(1-c)^2}\left(K-V-(L-U)\right) + \frac{\partial\pi_0}{\partial c}\left(\frac{c}{1-c}\left(K-(L-U)\right) - \frac{1}{1-c}V\right)}{\alpha\frac{\partial m}{\partial V} + \frac{\pi_0}{1-c}} \tag{24}$$

mit $\frac{c}{1-c}\left(K-(L-U)\right) - \frac{1}{1-c}V > 0$ da $cK = E + V$

Ist der Rückgang in der Kapazitätsauslastung durch einen Rückgang in der Rate der Arbeitsplatzentstehung π_1 verursacht (während die Rate der Arbeitsplatzvernichtung π_0 konstant bleibt), so vereinfachen sich Gleichung (23) und (24) zu

$$\frac{dV}{dc} = 0 \tag{25}$$

$$\frac{dV}{dc} = \frac{\frac{\pi_0}{(1-c)^2}\left(K - V - (L-U)\right)}{\alpha \frac{\partial m}{\partial V} + \frac{\pi_0}{1-c}} > 0 \tag{26}$$

In diesem Fall ist also nur die Phasenlinie für die offenen Stellen betroffen: Bei einem Rückgang der Kapazitätsauslastung verschiebt sie sich nach unten. Die Phasenlinie für den Arbeitslosenbestand hingegen bleibt unverändert. Im Gleichgewicht erhöht sich somit der Arbeitslosenbestand, während der Bestand an offenen Stellen und die beiden mittleren Dauern zurückgehen (vgl. Grafik 2, Punkt 1). Das Ergebnis entspricht der üblichen *Beveridge*-Kurven-Argumentation.

Im anderen Fall ist der Rückgang der Kapazitätsauslastung von einem Anstieg in der Rate der Arbeitsplatzvernichtung π_0 begleitet (während π_1 konstant bleibt). Differenziert man Gleichung (13), so ergibt sich

$$\frac{\partial \pi_1}{\partial c} = \frac{\left(\frac{\partial \pi_0}{\partial c} c + \pi_0\right)(1-c) - \pi_0 c(-1)}{(1-c)^2} = 0 \tag{27}$$

$$\frac{\partial \pi_0}{\partial c} = \frac{-\pi_0}{c(1-c)} < 0 \tag{28}$$

Berücksichtigt man diesen Zusammenhang in den Gleichungen (23), so ergibt sich

$$\frac{dV}{dc} = \frac{(L-U)\frac{-\pi_0}{c(1-c)}}{\alpha \frac{\partial m}{\partial V}} < 0 \tag{29}$$

Bei einem Rückgang der Kapazitätsauslastung (Anstieg in der Rate der Arbeitsplatzvernichtung π_0) verschiebt sich somit die Phasenlinie für den Arbeitslosenbestand nach oben.

Berücksichtigt man Gleichung (28) in Gleichung (24), so ergibt sich

$$\frac{dV}{dc}=\frac{\frac{\pi_0}{(1-c)^2}\left(K-V-(L-U)\right)-\frac{\pi_0}{c(1-c)}\left(\frac{c}{1-c}\left(K-(L-U)\right)-\frac{1}{1-c}V\right)}{\alpha\frac{\partial m}{\partial V}+\frac{\pi_0}{1-c}} \tag{30}$$

$$\frac{dV}{dc}=\frac{\frac{\pi_0}{(1-c)^2}\frac{1-c}{c}V}{\alpha\frac{\partial m}{\partial V}+\frac{\pi_0}{1-c}}>0 \tag{31}$$

Die Phasenlinie für den Bestand an offenen Stellen verschiebt sich somit bei einem Rückgang der Kapazitätsauslastung auch in diesem Fall nach unten, jedoch um weniger als im ersten Fall:

$$\frac{dV}{dc}\left(\frac{\partial\pi_1}{\partial c}=0\right)=\frac{\frac{\pi_0}{(1-c)^2}\frac{1-c}{c}V}{\alpha\frac{\partial m}{\partial V}+\frac{\pi_0}{1-c}}<\frac{\frac{\pi_0}{(1-c)^2}\left(K-V-(L-U)\right)}{\alpha\frac{\partial m}{\partial V}+\frac{\pi_0}{1-c}}=\frac{dV}{dc}\left(\frac{\partial\pi_0}{\partial c}=0\right) \tag{32}$$

$$\frac{1-c}{c}V<K-V-(L-U) \tag{33}$$

$$V<c\left(K-(L-U)\right)=E+V-cE \tag{34}$$

was erfüllt ist.

Auch in diesem zweiten Fall entsprichen also die komparativ statischen Ergebnisse der *Beveridge*-Kurve (vgl. Grafik 2, Punkt 2).

Die Unterschiede in den Wirkungen auf mittlere Dauer und Betroffenheit von Arbeitslosigkeit bleiben in der vorangegangenen Analyse jedoch offen. Um die Ergebnisse eindeutig zu machen, wird im Anhang 2 eine Cobb-Douglas *matching*-

Funktion angenommen. Es kann gezeigt werden, daß im zweiten Fall (Anstieg der Rate der Arbeitsplatzvernichtung) der Anstieg des Arbeitslosenbestands größer ist als im ersten Fall (Rückgang der Rate der Arbeitsplatzentstehung), während der Anstieg in der Dauer geringer ist[12]. Daher muß im zweiten Fall die Betroffenheit von Arbeitslosigkeit deutlich angestiegen sein. Der Bestand an offenen Stellen geht im zweiten Fall weniger zurück als im ersten.

Die folgende Tabelle faßt die Unterschiede in den Arbeitsmarktreaktionen während einer Rezession zusammen.

	Arbeitslosigkeit		
	Bestand	Betroffenheit	Dauer
Rate der Arbeitsplatzentstehung sinkt	↑	?	↑↑
Rate der Arbeitsplatzvernichtung steigt	↑↑	↑↑	↑

Bisher haben wir in der Argumentation unterstellt, daß die Kündigungsrate f konstant bleibt. Als Vorarbeit für den nächsten Abschnitt werden im folgenden die Wirkungen eines Anstiegs in der Kündigungsrate untersucht. Damit verbunden ist einerseits ein höherer Zustrom zu den Arbeitslosen, aber es werden auch zusätzliche offene Stellen gemeldet (um die gekündigten Arbeitskräfte zu ersetzen). Beide Bestandsgrößen – Arbeitslose und offene Stellen – steigen an, der Dauereffekt hingegen ist für beide Bestände offen. Um eindeutigere Aussagen zu gewinnen, differenzieren wir beide Phasenlinien (Gleichung (15) und (18)) bezüglich f und V (während U als konstant angenommen wird):

$$\alpha \frac{\partial m}{\partial V} dV = (L-U)df \qquad \text{bzw} \qquad \frac{dV}{df} = \frac{L-U}{\alpha \frac{\partial m}{\partial V}} \tag{35}$$

$$\alpha \frac{\partial m}{\partial V} dV = (L-U)df - \pi_0 \frac{c}{1-c} dV - \pi_0 dV \tag{36}$$

[12] falls $V < U$, wovon wir im folgenden ausgehen.

bzw $$\frac{dV}{df} = \frac{L-U}{\pi_0 \frac{c}{1-c} + \pi_0 + \alpha \frac{\partial m}{\partial V}} \tag{37}$$

Beide Phasenlinien verschieben sich nach oben bei einem Anstieg von *f*, wobei der Effekt bei der zweiten Phasenlinie schwächer ist als bei der ersten. Die Wirkung auf die Dauer ist hingegen wieder offen. Anhang 3 zeigt, daß für eine Cobb-Douglas *matching* Funktion folgende Bedingung gilt

$$\frac{\partial}{\partial f}\left(\frac{V}{U}\right) > 0 \qquad iff \qquad V < U \tag{38}$$

Im folgenden wird eine Unterbeschäftigungssituation analysiert, wofür diese Bedingung erfüllt ist: Eine Erhöhung der leistungsbedingten Kündigungsrate führt daher zu einer Erhöhung von *V/U*, d.h. zu einer Senkung der Dauer der Arbeitslosigkeit.

Die komparativ statischen Wirkungen eines Anstiegs in der leistungsbedingten Entlassungsrate sind anders als bei einem Anstieg der Entlassungen bei gestiegener Arbeitsplatzvernichtung, da der erste Strom mit zusätzlichen offenen Stellen verbunden ist, während das beim zweiten Strom nicht der Fall ist.

6. Zur Verbindung von Arbeitsmarktdynamik und Effizienzlohn

In diesem Abschnitt wird der Verbindung zwischen Arbeitsmarktdynamik und Effizienzlohnmodell nachgegangen. Die Verbindungspunkte sind deutlich (vgl. Abb.3):

Grafik 3

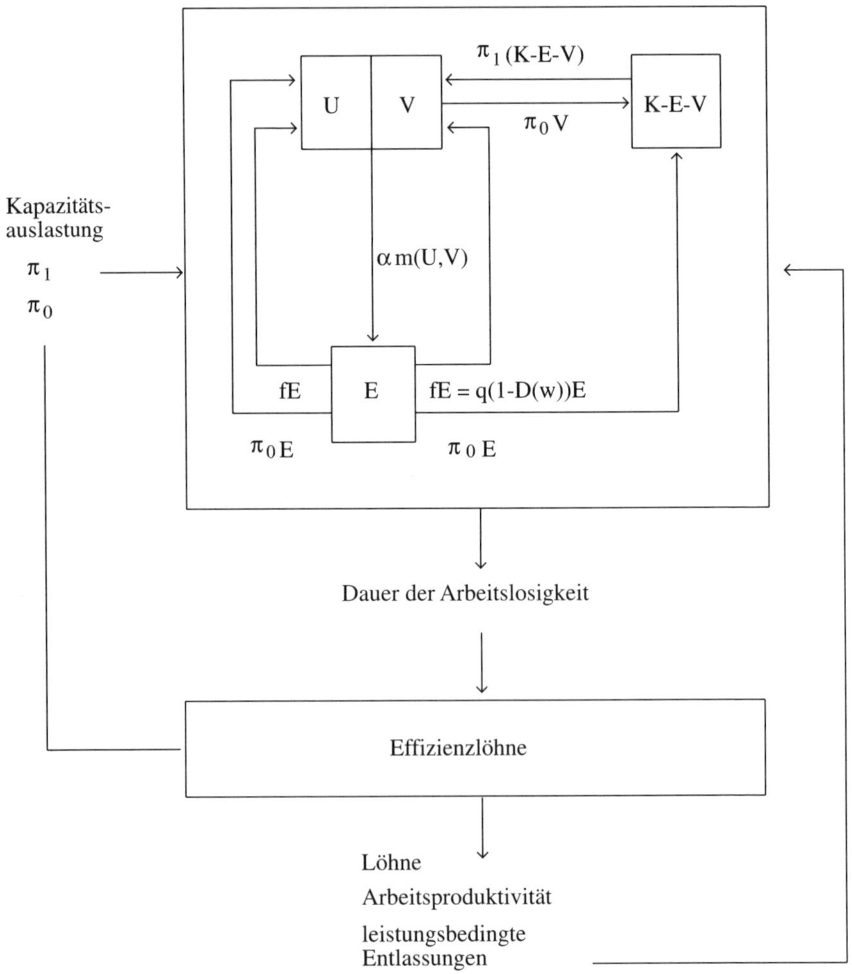

Auf der einen Seite werden im Effizienzlohnmodell die Dauer der Arbeitslosigkeit und die Rate der Arbeitsplatzvernichtung als exogen angenommen und letztere sogar als konstant im Konjunkturverlauf. Im Modell der Arbeitsmarktdynamik können hingegen Schwankungen in der Rate der Arbeitsplatzvernichtung analysiert werden und die Dauer der Arbeitslosigkeit ist endogen bestimmt.

Auf der anderen Seite wird im Modell der Arbeitsmarktdynamik die Rate der leistungsbedingten Entlassungen als exogen gegeben behandelt, die jedoch ihrerseits in einem Effizienzlohnmodell (wie es hier vorgestellt wurde) endogen bestimmt wird. Daher können beide Modelle miteinander verknüpft werden. Zentrale Rollen spielen dabei die Dauer der Arbeitslosigkeit (bzw. das Verhältnis *V/U*) und die leistungsbedingte Entlassungsrate *f*.

Grafik 4

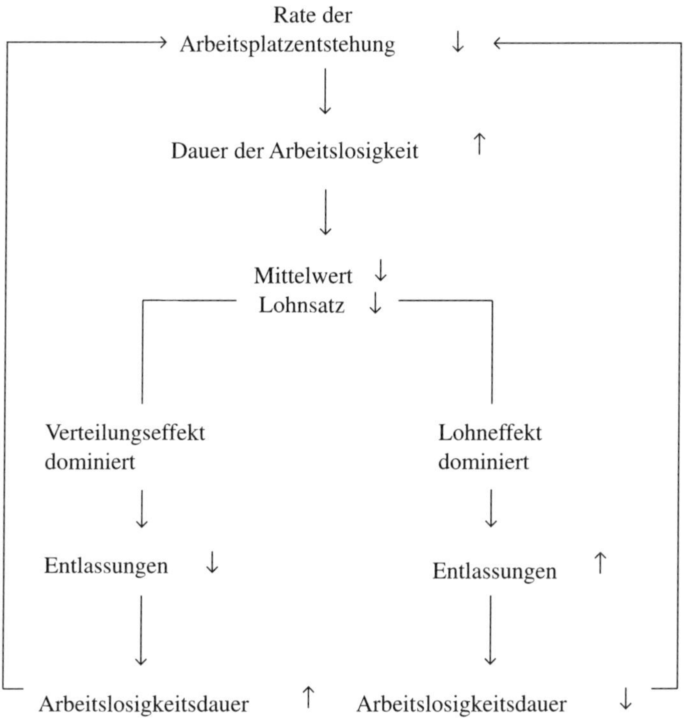

Wir beginnen unsere Analyse mit dem Fall einer Rezession, die durch einen Rückgang in der Rate der Arbeitsplatzentstehung verursacht wird (vgl. Abb. 4). Im Abschnitt über die Arbeitsmarktdynamik wurde argumentiert, daß dadurch die

Dauer der Arbeitslosigkeit beträchtlich ansteigen wird. Dieser Anstieg in der Dauer wird seinerseits Auswirkungen auf die (Effizienz-)Lohnbildung haben: Die Verteilung des *non-shirk* Lohn wird sich verändern (der Mittelwert und die Streuung werden sinken) und der für die Unternehmen gewinnmaximale Lohnsatz wird zurückgehen. Das sind aber noch nicht alle Auswirkungen. Unter der Annahme, daß der Verteilungseffekt dominiert, wird der Anteil der Arbeiter, die die geforderte Leistung erbringen, und somit auch die Arbeitsproduktivität zunehmen und die Rate leistungsbedingten Entlassungen wird zurückgehen. Durch diese Rückgang in der Entlassungsrate wird – wie argumentiert wurde – die Dauer der Arbeitslosigkeit weiter verlängert. Der ursprüngliche Dauereffekt wird daher durch die Rückkoppelung über die Effizienzlöhne weiter verstärkt. Bei einem dominierenden Lohneffekt gilt genau das Umgekehrte: Der ursprüngliche Dauereffekt wird durch die Rückkoppelung über die Effizienzlöhne abgeschwächt.

Grafik 5

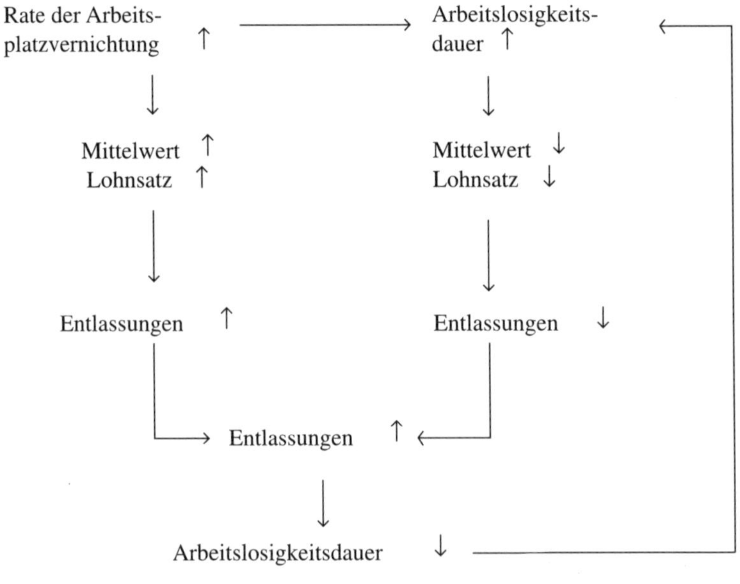

Wird die Rezession hingegen durch einen Anstieg in der Rate der Arbeitsplatzvernichtung verursacht, so ergibt sich hingegen ein komplizierteres Bild (vgl. Abb. 5). Zunächst ist festzustellen, daß dieser Anstieg in der leistungsunabhängigen (exogenen) Entlassungsrate ähnliche Effekte hat wie im vorigen Fall. Wie im Abschnitt über die Arbeitsmarktdynamik argumentiert, wird auch hier die Dauer der Arbeitslosigkeit ansteigen – wenn auch in einem geringeren Ausmaß. Dadurch wird wieder die Verteilung des *non-shirk* Lohnes verändert (Sinken des Mittelwerts und der Standardabweichung) und der für die Unternehmen kostenminimierende Lohnsatz geht zurück. Wird wieder ein dominierender Verteilungseffekt unterstellt, so steigt auch in diesem Fall der Anteil der Arbeiter, die die geforderte Leistung erbringen, und damit die Arbeitsproduktivität, während die Rate der leistungsbedingten Entlassungen zurückgeht. Dadurch wird wieder der ursprüngliche Anstieg in der Dauer der Arbeitslosigkeit verstärkt. Diese Argumentationslinie ist jedoch nicht die einzige Wirkungskette. Zusätzlich wird der Anstieg in der Rate der Arbeitsplatzvernichtung direkte Auswirkungen auf den Effizienzlohn haben. Wie im Abschnitt über die Effizienzlöhne argumentiert, verändert sich die Verteilung des *non-shirk* Lohns unmittelbar mit einem Anstieg der leistungsunabhängigen Entlassungsrate – ihr Mittelwert steigt an – und der kostenminimierende Lohnsatz nimmt zu. Dominiert wieder der Verteilungseffekt, so wird der Anteil der Arbeiter, die die geforderte Leistung erbringen, zurückgehen und die Rate der – jetzt leistungsabhängigen – Entlassungen nimmt zu. Dominiert[13] dieser zweite Effekt, so wird insgesamt die Entlassungsrate ansteigen, was im Modell der Arbeitsmarktdynamik zu einem Rückgang der Dauer der Arbeitslosigkeit führt. Der ursprünglich Anstieg der Arbeitslosigkeitsdauer wird abgeschwächt.

Eine grafische Analyse der komparativen Statik soll das Argument präzisieren. Gesucht ist die simultane Lösung für Lohnsatz, Dauer der Arbeitslosigkeit (bestimmt durch V/U) und leistungsbedingte Entlassungsrate, die gleichzeitig Optimalität im Effizienzlohnmodell und Gleichgewicht im Modell der Arbeitsmarktdynamik sicherstellt. Im Effizienzlohnmodell ist eine längere Dauer der Arbeitslosigkeit (d.h. eine Absinken von V/U) mit einem niedrigeren kostenminimierenden Lohnsatz verbunden. Dieser Zusammenhang ist im linken Quadranten der Abbildungen 6 bzw. 7 dargestellt. Aus dem Effizienzlohnmodell folgt weiters – unter der Voraussetzung, daß der Verteilungseffekt dominiert –, daß gleichzeitig die Entlassungsrate abnehmen wird; dieser Zusammenhang ist im rechten Quadranten der Abbildungen 6 und 7 dargestellt. Das Modell der Arbeitsmarktdynamik impliziert einen positiven Zusammenhang zwischen V/U und f, der ebenfalls im rechten Quadranten dargestellt wird. Wir nehmen an, daß dieser zweite Zusammenhang flacher verläuft[14] als der entsprechende aus dem Effizienzlohnmodell. Ihr Schnittpunkt bestimmt die gesuchten Gleichgewichtswerte $(V/U)^*$, f^* und w^*, die gleichzeitig optimal im Effizienzlohnmodell sind und Gleichgewicht im Modell der Arbeitsmarktdynamik sicherstellen.

Wir können nun die Wirkungen einer Rezession auf diese drei Variablen untersuchen.

---

[13] Diese Annahme ist nicht kontra-intutiv: Die Furcht, den Arbeitsplatz zu verlieren, wirkt direkter auf die Arbeitsbereitschaft als die Furcht vor einer längeren Arbeitslosigkeit.

[14] Dadurch wird die Stabilität einer komparativ statischen Analyse sichergestellt.

Grafik 6

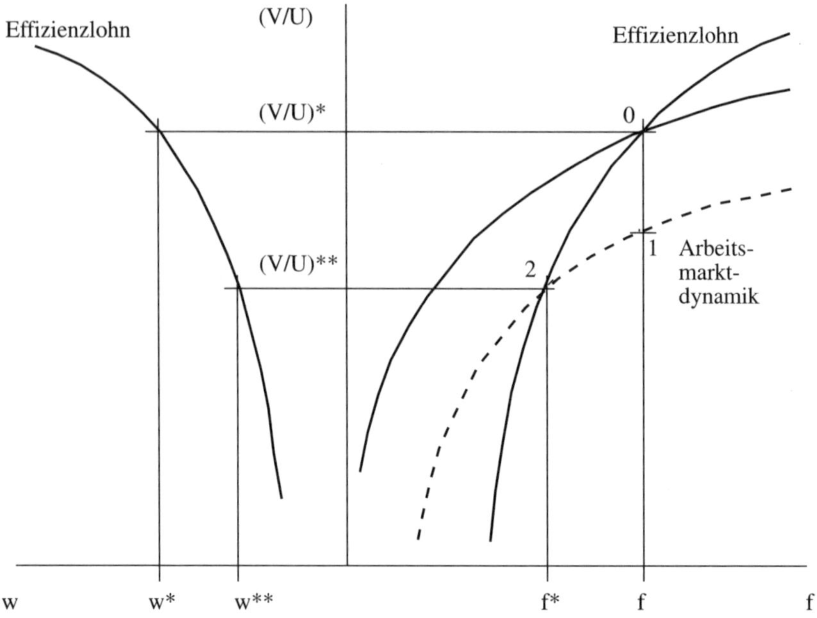

In Grafik 6 ist der Fall eines Rückgangs der Rate der Arbeitsplatzentstehung analysiert. Eine Änderung in diese Rate beeinflußt nur die Gleichgewichtsrelation aus dem Modell der Arbeitsmarktdynamik (nicht jedoch die Relationen aus dem Effizienzlohnmodell). Wenn die Rate der Arbeitsplatzentstehung zurückgeht, steigt die Dauer der Arbeitslosigkeit bei jedem gegebenen *f* an – *V/U* geht zurück und die entsprechende Relation im rechten Quadranten von Grafik 6 verschiebt sich nach unten. Die neue Gleichgewichtslösung ist gegeben durch *(V/U)***, *f*** und *w***, alle drei Variablen gehen eindeutig zurück. An dieser Stelle sei auf den Effekt der Rückkoppelung über die Effizienzlöhne hingewiesen: ohne seiner Berücksichtigung ergebe sich Punkt 1, seine Berücksichtigung verstärkt somit den Anstieg in der Dauer der Arbeitslosigkeit und den Rückgang der Löhne.

In Grafik 7 ist der Fall eines Ansteigs in der Rate der Arbeitsplatzvernichtung analysiert. Auch diese Parameteränderung beeinflußt zunächst einmal die Gleichgewichtsrelation aus dem Modell der Arbeitsmarktdynamik. Die Dauer der Arbeitslosigkeit steigt wieder an bei jedem gegebenen *f*, *V/U* geht zurück und die entsprechende Relation im rechten Quadranten von Grafik 7 verschiebt sich nach unten. Zu beachten ist, daß diese Verschiebung – wie oben argumentiert wurde – kleiner ist als im vorigen Fall. Zusätzlich zu dieser Verschiebung sind jedoch auch die Relationen aus dem Effizienzlohnmodell von einem Anstieg in der Rate der Arbeitsplatzvernichtung betroffen. Der optimale Lohnsatz steigt an – für jede gegebene Dauer der Arbeitslosigkeit –, die entsprechende Relation im linken Quadranten der Grafik 7 verschiebt sich nach links; gleichzeitig steigt – ein dominierender Verteilungseffekt unterstellt – die Kündigungsrate an, die entsprechende Relation im rechten Quadranten der Grafik 7 verschiebt sich nach rechts. In Grafik 7 ist der Fall dargestellt, daß der direkte Effizienzlohneffekt dominiert: Der gleichgewichtige Lohnsatz, die Dauer der Arbeitslosigkeit und die leistungsbedingte Entlassungsrate steigen an. Wieder sollen an der Stelle die Wirkungen der Rückkoppelung über die Effizienzlöhne verdeutlicht werden: Punkt 1 entspricht der Lösung ohne Berücksichtigung dieser Effekte, Punkt 2 unter Berücksichtigung. In diesem Fall wird durch den Rückkoppelungseffekt der Rückgang in den Löhnen und der Anstieg in der Dauer der Arbeitslosigkeit gemildert.

Grafik 7

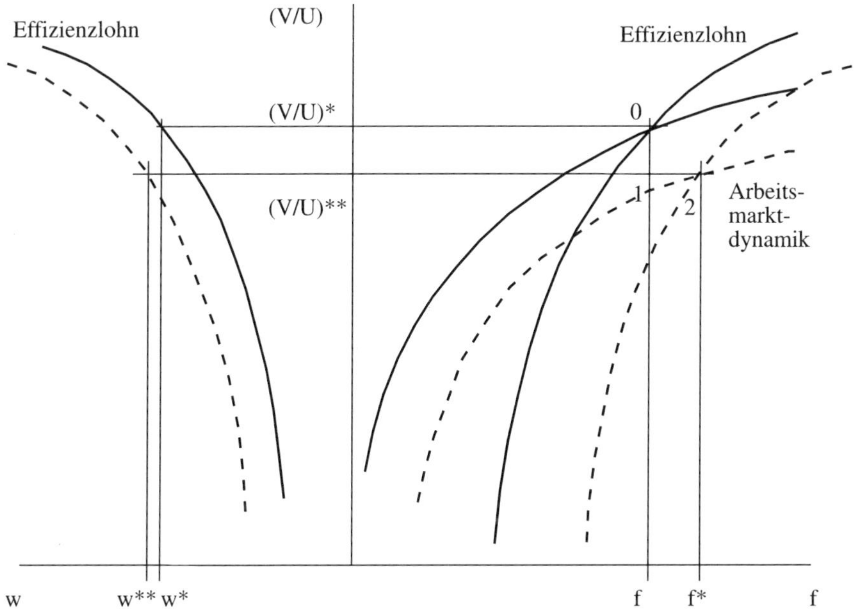

Ein Vergleich dieser zwei Analysen zeigt, daß die Berücksichtigung des Rückkoppelungseffekts über die Effizienzlöhne die Differenzierung beider Fälle akzentuiert. Wird eine Rezession durch einen Rückgang in der Rate der Arbeitsplatzentstehung verursacht, so steigt vor allem die Dauer der Arbeitslosigkeit an (verstärkt durch den Rückoppelungseffekt), während ein Anstieg in der Betroffenheit gemildert wird durch den Rückgang in der leistungsbedingten Entlassungsrate (Rückkoppelung über Effizienzlöhne). Ist die Rezession hingegen durch einen Anstieg der Rate der Arbeitsplatzvernichtung verursacht, so wird der Anstieg in der Betroffenheit durch einen Anstieg in der leistungsbedingten Entlassungsrate verstärkt (Rückkoppelung über die Effizienzlöhne), während der ohnehin geringere Anstieg in der Dauer der Arbeitslosigkeit durch den Rückkoppelungseffekt weiter abgeschwächt wird.

Hingewiesen sei auch auf die Tatsache, daß Arbeitsproduktivität in der Rezession im ersten Fall ansteigt, während sie im zweiten Fall zurückgeht. Unterschiedliche konjunkturelle Entwicklungen in der Arbeitsproduktivität können somit auf unterschiedliche Ursachen des Konjunkturrückgangs zurückgeführt werden. Analoges gilt für die Lohnentwicklung.

7. Zusammenfassung

Im vorliegenden Papier wurde ein interdependentes Modell der Arbeitsmarktdynamik und der Effizienzlöhne entwickelt. Grafik 8 faßt die Grundstruktur zusammen. Das Modell der Arbeitsmarktdynamik bestimmt die Dauer der Arbeitslosigkeit – in Abhängigkeit von der Rate der Arbeitsplatzentstehung und der – vernichtung (d.h. von leistungsunabhängigen Kündigungen). Die Dauer der Arbeitslosigkeit ihrerseits wirkt auf die Bestimmung der Effizienzlöhne; gleichzeitig mit den Löhnen wird auch die Rate der leistungsbedingten Entlassungen (von Bummlern) bestimmt, die wiederum Rückwirkungen hat auf das Modell der Arbeitsmarktdynamik.

Grafik 8

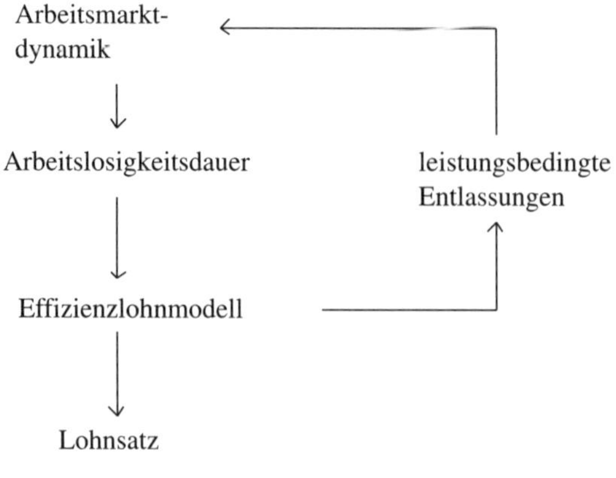

Zentral für die Analyse war die Entwicklung eines Effizienzlohnmodells mit heterogenen Arbeitern, von denen auch im Gleichgewicht ein Teil bummelt und – wenn erwischt – entlassen wird. Diese endogene Bestimmung der leistungsbedingten Entlassungen ist entscheidend für die Rückwirkungen vom Effizienzlohnmodell auf das Modell der Arbeitsmarktdynamik.

In der komparativ statischen Analyse eines Konjunkturrückgangs, der sich in einem Rückgang der Kapazitätsauslastung ausdrückt, haben wir die beiden Extremfälle eines auschließlichen Anstiegs in der Rate der Arbeitsplatzvernichtung und eines ausschließlichen Rückgangs in der Rate der Arbeitsplatzentstehung gegenübergestellt und die unterschiedlichen Entwicklungen der Bestands- und Dauergrößen von Arbeitslosen und offenen Stellen, der Arbeitsproduktivität und des Lohnsatzes herausgearbeitet. Die Rückwirkungen über die Bestimmung der Effizienzlöhne auf die Arbeitsmarktdynamik haben die Unterscheidung noch weiter akzentuiert. Empirisch beobachtbare Unterschiede in den konjunkturellen Mustern können in diesem Modellrahmen somit auf Unterschiede in der Ursache des Konjunkturrückgangs bzw. auf Unterschiede in den Präferenzen zurückgeführt werden.

Anhang 1

Proposition 1: Ist $D(w)$ eine Normalverteilung $N(\mu, \sigma^2)$ und ist $\frac{\mu}{\sigma} > \sqrt{\frac{\pi}{2}}$, so existiert ein kostenminimierender Lohnsatz $w^* > \mu$.

Beweis:

$$\eta = D'(w)\frac{w}{D(w)} \tag{i}$$

$$\eta(w=\mu) = \frac{\mu \frac{1}{\sigma\sqrt{2\pi}}}{0.5} > 1$$

$$\mu \frac{1}{\sigma\sqrt{2\pi}} > \frac{1}{2}$$

$$\frac{\mu}{\sigma} > \sqrt{\frac{\pi}{2}}$$

$$\lim_{w\to\infty} \eta = \lim_{w\to\infty} \frac{wD'(w)}{D(w)} = \lim_{w\to\infty} \frac{1}{D(w)} \lim_{w\to\infty} wD'(w) =$$

$$\lim_{w\to\infty} w \frac{1}{\sigma\sqrt{2\pi}} exp\left(-0.5\left(\frac{w-\mu}{\sigma}\right)^2\right) = \lim_{w\to\infty} \frac{1}{\sigma\sqrt{2\pi}} \frac{w}{exp\left(0.5\left(\frac{w-\mu}{\sigma}\right)^2\right)} = \tag{ii}$$

$$= \frac{1}{\sigma\sqrt{2\pi}} \lim_{w\to\infty} \frac{1}{exp\left(0.5\left(\frac{w-\mu}{\sigma}\right)^2\right)\frac{w-\mu}{\sigma}\frac{1}{\sigma}} = 0$$

Für $\eta \geq 1$ und $w>\mu$, $\frac{\partial\eta}{\partial w} < 0$. (iii)

$$\frac{\partial}{\partial w}\left(\frac{wD'(w)}{D(w)}\right) = \frac{\left(D'(w) + wD''(w)\right)D(w) - wD'(w)^2}{D(w)^2} < 0$$

$$1 + w\frac{D''(w)}{D'(w)} < \frac{wD'(w)}{D(w)} = \eta \qquad D''(w) < 0 \qquad fr \qquad w > \mu$$

$$1 + w\frac{D''(w)}{D'(w)} < 1 \leq \eta$$

Schritt (iii) ergibt sich auch aus der Bedingung 2. Ordnung für ein Kostenminimum.

$$c := \frac{w}{D(w)} \tag{iv}$$

$$\frac{\partial c}{\partial w} = \frac{D(w) - wD'(w)}{D^2(w)} = \frac{1}{D(w)}\left(1 - \frac{wD'(w)}{D(w)}\right) = \frac{1}{D(w)}(1-\eta)$$

$$\frac{\partial^2 c}{\partial w^2} = \frac{\partial}{\partial w}\left(\frac{1}{D(w)}\right)(1-\eta) + \frac{1}{D(w)}\left(-\frac{\partial\eta}{\partial w}\right) > 0$$

$$\frac{\partial\eta}{\partial w} < 0 \qquad fr \qquad \eta^* = 1$$

Anhang 2

Wird eine Cobb-Douglas Funktion mit konstanten Skalenerträgen als *matching* Funktion in Gleichung (15) verwendet, so ergibt sich

$$U^{\beta}V^{1-\beta} = \left(f + \pi_0\right)\left(L - U\right) \tag{39}$$

$$V = \left(\frac{(f + \pi_0)(L - U)}{U^{\beta}}\right)^{1/(1-\beta)} \tag{40}$$

Die letzten beiden Gleichungen werden in Gleichung (18) eingesetzt

$$(f + \pi_0)(L - U) = f(L - U) + \pi_0 \frac{c}{1-c}[K - (L - U)] - \frac{\pi_0}{1-c}V \tag{41}$$

wobei V für den Ausdruck in Gleichung (40) steht. Umformungen ergeben schließlich

$$L - U = cK - V \tag{42}$$

Wird diese Gleichung bezüglich c und U differenziert, so ergibt sich

$$-dU = Kdc - \frac{\partial V}{\partial U}dU - \frac{\partial V}{\partial \pi_0}\frac{\partial \pi_0}{\partial c}dc \tag{43}$$

$$\frac{dU}{dc} = \frac{K - \dfrac{\partial V}{\partial \pi_0}\dfrac{\partial \pi_0}{\partial c}}{\dfrac{\partial V}{\partial U} - 1} \tag{44}$$

Gleichung (40) wird nach c differenziert; unter Verwendung von Gleichung (44) ergibt sich

$$\frac{dV}{dc} = \frac{\partial V}{\partial U}\frac{dU}{dc} + \frac{\partial V}{\partial \pi_0}\frac{\partial \pi_0}{\partial c} = \tag{45}$$

$$= \frac{\partial V}{\partial U}\left(\frac{K - \frac{\partial V}{\partial \pi_0}\frac{\partial \pi_0}{\partial c}}{\frac{\partial V}{\partial U} - 1}\right) + \frac{\partial V}{\partial \pi_0}\frac{\partial \pi_0}{\partial c} =$$

$$= \frac{\frac{\partial V}{\partial U}K - \frac{\partial V}{\partial U}\frac{\partial V}{\partial \pi_0}\frac{\partial \pi_0}{\partial c} + \frac{\partial V}{\partial U}\frac{\partial V}{\partial \pi_0}\frac{\partial \pi_0}{\partial c} - \frac{\partial V}{\partial \pi_0}\frac{\partial \pi_0}{\partial c}}{\frac{\partial V}{\partial U} - 1} =$$

$$= \frac{\frac{\partial V}{\partial U}K - \frac{\partial V}{\partial \pi_0}\frac{\partial \pi_0}{\partial c}}{\frac{\partial V}{\partial U} - 1}$$

Schließlich wird noch V/U nach c differenziert, wobei die beiden letzten Gleichungen eingesetzt werden.

$$\frac{d}{dc}\left(\frac{V}{U}\right) = \frac{\frac{dV}{dc}U - V\frac{dU}{dc}}{U^2} = \frac{1}{U}\left(\frac{dV}{dc} - \frac{V}{U}\frac{dU}{dc}\right) = \tag{46}$$

$$= \frac{1}{U\left(\frac{\partial V}{\partial U} - 1\right)}\left(\frac{\partial V}{\partial U}K - \frac{\partial V}{\partial \pi_0}\frac{\partial \pi_0}{\partial c} - \frac{V}{U}K + \frac{V}{U}\frac{\partial V}{\partial \pi_0}\frac{\partial \pi_0}{\partial c}\right) =$$

$$= \frac{1}{U\left(\frac{\partial V}{\partial U} - 1\right)}\left(\frac{\partial V}{\partial U}K - \frac{V}{U}K + \frac{\partial V}{\partial \pi_0}\frac{\partial \pi_0}{\partial c}\left(-1 + \frac{V}{U}\right)\right)$$

Um die Vorzeichen der Ableitungen bestimmen zu können, müssen folgende Ungleichungen beachtet werden:

$$\frac{\partial V}{\partial U} < 0 \qquad \frac{\partial V}{\partial \pi_0} > 0 \qquad \frac{\partial \pi_0}{\partial c} \leq 0 \qquad (47)$$

(siehe dazu Gleichung (40) und (13)). Für $\frac{\partial \pi_0}{\partial c} = 0$

$$\frac{\partial U}{\partial c} < 0 \qquad \frac{\partial V}{\partial c} > 0 \qquad \frac{d}{dc}\left(\frac{V}{U}\right) > 0 \qquad (48)$$

$\frac{\partial \pi_0}{\partial c} = 0$ bedeutet, daß die Veränderung in der Kapazitätsauslastung durch eine Veränderung in der Rate der Arbeitsplatzentstehung verursacht wird (während die Rate der Arbeitsplatzvernichtung konstant bleibt). Wenn die Kapazitätsauslastung unter diesen Bedingungen zurückgeht, steigt der Bestand an Arbeitslosen an, der Bestand an offenen Stellen geht zurück und die Dauer der Arbeitslosigkeit nimmt zu.

$\frac{\partial \pi_0}{\partial c} < 0$ bedeutet, daß eine Veränderung (z.B. ein Rückgang) der Kapazitätsauslastung auf eine Veränderung (in diesem Fall durch einen Anstieg) in der Rate der Arbeitsplatzzerstörung zurückgeführt werden kann (während die Rate der Arbeitsplatzentstehung konstant bleibt). In diesem Fall ist der Anstieg des Arbeitslosenbestands größer als vorhin (siehe Gleichung (44)); der Rückgang im Bestand der offenen Stellen ist kleiner (es kann nicht einmal ein Anstieg ausgeschlossen werden – siehe Gleichung (45)); der Anstieg in der Dauer der Arbeitslosigkeit ist geringer (für $V<U$, siehe Gleichung (46)). Der stärkere Anstieg in der Arbeitslosigkeit muß daher von einem beträchtlichen Anstieg in der Betroffenheit von Arbeitslosigkeit verbunden sein.

Anhang 3

Wird Gleichung (42) nach *U* und *f* differenziert, so ergibt sich

$$-dU = -\frac{\partial V}{\partial f}df - \frac{\partial V}{\partial U}dU \tag{49}$$

$$dU = \frac{\frac{\partial V}{\partial f}}{1 - \frac{\partial V}{\partial U}}df > 0 \tag{50}$$

da $\frac{\partial V}{\partial f} > 0 \quad \frac{\partial V}{\partial U} > 0$ (siehe Gleichung (40))

Wird Gleichung (40) bezüglich *V* und *f* differenziert, so ergibt sich

$$dV = \frac{\partial V}{\partial U}\frac{dU}{df}df + \frac{\partial V}{\partial f}df \tag{51}$$

Setzt man für *dU/df* aus Gleichung (50) ein, so zeigt sich

$$\frac{dV}{df} = \frac{dU}{df} \tag{52}$$

Daher gilt

$$\frac{\partial}{\partial f}\left(\frac{V}{U}\right) = \frac{\frac{dV}{df}U - \frac{dU}{df}V}{U^2} = \frac{dV}{df}\,\frac{1}{U}\left(1 - \frac{V}{U}\right) \tag{53}$$

$$\frac{\partial}{\partial f}\left(\frac{V}{U}\right) > 0 \quad fr \quad V < U \tag{54}$$

Literatur

Akerlof, G.A. (1982): Labour Contracts as Partial Gift Exchange. Quarterly Journal of Economics 97, 543–569.

Akerlof, G.A., Yellen, J.L. (1986): Introduction. in: Akerlof, G.A., Yellen, J.L.(eds.): Efficiency wage models of the labour market. Cambridge: Cambridge University Press.

Bean, C.R. (1994): European Unemployment: A Survey. JEL XXXII, 573–619.

Blanchard, O.J., Diamond, P. (1989): The Beveridge Curve. Brookings Paper on Economic Activity 1989/1, 1–76.

Blanchard, O.J., Diamond, P. (1990). The cyclical behaviour of the Gross flows of U.S.Workers. Brookings Paper on Economic Activity 1990/2, 85–143.

Blanchard, O.J., Diamond, P. (1992): The Flow Approach to Labor Markets. AER PP 82, 354–359.

Burda, M., Wyplosz, C. (1994): Gross Workers and Job Flows in Europe. EER 38, 1287–1320.

Buttler, F., Cramer, U. (1991): Entwicklungen und Ursachen von mis-match-Arbeitslosigkeit in Westdeutschland. MittAB 1991, 483–498.

Christl, J. (1991): Shifts of the Beveridge Curve and the Matching Technology. Empirica – Austrian Economic papers 18, 33–45.

Currie, M., Steedman, I. (1993): Taking Effort Seriously. Metroeconomica 44.

Green, F., Weisskopf, T.E. (1990): The Worker Discipline Effect: A Disaggregate Analysis. The Review of Economics and Statistics 72, 241–249.

Jackman, R., Layard, R., Pissarides, C. (1989): On Vacancies. Oxford Bulletin of Economics and Statistics 51(4), 377–394.

Kubin, I. (1992): Efficiency wages and labour market dynamics. Research Memorandum der Vokswirtschaftlichen Institute der Universität Graz 9202.

Layard, R., Nickel, S., Jackman, R. (1991): Unemployment. Oxford: Oxford University Press.

Mortensen, D.T. (1989): The Persistence and Indeterminacy of Unemployment in Search Equilibrium. Scandinavian Journal of Economics 91, 347–370.

Oster, G. (1980): Labour relations and demand relations: a case study of the "unemployment effect". Cambridge Journal of Economics 4, 337–348.

Pissarides, C.A. (1985): Short-run equilibrium dynamics of unemployment, vacancies and real wages. AER 75, 676–690.

Pissarides, C.A. (1990): Equilibrium Unemployment Theory. Cambridge: Basil Blackwell.

Pissarides, C.A. (1988): The Search Equilibrium Approach to Fluctuations in employment. AER 78, 363–368.

Shapiro, C., Stiglitz, J.E. (1984): Equilibrium Unemployment as a Worker Discipline Device. AER 74, 433–444.

Solow, R. (1979): Another Possible Source of Wage Stickiness. Journal of Macroeconomics 1, 79–82.

Sparks, R. (1986): A Model of Involuntary Unemployment and Wage Rigidity: Worker Incentives and the Threat of Dismissal. Journal of Labor Economics 4, 560–581.

Wadhwani, S.B., Wall, M. (1991): A Direct Test of the Efficiency Wage Model Using UK Micro-Data. Oxford Economic Papers 43, 529–548.

Weisskopf, T.E. (1987): The Effect of Unemployment on Labor Productivity: An International Comparative Analysis. International Review of Applied Economics 1, 127–151.

Was können Adam Smith und David Ricardo von der „neuen“ Wachstumstheorie lernen?*

Heinz D. Kurz

1. Einführung

Die Geschichte vom „Münchner im Himmel“ dürfte nicht nur in Bayern, sondern auch in Österreich weithin bekannt sein. Besagter Münchner, gelangweilt vom ewigen Hosianna-Singen, was ihn bei gegebener grundständiger Neigung zum Granteln und zur Aufmüpfigkeit weiter aufstachelte, sorgte für einige Aufregung im Himmel. Um die Lage zu beruhigen, wurde er von Petrus aus dem Verkehr gezogen, d.h. zurück auf die Erde geschickt, wo er eine wichtige Botschaft im bayerischen Kultusministerium abgeben sollte. Diese ist dort nie angekommen. Der Bote ist angeblich im Münchner Hofbräuhaus hängen- oder besser sitzengeblieben, wo er, wie es heißt, bis auf den heutigen Tag mit geröteten Wangen, leicht glasigen Augen, aber glücklich verharrt. Die Konsequenzen für die bayerische Kultuspolitik brauchen nicht erörtert zu werden.

Weniger bekannt ist die Tatsache, daß jüngst zwei große Ökonomen zurück auf die Erde geschickt worden sind, um einen Bericht über den Fortschritt in der Nationalökonomie zu verfassen. Aufgeschreckt von Meldungen, daß in der Theorie des Wirtschaftswachstums bahnbrechende neue Erkenntnisse erzielt worden seien, von denen angenommen werden durfte, daß sie nicht nur dieses Spezialgebiet, sondern schließlich auch das Fach insgesamt revolutionieren würden (vgl. Grossman und Helpman, 1994), wuchs unter den göttlichen Heerscharen der Wunsch herauszufinden, was es damit auf sich habe. Denn wer die Gesetze des menschlichen Verkehrs zu durchschauen imstande sei, der sei dem Schöpfungsplan auf der Spur. Erdlinge, denen dies gelinge, lohne es sich in näheren Augenschein zu nehmen. Nach einiger Diskussion im Kreise seiner Ratgeber entschied sich Petrus, zwei der alten, sich beträchtlicher Wertschätzung erfreuenden Gelehrten des Faches auf die Erde zu schicken: Adam Smith und David Ricardo. Die beiden brauchten nicht lange gebeten zu werden. Bereitwillig nahmen sie die Einladung an, in einer Kommission „Zur Erforschung des Fortschritts in der Nationalökonomie unter besonderer Berücksichtigung des Beitrags der 'Neuen' Wachstumstheorie“ zusammenzuarbeiten.

---

* Beim vorliegenden Aufsatz handelt es sich im wesentlichen um die deutsche Übersetzung meiner Economic Issues Lecture anläßlich der Jahrestagung der Royal Economic Society an der Staffordshire University, Stoke-on-Trent, 24.-27. März 1997. Ich danke Christian Gehrke, Christian Lager und Ian Steedman für nützliche Anmerkungen zu einer früheren Fassung des (englischen) Textes.

Sie bedingten sich aus – „weatherwise“, wie es heißt –, ihren Arbeitsplatz auf halbem Weg zwischen Glasgow und Gloucester eingerichtet zu bekommen, in einer kleinen Stadt namens Stoke-on-Trent, einem der sechs Orte der *Potteries*. In der ihnen gewährten prächtigen Suite konnten sie ungestört arbeiten und hatten Zugriff auf jede nur denkbare Literatur, die für den Untersuchungsauftrag relevante eingeschlossen. Nach einigen Wochen der Lektüre beschlossen sie, die sich anschließende Diskussion zu strukturieren. Sie wollten mit einer Erörterung der *Zielsetzung* der „neuen“ Wachstumstheorie beginnen, gefolgt von einer Betrachtung der verwendeten *Untersuchungsmethode*, um sich schließlich dem *Gehalt* der Analyse zuzuwenden. Was letzteren anbelangt, so sollten zunächst wichtige Bausteine der Theorie erörtert werden und im Anschluß daran deren Zusammenwirken. Die beiden Großmeister kamen überein, sich nur mit den zentralen Momenten der Sache zu befassen und alle beiläufigen Aspekte auszuklammern. Es ging, wie Smith betonte, um die „first principles“ und „fundamentals“. Aus diesem Grund entschieden sich die beiden Gelehrten auch dafür, sich nur mit der ersten Generation von Beiträgen zur „neuen“ Wachstumstheorie auseinanderzusetzen, da diese die Grenzen definierte, innerhalb derer sich in der Folge die Lawine an theoretischer und empirischer Literatur ergießen sollte.

Durch ein unerklärliches Glück war es mir beschieden, den Gesprächen der beiden beizuwohnen. Im folgenden gebe ich eine Zusammenfassung ihrer Ausführungen. Es braucht kaum betont zu werden, daß ich keinerlei Verantwortung für das im folgenden Gesagte übernehmen kann. Sollten dem Leser die geäußerten Ansichten mißfallen, so darf er sich nicht anschicken, mich zu tadeln: Ich bin nur der Bote. Die in der Antike verbreitete bedauernswerte Gepflogenheit, dem Überbringer schlechter Nachrichten den Kopf abzuschlagen, ist mutmaßlich einer der Gründe dafür, warum die betreffenden Nationen dem Niedergang geweiht waren.[1]

Der folgende Text ist in Anlehnung an das, was sich tatsächlich abgespielt hat, in der Form eines Dialogs zwischen Adam Smith und David Ricardo gehalten. Ich habe mir zur besseren Orientierung des Lesers lediglich erlaubt, einige Überschriften zur Kennzeichnung einzelner Abschnitte einzuführen. Ansonsten war ich bestrebt, das Gesagte wortgetreu wiederzugeben. Kleinere Hör- und Übertragungsfehler möge mir der Leser nachsehen.

1 Die bemerkenswerte Tatsache, daß aus Griechenland und den angrenzenden Gebieten nur wenige Olympiasieger in den Langstrecken und im Marathon stammen, ist in überzeugender Weise von einem mit mir befreundeten Ökonometriker auf die oben genannte Praxis zurückgeführt worden. Man sieht: „History matters“.

2. Sie und wir

Smith: „Insgesamt gesehen war ich ziemlich enttäuscht darüber, wie wenig die Mehrzahl der heutigen Ökonomen darüber Bescheid weiß, was wir getan haben. Zwar finden sich da und dort einzelne Hinweise auf unsere Arbeiten ...“

Ricardo: „... es gibt etliche mehr auf die Deinen als die meinen.“
Smith: „Es ist sehr freundlich von Dir, dies anzumerken, David, aber öfters zitiert zu werden, besagt nicht viel. Ich habe vielmehr den Eindruck, daß es sich bei dem einem Autor gewidmeten Lob häufig um nichts anderes handelt als einen Vorwand, das, was der betreffende Autor geschrieben hat, gerade *nicht* zur Kenntnis zu nehmen. Man stößt auch auf Aussagen, die zumindest mich sehr irritiert haben. Hör' Dir zum Beispiel die folgende Behauptung von Martin Weitzman von der Harvard Universität an:

'Before Robert Solow and his co-conspirators did serious growth accounting[,] economists did not think too systematically about the sources of economic growth ...' (Weitzman, 1996, S. 207)

Was glaubt er wohl, womit wir unsere Zeit verbracht haben?“
Ricardo: „Ich verstehe Deinen Unmut, Adam. Vergiß' aber nicht, daß das fragliche Urteil von einem Amerikaner stammt, die, wie wir wissen, gelegentlich geneigt sind, die Dinge maßlos zu übertreiben und ihre Ideen als gänzlich neu und originell darzustellen. Der kommerzielle Geist hat in den Vereinigten Staaten nicht an der Schwelle der wirtschaftswissenschaftlichen Fakultäten Halt gemacht. Die Briten sind anders.“

Smith: „Da wäre ich mir nicht so sicher! Wie dem auch sei, wir sollten zum Thema zurückkehren und uns mit der Zielsetzung der 'neuen' Wachstumstheorie befassen.

3. Zielsetzung

Wie Du weißt, stammt von Adam Ferguson die wunderschöne Formulierung, wonach es sich bei der Geschichte um 'das Resultat menschlicher Handlungen, aber nicht um die Ausführung eines menschlichen Plans handelt' (Ferguson, [1767] 1793, S. 205). Wir haben damals die Erklärung der menschlichen Geschichte als eines der wichtigsten, wenn nicht das allerwichtigste Problem in den Sozialwissenschaften begriffen. Die gesuchte Erklärung umfaßte eine Untersuchung der nichtbeabsichtigten Folgen zweckgerichteter menschlicher Handlungen und eine Erörterung der Möglichkeiten und Grenzen politischer Einwirkung und

Steuerung. Es ging, in den Worten von John Hicks (1969), um die Entwicklung einer 'Theorie der Wirtschaftsgeschichte'.

Wir haben diese Herausforderung angenommen – und dies, wie ich nicht ohne Befriedigung zu sagen wage, mit einem kleinen Erfolg."

Ricardo: „Dies ist eine angemessene Beschreibung dessen, was *Du* getan hast. Mein Anliegen war ein sehr viel kleineres."

Smith: „Du bist ein bescheidener Mensch, David. Tatsache ist, daß die gewaltige Frage nach den Faktoren, die die langfristige Entwicklung einer Wirtschaft bestimmen, wieder ganz oben auf der Tagesordnung der Ökonomen steht. Dies sollte uns Genugtuung sein. Wir können nun fragen: Ist die Wachstumstheorie seit unseren Tagen vorangekommen? Oder: Was lehrt uns die 'neue' Wachstumstheorie?"

4. Methode

Ricardo: „Wie ich die Dinge sehe, so gibt es nicht nur eine Wiederbelebung des Interesses an den alten Fragestellungen, sondern auch an der von uns entwickelten Untersuchungsmethode. Gemeint ist die *Methode der langfristigen Positionen* einer Ökonomie, gekennzeichnet durch eine (tendenziell) einheitliche Profitrate. Genauer gesagt, konzentrieren sich die Beiträge zur Literatur der 'neuen' Wachstumstheorie auf einen Spezialfall derartiger Positionen – den Fall von *steady-state* Gleichgewichten. Wie Du gelesen haben wirst, geriet die Langfristmethode unter neoklassischen Autoren gegen Ende der zwanziger Jahre dieses Jahrhunderts in Mißkredit und wurde von den neuen Methoden des *temporären* und des *intertemporalen Gleichgewichts* abgelöst. Wegbereiter dieser Entwicklung, auf die wir hier nicht näher eingehen können (vgl. deshalb Kurz und Salvadori, 1995a, Kapitel 14), waren Friedrich August Hayek, Erik Lindahl und John Richard Hicks. Es muß der Hinweis genügen, daß in der Theorie temporärer Geichgewichte aus offensichtlichen Gründen und in derjenigen intertemporaler Gleichgewichte bis vor einiger Zeit der angenommene Zeithorizont endlich und daher willkürlich war. Die Einführung eines *unendlichen* Zeithorizonts erwies sich hinsichtlich der intertemporalen Theorie als kritisch, da die Analyse auf diese Art unweigerlich von der kurzperiodigen Sichtweise weg- und zur langperiodigen hingelenkt wurde (vgl. Burgstaller, 1994, S. 43–48). Dies wurde klar von Robert Lucas (1988) erkannt, von dem einer der einflußreichsten Beiträge zur 'neuen' Wachstumstheorie stammt:

'For *any* initial capital $K(0) > 0$, the optimal capital-consumption path ($K(t)$, $c(t)$) will converge to the balanced path asymptotically. That is, the balanced path will be a good approximation to any actual path „most" of the time' and that 'this is exactly the reason why the balanced path is interesting to us.' (Lucas, 1988, S. 11)

Lucas sprach sich daher für eine Rückkehr von der intertemporalen zur langfristigen (steady-state) Analyse aus. Da der gleichgewichtige Pfad des intertemporalen Modells der einzige von Lucas analysierte Pfad ist, kann das intertemporale Modell einfach als ein Schritt auf dem Weg zur Erlangung einer rigorosen langfristigen Theorie angesehen werden (vgl. auch King und Rebelo, 1993). (Eine Formulierung Paul Samuelsons aufgreifend können wir sagen, daß es sich bei der intertemporalen Theorie um einen *Umweg* in bezug auf eine langfristige Theorie handelt.) Es sollte hinzugefügt werden, daß wegen der Konzentration auf den gleichgewichtigen Pfad die Ausstattung der Wirtschaft mit 'Kapital' in der ersten Periode nicht zusammen mit den anderen 'Anfangsausstattungen' vorgegeben werden kann. Dies wiederum bedeutet, daß die Einkommensverteilung nicht über das Angebot an und die Nachfrage nach den entsprechenden Produktionsfaktoren bestimmt werden kann."

Smith: „Was Du gesagt hast, David, ist sehr interessant. Obgleich ich mich mit der Einengung unseres Begriffs der langen Periode auf steady states überhaupt nicht anfreunden kann, fühle ich mich hinsichtlich der Absicht der Theorie und der verwendeten Analysemethode bereits ein wenig zu Hause. Was ist indes über den *Gehalt* der Theorie zu sagen? Da der Spar-Investitions-Mechanismus das Herzstück einer jeden Theorie der Kapitalakkumulation und des Wachstums bildet, schlage ich vor, damit zu beginnen."

5. Konsum, Ersparnis und Investition

Ricardo: „Ich war hocherstaunt zu sehen, daß die von mir gesichteten Modelle im wesentlichen nur ein Wirtschaftssubjekt kennen. Du wirst Dich erinnern, daß unsere Ansätze ehedem als mangelhaft 'mikroökonomisch' fundiert kritisiert worden sind, weil wir nur drei Arten von Akteuren und damit verbundene sozioökonomische Rollen unterschieden haben: Arbeiter, Kapitaleigner und Grundbesitzer. Doch viele, wenn nicht die Mehrzahl der Gegenwartsökonomen findet anscheinend keinerlei Fehl an der Ein-Akteurs-Abstraktionsakrobatik. Es wird sogar angenommen – Du glaubst es kaum! –, daß der 'repräsentative Akteur' unsterblich und unveränderlich ist. Dies folgt aus der Annahme, daß er – oder ist es sie? – eine gegebene intertemporale Nutzenfunktion über einen unendlichen Zeithorizont zu maximieren versucht. Die Aufgabe besteht folglich darin, jenen Konsumpfad zu wählen, der das folgende Integral

$$\int_0^\infty e^{-\rho t} \frac{1}{1-\sigma}[c(t)^{1-\sigma} - 1]\mathrm{d}t, \quad (1)$$

unter der Nebenbedingung $Y = c(t) + \overset{\circ}{K}$ maximiert, wobei Y das Nettovolkseinkommen ist, $c(t)$ der Konsum zum Zeitpunkt t, $\overset{\circ}{K}$ die Ableitung des Kapitalstocks in bezug auf die Zeit, d.h. die Nettoinvestition, ρ die Rate der Zeitpräferenz oder Diskontrate und $1/\sigma$ die Substitutionselastizität zwischen Gegenwarts- und Zukunftskonsum ($1 \neq \sigma > 0$). In der Literatur wird die Zeitpräferenzrate gelegentlich 'notwendige Ertragsrate' genannt, da sie das break-even-Niveau der Profitrate angibt: Ist die Profitrate größer (kleiner) als die Diskontrate, so sind die Ersparnisse (alias Investitionen) positiv (negativ). Wie bereits an dieser Stelle deutlich wird, kennen die betrachteten Modelle häufig nur ein einziges Konsumgut, welches obendrein identisch mit dem physischen Kapitalgut ist."

Smith: „Dies ist in der Tat eine amüsante Art und Weise, sich mit dem komplexen Thema der 'Mikrofundierung' auseinanderzusetzen. Mir scheint, daß der 'repräsentative Akteur' mit größerer Berechtigung als Ludwig XIV von sich behaupten könnte: 'L'état c'est moi!' Die Abstraktion von Unterschieden im Verhalten als Voraussetzung für Selektion ist meines Erachtens gleichbedeutend mit der Vernachlässigung eines der bedeutendsten Element eines jeden Wachstums- und Entwicklungsprozesses. Es sollte auch darauf hingewiesen werden, daß der Optimierungsansatz zu verschiedenen logischen und anderen Schwierigkeiten führt, die ernsthafte Fragen über seinen Nutzen aufwerfen. So wird z.B. dem Umstand keine Aufmerksamkeit gewidmet, daß der Konsum Zeit beansprucht. Mit steigendem Pro-Kopf-Einkommen läßt sich der Frage nicht ausweichen, *wann* die immer größer werdende Menge des einzigen Konsumguts verbraucht werden soll (vgl. Steedman, 1995). Robert Solow hat daher – aus völlig einsichtigen Gründen, wie es scheint – festgestellt: 'The use made of the intertemporally-optimizing representative agent ... adds little or nothing to the story anyway, while encumbering it with unnecessary implausibilities and complexities' (Solow, 1994, S. 49).

Ich finde es auch bemerkenswert, daß die Zeitpräferenzrate ρ, die im Argument – wie wir sehen werden – eine zentrale Rolle spielt, von außen vorgegeben und als konstant unterstellt wird. Im Unterschied hierzu haben John Stuart Mill und nach ihm viele andere, einschließlich John Maynard Keynes, betont: 'This minimum rate of profit varies according to circumstances' (Mill, [1848] 1965, S. 736). Betrachtungen dieser Art haben mich dazu veranlaßt, die Auffassung zu vertreten, daß ein Fall der Profitrate nicht zwangsläufig einen Fall der Akkumulationsrate nach sich ziehen muß."

Ricardo: „Es sollte auch gesagt werden, daß es, da es keine wirkliche Unterscheidung zwischen Sparern und Investoren gibt, auch keine solche zwischen Ersparnis und Investition gibt. Das *Saysche Gesetz* gilt uneingeschränkt. Das Problem der effektiven Nachfrage und der Unterbeschäftigung wird einfach beiseitegeräumt, während ich in meiner Kontroverse mit Malthus wenigstens bestrebt war, meinen Standpunkt zu vertreten – vielleicht allzu hartnäckig, wie ich heute einräume. Tatsächlich stimme ich einer Äußerung Edmond Malinvauds zu. Wenige Jahre vor dem Aufstieg der 'neuen' Wachstumstheorie schrieb er angesichts der damaligen Arbeitslosenzahlen in der OECD:

'Students of economic growth will easily accept two ideas put forward ..., namely that some disequilibria may be sustained over rather long periods, and that the existence of these disequilibria significantly reacts on the growth process, to speed it up, slow it down or change its course. ... [A]n essential part of any theory of economic growth should be the representation of investment, and it seems to me that both excess capacity and profitability have an important role to play in this representation.' (Malinvaud, 1983, S. 95)"

6. Produktion

Smith: „Malinvauds Äußerung macht indirekt auf einen Schwachpunkt der 'neuen' Wachstumstheorie aufmerksam. Und es gibt deren mehrere. Dir ist gewiß nicht entgangen, David, daß in dieser Literatur die Produktion als Ganze in Gestalt sogenannter *aggregierter Produktionsfunktionen* abgebildet wird."

Ricardo: „Wie hätte mir dies entgehen können! Ich war schockiert, da ich nicht glauben konnte, daß die verschiedenen Produktionsaktivitäten einer Wirtschaft in dieser Weise porträtiert werden können. Wie aggregiert man Lastwagen, Fließbänder, Personal Computer usw. zu einer 'Kapitalmenge' für die gesamte Wirtschaft, und analog hinsichtlich der Größe des Sozialprodukts? Eine Sichtung der modernen Literatur zur Kapitaltheorie und Aggregation haben meine Skepsis vollauf bestätigt. Franklin Fisher (1993) z.B. hat keinen Zweifel daran gelassen, daß es gesamtwirtschaftliche Produktionsfunktionen nicht gibt. Und Andreu Mas-Colell (1989, S. 508) hat betont: 'modelling the world as having a single capital good is not *a priori* justified', und ich bezweifle, daß es *a posteriori* gerechtfertigt werden kann. Diese Ergebnisse scheinen in der betrachteten Literatur indes nicht ernstgenommen zu werden."

Smith: „Nun, es gibt hie und da Hinweise darauf, daß etwas nicht stimmt. Nachdem er entdeckt hat, daß eine frühere Formulierung von ihm unvereinbar mit der Annahme ist, bei der Forschung handele es sich um ein nichtrivales Gut, schreibt Paul Romer:
'This may seem a trifling matter in an area of theory that depends on so many other short cuts. After all, if one is going to do violence to the complexity of eco-

nomic activity by assuming that there is an aggregate production function, how much more harm can it do to be sloppy about the difference between rival and nonrival goods?' (Romer, 1994, S. 15)

Ich habe mich gefragt, wo dieser Prozeß endet."

Ricardo: „Ich bin auf eine noch verblüffendere Passage desselben Autors gestoßen. Im Kontext einer Erörterung der Gegnerschaft mancher Leute gegenüber mathematischem Formalismus behauptet er:

'Only 30 years ago many economists still objected to a mathematical statement of the relationship between output and capital in terms of an aggregate production function and an aggregate stock of capital, $Y = F(K, L)$.' (Romer, 1996, S. 202)

Ich hoffe, er meint nicht, Fisher sei ein schlechter mathematischer Ökonom. Als ob es um ein Für oder Wider zu mathematischem Formalismus als solchem ginge und nicht vielmehr um eine Für und Wider zu törichtem mathematischen Formalismus."

Smith: „Ich stimme Dir zu. Allgemeiner gesagt finde ich, daß zahlreiche moderne Schreiber einen ausgeprägten Hang zu *scheinbarer* Genauigkeit haben. Sie fassen in Algebra, was vielleicht noch nicht in mathematische Sprache gesetzt werden kann, weil die betrachteten Phänomene noch nicht hinreichend gründlich studiert worden sind. Glaube scheint in der Gegenwartsökonomik kein knappes Gut zu sein. Ist in der Produktionstheorie keine 'Mikrofundierung' vonnöten?

7. Eine fallende Profitrate

Kommen wir jedoch zum Kern der Sache. Wir lesen: 'The key property of endogenous-growth models is the absence of diminishing returns to capital' (Barro und Sala-i-Martin, 1995, S. 39), d.h. die Abwesenheit jedweder langfristig fallenden Tendenz der Profitrate. Da Dich meine Erklärung einer Falltendenz der Profitrate aus Gründen, die mir heute einleuchten, nicht überzeugt hat, schlage ich vor, daß Du kurz zusammenfaßt, was Deiner Ansicht nach für einen Fall der Profitrate verantwortlich ist. Dein Argument liefert dann den Hintergrund, vor dem wir die verschiedenen Mechanismen studieren können, die von den Vertretern der 'neuen' Wachstumstheorie angerufen werden, um einen Fall der Profitrate zu verhindern."

Ricardo: „Dies ist sehr freundlich von Dir, Adam. Ich werde versuchen, unserer folgenden Diskussion den Boden dadurch zu bereiten, daß ich eine stark stilisierte Zusammenfassung dessen gebe, was ich den 'natürlichen' Lauf der Wirtschaft genannt habe. Hierbei handelt es sich um den rein hypothetischen Pfad, den eine

Ökonomie nehmen würde, wenn es im Verlauf der Zeit zu keinerlei weiterem technischen Fortschritt kommen sollte. Ich behaupte natürlich nicht, daß der aktuelle Pfad mit diesem hypothetischen Pfad übereinstimmt. Denn tatsächlich beobachten wir ständig technische und organisatorische Neuerungen verschiedenerlei Formen und mehr oder weniger bedeutenden Charakters. Aber um deren Wirkungen angemessen zu erfassen, macht es Sinn, zunächst von ihnen zu abstrahieren.

Der Einfachheit halber und in Übereinstimmung mit einem Großteil der 'neuen' Wachstumstheorie unterstelle ich des weiteren eine Ein-Gut-Welt. Das einzige produzierte Gut sei 'Korn'. Du hast vielleicht gehört, daß es eine kleine Kontroverse darüber gibt, ob sich in meinem verschollenen Manuskript über den Profit aus dem Jahr 1814 ein derartiges 'Kornmodell' findet. Leider habe ich vergessen, ob dem so ist oder nicht, aber das tut im vorliegenden Zusammenhang nichts zur Sache. Mit Getreide einer gegebenen Qualität als dem einzigen Kapitalgut kann guterdings nicht das Problem auftreten, was mit einer gegebenen 'Kapitalmenge' oder einem 'Anstieg' dieser Menge gemeint ist.

Nehmen wir des weiteren an, daß der Reallohnsatz der Arbeiter gegeben und konstant ist, dann muß die Profitrate wegen extensiv und intensiv sinkender Erträge auf dem verfügbaren Boden fallen. Unter der Annahme, daß aus Löhnen und Renten vernachläßigbar wenig gespart wird, zieht eine sinkende Profitrate eine sinkende Akkumulationsrate nach sich. Wenn wir annehmen, daß die Grenzneigung zur Akkumulation aus Profit s gegeben und konstant ist, dann können wir eine 'klassische' Akkumulationsfunktion formulieren

$$g = \begin{cases} s(r - r_{\min}) & \text{für } \geq r_{\min} \\ 0 & \text{für } \leq r_{\min} \end{cases} \qquad (2)$$

wobei $r_{\min} \geq 0$ jenes Niveau der Profitrate angibt, bei dem die Akkumulation zum Stillstand kommt (cf. *Works* I, S. 120). Mein 'natürlicher' Lauf der Dinge endet unweigerlich in einem stationären Zustand. Bitte beachte auch, daß die Akkumulationsrate *endogen* bestimmt ist. Die Nachfrage nach Arbeitskräften wird von der Geschwindigkeit, mit der Kapital gebildet wird, gesteuert, während das Angebot an Arbeitskräften einem Bevölkerungsmechanismus unterliegt.

Laß' mich die Angelegenheit mithilfe der bekannten Grafik 1 illustrieren (vgl. Kaldor, 1956). Der Einfachheit halber sehe ich vom Saatgut ab und unterstelle, daß das Kapital nur aus (vorgeschossenen) Löhnen besteht. In der allereinfachsten Fassung – jener, die hier unterstellt sei – ist die Arbeit langfristig zu einem gegebenen und konstanten Reallohnsatz, der gleich OW ist, in vollkommen elastischem Angebot. Die Kurve CEGH gibt die Grenzproduktkurve des Arbeits-und-Kapitaleinsatzes an. Bei einer Einsatzmenge von Arbeit-und-Kapital in Höhe von

L_1 gibt die Fläche $OCEL_1$ das Produkt an, $OWDL_1$ den gesamten Kapitalwert und BCE die gesamte Rente. Der Profit ergibt sich als Residuum und entspricht dem Rechteck WBED. Die Profit*rate* kann nun als das Verhältnis der Flächen zweier Rechtecke bestimmt werden, welche die gleiche Basis besitzen, und entspricht daher dem Verhältnis WB/OW. Sofern eine positive Profitrate die Voraussetzung für eine positive Akkumulationsrate ist (d.h. $r_{min} = 0$), wird die Wirtschaft solange wachsen, bis der Arbeits-und-Kapitaleinsatz das Niveau $\bar{L}$ erreicht hat.

Wichtig hierbei ist, daß die in einem gegebenen Moment benötigte Arbeitsbevölkerung als vom Akkumulationsprozeß selbst geschaffen begriffen wird. In Deinen Worten, Adam:

'The demand for men, like that for any other commodity, necessarily, regulates the production of men: quickens it when it goes on too slowly, and stops it when it advances too fast. It is this demand which regulates and determines the state of propagation in all the different countries of the world.' (*WN*, I.viii.40)

Die Arbeit kann daher dem Wachstum keine Grenzen setzen, da sie im Zuge des Wachstumsprozesses selbst 'erzeugt' wird. Die einzige Grenze kann von anderen *nichtakkumulierbaren* Produktionsfaktoren herrühren – natürlichen Ressourcen im allgemeinen und Boden im besonderen. Es ist der 'Geiz der Natur', der für den Fall der Profitrate verantwortlich ist.“

Grafik 1: Sinkende Erträge

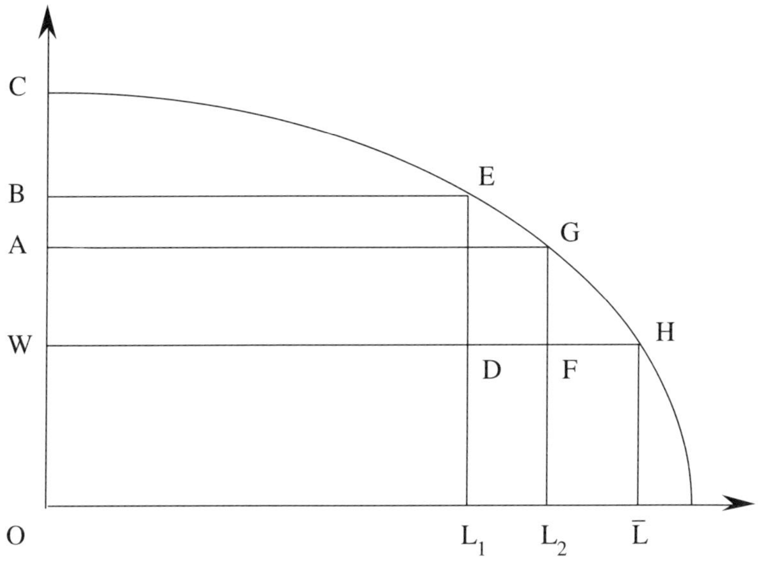

8. Solows Modell

Smith: „Bravo, David! Ich denke, ich verstehe jetzt auch Robert Solows Modell viel besser (vgl. Solow, 1956). Während Du und ich einen Ansatz vorgestellt haben, in dem das Arbeitsangebot den Bedürfnissen der Kapitalakkumulation subsumiert ist, hat Solow den Boden (und andere natürliche Ressourcen) dem Kapital subsumiert. Deshalb spielt die Arbeit in seinem Modell ein Rolle, die vergleichbar ist der Rolle des Bodens in Deinem Argument. Und ganz ähnlich wie bei Dir tendiert die Profitrate in seinem Modell zu sinken, wenn der akkumulierbare Faktor – Kapital – relativ zum nichtakkumulierbaren wächst. Außerhalb des *steady state* sind sowohl die aktuelle Wachstumsrate als auch die Verteilung des Einkommens in Löhne und Profite *endogen* bestimmt, während die Wachstumsrate im *steady state* gleich der *exogen* gegebenen 'natürlichen' Wachstumsrate ist. Die Profitrate und der Reallohnsatz hingegen werden immer noch *endogen* bestimmt. Ich kann dies mittels der sehr vertrauten Grafik 2 veranschaulichen. Die endogen bestimmte steady-state Profitrate $r(k^*)$ wird von der Steigung der Tangente in P angegeben.

Grafik 2: Das Modell Solows

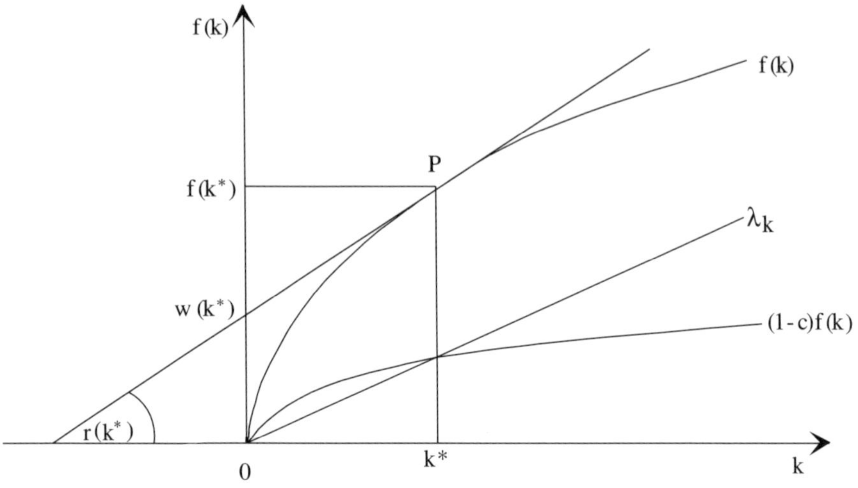

Figure 2

Laß' mich Dir jetzt eine Frage stellen und eine Spekulation hinzufügen. Die Frage lautet: Wäre es sehr irreführend zu sagen, daß – verglichen mit dem Modell Solows – in der 'neuen' Wachstumsliteratur die Verhältnisse gerade in folgendem Sinn umgekehrt sind: *Die steady-state Profitrate ist exogen und die steady-state Wachstumsrate endogen*? Und die Spekulation lautet: Mit der Profitrate im Zentrum des Interesses der 'neuen' Wachstumsmodelle – um anhaltendes Wachstum zu haben, darf die Profitrate nicht auf r_{min} bzw. ρ fallen. Ausgedrückt mithilfe von Grafik 1 sehe ich im wesentlichen drei Forschungsstrategien: Schaffe Argumente herbei, die sicherstellen, daß die Kurve der Grenzproduktivität von Arbeit-und-Kapital *entweder* nicht fällt, d.h. eine Parallele zur Abszisse bildet, *oder* fällt, aber ihr Fall von unten begrenzt ist, *oder* statt zu fallen steigt."

Ricardo: „Was Deine Frage anbelangt: Nein, es wäre nicht *sehr* irreführend. Und über Deine Spekulation ist zu sagen, daß sie einen höchst nützlichen systematischen Rahmen für die folgende Erörterung aufspannt. Ich beginne mit einer Diskussion der sogenannten 'linearen' oder '*AK*-Modelle'.

9. AK-Modelle

Bräuchte man in Solows Modell in der Produktion keine Arbeit oder handelte es sich bei letzterer um ein freies Gut, dann könnte das Grenzprodukt des Kapitals infolge der Akkumulation von Kapital nicht fallen. Dies ist genau der Weg, den eine Klasse von 'neuen' Wachstumsmodellen einschlägt: Während Solow nur Grund und Boden dem Blick entrückt hat, bringen sie auch die Arbeit zum Verschwinden, d.h. *alle* nichtakkumulierbaren Faktoren, und unterstellen, daß alle Inputs 'Kapital' irgendeiner Art darstellen. Man könnte sagen, daß es sich um Solowsche Modelle *sans travail* handelt. Schönheit wird in der Einfachheit erblickt. Die elementare Version dieser Klasse von Modellen nimmt an, daß eine lineare Beziehung zwischen dem gesamtwirtschaftlichen Bruttoprodukt Y und dem einzigen Faktor Kapital K besteht, wobei beide Größen *dasselbe* Gut darstellen,

$$Y = AK. \tag{3}$$

$1/A$ ist die Menge dieses Gutes, die in der Herstellung einer Einheit seiner selbst benötigt wird. Das *Überschuß*- bzw. Nettoprodukt ist gleich $Y - \delta K$, mit δ als exogen gegebener Abschreibungsrate. Der Surplus wird annahmegemäß samt und sonders in Form von *Profit* angeeignet. Die Nettoertragsrate auf das eingesetzte Kapital r entspricht dem, was mein Freund Malthus eine 'material rate of produce' genannt hat, und ist gleich

$$r = \frac{Y}{K} - \delta = A - \delta. \tag{4}$$

Der Spar-Investitions-Mechanismus bestimmt dann zusammen mit der Annahme einer einheitlichen und konstanten Wachstumsrate eine Beziehung zwischen dieser Wachstumsrate g und der Profitrate r. Rebelo (1991, S. 504 and 506) enthält entweder

$$g = \frac{A - \delta - \rho}{\sigma} = \frac{r - \rho}{\sigma} \tag{5}$$

oder

$$g = (A - \delta)s = sr. \tag{6}$$

Gleichung (5) ergibt sich, wenn die Ersparnis auf der Grundlage intertemporaler Nutzenmaximierung ermittelt wird, während man Gleichung (6) erhält, wenn die durchschnittliche Sparquote s als gegebener Parameter behandelt wird. In diesem Modell ist die Profitrate mithin *rein technologisch*, d.h. exogen, gegeben, genau wie Du gesagt hast, Adam. Der Spar-Investitions-Mechanismus bestimmt dann in einem zweiten Schritt die Wachstumsrate.“

Smith: „Mir scheint, bei diesem Modell handelt es sich um eine vereinfachte Version des berühmten 'Kornmodells' – oder sollte es besser des 'berüchtigten' Kornmodells heißen? – und um ein Ebenbild ($\delta = 0$) von Frank Knights 'Crusonia plant model':

'We may think of our Crusonia as living on the natural growth of some perennial which grows indefinitely at a constant (geometric) rate, except as new tissue is cut away for consumption. We assume that it requires no cultivation or other care, and we must ignore any „labour“ which may be involved in gathering or simply „eating“ the product.' (Knight, 1944, S. 30)

Knight betonte: 'The resource must, of course, be of the nature of capital' und fügte hinzu: 'In an economy of the type postulated, the only problem of choice presented to the „management“ will be the determination of the rate of consumption, which is the same as saying the rate of saving and investment or of disinvestment' (ibid.).“

Ricardo: „Deine Charakterisierung trifft den Nagel auf den Kopf, Adam. Verglichen mit dem 'Kornmodell' gibt es nur zwei Unterschiede: (a) Der Input von Getreide wird im *AK*-Modell als dauerhaftes Kapitalgut behandelt und (b) der Boden ist unterstelltermaßen ein freies Gut. Was die exogene Vorgabe der Abschreibungsrate anbelangt, so beschränke ich mich auf den Hinweis, daß es sich hierbei um eine problematische Annahme handelt. Wer, wie ich, jemals mit Wertpapieren mit längerer Laufzeit zu tun hatte, weiß, daß die Annuität nicht unabhängig vom Zinssatz bzw. der Profitrate ist. Entsprechend ist, wie Du der Behandlung des fixen Kapitals in meinen *Principles* entnehmen kannst, die Abschreibungsrate verteilungsabhängig (vgl. Kurz und Salvadori, 1997b). Aber kommen wir zur bedeutenderen der beiden Prämissen – der impliziten Annahme, daß es sich beim Boden und allen sonstigen natürlichen Ressourcen um freie Güter handelt. Als ich vor mehr als 180 Jahren in einem extravaganten Gedankenexperiment Antwort auf die Frage gesucht habe, was wohl geschehen würde, wenn unter sonst gleichen Umständen Boden und alle sonstigen natürlichen Ressourcen bester Qualität in unbeschränkter Menge verfügbar wären, – wie hätte ich ahnen können, daß ich damit etwas antizipieren sollte, was gegen Ende des 20. Jahrhunderts als innovativer Einfall gefeiert werden würde. Laß' mich Dir in Erinnerung rufen, was ich in meinem Brief vom 17. Oktober 1815 an Malthus geschrieben habe:

'Profits do not *necessarily* fall with the increase of the quantity of capital because the demand for capital is infinite and is governed by the same law as population itself. They are both checked by the rise in the price of food, and the consequent increase in the price of labour. If there were no such rise, what could prevent population and capital from increasing without limit?' (Ricardo, *Works*, VI, S. 301)

Mit Boden als *freiem Gut* würden die Produktionskosten der Getreidemenge, die den gegebenen Reallohn verkörpert, konstant sein. In diesem Fall – vgl. Grafik 3 – würde die Kurve der Grenzproduktivität von Arbeit-und-Kapital eine horizontale Gerade sein und die Profitrate wäre mithin immer gleich hoch, – unabhängig von der Größe des Einsatzes von Arbeit-und-Kapital. Infolgedessen könnte das System für immer wachsen, vorausgesetzt $r > r_{min}$.

Grafik 3: Der Boden als freies Gut

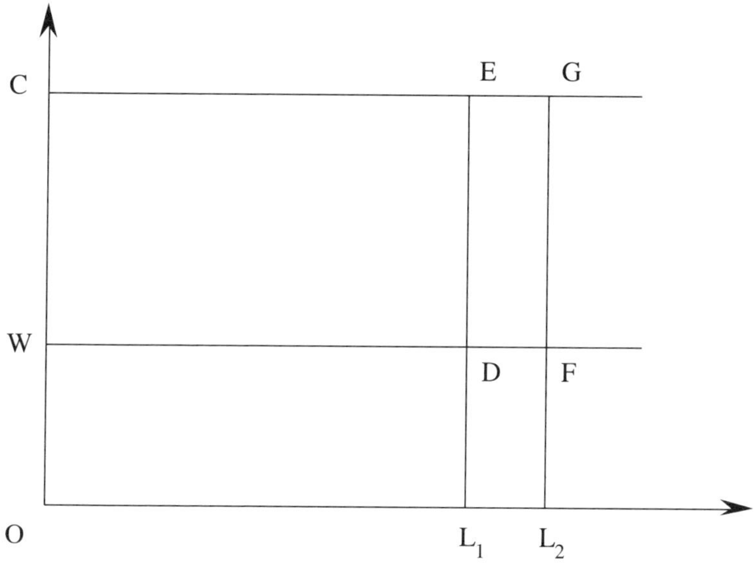

Es zeigt sich nun sofort, daß das *AK*-Modell eine hypothetische Welt beschreibt, die derjenigen in meinem Gedankenexperiment verblüffend ähnlich ist. Man muß lediglich $\delta = 1$ setzen und irgendwie die Arbeit zum Verschwinden bringen. Selbst der Spar-Investitions-Mechanismus ist im wesentlichen derselbe: Im Fall von Gleichung (5) ist $\sigma = 1/s$ und $\rho = r_{min}$ (vorausgesetzt, $r > r_{min}$), im Fall von Gleichung (6) ist $r_{min} = 0$. Die betrachtete Variante der 'neuen' Wachstumstheorie ist demnach nichts weiter als eine weitere Vereinfachung des einfachsten meiner Wachstumsmodelle. Man kann mir schwerlich vorwerfen, den geschilderten Fall allzu ernst genommen zu haben. Wie Du weißt, hat Schumpeter (1954, S. 472 f.) als 'Ricardian Vice' die Neigung gegeißelt, die aus einfachen 'one-way relations' gewonnenen Ergebnisse auf die Lösung praktischer Probleme anzuwenden. Was würde er wohl zu den Politikempfehlungen gesagt haben, die in der 'neuen' Wachstumsliteratur ins Kraut schießen?"

Smith: „Dir mißfällt anscheinend die Bezeichnung *Ricardianische* Unart – vielleicht auch deshalb, weil man Schumpeter, verglichen mit Dir, nicht gerade als besonders erfolgreich bezeichnen würde – ich meine: *finanziell* gesehen?"

Ricardo: „Da mag etwas dran sein ... Da Du noch keine Anzeichen von Langeweile erkennen läßt – gibst Du mir noch eine Minute, um kurz über eine Gruppe von linearen Modellen zu sprechen, die zwischen physischem und Humankapital unterscheiden? Ich beziehe mich insbesondere auf einen Aufsatz von King und Rebelo (1990)..."

Smith: „*Wie* könnte ich Dich davon abhalten?"

10. Physisches Kapital und Humankapital

Ricardo: „Im Kontext einer Diskussion der arbeiterfreisetzenden Wirkung von Maschinerie bin ich einmal ins Extrem gegangen und habe mir eine Welt vorgestellt, in der die Arbeitskraft völlig von der Maschinenkraft ersetzt worden ist:

'If machinery could do all the work that labour now does, there would be no demand for labour. Nobody would be entitled to consume any thing who was not a capitalist, and who could not buy or hire a machine' (*Works*, VIII, S. 399 f.)"

Smith: „Du scheinst darauf anzuspielen, daß in einigen der 'neuen' Wachstumsmodelle tatsächlich alle Leute Kapitalisten der einen oder anderen Art sind."

Ricardo: „Genau. Deshalb ist diesen Modellen die Vorstellung eines 'repräsentativen Akteurs' auf den Leib geschnitten. Andererseits kann die Existenz verschiedener Arten von Akteuren vernünftigerweise nicht bestritten werden. Insbesondere läßt sich kaum leugnen, *daß* es Arbeiter gibt. Die 'neuen' Wachstumstheoretiker scheinen der Auffassung zu sein, daß sie die Arbeiter den Kapitalisten subsumieren können, weil sie die Arbeitskapazität als eine *spezielle* Art von Kapital begreifen: 'Humankapital'."

Smith: „Dies ist m.E. ein wichtiger Gesichtspunkt. Autoren wie King und Rebelo (1990) ziehen in der Tat eine strenge Analogie zwischen einem dauerhaften Kapitalgut und gelernter Arbeit. Die sich auf diese beiden Arten von Kapital beziehenden Produktionsfunktionen kennen *nur* die beiden Kapitalarten als Inputs und sind annahmegemäß linear-homogen und streng konkav. Es gibt keinerlei sinkende Erträge in Bezug auf das 'zusammengesetzte' Kapital, weil kein nichtakkumulierbarer Faktor wie z.B. einfache Arbeit in die Produktion der akkumulierbaren Faktoren eingeht. Im Unterschied zum oben behandelten Modell von Rebelo gibt es jetzt jedoch ein Problem der *Technikwahl*.

Die Profitrate wird nun eindeutig durch die Technologie *und* die Maximierung der Profite bestimmt. Tatsächlich läßt sich leicht zeigen, daß für Produktionsfunktionen, die 'well-behaved' sind, eine und nur eine Lösung des Systems existiert. Für die auf diese Weise festgelegte Profitrate wird die Wachstumsrate des Systems in der üblichen Weise durch die Spar-Investitions-Gleichung bestimmt.“

Ricardo: „Bist Du mit dieser Behandlung des Humankapitals einverstanden?“

Smith: „Kaum. Erstens ist m.E. die in diesem Modell, aber auch in demjenigen von Lucas (1988) anzutreffende Annahme, daß die Bildung von Humankapital keinerlei ungelernte Arbeit als Input enthält, nicht aufrechtzuhalten: Der Witz von Ausbildungsprozessen besteht ja gerade darin, daß die Fähigkeit einer Person, ungelernte Arbeit zu verrichten, allmählich in die Fähigkeit zu gelernter Arbeit umgewandelt wird. Zweitens, vor mehr als 200 Jahren habe ich geschrieben:

'A man educated at the expence of much labour and time to any of those employments which require extraordinary dexterity and skill, may be compared to one of those expensive machines. The work which he learns to perform, it must be expected, *over and above the usual wages of common labour*, will replace to him the whole expence of his education, with at least the ordinary profits of an equally valuable capital.' (*WN*, I.x.b.6; Hervorhebung hinzugefügt)

Obgleich auch ich eine Parallele zwischen Fixkapital und Humankapital gezogen habe, war ich darauf bedacht, auf jenen Lohnsatz hinzuweisen, der für 'allgemeine Arbeit' gezahlt wird. Ich sehe keine Möglichkeit, diese Art von Arbeit zum Verschwinden zu bringen. Und wenn eine derartige Möglichkeit nicht besteht, dann läuft die Abstraktion von der Existenz 'allgemeiner Arbeit' darauf hinaus, daß letztere ein freies Gut ist ...“

11. Das Nonsubstitutionstheorem

Ricardo: „... was wiederum bedeutet, daß der Lohnsatz von außen vorgegeben wird. Diese Vorgehensweise ähnelt der *asymmetrischen* Behandlung der Verteilungsvariablen, wie sie für unsere Ansätze kennzeichnend ist, wo Profit und Rente als Restgrößen erscheinen, die sich in den gesellschaftlichen Surplus teilen. Allerdings besteht ein gravierender Unterschied. Die Vorstellung, daß unter Bedingungen freier Konkurrenz die Leistungen gewisser Produktionsfaktoren, wie z.B. von einigen Bodenqualitäten, welche im Überschuß verfügbar sind, einen Preis von Null erzielen – die Rede ist von der 'Regel der freien Güter' –, war ein integraler Bestandteil der klassischen Theorie der Grundrente. Anders hinsichtlich der Arbeit: Hier haben wir nur zugelassen, daß ein Überschußangebot an Arbeit den Lohnsatz auf ein *positives* Minimum drückt, welches soziale, historische und moralische Elemente widerspiegelt.

Dies bringt mich zu einer weiteren Beobachtung. Die Autoren dieser Modelle sind sich anscheinend nicht darüber im klaren, daß sie lediglich Spezialfälle des *Nonsubstitutionstheorems* vorgelegt haben (vgl. z.B. Samuelson, 1961). Das Theorem besagt, daß im Fall (a) konstanter Skalenerträge, (b) eines einzigen originären Faktors der Produktion (homogene Arbeit) sowie (c) der Abwesenheit von Kuppelproduktion, und unter der Annahme, daß der Reallohnsatz exogen fixiert ist, der Preis des Humankapitals, ausgedrückt in Einheiten des Konsum- alias Kapitalgutes, und die Profitrate eindeutig bestimmt sind. Das Theorem impliziert, daß im allgemeinen aus dem Satz alternativer Techniken langfristig nur eine einzige zur Anwendung kommen kann. Die betrachteten Wachstumsmodelle erfüllen unmittelbar die Bedingungen (a) und (c). Hinsichtlich der Bedingung (b) ist wegen der Abwesenheit jeglicher originärer Faktoren (bzw. ihrer Vergütung mit einem Satz von Null) eine spezielle Fassung des Theorems erforderlich (vgl. Kurz und Salvadori, 1994). Es muß kaum betont werden, daß im Verhältnis zu diesen Modellen das berühmte Wachstumsmodell John von Neumanns ([1937] 1945) *erheblich* allgemeiner ist."

Smith: „Laß' mich zusammenfassen. In der bislang betrachteten Klasse von Modellen kann die dort vom 'Humankapital' gespielte Rolle mit jener Rolle verglichen werden, die bei uns die 'einfache Arbeit' spielt: Beide Faktoren werden *endogen* erzeugt. Die linearen Modelle reproduzieren daher in elementarer Weise die *Logik* einer zweihundert Jahre alten Theorie."

12. Eine konvexe Technologie mit nach unten beschränkten Kapitalerträgen

Ricardo: „Stimmt. Laß' mich zur Abrundung kurz eine Konstellation erwähnen, die nur unwesentlich weniger gekünstelt ist als die in Figur 3 abgebildete. Nimm' an, daß der Boden in unendlich viele Klassen unterteilt ist: Es gebe ein Kontinuum an verschiedenen Qualitäten, wobei von der Qualität 1, der besten, bis zur Qualität $m-1$ jeweils nur eine begrenzte Menge verfügbar ist, während die Qualität m in unbegrenzter Menge vorhanden ist. Jetzt kann die alte Geschichte mit einer kleinen Änderung aufs neue erzählt werden. Wächst das System und besteht zwischen Arbeit-und-Kapital einerseits sowie Boden andererseits die Möglichkeit stetiger Substitution, dann werden die Bodenqualitäten 1 bis $m-1$ schließlich alle knapp werden und die Profitrate wird allmählich auf jenes Niveau fallen, das sich bei Anwendung von Boden der Qualität m ergibt. Dieses Niveau wird in Grafik 4 durch die gebrochene Linie angegeben. Unter der Annahme, daß die resultierende Profitrate größer ist als $r_{min} \geq 0$, könnte das System unaufhörlich wachsen – mit einer Rate, die sich asymptotisch ihrem unteren Grenzwert nähern würde.

Grafik 4: Von unten beschränkte Kapitalerträge

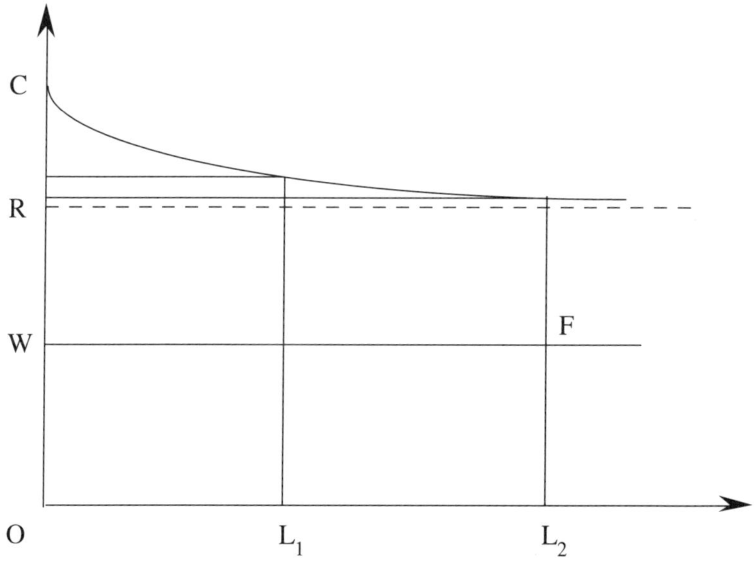

Interessanterweise sind die Eigenschaften dieses Falles kürzlich von einem Modell von Jones und Manuelli (1990) kopiert worden. In ihm wird der Dualismus eines akkumulierbaren und eines nichtakkumulierbaren Faktors wie bei Solow beibehalten, der Einfluß der Akkumulation des ersteren auf dessen Erträge jedoch durch eine *ad hoc* Modifikation der aggregierten Produktionsfunktion beschränkt. Der behandelte Spezialfall basiert auf folgender Pro-Kopf-Funktion

$$\varphi(k) = f(k) + bk, \tag{7}$$

wobei $f(k)$ die früher verehrte, aber nicht länger sakrosankte Produktionsfunktion Solows ist und b ein positiver Parameter. Wenn Kapital akkumuliert wird und das Kapital-Arbeits-Verhältnis steigt, dann sinkt die Grenzproduktivität des Kapitals und nähert sich asymptotisch ihrer unteren Grenze b. Für eine gegebene Sparneigung s und unter der Annahme, daß das Kapital nicht verschleißt, wird die steady-state Wachstumsrate endogen bestimmt: $g = s(b - r_{min})$. Wird hingegen intertemproale Nutzenmaximierung unterstellt, dann resultiert $g = (b - \rho)/\sigma$. Die Wachstumsrate ist positiv, vorausgestzt der technische Parameter b ist größer als r_{min} bzw. ρ.

Dies veranlaßt mich zu folgender Feststellung. Alle bislang angesprochenen Beiträge zur 'neuen' Wachstumstheorie sind in sogenannten 'core' -Zeitschriften erschienen. Der Begriff der 'Diamond list' zählt dieser Tage zu den am häufigsten gehörten Begriffen in wirtschaftswissenschaftlichen Fakultäten des Vereinigten Königreichs. Ich meine allerdings, daß man besser *lesen* sollte, was gemeinhin gepriesen wird, bevor man ein Urteil darüber abgibt, ob es sich dabei tatsächlich um eine preisenswerte Sache handelt."

Smith: „Du erinnerst Dich vielleicht an das berühmte 'Wertparadoxon', das ich mit dem Beispiel vom Wasser und den Diamanten zu veranschaulichen versucht habe. Ich habe damals geschrieben, daß Diamanten – d.h. Dinge, 'which have the greatest value in exchange have frequently little or no value in use' (*WN*, I.iv.13). *Häufig*, nicht immer! Zudem gibt es die Probleme der Täuschung und des Konformitätszwangs. Aber das sind zu große Themen, als daß sie hier behandelt werden könnten.

13. Von oben beschränkte steigende Erträge in bezug auf das Kapital

Bislang haben wir zwei Typen von Modellen kennengelernt: Beim einen sind sinkende Erträge in bezug auf das Kapital – eine fallende Profitrate – dadurch vermieden worden, daß *alle* nichtakkumulierbaren Faktoren hinwegjongliert worden sind; beim anderen ist der Einfluß derartiger Faktoren durch eine *ad hoc* Annahme betreffend die Produktionsfunktion beschränkt worden. Wenden wir uns jetzt einer weiteren Klasse von Modellen zu. Diese machen geltend, daß mit eigennützigem Verhalten *positive externe Effekte* verbunden sind, die der ansonsten sinkenden Tendenz der Profitrate bei Kapitalakkumulation entgegenwirken. Die diesen Modellen zugrundeliegende Idee läßt sich einfach mittels einer weiteren Variante unseres grundlegenden Diagramms illustrieren: Die verbleibende Möglichkeit sind steigende Kapitalerträge, wie sie in Grafik 5 dargestellt sind. Sollten diese Erträge steigend *und* von oben unbeschränkt sein, dann könnte die Wachstumsrate über die Zeit hinweg ansteigen und gegen unendlich tendieren, was keine sehr vernünftige Annahme wäre. Der von den 'neuen' Wachstumstheoretikern übernommene steady-state-Rahmen verlangt, daß *ad hoc* eine obere Grenze für die Kapitalerträge eingeführt wird.“

Grafik 5: Steigende Erträge

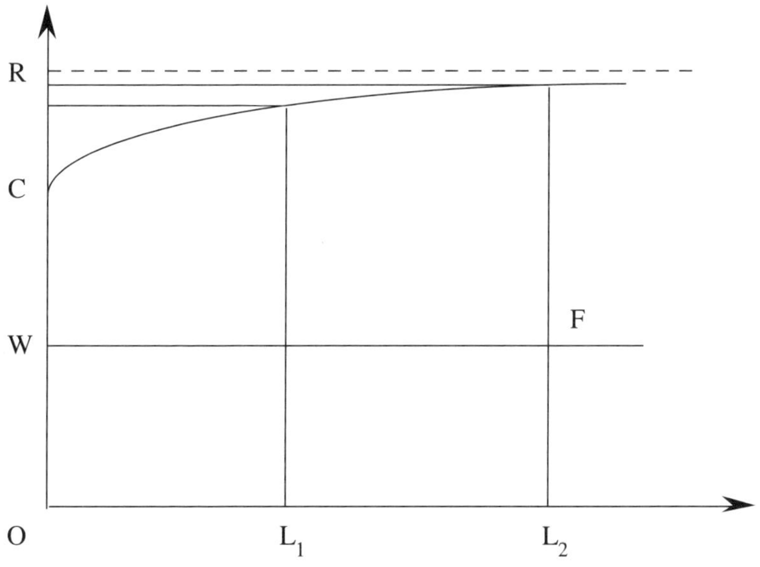

Ricardo: „Externalitäten sind klarerweise Dein Gebiet, nicht meines. Während jedoch Du in Deiner Diskussion der Arbeitsteilung sowohl positive als auch negative externe Effekte berücksichtigt hast, werden in vielen Modellen heute nur positive zugelassen."

Smith: „Dies stimmt hinsichtlich der Modelle von Lucas (1988) und Romer (1986), mit denen wir uns jetzt näher beschäftigen müssen. Bevor wir dies tun, laß' mich noch eine Bemerkung zu Grafik 5 machen. Um das Konzept einer *einheitlichen* Profitrate beizubehalten, muß unterstellt werden, daß die steigenden Erträge firmen*extern* sind und nur im Zusammenhang mit der Ausweitung der Märkte insgesamt und der immer weiteren Arbeitsteilung in Verbindung stehen. Dies bedeutet, daß anders als im Fall sinkender Erträge infolge der Knappheit des Bodens (vgl. Abb. 1 und 4), wo das Gesamtprodukt gleich der Fläche unterhalb der Grenzproduktivitätskurve war, das Gesamtprodukt jetzt für jede Menge an Arbeit-und-Kapital größer als die Fläche unterhalb der Kurve ist (vgl. Kurz und Salvadori, 1997a, S. 432, Fn. 6). Die Fälle sinkender und steigender Erträge sind daher nicht symmetrisch zueinander.

Ich beginne mit einer ersten Untergruppe von Modellen, in denen die Rolle positiver Externalitäten für das Wachstum thematisiert wird. Es handelt sich um Modelle in der Tradition von Lucas (1988), die Spillovers bei der Bildung von Humankapital betonen.

14. Externalitäten im Zusammenhang mit der Bildung von Humankapital

Lucas nimmt an, daß die Wirtschaftssubjekte die Wahl zwischen zwei Arten der Verwendung ihrer Zeit haben – gemeint ist jener Teil der Zeit, der nicht Freizeit ist: Sie können entweder zur aktuellen Produktion beitragen oder Humankapital bilden. Es ist im wesentlichen die Allokation der Zeit auf diese beiden Alternativen, die über die Wachstumsrate des Systems entscheidet. Lucas unterstellt *ad hoc*, daß der Prozeß der Humankapitalbildung folgender Funktion gehorcht

$$\dot{h} = \upsilon h^{\zeta}(1-u), \tag{8}$$

wobei υ und ζ positive Konstanten sind und h das Humankapital je Beschäftigten angibt. Obgleich er tatsächlich mit Gleichung (8) beginnt, sieht er sich jedoch schnell genötigt, in (8) $\zeta = 1$ zu setzen, da dies die einzige mit steady-state Wachstum vereinbare Annahme ist. Gleichung (8) stellt eine Art 'Produktionsfunktion' von Humankapital mittels Humankapital dar, wobei das Durchschnittsprodukt konstant und gleich υ ist. Es kann gezeigt werden, daß für den Fall, in dem die Freizeit in der Nutzenfunktion berücksichtigt wird, das System zu einem exogenen Wachstumsmodell degeneriert, in dem die steady-state Wachstumsrate gleich der exogenen Wachstumsrate der Arbeitsbevölkerung ist. Dieser Fund steht in einer gewissen Beziehung zum obigen Einwand gegen die intertemporale Nutzenfunktion (1), daß der Konsum Zeit beansprucht und es deshalb keinen Sinn ergibt anzunehmen, daß das 'Korn'-Einkommen pro Kopf steigt, ohne zu sagen, *wann* der 'repräsentative Akteur' die exponentiell steigende Menge an 'Korn' konsumieren soll.

Aber sehen wir zu, wie die Geschichte weitergeht. Mit der Akkumulation von Humankapital sei eine Externalität verbunden, heißt es: Je größer das in der Gesellschaft insgesamt angehäufte Humankapital, desto produktiver jedes einzelne Mitglied. Dies spiegelt die folgende makroökonomische Produktionsfunktion wider

$$Y = Ak^{\beta} (uhN)^{1-\beta} h^{*\gamma}, \tag{9}$$

wobei der Arbeitsinput gleich dem Produkt aus der Zahl der Arbeitskräfte N, dem Anteil der in der Produktion verbrachten Zeit u sowie dem Humankapital je Beschäftigten h als Maß für die Arbeit in Effizienzeinheiten ist. Schließlich ist da der Term h^*. Er verkörpert die Externalität. Das einzelne Wirtschaftssubjekt betrachtet in seinem Optimierungskalkül mittels der Variablen c und u die Größe h^* als Parameter. Für die Gesellschaft insgesamt erhöht die Bildung von Humankapital den Output jedoch sowohl direkt als auch indirekt, d.h. über die Externalität. Der einzelne optimierende Akteur sieht sich konstanten Skalenerträgen in der Produktion gegenüber: Die Summe der partiellen Produktionselastizitäten der von ihm kontrollierten Faktoren, d.h. sein physisches und sein Humankapital, ist gleich Eins. Für die Gesellschaft insgesamt hingegen beläuft sich die partielle Produktionselastizität des Humankapitals nicht auf $1 - \beta$, sondern auf $1 - \beta + \gamma$.

Ich möchte Dir jetzt ein Problem aufgeben, David. Bekannt für Deinen 'taste for abstract and general reasoning' (*Works*, X, S. 4): Kannst Du mir sagen, was geschieht, wenn wir von der Externalität absehen, d.h. in Gleichung (9) γ gleich Null setzen?“

Ricardo: „In diesem Fall sind die Skalenerträge konstant und als Folge hiervon gilt das Nonsubstitutionstheorem. Entsprechend wird endogenes Wachstum im Modell von Lucas im wesentlichen in der gleichen Art und Weise erzeugt, wie in den obigen 'linearen' Modellen: Die Profitrate wird ausschließlich durch die Technologie und gewinnmaximierendes Verhalten bestimmt, und für die vorweg fixierte Profitrate bestimmt der Spar-Investitions-Mechanismus anschließend die Wachstumsrate. Das Wachstum ist folglich endogen und positiv – völlig *unabhängig* davon, ob die Externalität vorhanden ist oder nicht (vgl. Kurz und Salvadori, 1995b, S. 13–19). Steigende Erträge komplizieren zwar das Bild, fügen ihm aber nichts wesentliches hinzu: Das Wachstum wäre nicht weniger 'endogen', wenn konstante Skalenerträge vorliegen würden. Tatsächlich erhalten wir nach einer kleinen Rechnung

$$r = \upsilon + \lambda, \tag{10}$$

wobei λ die *exogene* Wachstumsrate der Bevölkerung ist. Es gibt nur eine einzige Bedeutung, die der Abhängigkeit der Profitrate r von λ beigemessen werden kann: Sie ist das Ergebnis der bemerkenswerten Tatsache, daß im Modell von Lucas das Wachstum der 'Bevölkerung' schlicht meint, daß der 'repräsentative Konsument' mit der Rate λ 'expandiert', d.h. 'größer und dicker' wird. Andernfalls müßte man eine weitere Art von Externalität postulieren: kostenlose sozio-kulturelle Übertragung des existierenden Wissens auf neue Generationen, d.h. dieses Wissen wäre für Neugeborene ein freies Gut. Wenn ich mich nicht täusche, dann haben meine Kinder und deren Lehrer die Dinge ein wenig anders gesehen.“

Smith: „Kein Wunder. Wie verhält sich die Sache nun, wenn γ positiv ist (aber kleiner als $(1 - \beta)\sigma$)? In diesem Fall sind die Skalenerträge nicht konstant und folglich ist das Nonsubstitutionstheorem nicht anwendbar. Infolgedessen ist weder die Wettbewerbstechnik noch die dazugehörige Profitrate durch die technischen Alternativen der Produktion und gewinnmaximierendes Verhalten allein bestimmt. Die einfache 'rekursive' Struktur des Modells geht dabei verloren.

Dennoch bestimmen die technischen Alternativen und gewinnmaximierendes Verhalten im steady state immer noch eine *Beziehung* zwischen der Profitrate und der Wachstumsrate. Diese Beziehung zusammen mit derjenigen zwischen den gleichen Variablen, wie sie der Spar-Investitions-Gleichung zu entnehmen ist, bestimmt dann sowohl die Profit- als auch die Wachstumsrate. Obgleich die Analyse komplexer ist, kommt im Grunde immer noch der gleiche Mechanismus wie in den 'linearen' Modellen zur Anwendung: Wiederum hat das Konzept des 'Humankapitals' eine Rolle übernommen, die derjenigen der 'Arbeit' in unseren Ansätzen vergleichbar ist.“

15. Forschung und Entwicklung und endogener technischer Fortschritt

Ricardo: „Dies beendet das Kapitel über die Bildung von Humankapital. Wir sollten uns jetzt Ansätzen zuwenden, die den technischen Fortschritt zu endogenisieren trachten. Unser Hauptaugenmerk gilt dem Aufsatz von Romer (1986). Es zeigt sich, daß die fragliche Literatur um die Idee kreist, daß der technische Fortschritt ein *öffentliches Gut* ist bzw. zu werden tendiert, d.h. nichtrival und nichtausschließbar. Um die Diskussion perspektivisch auszurichten, laß' mich zwei Tatsachen in Erinnerung rufen. Erstens, im Modell Solows wurde der technische Fortschritt als kostenlos verfügbar und allen Firmen gleichermaßen zugutekommend vorgestellt – wie 'Manna vom Himmel'. Die Technologie ist in diesem Modell ein reines öffentliches Gut mit speziellem Charakter, weil es, in moderner Sprechweise, kein Problem des 'Marktversagens' aufwirft. Die 'neue' Wachstumstheorie verabschiedet sich von dieser Annahme und daher, jedenfalls grundsätzlich, von der Annahme vollständigen Wettbewerbs. Zweitens verdient gesagt zu werden, daß alle Ideen, die in der modernen Literatur eine bedeutende Rolle spielen, in unseren Schriften antizipiert worden sind. In unserer Sicht der Dinge stimuliert die Marktwirtschaft einerseits eine Vielzahl dezentraler und unkoordinierter Versuche der Innovation, von denen zahlreiche erfolglos sind und *post factum* als Verschwendung erscheinen, während andererseits jene Innovationen, die erfolgreich sind, mittels des Marktprozesses koordiniert werden. Letzterer erweist sich mithin als eine Institution, die geeignet ist, die sich infolge von Innovationen ergebenden Chancen für Wachstum zu realisieren (vgl. *WN*, I.x.b.43). Wir waren uns auch darüber im klaren, daß Innovationen im allgemeinen mit Formen des monopolistischen Wettbewerbs einhergehen, welcher sich – in meinen Worten – in den 'great profits', die ein erfolgreicher Neuerer 'for a time' einstreichen könne, widerspiegele (*Works*, I, S. 387). Diese Innovationen haben die Tendenz – wiederum in meinen Worten – ein 'general good' zu werden (ibid., S. 386).“

Smith: „Wohlgesagt, David. Nun zu den theoretischen 'Neuerern': In Romer (1986) richtet sich die Aufmerksamkeit auf eine einzige Zustandsvariable des Systems, genannt 'Wissen' oder 'Information'. Es wird unterstellt, daß die in Erfindungen und Entdeckungen enthaltene Information die Eigenschaft hat, grundsätzlich jedermann verfügbar zu sein, um sie zur gleichen Zeit zu nutzen. Armer von Hayek! Mit anderen Worten, Information wird im wesentlichen als nichtrivales Gut betrachtet. Es muß indes nicht vollständig nichtausschließbar sein, d.h. es kann gegebenenfalls wenigstens zeitweise monopolisiert sein. Erfindungen werden in den Forschungs- und Entwicklungsabteilungen von Firmen gemacht. Dies verlangt, daß Ressourcen von der Produktion des aktuellen Outputs abgezogen werden. Romers grundlegende Idee besagt, 'that there is a trade-off between consumption today and knowledge that can be used to produce more consumption tomorrow' (ibid., S. 1015). Vom Wissen wird angenommen, es sei kardinal meßbar und unterliege keinem Verschleiß – es ist wie ewigwährendes Kapital. Kein Kommentar!

Romer nimmt dann für jede Firma *i ad hoc* eine 'Forschungstechnologie' an, die die Erzeugung von 'Wissen' abbilden soll. Die Technologie ist annahmegemäß konkav und homogen vom Grade Eins,

$$\dot{k}_i = G(I_i, k_i), \tag{11}$$

wobei I_i die Menge des Konsumguts angibt, auf deren Verbrauch verzichtet worden ist und die in der Forschungs- und Entwicklungsabteilung von Firma *i* eingesetzt wird, und k_i den aktuellen Bestand an Wissen der betrachteten Firma. Gleichung (11) kann als Funktion der Produktion von 'Wissen' mittels 'Wissen' und des nichtverbrauchten Konsumguts gedeutet werden. Die Produktionsfunktion des Konsumguts durch Firma *i* lautet

$$Y_i = F(k_i, K, \mathrm{x}_i), \tag{12}$$

mit *K* als dem akkumulierten Wissensbestand in der Wirtschaft insgesamt und x_i als einem Vektor, der alle Inputs umfaßt, die verschieden vom 'Wissen' sind. Romer nimmt an: 'factors other than knowledge are in fixed supply' (ibid., S. 1019). Dies bedeutet, daß das 'Wissen' das einzige in der Erzeugung des Konsumguts eingesetzte Kapitalgut ist. (Das dem Verbrauch vorenthaltene Konsumgut wird als Kapitalgut begriffen, das in die Erzeugung von 'Wissen' eingeht.) Spillovers von den privaten Forschungs- und Entwicklungsaktivitäten erhöhen annahmegemäß den öffentlichen Bestand an Wissen *K*. Es wird unterstellt, daß die Funktion homogen vom Grade Eins in k_i und x_i sowie homogen von einem Grade größer Eins in k_i und *K* ist."

Ricardo: „Die Funktion (11) leistet im Modell von Romer offenbar, was die Funktion (8) im Modell von Lucas zu vollbringen hatte."

Smith: „Genauso ist es. Wir können nun wieder das gleiche Gedankenexperiment wie vorhin anstellen und fragen: Angenommen, die Funktion (12) ist anders als von Romer unterstellt homogen vom Grade Eins in k_i and *K* – was folgt dann?"

Ricardo: „Dann ist das Grenzprodukt des Wissenskapitals *konstant* – die sinkenden Erträge in Bezug auf k_i werden gerade von den externen Verbesserungen der Technologie kompensiert, wie sie sich im Zuge der Kapitalakkumulation ergeben.

In diesem Fall kann gezeigt werden (vgl. Kurz und Salvadori, 1995b), daß die Profitrate – ganz genau wie in den früher behandelten Modellen – allein durch die Technologie und das gewinnmaximierende Verhalten der Akteure bestimmt wird, vorausgesetzt man nimmt mit Romer an, daß das Verhältnis K/k_i gleich der gegebenen Zahl der Firmen ist. Der Rest sollte mittlerweile wohlbekannt sein: Für die gegebene Profitrate bestimmt der Spar-Investitions-Mechanismus endogen die Wachstumsrate. Neuerlich hängt endogenes Wachstum *nicht* von einer Annahme über steigende Erträge in bezug auf die akkumulierbaren Faktoren ab. Das Wachstum wäre nicht 'endogener', wenn steigende Erträge angenommen werden würden. Eine derartige Annahme gestaltet die Analyse nur ein gutes Stück schwieriger. Insbesondere existiert kein steady-state Gleichgewicht, wenn nicht das Grenzprodukt des Kapitals von oben beschränkt wird. Bei Romer findet sich eine derartige Beschränkung in Gestalt einer *ad hoc*-Annahme betreffend Gleichung (11) (ibid., S. 1019). Diese Annahme ist nicht sehr verschieden von derjenigen, die wir implizit beim Zeichnen von Grafik 5 verwendet haben, wo das Grenzprodukt des 'Korns' mit dem Niveau der Produktion ansteigt, der Anstieg aber nach oben hin beschränkt ist.“

Zu diesem Zeitpunkt zeigten die beiden Gelehrten Zeichen von Ungeduld. Der tapfere Smith raffte sich gleichwohl zu einem Versuch auf, ihre Diskussion zusammenzufassen.

16. Schlußfolgerung

Smith: „Ich glaube, ich habe jetzt wenigstens zwei Dinge begriffen. Erstens, Weitzman hat vielleicht doch recht mit seiner Anschuldigung, wir hätten nicht 'too systematically about the sources of economic growth' nachgedacht. Hätten wir es getan, wären wir vielleicht reduziert worden auf die Erzeugung kleiner trivialer Modelle. Wie Gunther Tichy zutreffend feststellt:

'Die neuen Modelle gehen zwar von relevanten Fragestellungen aus, sie modifizieren das traditionelle Modell aber in einer Weise, die eher von den Gesichtspunkten der technischen Handhabbarkeit als von relevanten Annahmen ausgehen. Die Endogenisierung des technischen Fortschritts in einem Modell mit strikt ökonomischer Nutzenmaximierung über einen unendlichen Zeithorizont läßt (fast) alles außer Acht, was der „commonsense“ für Entwicklung als relevant halten würde.' (Tichy, 1991, S. 105)

Zweitens, vom Standpunkt unserer eigenen Analysen aus betrachtet besteht der *Haupt*beitrag der 'neuen' Wachstumstheorie im Vorschlag, daß es eine Technologie gibt, die ein *Surrogat* für das, was wir 'Arbeit' genannt haben, zu erzeugen erlaubt. Dieser Faktor begegnet uns jetzt unter Namen wie 'Humankapital', 'Wissen' oder 'Information'. Gibt es eine derartige Technologie und weist sie bestimmte Eigenschaften auf, dann wird die Profitrate entweder technologisch vorgegeben oder ist das Resultat des kostenminimierenden Verhaltens der Produzenten. Für ein gegebenes Sparverhalten wird die Wachstumsrate endogen bestimmt. Diese Autoren haben in einem gewissen Sinn wiederentdeckt, was wir schon wußten bzw. wo wir drauf und dran waren, es zu wissen."

Ricardo: „Soviel zur Annahme, Wissen kann nie verloren gehen."
Smith: „Das Problem liegt darin, daß die gegenwärtige Zunft der Ökonomen als Ganze gesehen nicht übermäßig darauf bedacht zu sein scheint, wirtschaftlich mit ihren knappen Ressourcen, vor allem der Zeit, umzugehen. Andernfalls würden Vorsichtsmaßnahmen ergriffen werden, um zu verhindern, daß Energie darauf verschwendet wird, sozusagen das Rad immer wieder aufs Neue zu erfinden."

Ricardo: „Welche Art von Maßnahmen hast Du im Sinn?"
Smith: „Ich habe den Eindruck, daß in den vergangenen Jahrzehnten die Theoriegeschichte in der Ausbildung von Ökonomen immer mehr marginalisiert worden ist, mit – wie gesehen – gelegentlich sehr nachteiligen Effekten. Es wäre vermutlich gut, wenn die Studierenden des Fachs dazu veranlaßt werden würden, einige der alten Meister im Original zu lesen. Jedenfalls bin ich der Überzeugung, daß meine alte Aussage immer noch im Kern zutrifft:

'One who reads a number of modern books, altho they be very excellent, will not get thereby the Character of a learned man: the acquaintance of the ancients will alone procure him that name.' (*LRBL* ii.215)"

Ricardo: „Du willst damit aber nicht sagen, daß Du und ich zu den 'ancients' gezählt werden sollten?"

Smith: „Ja und nein."
Hier endete das Gespräch.

Anmerkung: Das vorliegende Papier schöpft freizügig aus den Ergebnissen einer überaus angenehmen Zusammenarbeit mit Neri Salvadori (Pisa) während der letzten Jahre; vgl. insbesondere Kurz und Salvadori (1995a, 1995b, 1995c, 1997a, 1997b). Alle verbliebenen Fehler und Auffassungen gehen, wie bereits gesagt, auf das Konto von Smith und Ricardo.

Literatur

Barro, R. J., und Sala-i-Martin, X (1995). *Economic Growth*, New York: McGraw-Hill.

Burgstaller, A. (1994). *Property and Prices. Toward a Unified Theory of Value*, Cambridge: Cambridge University Press.

Ferguson, A. (1793). *An Essay on the History of Civil Society*, 6. Aufl. (1. Aufl 1767), Neudruck 1966, Edinburgh: University Press.

Fisher, F. M. (1993). *Aggregation: Aggregate Production Functions and Related Topics. Collected Papers by Franklin M. Fisher*, hrsg. von J. Monz, Cambridge, Mass. 1993: MIT Press.

Grossman, G. M., und Helpman, E. (1994). „Endogenous Innovation in the Theory of Growth“, *Journal of Economic Perspectives*, 8, S. 23–44.

Jones, L. E., und Manuelli, R. (1990). „A Convex Model of Equilibrium Growth: Theory and Policy Implications“, *Journal of Political Economy*, 98, S. 1008–1038.

Hicks, J. R. (1969). *A Theory of Economic History*, Oxford: Clarendon Press.

Kaldor, N. (1956). „Alternative Theories of Distribution“, *Review of Economic Studies*, 23, S. 83–100.

King, R. G., und Rebelo, S. (1990). „Public Policy and Economic Growth: Developing Neoclassical Implications“, *Journal of Political Economy*, 98, S. 126–150.

King, R. G., und Rebelo, S. (1993). „Transitional Dynamics and Economic Growth in the Neoclassical Model“, *American Economic Review*, 83, S. 908–931.

Kurz, H. D., und Salvadori, N. (1994). „The Non-substitution Theorem: Making Good a Lacuna“, *Journal of Economics*, 59, S. 97–103.

Kurz, H. D., und Salvadori, N. (1995a). *Theory of Production. A Long-period Analysis*, Cambridge, Melbourne and New York: Cambridge University Press.

Kurz, H. D., und Salvadori, N. (1995b). „What is New in the 'New' Theories of Economic Growth? Or: Old Wine in New Goatskins“, in F. Coricelli, M. Di Matteo, F. H. Hahn (Hrsg.), *Growth and Development: Theories, Empirical Evidence and Policy Issues*, London: Macmillan.

Kurz, H. D., und Salvadori, N. (1995c). „Theories of 'Endogenous' Growth in Historical Perspective“, Vortrag gehalten auf dem Elften Weltkongreß der *International Economic Association*, 17.–22. Dezember 1995, Tunis, Tunesien. Erscheint im Konferenzband der *IEA*.

Kurz, H. D., und Salvadori, N. (1997a). „In the Beginning All the World Was Australia ...“, in P. Arestis, G. Palma and M. Sawyer (Hrsg.), *Capital Controversy, Post-Keynesian Economics and the History of Economics. Essays in Honour of Geoff Harcourt*, London: Routledge, Bd. I, S. 425–443.

Kurz, H. D., und Salvadori, N. (1997b). „Morishima on Ricardo: A Rejoinder“, *Cambridge Journal of Economics*, im Erscheinen.

Lucas, R. E. (1988). „On the Mechanics of Economic Development“, *Journal of Monetary Economics*, 22, S. 3–42.

Malinvaud, E. (1983). „Notes on Growth Theory with Imperfectly Flexible Prices“, in J.-P. Fitoussi (Hrsg.), *Modern Macroeconomic Theory*, Oxford: Basil Blackwell, S. 93–114.

Mas-Colell, A. (1986). „Capital Theory Paradoxes: Anything Goes“, in G. R. Feiwel (Hrsg.), *Joan Robinson and Modern Economic Theory*, London: Macmillan, S. 505–520.

Mill, J. S. (1965). *Principles of Political Economy With Some of Their Applications to Social Philosophy*, in *Collected Works of John Stuart Mill*, hrsg. von J. M. Robson, eingeleitet von V. W. Bladen, Bd. III, Toronto: University of Toronto Press.

Neumann, J. von (1945). „A Model of General Economic Equilibrium“, *Review of Economic Studies*, 13, S. 1–9. Englische Übersetzung von „Über ein ökonomisches Gleichungssystem und eine Verallgemeinerung des Brouwerschen Fixpunktsatzes“, *Ergebnisse eines mathematischen Kolloquiums*, 8 (1937), S. 73–83.

Rebelo, S. (1991). „Long Run Policy Analysis and Long Run Growth“, *Journal of Political Economy*, 99, S. 500–21.

Ricardo, D. (1951 ff.). *The Works and Correspondence of David Ricardo*, hrsg. von Piero Sraffa in Zusammenarbeit mit Maurice H. Dobb, Cambridge: Cambridge University Press, 11 Bände (zitiert als *Works*, Bd. Nr. in römischer Ziffer, Seitenzahl).

Romer, P. M. (1986). „Increasing Returns and Long-Run Growth“, *Journal of Political Economy*, 94, S. 1002–1037.

Romer, P. M. (1996). „Why, Indeed, in America? Theory, History, and the Origins of Modern Economic Growth“, *American Economic Review. Papers and Proceedings*, 86, S. 202–206.

Samuelson, P. A. (1961). „A New Theorem on Nonsubstitution“, in *Money, Growth and Methodology*, Lund Social Science Studies, Bd. 20, Lund: C. W. K. Gleerup, S. 407–423. Wiederabdruck in G. E. Stiglitz (Hrsg.), *The Collected Scientific Papers of P. A. Samuelson*, Bd. 1, Cambridge, Mass. (1966): MIT Press.

Schumpeter, J. A. (1954). *History of Economic Analysis*, New York: Oxford University Press.

Smith, A. (1976a). *An Inquiry into the Nature and Causes of the Wealth of Nations*, 1. Aufl. 1776, *The Glasgow Edition of the Works and Correspondence of Adam Smith*, Bd. I, Oxford: Oxford University Press. (Im Text zitiert als *WN*, Buch Nr. in römischer Ziffer, Kapitel-Nr., Abschnitts-Nr.)

Smith, A. (1976b). *Lectures on Rhetoric and Belles Lettres*, Bd. IV der *Glasgow Edition of the Works and Correspondence of Adam Smith*, Oxford: Oxford University Press. (Im Text zitiert als *LRBL*, Teil-Nr., Abschnitts-Nr.)

Solow, R. M. (1956). „A Contribution to the Theory of Economic Growth“, *Quarterly Journal of Economics*, 70, S. 65–94.

Solow, R. M. (1991). „Growth Theory“, in D. Greenaway, M. Bleaney und Ian M. T. Stewart (Hrsg.), *Companion to Contemporary Economic Thought*, London: Routledge, S. 393–415.

Solow, R. M. (1994). „Perspectives on Growth Theory“, *Journal of Economic Perspectives*, 8, S. 45–54.

Steedman, I. (1995). „Pure Consumption Time“, Manchester, unveröffentlichtes Manuskript.

Tichy, G. (1991). „Wachstumstheorie und moderne Makroökonomik: (K)ein neuer Anlauf“, in B. Gahlen, H. Hesse, H. J. Ramser unter Mitarbeit von G. Bombach (Hrsg.), *Wachstumstheorie und Wachstumspolitik. Ein neuer Anlauf*, Tübingen: J. C. B. Mohr, S. 91–109.

Weitzman, M. L. (1996). „Hybridizing Growth Theory“, *American Economic Review. Papers and Proceedings*, 86, S. 207–212.

Muß eine Energieabgabe den Energieverbrauch reduzieren?

Eine „klassische“ Analyse der Wirkungen einer „Ökologisierung“ des Steuersystems.

Christian Lager*

Eines der vielen Themen, mit denen sich Gunther Tichy in den vergangenen Jahren auseinandergesetzt hat, waren die ökonomischen Auswirkungen von Energieabgaben[1]. Er stellte u.a. folgende Fragen: (i) Dämpfen Energieabgaben das Wachstum? (ii) Erhöhen Energieabgaben die Inflationsrate? (iii) Wirken Energiesteuern redistributiv? (iv) Verringern Energieabgaben die Wettbewerbsfähigkeit?. Alle diese Fragen konnte Tichy mit einem mehr oder weniger vorsichtigen „nein“ beantworten und kommt zum Schluß, daß die Einführung einer Energieabgabe, insbesondere dann, wenn dies mit einer Reduktion anderer Steuern einhergehe, langfristig eher Vorteile als Nachteile brächte. Die Argumentation stützt sich dabei vorwiegend auf empirische Fakten und Simulationsrechnungen.

Im folgenden Beitrag wird die Frage „Reduzieren Energieabgaben den Energieverbrauch?“ in einem rein theoretischen Sinn gestellt und beantwortet. Gehrke und Lager (1992, 1995) haben gezeigt, daß eine Energiesteuer nicht notwendigerweise zum gewünschten Ergebnis führen muß. Darauf aufbauend werden in diesem Beitrag (i) hinreichende Bedingungen spezifiziert unter denen eine Energieabgabe nicht funktioniert, (ii) gezeigt, daß unter diesen Bedingungen eine Subventionierung des Energieverbrauchs zu Energieeinsparungen führen kann, (iii) gezeigt, daß sich die relativen Preise in einem System mit Energiesteuer von einem System mit Besteuerung der Energie bei gleichzeitiger steuerlicher Entlastung der Arbeit nicht unterscheiden, wenn die Profitrate als gegeben und konstant angenommen wird und, daß (iv) der Preis eines energieintensiven Gutes, im Vergleich zum Preis eines arbeitsintensiven Gutes, durch Besteuerung des Energieverbrauchs, unabhängig vom Ausmaß der steuerlichen Entlastung der Lohneinkommen, sinken kann.

Das Analyseinstrument ist ein klassisches Modell des simultanen Gleichgewichts auf allen Gütermärkten. Im Unterschied zu der in der Umweltökonomik häufig verwendeten partialanalytischen Betrachtungsweise wird hier ein totalana-

---

* Institut für Volkswirtschaftslehre und Volkswirtschaftspolitik; Universität Graz.

[1] Tichy (1993)

lytischer Modellrahmen zugrunde gelegt. Dadurch können die Interdependenzen zwischen den verschiedenen Produktionsbereichen berücksichtigt werden. Die partialanalytische Sichtweise wird auch von allgemeinen Gleichgewichtsmodellen Walrasianischen Typs überwunden. Diese unterscheiden sich von dem hier verwendeten Ansatz vor allem durch die Konzeption des Gleichgewichts und die damit verbundene Vorstellung von Markträumung[2]. Ausgehend von einer exogen vorgegebenen Kapitalausstattung und der Annahme, daß vollständig flexible Preise jederzeit ein Arbitragegleichgewicht herbeiführen, bestimmen sich die Preise aller Faktoren auf Grund von Angebot und Nachfrage und reflektieren somit die relative Knappheit der Faktoren. Das hier verwendete klassische Gleichgewichtsmodell geht davon aus, daß sektorale Nachfrage- oder Angebotsdefizite durch Zu- oder Abflüsse von Kapital mehr oder weniger rasch abgebaut werden, verzichtet jedoch bewußt auf die Darstellung dieses Prozesses der „Gravitation“ und beschränkt sich auf eine komparativ statische Analyse von „langfristigen Positionen“. Diese sind dadurch gekennzeichnet, daß die reproduzierbaren Kapitalgüterbestände an die Nachfrage angepaßt sind und daher keine Knappheitspreise sondern kostendeckende Produktionspreise erzielen. Das vorgeschossene Kapital wird mit einer sektoral uniformen Rate verzinst.

1. Muß eine Energieabgabe zu einer Reduktion des Energieverbrauchs führen?

Ausgangspunkt der folgenden Überlegungen ist ein einfaches Produktionsmodell, in dem *n* Waren in Einzelproduktionsprozessen mittels Waren und homogener Arbeit erzeugt werden. Ein Produktionssystem (eine Technik) kann durch eine semipositive Matrix $\mathbf{A} \in \Re_{+}^{n \times n}$, deren *i*-te Zeile die erforderlichen Inputmengen der *n* Güter zur Produktion einer Einheit der Ware *i* angibt, und durch einen semipositiven Vektor $\mathbf{l} \in \Re_{+}^{n}$, dessen Elemente die erforderlichen Arbeitsmengen je Outputeinheit anzeigen, beschrieben werden. Es wird unterstellt, daß $\mathbf{A}$ unzerlegbar und produktiv ist und daher $(\mathbf{I}-\mathbf{A})^{-1} > 0$ gilt. Der Vektor des Energieverbrauchs pro Outputeinheit, $\mathbf{a} \in \Re_{+}^{n}$, läßt sich aus der Matrix der Inputkoeffizienten ableiten und ergibt sich durch Addition der entsprechenden Spalten der $\mathbf{A}$ Matrix. Um ein in Niveau und Struktur gegebenes Endnachfragebündel $\mathbf{d} \in \Re_{+}^{n}$ zu erzeugen, müssen Bruttooutputmengen $\mathbf{q}' = \mathbf{d}'(\mathbf{I}-\mathbf{A})^{-1}$ produziert und daher insgesamt

$\mathbf{q}'\mathbf{a} = \mathbf{d}'(\mathbf{I}-\mathbf{A})^{-1}\mathbf{a}$ Einheiten Energie verbraucht werden.

---

[2] Auf eine ausführliche Diskussion der Vor- oder Nachteile der alternativen Gleichgewichtsparadigmen muß im Rahmen dieser Arbeit verzichtet werden.

Bezeichnen wir mit den Skalaren w, r und t den Lohnsatz, die Profitrate und den Energiesteuersatz, so lassen sich die Preise der n Güter durch folgendes Produktionspreissystem ausdrücken:

$$\mathbf{p} = \mathbf{Ap}(1+r) + \mathbf{l}w + \mathbf{a}t = \left(\mathbf{I} - \mathbf{A}(1+r)\right)^{-1}\left(\mathbf{l}w + \mathbf{a}t\right) \tag{1}$$

Messen wir in Einheiten kommandierter Arbeit (w=1) so lassen sich die Produktionspreise

$$\mathbf{p} = \tilde{\mathbf{l}}(r) + \tilde{\mathbf{a}}(r)t, \tag{2}$$

auf zwei Wertgrößen, welche ebenfalls in Einheiten kommandierter Arbeit gemessen werden, reduzieren:

- Die Summen der datierten und aufgezinsten Arbeitswerte, $\tilde{\mathbf{l}}(r) \equiv \left(\mathbf{I} - \mathbf{A}(1+r)\right)^{-1}\mathbf{l}$ und
- die Summen der datierten und aufgezinsten Energiesteuerzahlungen, $\tilde{\mathbf{a}}(r) \equiv \left(\mathbf{I} - \mathbf{A}(1+r)\right)^{-1}\mathbf{a}$.

Die Elemente der Vektoren $\tilde{\mathbf{l}}(r)$ und $\tilde{\mathbf{a}}(r)$ sind monoton steigende Funktionen der Profitrate.

Im Folgenden wird unterstellt, daß die Profitrate gegeben und konstant ist, d.h. $r = \bar{r}$, und sich auch durch eine Energieabgabe nicht verändert[3]. Die Güterpreise, ausgedrückt in kommandierter Arbeit, steigen linear mit dem Steuersatz. Die Einführung oder Erhöhung einer Energiesteuer vermindert daher die Reallöhne.

Die Einführung oder Erhöhung einer Energieabgabe soll und wird zweifellos das System der relativen Preise verändern und Substitutionsvorgänge auslösen. Bei der Analyse des Technikwahlproblems wird zunächst der Einfachheit halber angenommen, daß nur für einen der Prozesse, für den Prozess zur Erzeugung des k-ten Gutes, eine technologische Alternative existiert. Es ergeben sich daher zwei mögliche Produktionssysteme oder Techniken, deren technische Koeffizienten $\left(\mathbf{A}_\alpha, \mathbf{l}_\alpha\right)$

---

[3] Geht man, Sraffa (1960, p. 33) folgend, davon aus, daß die Profitrate durch die Niveaus der monetären Zinssätze bestimmt ist und unterstellt man, daß Finanzkapital mobil ist und sich diese Zinssätze an die entsprechenden Auslandszinssätze anpassen, so erscheint diese spezielle Inzidenzannahme nicht ganz unplausibel.

und $\left(\mathbf{A}_{\beta},\mathbf{l}_{\beta}\right)$ nur in der k-ten Zeile der Koeffizientenmatrix bzw. im k-ten Element des Arbeitsvektors unterschiedliche Einträge aufweisen.

Es wird vorausgesetzt, daß bei Verwendung der Methode α in der Produktion des k-ten Gutes vergleichsweise weniger direkte und indirekte Energie verbraucht wird. Es gilt daher:

$$\mathbf{i}'_k\left(\mathbf{I}-\mathbf{A}_{\alpha}\right)^{-1}\mathbf{a}_{\alpha} < \mathbf{i}'_k\left(\mathbf{I}-\mathbf{A}_{\beta}\right)^{-1}\mathbf{a}_{\beta}, \tag{3}$$

wobei $\mathbf{i}'_k$ ein Zeilenvektor ist, dessen k-tes Element gleich 1 ist und alle anderen Elemente gleich 0 sind.

Da angenommen wurde, daß die Matrix der technischen Koeffizienten unzerlegbar ist, sind alle Güter und daher auch das Gut k Basisgüter. Es wird daher für die Produktion aller Güter verwendet. Daher werden die totalen Energiegehalte aller Güter bei Verwendung der Methode α vergleichsweise geringer sein[4]. Es gilt daher

$$\left(\mathbf{I}-\mathbf{A}_{\alpha}\right)^{-1}\mathbf{a}_{\alpha} < \left(\mathbf{I}-\mathbf{A}_{\beta}\right)^{-1}\mathbf{a}_{\beta} \quad \Leftrightarrow \quad \tilde{\mathbf{a}}_{\alpha}(0) < \tilde{\mathbf{a}}_{\beta}(0) \tag{4}$$

Bei gegebenem Steuersatz t wird die energiesparende Methode α für die Produktion des k-ten Gutes nur dann verwendet, wenn die Produktionskosten im Vergleich zu jenen der Methode ß geringer sind und daher gilt:

$$\mathbf{p}_{\alpha} < \mathbf{p}_{\beta} \quad \Leftrightarrow \quad \tilde{\mathbf{l}}_{\alpha}(\bar{r}) + \tilde{\mathbf{a}}_{\alpha}(\bar{r})t < \tilde{\mathbf{l}}_{\beta}(\bar{r}) + \tilde{\mathbf{a}}_{\beta}(\bar{r})t. \tag{5}$$

Mit steigendem Steuersatz wird die Energie-sparende Technik α im Vergleich zur Technik ß dann zunehmend kostengünstiger wenn gilt:

$$\frac{\partial\left(\mathbf{p}_{\alpha}-\mathbf{p}_{\beta}\right)}{\partial t} = \tilde{\mathbf{a}}_{\alpha}(\bar{r}) - \tilde{\mathbf{a}}_{\beta}(\bar{r}) < 0\cdot \tag{6}$$

Da die Technik α annahmegemäß weniger energieintensiv ist und daher $\tilde{\mathbf{a}}_{\alpha}(0) < \tilde{\mathbf{a}}_{\beta}(0)$ gilt, untersuchen wir zunächst den Fall, daß auch $\tilde{\mathbf{a}}_{\alpha}(\bar{r}) < \tilde{\mathbf{a}}_{\beta}(\bar{r})$ gilt und daher die Bedingung (6) erfüllt ist.

---

[4] Wäre das Gut k ein Nicht-Basisgut (oder ein reines Konsumgut), so würde sich der Energiegehalt einiger Güter (oder nur jener des k-ten Gutes) durch Anwendung der Methode α verringern.

Unterstellen wir zunächst, daß die Technik ß vor Einführung der Energieabgabe in Verwendung war, also bei einem Steuersatz von $t = 0$ die Produktionskosten minimiert. In diesem Fall gilt $\tilde{\mathbf{l}}_\beta(\bar{r}) < \tilde{\mathbf{l}}_\alpha(\bar{r})$.

Wird nun eine Energiesteuer eingeführt, so wird die Energie-sparende Technik α ab einem Steuersatz $t > t' \equiv \dfrac{\mathbf{i}'_j\left(\tilde{\mathbf{l}}_\alpha(\bar{r}) - \tilde{\mathbf{l}}_\beta(\bar{r})\right)}{\mathbf{i}'_j\left(\tilde{\mathbf{a}}_\beta(\bar{r}) - \tilde{\mathbf{a}}_\alpha(\bar{r})\right)} > 0$ kostengünstiger als die Technik ß und wird daher zur Anwendung kommen. Eine Besteuerung des Faktors Energie führt zu einer sparsameren Verwendung dieses Faktors. Dieser Fall ist für den Preis eines beliebigen Gutes in Grafik 1a dargestellt.

Gilt hingegen $\tilde{\mathbf{l}}_\alpha(\bar{r}) < \tilde{\mathbf{l}}_\beta(\bar{r})$, so wird die energiesparende Technik α bereits vor der Einführung der Energieabgabe verwendet werden. Eine Energiesteuer wird nur die Kostendifferentiale zwischen den beiden technischen Alternativen vergrößern. Dieser Fall ist in Grafik 1b skizziert.

Grafik 1a
(Normale Substitution)

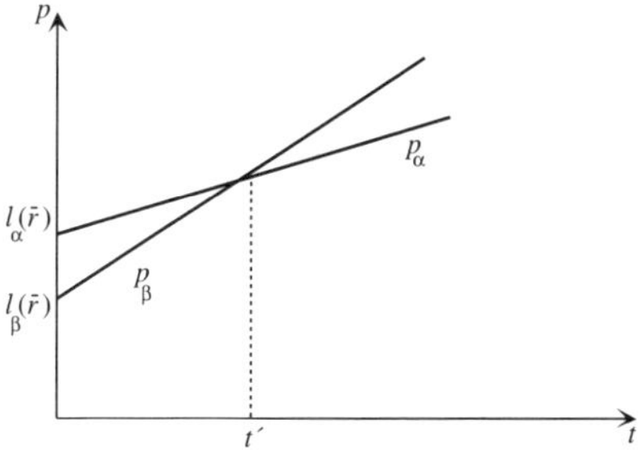

Grafik 1b
(Keine Substitution)

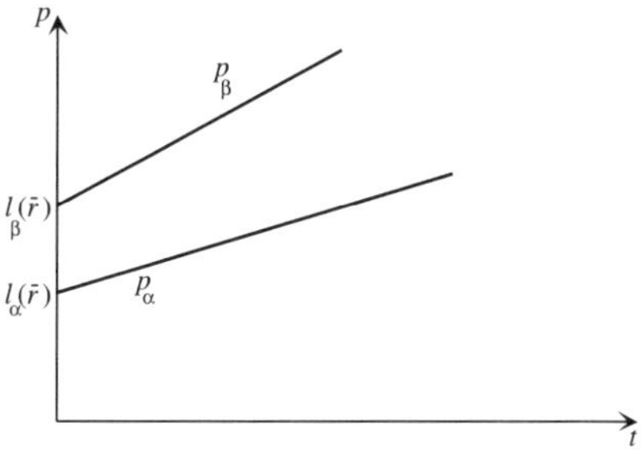

Im folgenden soll der Fall untersucht werden, daß $\tilde{\mathbf{a}}_\alpha(\bar{r}) > \tilde{\mathbf{a}}_\beta(\bar{r})$. Gilt $\tilde{\mathbf{l}}_\beta(\bar{r}) > \tilde{\mathbf{l}}_\alpha(\bar{r})$ so ist bei einem Steuersatz von 0 die energiesparende Technik α kostengünstiger und wird verwendet. Würde eine Energiesteuer eingeführt, so reduzierte sich der Kostenvorteil der Technik α mit zunehmendem Steuersatz.

Ab einem Steuersatz $t > t'' \equiv \dfrac{\mathbf{i}'_j\left(\tilde{\mathbf{l}}_\beta(\bar{r}) - \tilde{\mathbf{l}}_\alpha(\bar{r})\right)}{\mathbf{i}'_j\left(\tilde{\mathbf{a}}_\alpha(\bar{r}) - \tilde{\mathbf{a}}_\beta(\bar{r})\right)} > 0$ wäre die Technik ß kostengünstiger und würde eingesetzt werden. Eine Besteuerung des Faktors Energie führte in diesem Fall zu wachsendem Energieverbrauch.

Gilt $\tilde{\mathbf{l}}_{\beta}(\bar{r}) < \tilde{\mathbf{l}}_{\alpha}(\bar{r})$, so kommt ohne Energiebesteuerung die energieintensive Technik ß zur Anwendung. In diesem Fall würde eine zunehmende Besteuerung nur zu einer Vergrößerung des Kostenvorteils der energieintensiven Technik führen. Jedoch könnte eine Subventionierung des Faktors Energie zum gewünschten Ergebnis, also zur Reduktion des Energieverbrauchs führen.

Grafik 1c
(Perverse Substituition
durch Besteuerung)

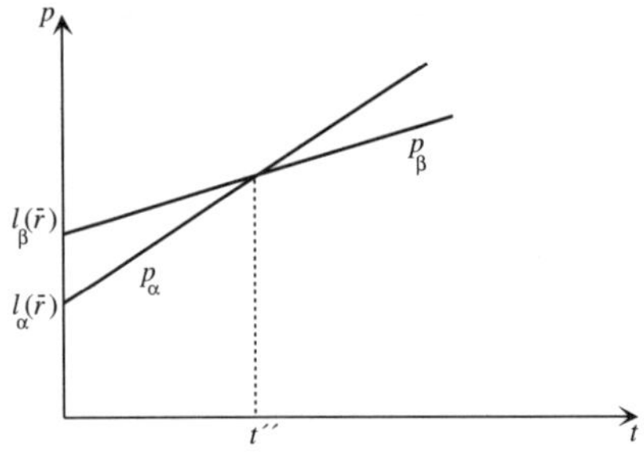

Grafik 1d
(Perverse Substituition
durch Subventionierung)

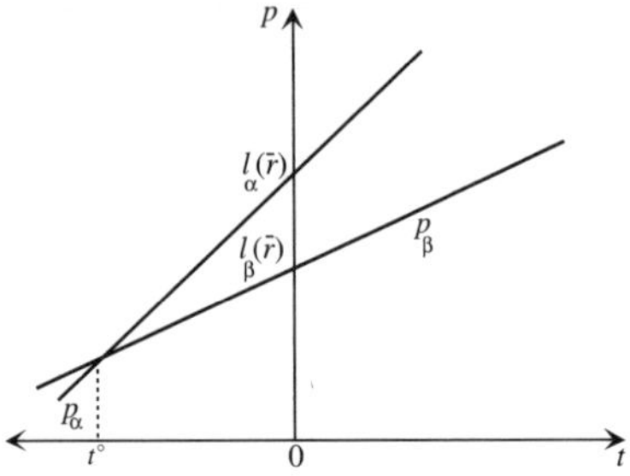

Die Fälle „perverser" Substitution durch Besteuerung bzw. durch Subventionierung sind in Grafik 1c und 1d dargestellt.

Nur dann wenn die aufgezinsten Summen der datierten Energieverbrauchsmengen der energiesparenden Technik geringer sind als jene der energieintensiveren Technik kann eine Energieabgabe Einsparungen beim Energieverbrauch bewirken. Gilt hingegen $\tilde{\mathbf{a}}_{\alpha}(\bar{r}) > \tilde{\mathbf{a}}_{\beta}(\bar{r})$ so muß es zu perverser Substitution kommen.

2. Unter welchen Bedingungen muß – bei konstanter Profitrate – eine Energieabgabe (Subvention) zu einem wachsenden (sinkenden) Energieverbrauch führen?

In diesem Abschnitt sollen hinreichende Bedingungen für die oben gezeigten „perversen“ Substitutionseffekte gefunden werden. Es wird das folgende Theorem bewiesen:

Wenn die energieintensivste Technik die höchste maximale Profitrate ermöglicht, so existieren Profitratenintervalle, in denen bei steigender Energiebesteuerung der gesamte Energieverbrauch zunimmt oder aber dieser durch Subventionierung des Energieeinsatzes reduziert werden kann.

Untersuchen wir zunächst wiederum den einfachsten Fall der Technikwahl und unterstellen, wie in Abschnitt (a), daß nur zwei Techniken zur Verfügung stehen.

Die Summen der datierten und aufgezinsten Energieverbrauchsmengen sind monoton steigende Funktionen der Profitrate und werden für die jeweils maximale Profitrate unendlich groß. Es gilt:

$$\forall \delta = \alpha, \beta \ \textit{und} \ \forall j = 1,2,\ldots n: \ \lim_{r \to R_\delta} \mathbf{i}'_j \tilde{\mathbf{a}}_\delta(r) = \infty. \tag{7}$$

Erlaubt die energiesparende Technik α eine geringere maximale Profitrate als die Technik β, so müssen Intervalle von Profitraten existieren in denen $\tilde{\mathbf{a}}_\alpha(\bar{r}) > \tilde{\mathbf{a}}_\beta(\bar{r})$. Fällt die Profitrate in dieses Intervall so muß es zu perverser Substitution kommen. Dieser Fall ist in Grafik 2a dargestellt.

Grafik 2.b. zeigt jedoch, daß auch dann, wenn die energiesparende Methode eine höhere maximale Profitrate erlaubt nicht ausgeschlossen werden kann, daß es Pofitratenintervalle gibt, in denen der datierte Energieverbrauch der energiesparenden Methode höher ist als jener der anderen Methode. Daher kann es auch in diesem Fall zu perverser Substitution kommen. Die Bedingung $R_\beta > R_\alpha$ ist daher nur *hinreichend* jedoch nicht *notwendig* für die Existenz von Bereichen der Profitrate, in denen es zu perverser Substitution kommen muß.

Grafik 2a

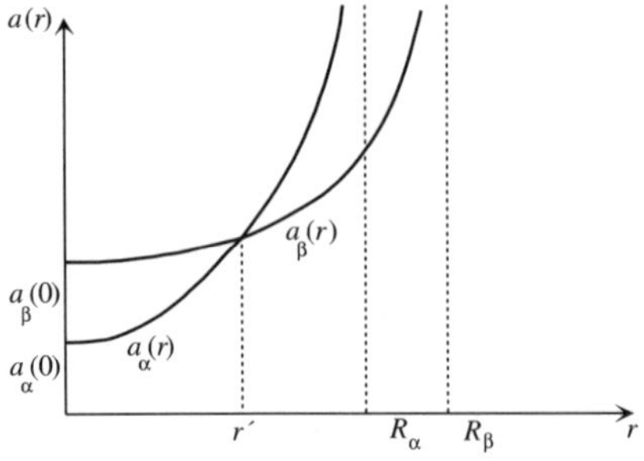

Grafik 2b

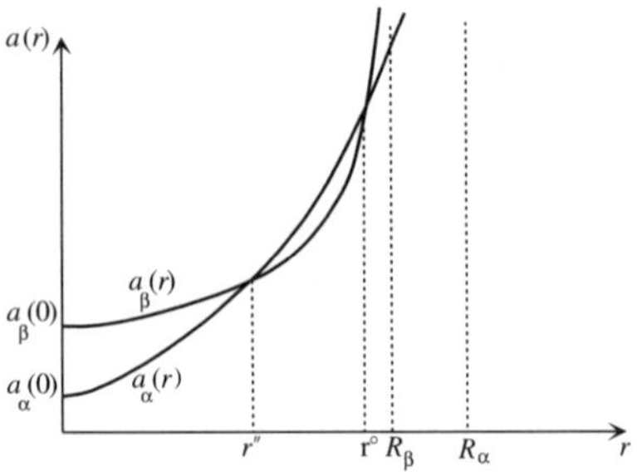

Diese Überlegungen lassen sich auch auf den allgemeinen Fall von mehreren technischen Alternativen bei mehreren Produkten übertragen: Eine *hinreichende* Bedingung für die Existenz von Profitratenintervallen mit perverser Substitution ist, daß die energieintensivste Technik die höchste maximale Profitrate erlaubt. In diesem Fall gibt es immer eine andere Technik mit einer zweitgrößten maximalen Profitrate, welche vergleichsweise weniger Energie benötigt. Zumindest dann, wenn die Profitrate derart hoch ist, daß nur mehr die beiden Techniken mit den größten maximalen Profitraten kostenminimierend sein können, muß es ein Intervall geben, in dem die datierten Energiegehalte der energieintensivsten Technik geringer sind als jene der anderen Alternative.

Da das Konzept der „maximalen Profitrate“ für die Wirkung einer Energieabgabe von zentraler Bedeutung ist, soll der ökonomische Gehalt dieses Konzepts näher erläutert werden:

Die maximale Profitrate, R_δ, der jeweiligen Technik $\delta = \alpha, \beta$ ist jene Rate, die sich bei einem Lohnsatz von 0 ergibt. Daher gilt:

$$\overline{\mathbf{p}}_\delta = \mathbf{A}_\delta \overline{\mathbf{p}}_\delta \left(1 + R_\delta\right). \tag{8}$$

Definieren wir eine Matrix der vertikal integrierten Kapitalinputs $\mathbf{H}_\delta \equiv \mathbf{A}_\delta \left(\mathbf{I} - \mathbf{A}_\delta\right)^{-1}$, deren Elemente den direkten und indirekten Kapitaleinsatz pro Einheit eines Finalgutes angeben, so erhalten wir an Stelle von (8)

$$\overline{\mathbf{p}}_\delta = \mathbf{H}_\delta \overline{\mathbf{p}}_\delta R_\delta. \tag{9}$$

Da $\mathbf{A}_\delta$ eine unzerlegbare Matrix ist und daher $\mathbf{H}_\delta > 0$ ebenfalls unzerlegbar ist, gilt: R_δ ist eine monoton sinkende Funktion der Elemente von $\mathbf{H}_\delta$[5].

Daher gilt: $\mathbf{H}_\alpha \geq \mathbf{H}_\beta > 0 \Rightarrow R_\beta > R_\alpha$.

Wenn bei Anwendung der Technik α direkt und indirekt mehr Kapitalgüter verbraucht werden als bei Verwendung der Technik β – wenn also das Produktionssystem α in diesem Sinne „kapitalintensiver" ist – dann weist Technik β die höhere maximale Profitrate auf[6].

Zusammenfassend kann also gesagt werden, daß eine Energieabgabe (eine Subventionierung des Faktors Energie) immer dann zu einer Erhöhung (Reduktion) des Energieverbrauchs führt, wenn die energieintensivste Technik zugleich die „kapitalsparendste" Technik ist und die gegebene Profitrate derart hoch ist, daß nur die beiden „kapitalsparendsten" Techniken kostenminimierend sind.

3. Wie wirkt eine „Ökologisierung" des Steuersystems?

Die Bemessungsgrundlage für den größten Teil des Steueraufkommens ist in den meisten europäischen Staaten Arbeit bzw. die daraus resultierenden Einkommen. Eine stärkere steuerliche Belastung des Verbrauchs von natürlichen Ressourcen – vor allem für die energetische Verwendung – bei gleichzeitiger Entlastung des Faktors Arbeit wird als Kern jedes ökologisch orientierten Steuerreformkonzeptes angesehen[7]. Dadurch sollen arbeitsintensive Produkte billiger bzw. arbeitsintensive Produktionsmethoden kostengünstiger und energieintensive Produkte und energieintensive Techniken teurer werden. Dies hätte nicht nur einen geringeren Verbrauch an Energie bzw. natürlichen Ressourcen sondern auch eine höhere Beschäftigung zur Folge. Gerade in einer durch Arbeitslosigkeit geprägten Wirtschaftslage scheint eine Ökologisierung des Steuersystems besonders attraktiv zu sein. Bei der Begründung der wünschenswerten Effekte, welche durch eines derartige Umschichtung der Besteuerungsgrundlage erfolgen sollen, steht – insbesondere bei aufkommensneutraler Ökologisierung – der Substitutionseffekt, welcher durch eine Veränderung der relativen Preise ausgelöst wird, im Vordergrund. Zur besseren Konzentration auf die relativen Preise, bzw. deren Veränderung, erscheint es angebracht, das Technikwahlproblem zunächst auszublenden.

---

[5] Siehe dazu: Horn und Johnson (1996, S. 515)

[6] Der Umkehrschluß, dh., daß eine Technik, welche eine höhere Profitrate aufweist direkt und indirekt mehr Kapitalgüter benötigt, ist nicht möglich. $R_\beta > R_\alpha$ ist auch dann möglich, wenn die Technik α einige Kapitalgüter in geringerem Ausmaß benötigt.

[7] Siehe dazu: Schleicher (1997)

Im Folgenden werden die Preiseffekte einer Umschichtung der Steuerbelastung vom Faktor Arbeit zum Faktor Energie daher vorerst ohne Technikwahl analysiert. Es wird gezeigt, daß (i) das System der relativen Preise wohl von der Energiesteuer jedoch nicht vom Ausmaß der Entlastung des Faktors Arbeit beeinflußt wird und, daß (ii) eine Besteuerung des Energieverbrauchs mit (oder ohne) gleichzeitiger Entlastung der Lohnkosten eine Reduktion der Preise energieintensiverer Produkte (relativ zu den Preisen arbeitsintensiverer Produkte) verursachen kann.

Bezeichnen wir mit s jenen Prozentsatz, mit dem die Bruttolöhne bzw. die Lohnkosten mittels der Steuereinnahmen aus einer Energiesteuer entlastet werden, so ergibt sich das Produktionspreissystem

$$\mathbf{p} = \mathbf{Ap}\left(1+\bar{r}\right) + \mathbf{l}w\left(1-s\right) + \mathbf{a}t = \tilde{\mathbf{l}}\left(\bar{r}\right)w\left(1-s\right) + \tilde{\mathbf{a}}\left(\bar{r}\right)t, \tag{10}$$

wobei die Vektoren $\tilde{\mathbf{l}}\left(\bar{r}\right)$ bzw. $\tilde{\mathbf{a}}\left(\bar{r}\right)$, wie in Abschnitt 1, die Summen der datierten und aufgezinsten Arbeits- bzw. Energiemengen bezeichnen.

Soll das Nettooutputbündel **d** erzeugt werden, so müssen die Prozesse mit der Intensität $\mathbf{x}' = \mathbf{d}'\left(\mathbf{I}-\mathbf{A}\right)^{-1}$ betrieben werden. Das Energiesteueraufkommen bzw. der Finanzierungsbedarf zur Entlastung der Lohnkosten ergibt sich daher durch $\mathbf{x}'\mathbf{a}t$ bzw. durch $\mathbf{x}'\mathbf{l}ws$. Definieren wir ein Skalar $\delta = \frac{\mathbf{x}'\mathbf{l}ws}{\mathbf{x}'\mathbf{a}t}$, welches das Ausmaß der Entlastung der Lohnsumme in Prozent des Energiesteueraufkommens angibt. Ist $\delta = 1$, so erfolgt die „Ökologisierung" budgetneutral. Ist $\delta = 0$, so wird eine Energiesteuer ohne Entlastung der Löhne eingeführt. Schreiben wir für $s = z\frac{\delta t}{w}$, wobei $z = \frac{\mathbf{x}'\mathbf{a}}{\mathbf{x}'\mathbf{l}} = \frac{\mathbf{d}'\left(\mathbf{I}-\mathbf{A}\right)^{-1}\mathbf{a}}{\mathbf{d}'\left(\mathbf{I}-\mathbf{A}\right)^{-1}\mathbf{l}} = \frac{\mathbf{d}'\tilde{\mathbf{a}}(0)}{\mathbf{d}'\tilde{\mathbf{l}}(0)}$ die gesamtwirtschaftliche Energieintensität bei Produktion des Nettooutputbündels **d** angibt, so ergibt sich das Produktionspreissystem

$$\mathbf{p} = \tilde{\mathbf{l}}\left(\bar{r}\right)w + \left(\tilde{\mathbf{a}}\left(\bar{r}\right) - \tilde{\mathbf{l}}\left(\bar{r}\right)z\delta\right)t, \tag{11}$$

bzw. der Produktionspreis für ein Gut i

$$p_i = \tilde{l}_i\left(\bar{r}\right)w + \left(\tilde{a}_i\left(\bar{r}\right) - \tilde{l}_i\left(\bar{r}\right)z\delta\right)t. \tag{12}$$

Drücken wir alle Preise, den Lohnsatz und den Steuersatz in Einheiten eines beliebigen Gutes j aus, so erhalten wir

$$\frac{p_i}{p_j} \equiv p_i^{(j)} = \tilde{l}_i(\bar{r})w^{(j)} + \left(\tilde{a}_i(\bar{r}) - \tilde{l}_i(\bar{r})z\delta\right)t^{(j)}, \tag{13}$$

wobei mit $w^{(j)}$ bzw. $t^{(j)}$ der Lohnsatz bzw. der Steuersatz in Einheiten des Numerairgutes j bezeichnet wird. Da $p_j^{(j)} = 1$, ergibt sich für den Lohnsatz in Einheiten des Gutes j

$$w^{(j)} = \frac{1 - \left(\tilde{a}_j(\bar{r}) - \tilde{l}_j(\bar{r})z\delta\right)t^{(j)}}{\tilde{l}_j(\bar{r})} = \frac{1}{\tilde{l}_j(\bar{r})} - \left(\frac{\tilde{a}_j(\bar{r})}{\tilde{l}_j(\bar{r})} - z\delta\right)t^{(j)}. \tag{14}$$

Ob der Reallohn, dh. der Lohnsatz gemessen in Einheiten eines Konsumgüterbündels **c**, durch den Umbau des Steuersystems steigen oder sinken würde hängt von der Zusammensetzung des jeweiligen Bündels und vom Ausmaß der Entlastung des Faktors Arbeit ab. Bei aufkommensneutraler Ökologisierung, d.h. wenn $\delta = 1$, und bei „golden rule" Wachstum, d.h. wenn $\bar{r} = g$, gilt $\frac{\mathbf{c}'\tilde{\mathbf{a}}(g)}{\mathbf{c}'\tilde{\mathbf{l}}(g)} = z\delta$.

Daher , wäre, ohne Technikwechsel, weder der Reallohn noch der Index der Verbraucherpreise von einem aufkommensneutralen Umbau des Steuersystems affiziert.

Substituieren wir den Lohnsatz (14) in die Produktionspreisgleichung (13), so erhalten wir:

$$p_i^{(j)} = \frac{\tilde{l}_i(\bar{r})}{\tilde{l}_j(\bar{r})} + \left(\frac{\tilde{a}_i(\bar{r})}{\tilde{a}_j(\bar{r})} - \frac{\tilde{l}_i(\bar{r})}{\tilde{l}_j(\bar{r})}\right)\tilde{a}_j(\bar{r})t^{(j)} = \frac{\tilde{l}_i(\bar{r})}{\tilde{l}_j(\bar{r})} + \left(\frac{\tilde{a}_i(\bar{r})}{\tilde{l}_i(\bar{r})} - \frac{\tilde{a}_j(\bar{r})}{\tilde{l}_j(\bar{r})}\right)\tilde{l}_i(\bar{r})t^{(j)}. \tag{15}$$

Es zeigt sich, daß die relativen Preise von der Profitrate und vom Energiesteuersatz, jedoch nicht vom Parameter δ abhängen. Das bedeutet, daß das System der relativen Preise – bei konstanter und gegebener Profitrate und einer Technik – unabhängig vom Ausmaß der steuerlichen Entlastung der Lohneinkommen ist.

Dieses paradoxe Ergebnis kann folgendermaßen erklärt werden: Der Lohnsatz läßt sich in zwei additive Komponenten zerlegen:

$$w^{(j)} = \frac{1 - \tilde{a}_j(\bar{r})t^{(j)}}{\tilde{l}_j(\bar{r})} + z\delta t^{(j)}. \tag{16}$$

Die erste Komponente entspricht einem Lohnsatz bei $\delta = 0$, also jenem Lohn, der sich bei Energiebesteuerung ohne Entlastung der Arbeitseinkommen ergeben würde. Die zweite Komponente $z\delta t^{(j)}$ gibt die steuerliche Entlastung der Arbeitskosten pro Einheit Arbeit an. Da die Profitrate annahmegemäß konstant bleibt, muß der Lohnsatz verglichen mit jenem ohne Entlastung um diesen Betrag höher sein. Daher sind die Lohnstückkosten aller Güter – und daher auch deren relative Preise – gleich hoch wie bei einem System ohne steuerliche Entlastung des Faktors Arbeit.

Angenommen, das Gut i sei relativ energieintensiv und es gilt daher

$$\frac{\tilde{a}_i(0)}{\tilde{l}_i(0)} > \frac{\tilde{a}_j(0)}{\tilde{l}_j(0)}, \tag{17}$$

d.h. der totale Energieverbrauch pro Einheit direkter und indirekter Arbeit sei bei der Produktion des Gutes i höher als jener bei der Erzeugung des Gutes j.

Eine Ökologisierung des Steuersystems soll den Preis des energieintensiven Gutes stärker steigen lassen und – falls Gut i und j in irgendeiner Verwendung Substitute sind – Anreize geben, das Gut i durch das Gut j zu substituieren und dadurch den Energieverbrauch reduzieren und die Beschäftigung erhöhen.

Der relative Preis des energieintensiven Gutes steigt mit zunehmender Besteuerung wenn

$$\frac{\partial p_i^{(j)}}{\partial t} = \left(\frac{\tilde{a}_i(\bar{r})}{\tilde{a}_j(\bar{r})} - \frac{\tilde{l}_i(\bar{r})}{\tilde{l}_j(\bar{r})} \right) \tilde{a}_j(\bar{r}) = \left(\frac{\tilde{a}_i(\bar{r})}{\tilde{l}_i(\bar{r})} - \frac{\tilde{a}_j(\bar{r})}{\tilde{l}_j(\bar{r})} \right) \tilde{l}_i(\bar{r}) > 0. \tag{17}$$

Diese Bedingung ist zwar ex definitione (17) bei einer Profitrate von 0 erfüllt, sie muß aber nicht für jedes Niveau der Profitrate gelten. Je höher das Niveau der Profitrate, desto stärker wirkt der Zinseszinseffekt auf die Lohnkosten und Energiesteuerzahlungen, welche auf weiter vorgelagerten Produktionsstufen anfallen.

Bei $\bar{r}: 0 > \bar{r} > R$ kann nicht ausgeschlossen werden, daß $\frac{\tilde{a}_i(\bar{r})}{\tilde{l}_i(\bar{r})} < \frac{\tilde{a}_j(\bar{r})}{\tilde{l}_j(\bar{r})}$. Dies kann dann der Fall sein, wenn bei der Erzeugung des Gutes i ein, im Vergleich zum Produkt j, geringerer Anteil an Energie und ein höherer Anteil an Arbeit auf weiter vorgelagerte Produktionsstufen entfällt. Daher kann bei einer positiven Profitrate nicht ausgeschlossen werden, daß das energieintensive Gut i infolge einer Energieabgabe im Vergleich zum Produkt j relativ billiger wird. Sind die beiden Güter Substitute, dann wird die Nachfrage nach dem energieintensiveren Gut i zu lasten des arbeitsintensiveren Gutes j steigen. Die Beschäftigung sinkt und der direkte und indirekte Energieverbrauch wächst. Da die relativen Preise vom Ausmaß der Entlastung der Arbeitskosten unabhängig sind, gilt dies auch für jede Variante der Verlagerung der Steuerbelastung weg von den Lohnkosten und hin zum Energieverbrauch.

Die folgende grafische Darstellung des Technikwahlproblems soll die obige Argumentation unterstützen. Es wird unterstellt, daß für die Produktion eines Gutes k mehrere Prozesse zur Verfügung stehen. Die Produktion kann mittels unterschiedlicher Kombinationen der reproduzierbaren Faktoren i und j erfolgen.

Es wird wiederum angenommen, daß die Erzeugung des Faktors i vergleichsweise energieintensiv und jene des Faktors j arbeitsintensiver erfolgt. Die Produktionsmöglichkeiten zur Produktion des Gutes k sind durch die verfügbaren Prozesse α, β, γ, ... bzw. durch deren konvexe Linearkombination gegeben und in Grafik 3 als Isoquanten repräsentiert. Da das Gut j annahmegemäß mehr direkte und indirekte Arbeit benötigt, wäre es bei einer Profitrate von 0 teurer als Gut i. In diesem Fall tauschten sich die Güter entsprechend ihrem Arbeitsgehalt $p_i^{(j)} = \tan\varepsilon''$ und die Methode γ wäre bei der Produktion des Gutes k kostenmimierend.

Grafik 3

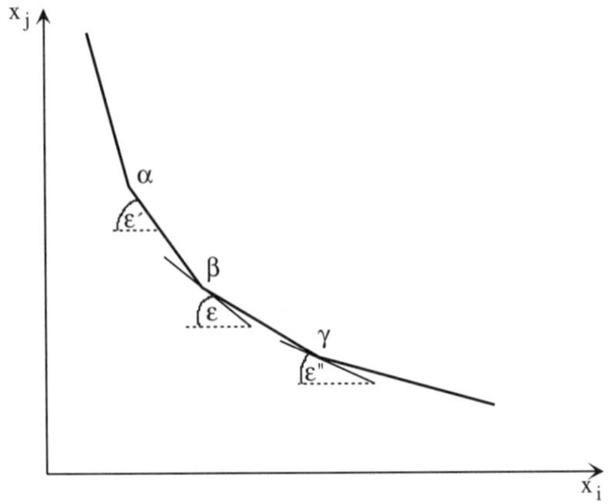

Dies muß bei einer positiven Profitrate nicht mehr der Fall sein. Es wird angenommen, daß vor Einführung der Energieabgabe ein Langfristgleichgewicht herrscht bei dem die relativen Produktionspreise der Faktoren *i* und *j* gleich $p_i^{(j)} = \tan\varepsilon$ sind. Kostenminimierende Produzenten des Gutes *k* werden daher den Prozess β wählen. Wird nun eine Energieabgabe mit Entlastung des Faktors Arbeit eingeführt, so sollte der Preis des energieintensiven Gutes *i* steigen und jener des arbeitsintensiven Gutes *j* sinken und schließlich bei einem Preisverhältnis $p_i^{(j)} > \tan\varepsilon'$ den erwünschten Wechsel zur Technik α auslösen. Wie oben expliziert muß diese erwünschte Preisverzerrung nicht erfolgen. Vielmehr kann die Einführung einer Energiesteuer (mit oder ohne steuerliche Entlastung des Faktors Arbeit) eine Reduktion des relativen Preises des Gutes i $p_i^{(j)}$ auslösen. Dies könnte bei der Produktion des Gutes *k* zu einem Technikwechsel und dadurch zu einem höheren Verbrauch des energieintensiveren Faktors *i* zu Lasten des arbeitsintensiveren Faktors *j* führen[8].

[8] Diese Analyse des Technikwahlproblems läßt sich auch auf die Wahl des optimalen Konsumgüterbündels eines nutzenmaximierenden Haushalts übertragen. Sinkt der Preis des energieintensiven Konsumgutes relativ zu jenem des arbeitsintensiven Substituts, so wird der Haushalt vermehrt energieintensive Güter konsumieren.

4. Abschließende Bemerkungen

In diesem Beitrag wurde gezeigt, daß die Einführung einer Energieabgabe mit (oder auch ohne) steuerlicher Entlastung der Arbeitseinkommen, entgegen der herrschenden Auffassung, zu einem höheren Energieverbrauch und zu einer geringeren Beschäftigung führen kann. Dies wurde zunächst für den Fall einer Energiesteuer ohne Reduktion der lohnabhängigen Abgaben gezeigt und eine hinreichende Bedingung für „perversen" Technikwechsel gegeben. Gibt es zwei alternative Produktionsmethoden und ist die energiesparende Methode „kapitalintensiver" in dem Sinn, daß bei ihrer Anwendung von einigen produzierbaren Produktionsfaktoren direkt und indirekt mehr und von anderen Gütern nicht weniger verbraucht werden, so müssen Profitraten existieren bei denen eine Besteuerung von Energie eine Zunahme bzw. eine Subventionierung desselben eine Reduktion des Energieverbrauchs auslöst. Des weiteren wurden die Auswirkungen einer Ökologisierung des Steuersystems, d.h. Besteuerung des Energieverbrauchs bei gleichzeitiger Entlastung der Arbeitseinkommen, analysiert. Es wurde gezeigt, daß – bei konstanter Profitrate – eine Entlastung des Faktors Arbeit keinen zusätzlichen Einfluß auf das System der relativen Preise auszuüben vermag. Vielmehr kann eine Energiesteuer (mit oder ohne gleichzeitiger Entlastung der Lohnkosten) die Preise arbeitsintensiverer Produkte im Vergleich zu den Preisen energieintensiverer Produkte steigen lassen und solcherarts sowohl bei Konsumenten als auch bei Produzenten zu einer Substitution in die falsche Richtung führen.

Der Widerspruch zwischen diesen Resultaten und der in der Umweltökonomik vorherrschenden Auffassung ist darauf zurückzuführen, daß die hier präsentierten Ergebnisse auf einer totalanalytischen Analyse beruhen, in der die Interdependenzen und Verflechtungen der Produktionsbereiche Berücksichtigung finden. Den Theoretiker werden diese Resultate jedoch kaum verwundern. Die Tatsache, daß die Nachfrage nach einem Faktor nicht sinken muß wenn dessen Preis steigt, ist schon seit der Kapitalkontroverse der sechziger Jahre bekannt und wurde im Kontext von reverse capital deepening und reswitching diskutiert[9].

[9] Eine umfassende Darstellung der kapitaltheoretischen Debate findet sich in Kurz und Salvadori (1995), Kapitel 14, S. 427–467.

Literatur

Gehrke, Ch. und Lager, Ch. (1992). „Umweltabgaben und Technikwahl in einem einfachen linearen Produktionsmodell“, *Research Memorandum* Nr. 9206, Karl-Franzens-Universität Graz, Nationalökonomische Institute.

Gehrke, Ch. und Lager, Ch. (1995). „Environmental Taxes, Relative Prices and Choice of Technique in a Linear Model of Production“, *Metroeconomica*, vol. 46, no. 2, S. 127–145.

Horn, R.A. and Johnson, C.R. (1985). *Matrix Analysis*. Cambridge University Press, Cambridge.

Kurz, H.D. und Salvadori, N. (1995). *Theory of Production. A Long-Period Analysis*. Cambridge University Press, Cambridge.

Schleicher, St. (1997). ACCCtuell, Editorial, Aussendung des Österreichischen Klimabeirates, Hrsg. Bundesministerium f. Umwelt, Jugend und Familie, Graz.

Sraffa, P. (1960). *Production of Commodities by Means of Commodities. Prelude to a Critique of Economic Theory*. Cambridge University Press, Cambridge.

Tichy, G. (1993). „Ökonomische Auswirkungen einer Energieabgabe in Österreich“, *Wirtschaft und Gesellschaft*, 19. Jahrg., Heft 3, S. 315–327.

Unsicherheitsfaktoren der Konvergenzkriterien

Institut für Statistik, Ökonometrie und Operations Research
der Karl-Franzens-Universität Graz

Ulrike Leopold-Wildburger

1. Einleitung

Fast auf den Tag genau fällt der Ehrentag unseres Jubilars mit dem Vorlagetermin von Deutschland und Frankreich für deren Konvergenzpläne für die Wirtschafts- und Währungsunion (WWU) zusammen. In der internationalen Presse steht zu lesen, daß die Konvergenzpläne dieser beiden Länder am Montag, dem 17.März 1997, bei den EU-Finanzministern Zustimmung und Lob gefunden haben[1]. Demnach werden sich beide Länder für die Wirtschafts- und Währungsunion (WWU) qualifizieren.

Offensichtlich hat das Lob der einzelnen Ländervertreter auch einen gewissen Selbstzweck. Gleichzeitig hat nämlich auch die Verschiebungsdiskussion[2] in der Öffentlichkeit an Intensität gewonnen. An diesem Montag deuteten aber viele Hinweise in folgende Richtung: zwar eine buchstabengetreue Lesart des (flexiblen) Maastricht-Vertrags, aber auch eine fristgerechte Einführung der Einheitswährung. Da beiden Ländern auf dem Weg zum Euro eine Schlüsselrolle zukommt, bot dieser Montag eine ausgezeichnete Gelegenheit zu einer Bestandsaufnahme: Wie steht es um das „Projekt 1999“ ? Auf dem Papier und in den Köpfen der Politiker sind sowohl Frankreich als auch Deutschland auf bestem Weg zur Qualifikation. Frankreich erfüllt heute alle Konvergenz- und Stabilitätskriterien, außer der Neuverschuldung: 3 % des BIP. Letztere macht für 1996 noch 4,1 % aus, soll aber laut französischem Konvergenzplan[3] bereits 1997 auf 3,0 % und 1998 sogar auf 2,8 % sinken.

---

1 Neue Zürcher Zeitung 18.3.97; Frankfurter Allgemeine 18.3.97

2 Neue Zürcher Zeitung 19.3.97; Financal Times 20.3.1997; sowie: Belke, A. (1992), Probleme und Risiken
der Europäischen Währungsunion, in: Betriebsberater 47/10 p.645 ff.

3 OECD-Economic Surveys 1996–1997, France, 1997, p. 18 ff.

2. Die Unsicherheit von Berechnungen

Verschiedene Finanzminister der EU und diverse EU-Kommissäre ließen sich überzeugen, daß es sich bei den eben vorgelegten Zahlenmaterialien um durchaus realistische Annahmen handelt. Dennoch interessiert uns die Frage, wie sicher eine derartige Zahlenbasis tatsächlich ist. Für Deutschland[4] betrug das Haushaltsdefizit im letzten Jahr 3,9 %, im (entscheidenden) heurigen Jahr soll es laut Plan 2,9 % betragen, 1998 auf 2,5 % und 1999 gar auf 2 % sinken. Der gesamte Schuldenstand für die Bundesrepublik wird laut Bonner Einschätzung bis zum Jahr 2000 zwischen 60 % und 62 % oszillieren.

Damit ist theoretisch geklärt, daß die Währungsunion beginnen könnte, und zwar fristgerecht. Allerdings ist der Weg zum Euro auch wieder nicht so unproblematisch. Denn die Zahlenbasis ist mit Unsicherheit behaftet, sie steht auf der Annahme einer spürbaren Erholung des Wirtschaftswachstums auf jährlich 2,5 % zwischen den Jahren 1997 und 2000. Bei derart zunehmenden Wachstumsraten des BIPs könnten mehrere Länder die Kriterien leicht erfüllen, so natürlich auch Deutschland und Frankreich, aber auch Österreich.

Zudem gibt es aber auch andere, pessimistischere Berechnungen. Sie gehen davon aus, daß Deutschland mehr oder weniger deutlich über dem 3 %-Kriterium der Neuverschuldung bleibt. Diese Ansicht wird teilweise von Forschungsinstituten geäußert.

Der deutsche Finanzminister Theo Waigel gab sich am Montag, dem 17.3., in Brüssel betont gelassen: Die ersten Anzeichen einer wirtschaftlichen Belebung seien erkennbar; er zitierte die Produktionssteigerung der Industrie von 1 % im Januar. Er räumte ein, daß man in Bonn die Prognose zur Neuverschuldung von 2,5 % auf 2,9 % habe korrigieren müssen; doch heute bestehe keine Veranlassung, an der Zielerreichung zu zweifeln.

Allerdings muß bei genauer Betrachtung von Prognosedaten hinzugefügt werden, daß die Schwankungen der Nettoproduktionswerte der Industrie deutlich stärker ausfallen als die des BIP – beides jeweils in prozentuellen Veränderungen gemessen. Wie wir wissen, sind Budgetsaldo-Prognosen immer wieder deutlichen Fehlern unterlegen.

[4] OECD-Economic Surveys 1996–1997, Germany, 1997

3. Einige Passagen des Maastricht-Vertrages

Es wird mehrfach wieder darauf verwiesen, daß man den Vertrag genau lesen müsse. Deutschland werde sich ganz buchstabengetreu an den Vertrag halten. Deshalb ist von Interesse, wie es wörtlich im Vertrag steht[5]:

In Artikel 104c des „Maastricht"-Vertrags haben sich die Mitgliedsstaaten der EU dazu verpflichtet, übermäßige öffentliche Defizite zu vermeiden. Dazu heißt es wörtlich:

„Die Kommission überwacht die Entwicklung der Haushaltslage und der Höhe des öffentlichen Schuldenstandes in den Mitgliedsstaaten im Hinblick auf die Feststellung schwerwiegender Fehler. Insbesondere prüft sie die Einhaltung der Haushaltsdisziplin anhand von zwei Kriterien, nämlich daran,

(a) ob das Verhältnis des geplanten oder tatsächlichen öffentlichen Defizits zum Bruttoinlandsprodukt einen bestimmten Referenzwert überschreitet, es sei denn, daß entweder das Verhältnis erheblich und laufend zurückgegangen ist und einen Wert in der Nähe des Referenzwertes erreicht hat oder der Referenzwert nur ausnahmsweise und vorübergehend überschritten wird und das Verhältnis in der Nähe des Referenzwertes bleibt;

(b) ob das Verhältnis des öffentlichen Schuldenstands zum Bruttoinlandsprodukt einen bestimmten Referenzwert überschreitet, es sei denn, daß das Verhältnis hinreichend rückläufig ist und sich rasch genug dem Referenzwert nähert.

Die Passage der ausnahmsweisen und vorübergehenden Überschreitung ist offensichtlich ein heikles Thema, das erhebliche Interpretationsspielräume offenläßt und zu dem anzufügen ist, daß es um die Gesamtreduktion der Ausgaben geht; dafür ist die Nachhaltigkeit der Budgetsanierung und des Schuldenabbaus unumgänglich.

4. Die Frage nach Details

Was bedeuten Referenzwerte nun eigentlich ?

Im Vertrag spricht man von *Referenzwerten*, von Werten *in der Nähe* der Referenzwerte, von *ausnahmsweise und vorübergehend*. Heute scheint der Vertrag somit fast auf die deutsche Situation zugeschnitten zu sein: im Prinzip auf Qualifikationskurs, eventuell bis wahrscheinlich etwas über dem Referenzwert, letzteres aber nur ausnahmsweise und auf jeden Fall nur vorübergehend.

---

[5] Presse- und Informationsblatt der Bundesregierung (Hrsg.), Bulletin Nr.16 vom12.2.1992, p. 113 ff.

Diese Lesart, die gewissermaßen auch möglich ist, enthält aber eigentlich einen Widerspruch. Finanzminister Waigel hat gesagt, daß mit 3 % gleich 3,0 % zu verstehen sei. Aber laut Vertrag über die Referenzwerte andererseits kann 3,49 % auf 3 % abgerundet werden und darüber hinaus können Abweichungen vom Referenzwert ausnahmsweise und vorübergehend toleriert werden.

Die Tendenz der Entwicklung wäre somit in die Bedeutungslosigkeit zurückgedrängt. Jede Verschiebung der Währungsunion könnte eine Aufwertung der D-Mark und folglich eine weitere Abwanderung von Arbeitsplätzen zur Folge haben.

Für Franco Modigliani[6] ist unterdessen klar, daß Deutschland beim monetären Rendezvous fehlen werde. Der Grund: Die mächtige deutsche Bundesbank torpediere seiner Meinung nach aus Eigeninteresse das Währungsprojekt. Doch damit muß der Traum der Europäischen Währungsunion nach Modigliani nicht ausgeträumt sein. Modigliani plädiert kühn für ein „Junior Maastricht“, für die Einführung des Euro ohne Deutschland ! – Sind darin Rachegedanken zu sehen für die Tatsache, daß die deutsche Bundesbank Italien in der Startrunde (noch) nicht mitaufnehmen will ?

Man könnte sagen, Deutschland wird hierbei schon jetzt als Präzedenzfall aufgebaut, nach dessen Vorbild später auch andere EU-Länder in die WWU hineinzuschlüpfen gedenken.

5. Reaktionen auf die Einführung des EURO auf den Kapitalmärkten

Während europäische Politiker und Notenbankrepräsentanten in ihren Stellungsnahmen eher darauf beharren, daß die Einhaltung der Maastricht-Kriterien gelingen würde und somit der Euro zum vorgesehenen Zeitpunkt eingeführt werden wird, gibt es an den internationalen Kapitalmärkten verschiedene Zweifel an dem Projekt. Schwankungen der Kurse sowohl im Bond- als auch im Devisenmarkt deuten diese Unsicherheit an.

Unter Marktanalytikern besteht keinswegs Einigkeit über die Folgen einer Verschiebung oder gar einer Aufgabe des Währungsprojektes für Wechsel- und Anleihenkurse. Einige Marktstrategen gehen – wie oben angedeutet – von einer sprunghaften Höherbewertung der D-Mark aus, andere halten eine Schwächung für wahrscheinlicher. Manche, die sich dem Aufwertungslager angeschlossen haben, befürchten eine europaweite Rezession, da eine deutlich höhere D-Mark zu einem Konjunkturrückschlag in Deutschland und den anderen Kernländern führen würde.

---

6 Neue Zürcher Zeitung 21.3.97

Die peripharen Staaten würden nicht verschont bleiben, falls sie ihre Währungen durch Zinserhöhungen zu schützen versuchen[7].

In diesem allgemeinen Umfeld wären ein weiterer Anstieg der Arbeitslosigkeit, wachsende soziale und politische Spannungen und schließlich eine Serie von sich gegenseitig überbietenden Abwertungen zu erwarten.

Ein deutlich anderes Bild zeichnet Stephen Lewis[8], der Chefökonom des Maklerhauses London Bond Broking. Er argumentiert, daß die D-Mark bei einer Verschiebung zwar innerhalb Europas relativ stark sein könnte, doch gegenüber dem US-Dollar und anderen Währungen außerhalb des Euro-Bereiches, das heißt insbesondere gegenüber dem britischen Pfund und dem Schweizer Franken, deutlich an Wert verlieren werde. Gegenüber dem britischen Pfund ist das heute bereits der Fall, gegenüber dem Dollar beginnt sich diese Tendenz abzuzeichnen.

Durchaus unterschiedliche Entwicklungen der Wirtschaftsdaten können beispielsweise bei jenen beiden Ländern beobachtet werden, die bereits seit langem in einer Währungsunion sind: Belgien und Luxemburg. Sie sollten als Demonstration für ein getrenntes Wirtschaftsumfeld zu sehen sein.

Kann Belgien aus der WWU ausgeschlossen bleiben und Luxemburg aufgenommen werden, wenngleich beide seit Jahrzehnten in einer gemeinsamen Währungsunion agieren ?

6. Zusammenhänge zwischen EURO und Dollar

Intensive Gedanken über die Folgen einer Verschiebung der Währungsunion machen sich die Ökonomen der Investbank Goldman Sachs[9]. Die gegenwärtig zu erwartende geringfügige Verletzung des Defizitkriteriums in Deutschland oder Frankreich kann nach ihrer Ansicht politisch aufgefangen werden. Sollte aber das Wirtschaftswachstum in diesem Jahr unter der Prognose von 2 % bis 2,5 % bleiben und ungefähr auf dem Niveau von 1996 verharren, würden die Budgetdefizite auf rund 4 % steigen. In diesem Fall könnte das Thema einer Verschiebung wohl kaum noch vom Tisch gewischt werden.

Goldman Sachs erinnert an jenen Passus des Maastrichter Vertrags, der dem Ministerrat die Festlegung eines Termins für den Start der Währungsunion er-

---

[7] Feldsieper M. (1988), Währungsunion II: Zielsetzungen und Probleme, in: W.Albers et al. (Hrsg.), Handwörterbuch der Wirtschaftswissenschaft (HdWW), Stuttgart et al., Bd.8, S.546 ff.; Der Standard 10.4.97

[8] Financal Times 17.3.97

[9] Neue Zürcher Zeitung 22./23.3.97

laubt. Bei der Formulierung des Vertrags war zwar ein Vorziehen des Termins vor 1999 gemeint, aber bei *freier Interpretation* könnte auch ein späteres Datum festgelegt werden, was keineswegs der Meinung von Wirtschaftsexperten entspricht. Alternativ kann der fristgemäße Start bestätigt werden, doch die Währungsunion würde anfänglich über keine Mitglieder verfügen. Vielmehr würden in einem flexiblen Prozeß die Länder erst dann beitreten, wenn sie eine ausreichende Konvergenz erreicht haben.

Auswirkungen der Einführung oder Verschiebung des EURO auf andere Währungen, insbesondere auf den US-Dollar, bedeuten, ein äußerst diffiziles Geflecht zu analysieren[10]. Wie schwierig all derartige Überlegungen sind, sieht man deutlich, wenn man Daten zur Vergleichbarkeit sucht, noch dazu, wenn es sich primär um Prognosedaten handelt, deren Datensätze zurückliegender Jahre gering sind. Zum anderen muß bei der Unsicherheit zukünftiger Daten auf enorme Schwierigkeiten, verursacht durch Interdependenzen bzw. Autokorrelationen, verwiesen werden.

7. Ein Blick auf unseren stärksten Nicht-EU-Handelspartner: die Schweiz

Die Vorbereitungen für die Europäische Währungsunion werden auch in jenen Ländern, die sicherlich nicht Mitglied sein werden, mit Argusaugen beobachtet, so auch in der Schweiz, obwohl das Land nicht Mitglied der Europäischen Union ist. Gleichzeitig werden diese Länder, wie auch die Schweiz, von den Auswirkungen unmittelbar betroffen sein. So muß sich die Schweizerische Nationalbank (SNB) überlegen, welche Folgen die Einführung des Euro auf den Schweizer Franken haben kann und wie sie darauf reagieren muß. Wenn der Euro (zumindest anfänglich) eine eher schwache Währung wäre, und wenn sich auch wirtschaftlich instabile Länder an der EWU beteiligen, würde eine Flucht in den Schweizer Franken unvermeidbar sein. Der mit einer starken Frankennachfrage verbundene Auswertungsdruck würde die ohnehin kriechende Schweizer Konjunktur äußerst stark belasten.

Die Nationalbank will ausdrücklich ihre autonome Geldpolitik weiterführen. Einem unerwünschten Höhenflug des Franken würde sie mit einer Lockerung der Geldpolitik entgegentreten.

Die Akteure auf dem Finanzplatz Schweiz müssen sich, wollen sie konkurrenzfähig bleiben, ebenfalls auf die Währungsunion einstellen. Die Schweizer Banken

---

[10] Walterskirchen E. (1997), Allmähliche Konjunkturbelebung durch stärkere Auslandsnachfrage, in: WIFO-Monatsberichte 1997/2

werden ihre Dienstleistungen, so wird geplant, künftig auch in Euro anbieten. Zudem dürfte die Börse die wichtigsten Aktien in Euro handeln. Kunden von Schweizer Banken sollen ihre Abrechnungen, Belege, Steuerausweise nicht nur in Franken oder DM, sondern auch in Euro erhalten können.

Einige Schweizer Ökonomen[11] gehen von einer „Kern-EWU" ab 1.1.1999 aus, die sich aus Staaten mit längerer Stabilitätstradition zusammensetzt: „Der Markt erwartet sich deshalb einen erfolgreichen Start mit einem stabilen Euro."

Der Schweizer Konjunkturexperte Willy Roth erwartet jedoch, daß es Turbulenzen geben werde, je näher der Starttermin für den Euro rücke. Bei jeder kleinen Verunsicherung müsse mit einem „Run" auf den Franken gerechnet werden.

8. Was bringen Europa-einheitliche Datenbasen ?

Das Statistische Amt der EU (Eurostat) hat im Frühjahr 1997 erstmals harmonisierte Zahlen zur Teuerung in den Mitgliedsstaaten vorgestellt[12], die eine bessere Vergleichbarkeit der Inflationsraten und somit eine vereinheitlichte Basis für „Maastricht" sicherstellen sollen. Dieser harmonisierte Verbraucherpreisindex (HVPI) soll die nationalen Indizes nicht ersetzen, sondern ergänzen. Er ist als internationale Vergleichsbasis gedacht, die im besonderen zur Messung des „Maastricht"-Kriteriums *Preisstabilität* herangezogen wird, wie es der Unionsvertrag verlangt. Der neue Index, der einige Abweichungen von den alten, nationalen Werten zeigt, wurde von Eurostat in Zusammenarbeit mit den nationalen Statistischen Ämtern erstellt. Die wichtigsten Unterschiede zwischen den *nationalen Warenkörben*[13], die nicht verändert werden, bestehen in der Behandlung der eigengenutzten Wohnung und in der Berücksichtigung der Ausgaben für Bildung, Gesundheit und Versicherungsleistungen. Wieviel derzeit mit der Angleichung gewonnen wird – außer einiger Verwirrung, welche die Doppelspurigkeit (etwa bei Tarifgesprächen) hervorrufen dürfte –, ist unsicher. Natürlich muß Vergleichbarkeit der Daten als Ziel vorausgesetzt werden, primär um zu verhindern, daß die einzelnen Mitgliedsländer ihre eigenen Inflationsraten oder ihr eigenes Preisniveau definieren.

Auf den Stellenwert und die Beurteilung des Maastricht-Kriteriums „Preisstabilität" hat das neue harmonisierte System nämlich kaum Auswirkungen. Die Teuerung ist in allen Mitgliedsstaaten, die für die Währungsunion in Frage

[11] Calonego B., Der Standard 10.4.97; OECD Economic Surveys, Swiss 1997
[12] Österreichisches Statistisches Zentralamt, ÖSTAT, The Austrian Central Statistical Office, 1997
[13] Österreichisches Institut für Wirtschaftsforschung, WIFO Monatsberichte, 1997, 1,2 und 3

kommen, nämlich mittlerweile so tief, daß dieses Kriterium praktisch nicht mehr selektioniert, was als Erfolg gewertet werden muß.

Es gibt aber kaum Entwarnung am Arbeitsmarkt. Während das Wifo eine leichte Besserung der Beschäftigungslage erwartet, ortet das IHS einen Wendepunkt am Arbeitsmarkt. Dementsprechend unterschiedlich fallen die Prognosen aus: Das IHS schätzt – nach österreichischer Zählweise – Quoten von 7,4 % (1997) und 7,6 % (1998), das Wifo rechnet mit entsprechenden Werten von 7 % und 6,9 %, also etwa ein Zehntel weniger. Laut Berechnungsmethoden der Europäischen Union entsprechen letztere Angaben Werten von 4,1 % (IHS) beziehungsweise 4 % (Wifo)[14].

9. Die Situation Österreichs

Die Strukturdefekte in Österreichs Leistungsbilanz müssen als äußerst drastisch bezeichnet werden. Die österreichische Leistungsbilanz schloß auch 1996 mit einem stark negativen Saldo. Laut vorläufig revidierten Zahlen verringerte sich zwar das Defizit in der Berichtsperiode von 47 auf 42,4 Mrd. S. Es liegt mit einem Anteil am Bruttoinlandsprodukt von knapp 1,8 % nach wie vor in einem Bereich, der zu ernster Sorge Anlaß gibt. Die strukturellen Verwerfungen in der Leistungsbilanz[15] sind natürlich mit dieser leichten Verbesserung, die unter anderem auch auf aperiodische Faktoren zurückgingen, noch nicht überwunden. Exportoffensiven, die ja keineswegs per se die Exporte direkt zu steigern vermögen, sondern nur in der Lage sind, die Rahmenbedingungen zu verbessern, wirken sich in der Regel nicht kurzfristig, sondern eher mittel- und langfristig aus.

Die OECD[16] rechnen für das laufende Jahr für Österreich mit einem äußerst bescheidenen realen Wachstum des Bruttoinlandsprodukts, das in erster Linie vom Außenhandel und von den damit verbundenen Ausrüstungsinvestitionen gestützt wird. Als Unsicherheitsfaktor der Prognose bezeichnet die Pariser Behörde die Entwicklung am Arbeitsmarkt: Aufgrund der unsicheren Aussichten könnte es sein, daß die privaten Haushalte – entgegen ihren bisherigen Gepflogenheiten – den Verbrauch zugunsten der Ersparnisbildung stärker einschränken. Eigentlich hat man in Österreich eine stärkere Reaktion der Nachfrage auf das Sparpaket 1996 erwartet; vermutlich dürfte sich die Inlandsnachfrage in nächster Zeit (zumindest etwas) reduzieren.

---

[14] Neue Zürcher Zeitung 5./6.4.97

[15] Marterbauer M. (1997), Konjunkturerholung bei hohem Leistungsbilanzdefizit, in: WIFO-Monatsberichte 1997/1

[16] OECD-Economic Surveys, Austria 1997

Nach Einschätzung der OECD steht die Fiskalpolitik nach der Lancierung des Sparprogramms wieder in Einklang mit dem von der Geldpolitik verfolgten Ziel der Wechselkurs- und Preisstabilität; ohne Gegensteuer hätte sich das Defizit der öffentlichen Haushalte 1996 auf etwa 8 % des BIP ausgeweitet. Verschiedene Experten attestieren der Regierung einen ersten Konsolidierungserfolg, weisen aber darauf hin, daß ein erheblicher Teil der gesamten Einsparungen von gut 100 Mrd. S in den Haushaltsjahren 1996 und 1997 auf möglicherweise einmalige Fakten (z.B. Lohnzurückhaltung im öffentlichen Sektor, Änderungen der Steuertermine) zurückgehen. Falls der restriktive Kurs in unmittelbarer Zukunft nicht beibehalten werden sollte, befürchtet die OECD ab 1998 eine Ausweitung des Haushaltsdefizits. Auch die Staatsschuldenquote dürfte sich ohne zusätzliche, maßgebliche Privatisierungserlöse bis 1998 auf 75 (1996: 70) % des BIP ausweiten.

10. Ende des Wohlfahrtsstaates Österreich ?

Wie aus der Studie der OECD ferner hervorgeht, bedingt eine nachhaltige Konsolidierung des Staatshaushaltes weitergehende Anpassungen beim bundesstaatlichen Finanzausgleich und eine Effizienzsteigerung im öffentlichen Sektor. Zwischen den Zeilen ist auch herauszulesen, daß eine langfristige Haushaltssanierung einen Umbau des Wohlfahrtsstaates voraussetzt[17]; wie das Schweden schon hinter sich hat. Kritisiert wird etwa das System der Altersvorsorge, deren künftige Finanzierung wegen der alleinigen Abstützung auf das Umlageverfahren, der rege genutzten Möglichkeit der Frühpensionierung und der verworrenen Strukturen der Versicherungsträger von der OECD in Frage gestellt wird.

Trotz jüngsten Reformen, etwa die sogenannte Rufbereitschaft der Ärzte, fordert die Pariser Behörde auch im Bereich des Gesundheitswesens zusätzliche Schritte, um die Kostenentwicklung in den Griff zu bekommen; Österreich verzeichnete in der Gruppe der Industrieländer zwischen 1960 und 1994 die drittgrößte Zuwachsrate bei den nominellen Gesundheitsausgaben. Die Organisation schätzt die letztes Jahr beschlossenen Maßnahmen alles in allem als bürokratische Korrekturen ein und fordert eine Einführung von mehr Wettbewerbselementen.

Die von der OECD skizzierte Beschäftigungsstrategie umfaßt einen ganzen Katalog von Empfehlungen. Neben einer verstärkten aktiven Arbeitsmarktpolitik wird in erster Linie geraten, im Lohnfindungsprozeß von zentralisierten Verhandlungen Abschied zu nehmen, um die Anpassungsfähigkeit auf Betriebsebene zu erhöhen. Allerdings muß dem eine eher vorbildliche Tarifpolitik der Sozialpartner entgegengehalten werden – Lohnnebenkosten sind allerdings eine andere Sache.

---

[17] Ohr R. (1993), Die ökonomische Kritik am Vertrag von Maastricht, in: Wirtschaftspolitische Blätter, Wien 1993/1

Mitte Februar kam man in Österreich der OECD-Forderung mit der politischen Einigung zur Flexibilisierung der Arbeitszeit ein kleines Stückchen nach. Ferner wird eine Korrektur von (falschen) Anreizen in der Arbeitslosenversicherung gefordert, um die Arbeitssuche und -bereitschaft zu fördern. Neueinstellungen sollen zudem durch eine Liberalisierung des Kündigungsschutzes erleichtert werden, da der Anstellungsschutz zur Zeit für Unternehmen hohe potentielle Kosten birgt. Schließlich wird von der Organisation auch das Bildungssystem kritisiert und ein dringender Reformbedarf im Hochschulbereich geortet. Dieser, das wissen wir genau, ist vielseitiger Natur und macht das Fehlen einer klaren Linie in der österreichischen Forschungs- und Entwicklungspolitik deutlich.

Das erste Ziel der Maastricht-Kriterien dürfte Österreich mit dem heurigen Budget erreichen. Das Defizit des Bundes soll nach 89,4 Mrd. S im Vorjahr heuer nur noch 68 Mrd. S betragen, was 2,7 % des BIP entspricht und Ländern und Gemeinden eine Neuverschuldung im Ausmaß von 0,3 % des BIP ermöglicht. Wie es im Finanzministerium in Wien hieß, gebe der „sehr gute" Budgetvollzug im Jänner und Februar zur Hoffnung Anlaß, daß die 2,7-%-Marke zu Jahresende wirklich erreicht werden kann. Im kommenden Jahr soll die Neuverschuldung auf 2,5 und im Jahr 1999 auf 2,3 % des BIP gesenkt werden. Was das in Schilling bedeutet, läßt sich aufgrund der unübersichtlichen Wirtschaftsentwicklung noch nicht genau sagen, im Finanzministerium richtet man sich aber auf Defizite von jeweils rund 60 Mrd. S ein. Die Schuldenquote, die derzeit bei etwa 70 % des BIP liegt, soll trotz dieser Neuverschuldung gesenkt werden, und zwar durch Privatisierungserlöse und dergleichen. Somit scheint man in Österreich auch dem zweiten großen Ziel näher zu sein, daß die jährliche Neuverschuldung die Grenze von drei Prozent des Bruttoinlandsproduktes nicht überschreiten darf, und daß die Gesamtverschuldung zumindest tendenziell auf 60 % des BIP gedrosselt werden muß.

11. Der EURO – bloß ein endgültiger Verzicht auf Wechselkursanpassungen

Von einem stabilen Euro, dessen Schaffung in entsprechend sensibilisierten Ländern unter Vermeidung des Begriffs Währungsreform betont als Währungsumstellung propagiert werden muß, erwartet Nationalbankpräsident Liebscher vor dem Hintergrund mäßigen Wirtschaftswachstums und steigender (struktureller) Arbeitslosigkeit keine Problemlösungen. Es soll aber eine Reduktion lähmender Unsicherheiten und negativer Wirkungen auf das Wachstum entstehen. Mit einer dem Dollar ebenbürtigen Währung lasse sich auch die für die Wirtschaftsentwicklung so wichtige Offenheit der Märkte wesentlich effektiver gewährleisten, wenngleich die USA eine ganz andere Währungspolitik als Europa betreiben. Liebscher wehrt sich in diesem Zusammenhang auch gegen Ansätze, den Euro als Instrument strategischer Handelspolitik einzusetzen. Statt dessen setzt er den Bereich

Geld- und Währungspolitik anderen Bereichen wie Forschung und Entwicklung, Energie, Verkehr, Telekommunikation gleich, wo wirtschaftspolitische Zusammenarbeit auf EU-Ebene wegen der so erzielbaren Effizienzgewinne nationalen Alleingängen vorzuziehen sei. Ähnlich sind nach Liebscher[18], der Österreichs Ausrichtung des Wechselkurses an der D-Mark (vgl. Beitrag von Fritz Breuss, der sich mit dem optimalen Währungsraum befaßt) unter anderem auf die Theorie optimaler Währungsräume abstützt, mit Blick auf den Euro die Effizienzgewinne in der Geld- und Währungspolitik um so höher, je größer der einheitliche Währungsraum sei. Österreich selbst habe – im Gegensatz zu anderen Ländern – mit dem Wegfall potentieller Abwertungsmöglichkeiten bei Einführung des Euro aufgrund seiner bisherigen Strategie der autonomen Einschränkung der Wechselkursflexibilität kein Problem; der Verzicht auf Wechselkursanpassung habe sich vielmehr schon bisher als heilsame „Strukturpeitsche“ erwiesen.

12. „Reifeprüfung“ im April oder Mai 1998

Seit Anfang April 1997 sind die technischen Voraussetzungen für einen termingerechten Start der Währungsunion am 1.1.1999 gegeben. Dafür sorgten die EU-Finanzminister und EU-Notenbankgouverneure auf ihrer zweitägigen informellen Tagung im niederländischen Badeort Noordwijk. *„Die Europäische Wirtschafts- und Währungsunion befindet sich nun im Endspurt“*, kommentierte EU-Kommissionspräsident Jacques Santer das Tagungsergebnis.

Die insbesondere Anfang des Jahres 1997 laut gewordenen Zweifel am termingerechten Start der Währungsunion sollten damit verstummen. In Noordwijk war jedenfalls eine Verschiebung dieses Vorhabens kein Thema. Stattdessen legten die Finanzminister endgültig den Zeitplan für den Abschluß der „EW-WU-Reifeprüfung“ fest. Diese muß jedes EU-Land bestehen, wenn es von Beginn an bei der Währungsunion dabei sein will. Der bewußte Einschluß des Europäischen Parlaments, sowie einiger nationaler Parlamente (in Östereich, Deutschland und Frankreich) in den Entscheidungsprozeß erlaubte es freilich den Finanzministern nicht, sich auf ein genaues Datum des EU-Sondergipfels zu einigen, auf dem die 15 Staats- und Regierungschefs mit qualifizierter Mehrheit die Euro-Länder bestimmen werden. Er soll aber Ende April oder Anfang Mai 1998 stattfinden.

Ein Bericht über ihre gemeinsame Bewertung der konkreten Wirtschaftsdaten für 1997 (Ist-Zahlen) der einzelnen EU-Länder, sowie der Prognosen über deren Haushalts- und Schuldenentwicklung im Jahr 1998 soll vorliegen. Auf dieser Grundlage werden das Europäische Parlament und die nationalen Parlamente ihre

[18] Liebscher K. (1997), Österreich und der Euro, Vortrag, Club Forum Alpbach, Graz, Februar 1997, sowie Neue Zürcher Zeitung 13.3.97

Stellungnahmen abgeben müssen. Erst danach werden die 15 Finanzchefs ihre Empfehlungen für ihre Staats- und Regierungschefs ausarbeiten.

Die Finanzminister beschlossen auch, daß die EU-Institutionen künftig genauso sparsam sein müssen wie die EU-Länder und daß die Haushaltsvoranschläge „beachtlich" unter der möglichen Obergrenze (EU-Haushaltslinie) bleiben müssen. In diesem Zusammenhang waren sich die Ressortchefs auch einig, daß die EU-Osterweiterung nicht zu einer Erhöhung der EU-Zahlungen von 1,27 % des BIP führen darf.

13. Die Sanktionen für die Defizit-Sünder

Bei „normaler Wirtschaftslage" wird bei Überschreitung des Haushaltsdefizits von 3 % des BIP eine Geldstrafe fällig. Diese ist dann nicht nur im ersten Jahr der Überschreitung zu bezahlen, sondern auch in den Folgejahren, falls die 3-%-Marke neuerlich verfehlt wird. Die Höchstgrenze je Jahr ist mit 0,5 % des BIP festgelegt.

Ein Mitgliedsstaat der Währungsunion, der beispielsweise einen Haushaltsfehlbetrag von 4 % aufweist, muß im ersten Jahr eine unverzinsliche Einlage von 0,3 % seines BIP leisten. Diese setzt sich zusammen aus einem einmaligen Sockel von 0,2 % vom BIP sowie 0,1 % als Betrag eines Zehntels der Differenz von Defizit und Maastricht-Obergrenze von drei Prozent. Beträgt das Defizit im zweiten Jahr erneut 4 %, werden weitere 0,1 % fällig, womit sich die Einlage auf 0,4 % addiert. Im dritten Jahr werden bei unverändertem Haushaltsfehlbetrag weitere 0,1 % erhoben. Diese werden zusammen mit den vorher eingezahlten Geldern in eine Geldbuße umgewandelt.

14. Die Unsicherheit der (Prognose)-Daten

Die Leistungsbilanz bleibt auch heuer ein wirtschaftspolitisches Sorgenkind Österreichs. Obwohl die Auslandsnachfrage (mit Ausnahme des Tourismus) zunimmt, erwarten die Wirtschaftsforscher nur einen geringen Rückgang des Defizits. Das Wifo gibt für heuer die Leistungsbilanz mit einem Minus von 39 Mrd. S an; das IHS veranschlagt die Leistungsbilanzlücke mit 35,9 Mrd. S; unterschiedliche Bewertungen von etwa 10 %, die keineswegs von vernachlässigbarer Dimension sind !

„Das hartnäckige Ungleichgewicht in der Leistungsbilanz widerspiegelt in hohem Maße strukturbedingte Wettbewerbsschwächen der österreichischen Wirtschaft, die unter den Bedingungen liberalisierter Märkte stärker als zuvor zutage treten", analysiert das Wifo in seiner jüngsten Konjunkturprognose.

1996 ist das Defizit gegenüber dem Rekordwert von 1995 um 4,6 Mrd. S gesunken. Das war aber allein dem vorübergehenden Rückgang der Nettozahlungen an die EU von 13,5 Mrd. auf 3,5 Mrd. S – im Dezember kamen aus Brüssel hohe Überweisungen für die Landwirtschaft – zu verdanken.

Mit einer ähnlichen Entlastung ist jedoch heuer nicht zu rechnen[19]. Außerdem verstärkt die erfreulich rege Investitionstätigkeit den Importsog, was aber zumindest für die Zukunft eine Besserung der Leistungsbilanz durch Festigung der Exportbasis erwarten läßt. Möglicherweise wirkt dieser Effekt schon 1998: Das IHS veranschlagt das Defizit im nächsten Jahr mit 28,6 Mrd. S, das Wifo hingegen noch mit 36,8 Mrd. S. Das sind unterschiedliche Einschätzungen in einem Ausmaß von fast 8.000.000.000 S !

Hauptverantwortlich für das Riesenloch in der Leistungsbilanz ist der Rückgang der Tourismusüberschüsse von seinerzeit 60 bis 80 Mrd. S auf heuer voraussichtlich rund 19 bis 20 (Vorjahr: 23,1) Mrd. S. Damit können im Gegensatz zu früher die Deviseneinnahmen aus dem Tourismus das hohe Außenhandelspassivum auch nicht annähernd abdecken: Für heuer erwartet das Wifo ein Handelsbilanzdefizit von 115,5 Mrd. S (Vorjahr 122 Mrd S). Zwar werden heuer die Exporte mit real 6,5 % deutlich schneller wachsen als im Vorjahr. Aber die Importnachfrage bleibt trotz schwacher Binnenkonjunktur relativ stark. Das Wifo rechnet mit einer realen Importzunahme um 4,5 %, das IHS hingegen nur mit 3,6 %. Diese Prognosedaten klaffen um ein Viertel auseinander ! Im Tourismus erwartet das Wifo heuer bei den Einnahmen noch einen realen Rückgang (nominell ein leichtes Plus), bei den Ausgaben für Auslandsreisen eine Stagnation. Das IHS schätzt die Einnahmen zwar ähnlich ein, sieht aber bei den Ausgaben eine – abgeschwächte – Zunahme. Unabhängig von den unterschiedlichen Einschätzungen bleibt nach wie vor die Leistungsbilanz das grundlegende Problem.

---

19 Busch, G. (1997), Konjunkturerholung kommt zäh voran, in: WIFO Monatsberichte 1997/3

15. Einige Details am Rande

Auch Brüssel sieht eine Einführungsphase von maximal sechs Monaten vor, was etwa die Automatenindustrie für „realistisch" hält, um ihre Umstellarbeiten zu vollenden.

Dagegen plädiert die einflußreiche Lobby des Einzelhandels für den sogenannten Big-Bang-Sofortübergang, der weder doppelte Preisauszeichnungen noch die Führung von zwei Kassen erfordert. Eine derartige Verkürzung lehnen all diejenigen entschieden ab, die zur Umstellung nicht nur aus psychologischen Gründen Zeit brauchen.

Der realexperimentelle Charakter des Übergangs in die Europäische Währungsunion ergibt sich daraus, daß im Vertrag von Maastricht die Strategie des Gradualismus, ein allmählicher Übergang zur Währungsunion, gewählt wurde, während historisch gesehen erfolgreiche Währungsunionen im allgemeinen in Form einer „Schocktherapie", durch plötzliche Einführung der gemeinsamen Währung, implementiert wurden (beispielsweise in Deutschland und Italien im 19.Jahrhundert).

Doch nicht nur die Übergangsphase, auch die Form, Wertigkeit und Anzahl der neuen Münzen spielen eine bedeutende Rolle. Zum Beispiel soll die 0,20 Euro-Münze auf Wunsch der Blindenverbände siebeneckig sein.
Damit die Automaten nicht ständig blockieren oder Falschmünzen annehmen, schlagen die Branchenvertreter eine runde Form mit einer siebeneckigen Form auf dem Prägbild vor. Und wenn es unbedingt bei Ecken bleiben muß, dann sollen es gleich neun oder elf davon sein, mit nach außen gewölbten Seiten[20]. Dieser Vorschlag dürfte in Europa durchwegs auf geringe Zustimmung stoßen: Nur die Engländer schließen schon lange ihre kleineren Geschäfte mit eckigen 20- oder 50-Pence-Stücken ab.

Um die Inflation nicht anzuheizen, wollen die EU-Finanzminister als Münze mit dem höchsten Wert das Zwei-Euro-Stück, umgerechnet etwa 3,80 Mark. Hingegen plädieren verschiedene Handelszweige für eine Fünf-Euro-Münze.

[20] Lucian, K. Die Zeit 11.4.97

16. Viele offene Fragen bleiben

Droht nun ein weicher Euro ? Nein. Denn Maastricht garantiert eine Europäische Zentralbank, die ihr Geld unabhängiger vor Inflationsgefahren hüten kann als die Bundesbank. Längst hat die Währungsunion fast alle EU-Hauptstädte auf eine Sparpolitik eingeschworen, wie sie Europa seit Jahrzehnten nicht gekannt hat. Dabei verlangen Wien oder Lissabon, auch Rom und Madrid ihren Bürgern sogar noch mehr Opfer ab als die Koalition in Bonn, wenngleich seit der Wiedervereinigung der Solidaritätszuschlag von 10 %, später 7 %, zur Lohn- und Einkommenssteuer eine gewaltige Belastung darstellt. Und Disziplin für die Zukunft garantiert der von Finanzminister Waigel durchgesetzte Stabilitätspakt: Die dort mit Zwangsgeld bewehrte Pflicht zu solider Kämmerei lobt inzwischen der deutsche Bundesbankpräsident Tietmeyer. So erfolgreich waren die Deutschen beim Export ihrer vermeintlich vorbildlichen D-Mark-Kultur, daß Deutschland – würde der Strafpakt in Europa schon greifen – bereits 9,9 Milliarden Mark auf ein Brüsseler Sperrkonto hätte überweisen müssen. Wegen exzessiver Schuldenmacherei.

So bleibt zu hoffen, daß die Erholung der internationalen Konjunktur, insbesondere das Wachstum des Brutto-Inlandsproduktes der USA anhält und zusammen mit der europaweiten Ausweitung der Beschäftigung der Schluß auf ein weiterhin hohes Nachfrageniveau zulässig bleibt. Ob die Unabhängigkeit der Europäischen Zentralbank in funktioneller, finanzieller und personeller Hinsicht gewährleistet werden kann, sollte zumindest nicht voreilig in Frage gestellt werden[21].

Der vorliegende Beitrag soll die Diskussion nicht nur über die Einführung der Währungsunion ergänzen, sondern könnte auch Anregung sein, über eine politische Union nachzudenken. Als Grundlage auch bei derartigen Überlegungen werden Daten Verwendung finden müssen, deren Treffsicherheit und Qualität auch mit modernsten Prognosetechniken einen deutlichen Unsicherheitsspielraum besitzen.

Bleibt ferner die spannende Frage, ob die bisherigen, durch die Währungsvielfalt verursachten Kosten von knapp 1 Prozent des EU-BIP durch den Euro tatsächlich auf 2 Promille senkbar sind und vor allem in welchem Verhältnis derartige Einsparungen zu den Einführungskosten stehen.

---

[21] Hedrich C.-C. (1994), Die Kritik an den Maastrichter Beschlüssen über die Europäische Währungsunion:
Rechtliche und ökonomische Argumente, in: Jahrbuch für Sozialwissenschaften 45 (1994), p. 68–91

Literatur

Belke A., (1992), Probleme und Risiken der Europäischen Währungsunion, in: Betriebsberater 47/10 p.645 ff.

Busch G., (1997), Konjunkturerholung kommt zäh voran, in: WIFO Monatsberichte 1997/3.

Calonego B.,in: Der Standard 10.4.97.

Feldsieper M., (1988), Währungsunion II: Zielsetzungen und Probleme, in: W.Albers et al. (Hrsg.), Handwörterbuch der Wirtschaftswissenschaft (HdWW), Stuttgart et al., Bd.8, S.546 ff.

Financal Times 17.3.97; 20.3.97.

Frankfurter Allgemeine 18.3.97.

Hedrich C.-C., (1994), Die Kritik an den Maastrichter Beschlüssen über die Europäische Währungsunion: Rechtliche und ökonomische Argumente, in: Jahrbuch für Sozialwissenschaften 45 (1994), p. 68–91.

Liebscher K., (1997), Österreich und der Euro, Vortrag, Club Forum Alpbach, Graz, Februar 1997.

Lucian K., Die Zeit 11.4.97.

Marterbauer M., (1997), Konjunkturerholung bei hohem Leistungsbilanzdefizit, in: WIFO-Monatsberichte 1997/1.

Neue Züricher Zeitung 13.3.97; 18.3.97; 19.3.97; 21.3.97; 22./23.3.97; sowie 5./6.4.97.

OECD-Economic Surveys 1996–1997, France, 1997, p. 18 ff.

OECD-Economic Surveys 1996–1997, Germany, 1997.

OECD-Economic Surveys, Austria 1997.

OECD Economic Surveys, Swiss 1997.

OHR R., (1993), Die ökonomische Kritik am Vertrag von Maastricht, in: Wirtschaftspolitische Blätter, Wien 1993/1.

Österreichisches Institut Für Wirtschaftsforschung, WIFO Monatsberichte, 1997, 1,2 und 3.

Österreichisches Statistisches Zentralamt, ÖSTAT, The Austrian Central Statistical Office, 1997.

Presse- und Informationsblatt Der Bundesregierung (Hrsg.), Bulletin Nr. 16 vom 12.2.1992, p. 113 ff.

Walterskirchen E., (1997), Allmähliche Konjunkturbelebung durch stärkere Auslandsnachfrage, in: WIFO-Monatsberichte 1997/2.

Bemerkungen zum Freihandelsdogma

Freedom Unlimited?

Kurt W.Rothschild

Es gibt wohl nur wenige Bereiche und Themen, bei denen seit gut zweihundert Jahren die meisten Ökonomen einen mahnenden Zeigefinger so heben, wie sie es tun, wenn es um Fragen des Freihandels und seine Beschränkung geht. Selbst Autoren, welche die ökonomische Theorie streng als positive Wissenschaft verstanden wissen wollen, haben selten Hemmungen, Freihandel und dessen Beschränkungen nicht nur rein analytisch – erklärend und prognostisch verwertbar – zu behandeln, sondern ihn auch normativen Urteilen zu unterwerfen. So betont zum Beispiel Woll in seinem weit verbreiteten Lehrbuch zwar in einem einleitenden Kapitel ausführlich den Unterschied zwischen Werturteilen und Wissenschaft und dass Werturteile nicht zur Erkenntnis der Wirklichkeit beitragen können, was ihn aber nicht hindert, bei der späteren Behandlung der Aussenwirtschaft sich so zu äussern: „Zölle und Handelsbeschränkungen anderer Art...haben für eine Volkswirtschaft als Ganzes und für die Weltwirtschaft so offenkundige Nachteile, dass ökonomisch alles für den Freihandel spricht" (Woll 1984, 609). Und er fügt – vollkommen zutreffend – hinzu: „Im wissenschaftlichen Schrifttum besteht über die Vorteile des Freihandels im Hinblick auf die Wohlstandsmaximierung weitgehende Einigkeit, die umso bemerkenswerter ist, weil es nur wenige unkontroverse Ansichten unter Nationalökonomen gibt" (ebenda). Noch weiter gehen etwa Yeager und Tuerck, wenn sie die Verkündung der Freihandelsidee als Hauptpflicht des Ökonomen ansehen: „The question for economists is not whether to predict free trade but whether to recommend it. Their job is not to be realistic but to get the analysis straight" (Yeager and Tuerck 1983/84, 646).

Dass es sich bei dieser weit verbreiteten Haltung tatsächlich um ein Werturteil handelt, auch wenn man sich auf eine „ökonomische" Beurteilung beschränkt, sollte nicht schwer zu erkennen sein. Ihr liegt das Werturteil der ökonomischen Wohlfahrtstheorie und des Paretooptimums zugrunde, dementsprechend allokative Effizienz als erstrebenswertes Ziel anerkannt wird, wobei erstens marktwirtschaftlich erzeugte Güter und Dienstleistungen allein als „Wohlstandsmass" herangezogen werden (Little 1950) und zweitens das Verteilungsproblem, das ja schon Ricardo als ein Hauptproblem der Wirtschaftstheorie bezeichnete, durch die Annahme des Kompensationsprinzips für die Beurteilung realistischer Situationen praktisch unter den Teppich gekehrt wird. Da es bei Fragen des Freihandels und seiner Begrenzungen fast immer Gewinner und Verlierer ohne Kompensation gibt, kann das wohlfahrtstheoretisch postulierte potentielle Paretooptimum nicht erreicht werden, so dass die Freihandelslösung selbst aus „rein ökonomischer Sicht“ fragwürdig bleibt. Die Präsenz von Werturteilen ist auch daran erkennbar, dass die Frage eines „Optimalzolls“, der einem bestimmten Land durch terms-of-trade-Effekte einen Vorteil verschaffen könnte (falls Retorsionsmassnahmen unterbleiben), in manchen theoretischen Schriften als legitimes Ziel unterstellt und analysiert wird (Heinemann 1986), was natürlich impliziert, dass das Wohl des betreffenden Landes höher bewertet wird als das Wohl anderer Länder bzw. als das der Welt als Ganzes.

Die beharrliche Tendenz, Freihandel – pur und simpel – als klarerweise erstrebenswertes wirtschaftspolitisches Ziel darzustellen, nicht nur als Gegenpol zur Autarkie (was eine Selbstverständlichkeit wäre), sondern auch zu jedweder Mischung von Freihandel und einigen protektionistisch wirkenden Eingriffen, ist aus analytischer Sicht umso verwunderlicher, als es im historischen Verlauf der letzten zweihundert Jahre abgesehen von unwesentlichen Episoden niemals ein solch pures Freihandelregime gegeben hat. Selbst die vielgerühmte Manchester-liberale Periode Englands, in der es zu einem beachtlichen Zollabbau kam, war nicht so freihändlerisch wie vielfach angenommen wird. Dieser Eindruck konnte nur entstehen, weil man sich auf die Entwicklung bei einigen markanten Industriewaren konzentrierte. Differenziertere Betrachtungen mit Einbeziehung eines grösseren Kreises von Gütern und Massnahmen lassen erkennen, dass ein nicht unwesentliches Ausmass von Protektionismus auch damals im Spiel war (Nye 1991). Die Frage nach den unterschiedlichen Ausmassen dieser Mischung im Zeitablauf und länderweise hätte daher seit jeher als zweckmässiger Ansatz einer analytischen Aussenhandelstheorie dienen müssen, eventuell ergänzt durch realistische normative Überlegungen über „optimale“ Mischungen. Statt dessen ging (und geht) man überwiegend von einem Freihandelsmodell als optimalem Fixpunkt aus, das Eingriffe prinzipiell als störend betrachtet und diese überwiegend als Resultat politischer Fehler oder gruppenspezifischer Sonderinteressen („rent- seeking“) abklassifiziert.

Wiewohl die von ökonomischen Theoretikern betonte Überlegenheit einer vollkommenen Freihandelsstrategie (und sei es auch nur eine einseitige) in der Praxis nie hundertprozentig akzeptiert wurde, spielt sie doch in den wirtschaftspolitischen Debatten eine nicht unwichtige Rolle und zwar nicht nur wegen ihres „echten“ ökonomischen Gehalts, sondern auch aus ideologisch-legitimatorischen Gründen in all jenen Fällen, in denen irgendein, eventuell beschränktes Interesse an einer bestimmten Aussenhandelsliberalisierung (oder auch Liberalisierung des Kapitalverkehrs) besteht und dieses mit dem Argument untermauert werden kann, dass jeder Schritt in Richtung Freihandel, ohne Rücksicht auf Umfeld, weitere Wirkungen, andere Zielsetzungen etc. begrüssenswert sein muss. Gegen dieses in Theorie und Praxis immer wieder – teils explizit, teils unterschwellig – auftauchende „Freihandelsdogma“, das eine überlegte Abwägung der Frage, „wann und wieviel“ Freiheit aus diesen oder jenen Gründen wünschenswert sei, behindert, sind die folgenden Überlegungen gerichtet, wobei selbstverständlich normative Aspekte des Problems auch zur Sprache kommen müssen.

Vorweg sei betont, dass sich die folgenden Bemerkungen nicht gegen freihändlerische Strategien als solche wenden. Ganz im Gegenteil. Verschiedenste Gefahren ökonomischer und politischer Art können aus protektionistischen Tendenzen erwachsen. Aber man kann diesen nicht dadurch begegnen, dass man einfach nicht zur Kenntnis nimmt, dass sich die reale Welt und ihre Probleme nicht in den in der Theorie beliebten Rahmen einer dualistischen Sichtweise – hie Freihandel, hie Autarkie – einzwängen lässt, sondern die Vielseitigkeit und Komplexität der Problematik in einer vielschichtigen, „babylonischen“ Sichtweise (Dow 1990) berücksichtigt werden muss. Denn im dualistischen Rahmen ist in unserem Zeitalter die Forderung nach „Freihandel“ praktisch überall und zu jeder Zeit einer Autarkielösung überlegen. Geht es aber um die – real allein auftretenden – Mischpositionen, kann ein solches einfaches Rezept nicht mehr genügen und sowohl wirtschafts- wie gesamtpolitisch kontraproduktiv sein. Vielmehr sollten in einer solchen Welt abwägende Fragen über etwas mehr Freihandel hier oder etwas mehr Protektionismus (Barrieren verschiedenster Art) dort Platz finden, die nicht unabhängig von Zeit und Ort und den gewählten Zielen behandelt werden können. Das generelle Freihandelsdogma, das aus dem statischen klassisch-neoklassischen Gleichgewichtsmodell und seinen Folgerungen über allokative Effizienz abgeleitet werden kann, ist für solche Diskussionen zwar nicht vollkommen irrelevant, aber sowohl erkenntnismässig wie normativ sicherlich nicht ausreichend.

So gesehen kann man somit nicht ohne weiteres beurteilen, ob konkrete Forderungen und Massnahmen eher freihändlischer oder eher protektionistischer Natur „gerechtfertigt“ sind oder nicht. Konkrete Situationen und Wertsetzungen müssen in das Koordinatensystem der Beurteilung einbezogen werden. Das lässt sich für den Theoriebereich sehr schön auch dogmengeschichtlich zeigen. Adam Smith's Betonung der Freihandelsidee und ihre Untermauerung durch Ricardos Theorie der komparativen Vorteile wird mit Recht als grosse theoretische und gesellschaftliche Leistung betrachtet, da sie den durch die industrielle Revolution ermöglichten Methoden der Arbeitsteilung mehr Raum gegen eine feudal-merkantilistische Vergangenheit verschaffte. Neben mehr Effizienz entsprach dies auch den Interessen des aufstrebenden Bürgertums und des industriell führenden Landes, nämlich Grossbritannien. Die protektionistische, bzw. importhemmende Politik des Merkantilismus, dessen Ziel, einen Goldschatz anzusammeln, durchaus den Staats- und Kriegsinteressen der feudalen Herrscherschichten entsprach, musste in dem neuen „Szenario“ zurückgedrängt werden. „Freihandel pur“ war eine nützliche und berechtigte Formulierung.

Diese „Rechtfertigung“ von Smith und Ricardo hindert aber keineswegs eine Anerkennung von List und George als nicht unbedeutende Ökonomen, trotz oder vielleicht gerade wegen ihrer Forderungen nach protektionistischen Massnahmen für ihre Länder. Die Einsicht in die dynamischen Probleme der „Spätkommer“ im Industrialisierungsprozess (Deutschland, USA) schuf eine Perspektive, die mit Blick auf das Ziel einer Modernisierung etwas weniger Freihandel und mehr Protektionismus („Erziehungszölle“) „rechtfertigte“. Dass diese Strategien später häufig für andere (monopolistische) Zwecke missbraucht wurden, ändert nichts an ihrer Angepasstheit zur Zeit ihrer Entstehung, sondern zeigt nur, dass sich im Zeitablauf die Umstände ändern und damit auch die Rahmenbedingungen neu überdacht werden müssen. In ähnlicher Weise kann man darauf hinweisen, dass ein prinzipiell freihändlerisch orientierter Ökonom wie Keynes in der deflationistischen Umwelt der dreissiger Jahre protektionistische Strategien zur Ermöglichung eines prioritären Beschäftigungsziels empfehlen konnte, nach dem zweiten Weltkrieg aber unter den neuen Bedingungen wieder auf einen Abbau der Handelshemmnisse drängte.

Momentan scheinen wir in einer Zeit zu leben, in der Freihandelsideen einen Durchbruch erleben und nicht nur durch die Betonung in der mainstream economics sondern auch in der Realität. Die Ausdehnung der GATT-Regeln auf Dienstleistungen in der Uruguay-Runde, die Gründung der WTO (World Trade Organisation), die Erweiterung der EWG zur EU mit ihren vier Freiheiten, die nordamerikanische NAFTA und ähnliche geplante Freihandelszonen in anderen Regionen (Südamerika, Asien, Afrika) weisen alle in diese Richtung, wenn schon nicht (durchwegs) weltweit (was der „reinen“ Theorie am besten entspräche), so doch auf übernationaler Ebene. Nichts zeigt diese geänderte Situation deutlicher als die rasanten und intensiven Anstrengungen, die europäische Integration auf breitester Basis durchzusetzen, die Ende der achtziger Jahre einsetzten und nun in vollem Gange sind.

Dies ist umso bemerkenswerter, als die Idee eines politisch und ökonomisch vereinten Europas keineswegs neu ist und schon seit langer Zeit prominente Verfechter hatte (Machlup 1977, Kap. 6 und 7). Insbesondere gewann die in der Zwischenkriegszeit von Graf Coudenhove-Kalergi gegründete Paneuropa-Bewegung eine breite Publizität. 1925 nahmen 28 Staaten am ersten Paneuropäischen Kongress teil und bedeutende Staatsmänner wie Briand und Stresemann setzten sich engagiert für das Projekt ein. Aber die Pläne kamen nie über deklamatorische Äusserungen hinaus und versandeten schliesslich in dem durch die Weltwirtschaftskrise ausgelösten nationalistischen und protektionistischen Klima.

Bedeutende neue Anstösse erfolgten nach dem zweiten Weltkrieg, als weltweit die Forderung nach mehr Handelsfreiheit eine verständliche Reaktion auf die protektionistischen Exzesse und „beggar-my-neighbour policies“ der Dreissigerjahre war. Sehr weitgehende Pläne einer globalen Internationalen Handelsorganisation konnten zwar nicht durchgesetzt werden, aber mit GATT, OECD und IMF wurden bedeutende Liberalisierungsschritte gesetzt und was Europa betrifft, so betrachtete man vielerorts die von Robert Schuman initiierte European Coal and Steal Community (1952) und ihre Erweiterung zur EWG (1958) als erste Schritte für eine engere politische und wirtschaftliche Vereinigung Europas (damals auf Westeuropa beschränkt). Mit dem Ende der „goldenen“ Nachkriegsperiode der sechziger Jahre, mit dem Zusammenbruch von Bretton Woods, mit Ölkrise, Wachstumsverlangsamung und Stagflation kam jedoch die erwartete Entwicklung ins Stocken. Nicht nur blieb die Landwirtschaft ein Sonderbereich, auch Dienstleistungen bildeten ein eigenes Kapitel und „non-tariff barriers" fanden zunehmend Verbreitung. Der optimistische „Werner- Plan“, der 1971 von der EWG beschlossen wurde und der im Laufe eines Jahrzehnts eine Wirtschafts- und Währungsunion schaffen sollte, erwies sich bald als Makulatur.

Und nun, ein Vierteljahrhundert später, befinden wir uns – trotz weiterhin langsamen Wachstums und nicht unwesentlichen Absatzproblemen – in einer Situation, in der diese früheren vergeblichen Bemühungen um weitestgehenden Freihandel (inklusive Freiheit für Kapitalbewegungen) weltweit, aber insbesondere im Rahmen Europas und Nordamerikas rapide umgesetzt werden können. Was sind die Gründe hierfür? Konnten die modellgestützten verabsolutierten Freihandelsideen der neuklassischen Ökonomen sich (endlich?!) durchsetzen und die Einflüsse von nationalen und anderen Vorurteilen bzw. von interessengelenkten pressure groups zurückdrängen? Hat das Freihandelsargument – pur und simpel – endlich im Sinne der Gesamtwohlfahrt gesiegt?

Ich glaube nicht, dass die Dinge so einfach liegen. Die gegen Ende des zwanzigsten Jahrhunderts aufgetretene Freihandels- und Liberalisierungewelle ist nicht der Sieg „guter Argumente“, sondern Ausdruck dramatischer Verschiebungen in den technologischen und institutionellen Rahmenbedingungen und den damit verbundenen sozio- politischen Einflusssphären. Mit etwas Phantasie und „Mut“ zu heroischen Vereinfachungen kann man vielleicht – zumindest in unserem Zusammenhang – drei Stadien des neuzeitlichen Industriekapitalismus unterscheiden. Im Gefolge der industriellen Revolution des 18. und frühen 19. Jahrhunderts entwickelte sich ein *Konkurrenzkapitalismus*, dessen Struktur – vor allem in England – nicht allzuweit von den Vorstellungen einer atomistischen Konkurrenz entfernt war, wie sie den Modellen der klassischen ökonomischen Theorie zugrundelagen. Die Freihandelsargumentation der Theoretiker deckte sich daher mit einer realen Tendenz zu verstärkter Konkurrenz mit sichtbaren Wachstumseffekten, und sie entsprach auch den Interessen der neuen gesellschaftlichen Führungsschicht der Kaufleute und industriellen Unternehmer, die sich von den Fesseln und Eingriffen der feudalen Vergangenheit befreien wollten.

Gegen Ende des 19. Jahrhunderts begannen sich im Gefolge der technischen Möglichkeiten für industrielle Grossanlagen mit Massenproduktionsmethoden („fordistisches Modell") und die durch Aktiengesellschaften ermöglichten Akkumulierungen von Risikokapital neue Strukturen herauszubilden, die man unter dem Schlagwort *Monopolkapitalismus* zusammenfassen kann. Neben der Vielzahl kleiner autonomer Betriebe entstanden zunehmend einflussreiche Grossunternehmen, Kartelle, Branchenverbände etc., welche nun tonangebend werden konnten. Gelegentlich konnten sie durch staatliche Gegenmassnahmen, wie etwa die amerikanischen Antikartellgesetze des ausgehenden 19. Jahrhunderts, etwas gebremst, aber nicht aufgehalten werden. Diese neuen monopolistischen und oligopolistischen Strukturen bestanden aus Grossunternehmen, die überwiegend auf nationaler Basis entstanden, in einem bestimmten Land ihre Produktionsstätten und ihren hauptsächlichen Absatzmarkt hatten, der dann als Sprungbrett für Exportanstrengungen dienen konnte. Die Bewahrung einer Vormachtstellung für den eigenen Betrieb oder eine bestimmte Branche am Binnenmarkt wurde nun zum leitenden Interesse, nicht nur zwecks Erhaltung von Monopolrenten, sondern auch als sichere Grundlage für die riskanten Eskapaden in die unsicheren Exportmärkte. Protektionistische Tendenzen breiteten sich nun mit elementarer Gewalt aus, trotz der Kritik und Einwände der freihändlerisch eingestellten ökonomischen Theoretiker. Am ehesten wurden später die Theoretiker der sogenannten „Neuen Politischen Ökonomie" dieser Situation gerecht, indem sie nicht nur die protektionistischen Tendenzen auf Grund des neuklassischen Wohlfahrtsmodells beklagten, sondern sie durch den Hinweis auf den Einfluss partieller Interessen auch zu erklären versuchten. Aber auch sie hielten und halten an der normativen Gültigkeit eines absoluten Freihandelspostulats als benchmark fest.

Als drittes Stadium, in dessen Formierung wir mehr oder weniger mitten drin sind, können wir von einem *Transnationalen Kapitalismus* sprechen, der sich im letzten Viertel des zwanzigsten Jahrhunderts auszubreiten begann. Gekennzeichnet und ermöglicht ist dieses neue Stadium durch enorme Umwälzungen im technologischen und organisatorischen Bereich (Mander 1993). Technologisch geht es vor allem um die revolutionären Änderungen in den Bereichen von Kommunikation (sowohl Transport wie persönliche Kontakte) und Information, organisatorisch um neue Kombinationsmöglichkeiten auf Grund von Freiheit des Kapitalverkehrs in Verbindung mit Innovationen im Management und den zur Verfügung stehenden finanziellen Instrumenten. Sichtbaren Niederschlag findet diese Entwicklung in einer dramatischen Zunahme der Fusions- und Kooperationsaktivitäten im „global village" sowie im wachsenden Anteil der internen Lieferungsströme zwischen den Betriebs- und Lieferstätten einzelner Unternehmungen am Gesamtaussenhandel, der sich schon auf etwa ein Drittel belaufen dürfte.

Es ist einleuchtend, dass sich mit dieser Verschiebung von Strukturen und gesellschaftlichem Einfluss von nationalen zu transnationalen Konzernen auch die

Interessenlagen verschieben. Transnational organisierte und agierende Firmen haben nicht nur kein Interesse an Zöllen und anderen protektionistischen Barrieren, sondern diese sind nun ein ausgesprochenes Ärgernis, wenn es um grenzüberschreitende Dispositionen geht. Gleiches gilt für länderweise verschiedene Regelungen und Eingriffe und insbesondere für Wechselkursschwankungen bei einer Tätigkeit, in der beachtliche Summen – Kosten und Einnahmen – in verschiedenen Währungen anfallen und grosse liquide Geldbestände gehalten und verwaltet werden müssen. Gegen diesen Hintergrund ist die Realisierung des Schubs in Richtung grösseren Freihandels im allgemeinen und der EU mit ihren vier Freiheiten und der gemeinsamen Währung im besonderen nicht nur verständlich, sondern aus der Sicht der transnationalen Lobby die einzige logische Entwicklung. Freihandel im weitesten Sinn und Deregulierung, um unterschiedliche und unerwünschte dispositionsbehindernde Eingriffe verschiedener Regierungen im Prinzip zu unterbinden, werden zur verbindlichen Richtlinie, auch wenn in bestimmten Fällen (z.B. Subventionen für Betriebsansiedlungen im Rahmen einer Standortspolitik) Eingriffe gern akzeptiert werden.

In dieser neuen Situation muss das Freihandelsbias der herrschenden ökonomischen Theorie kritisch überprüft werden. Während im 19. Jahrhundert die klassisch- neoklassische Tradition der Freihandelstheorie einerseits einen starken erklärenden Wert für die Aussenhandelsentwicklung des sich rasch entwickelnden Konkurrenzkapitalismus hatte und andererseits – normativ eingesetzt – eine Absage an die alten merkantilistischen Ideen darstellte und dann im 20. Jahrhundert in einer zunehmend protektionistischen Atmosphäre nicht mehr so sehr erklärende Funktionen erfüllte, sondern einem prinzipiellen und flammendem Appell gegen diese protektionistischen Tendenzen und ihre wohlfahrtsmindernden Wirkungen diente, findet sie sich heute in der Rolle der Legitimierung einer massiven gesellschaftlichen Tendenz in einem Umfeld, das sich in vielen Bereichen fundamental von den Umständen der früheren Perioden unterscheidet. Nun ist es nicht mehr notwendig, noch – wie wir sehen werden – unbedingt wünschenswert, ein primitiv verabsolutiertes Freihandelsdogma als der Weisheit letzten Schluss zu verkünden. Vielmehr stellt sich die Aufgabe, sich erklärend und normativ mit der Frage nach der Mischung von Freihandel und Regulierung zu widmen, um den neuen Bedingungen gerecht zu werden. In gewisser Hinsicht stellt sich das Problem in ähnlicher Weise wie seinerzeit, als Friedrich List seine kritischen Gedanken entwickelte. Es ging damals nicht darum, die Freihandelstheorie und die Freihandelsnorm, wie sie Smith und Ricardo zu ihrer Zeit und in England entwickelt und vehement vertreten hatten, zu „widerlegen", sondern darum, dass in den geänderten Umständen eines Spätkommers in einem dynamischen Industrialisierungs- und Lernprozess eine Mischung von Freihandel und Protektionismus (sprich: Erziehungszölle) aus normativen Gründen (hauptsächlich nationale Entwicklungs- und Wohlfahrtsziele) angebracht sein dürfte.

Welche – überwiegend neue, oder zumindest neuerdings verschärft auftretende – sozioökonomische und soziale Probleme sind es nun, die für eine solche realistische Abwägung geeigneter Mischstrategien sprechen und zumindest die unkritische Hinnahme des verabsolutierten Freihandelsdogmas in Frage stellen. Im folgenden wird nicht versucht, eine umfassende Aufzählung solcher Probleme anzupeilen. Vielmehr soll der Hinweis auf einige der wichtigeren Probleme andeuten, welche Art von Fragestellungen, Wertvorstellungen und Interpretationen bei einer solchen kritischen Analyse Bedeutung erlangen.

Zunächst sei kurz darauf hingewiesen, dass – was die Entwicklungsländer betrifft – die Idee temporärer Erziehungszölle (wobei „temporär" je nach Umständen auch einen Zeitraum von mehreren Jahren bedeuten kann) nach wie vor Berechtigung hat. Wenn der verständliche Wunsch besteht, sowohl aus Gründen des Realeinkommens wie auch der nationalen Identität aus dem noch vom Kolonialismus geerbten komplementären rohstoffintensiven Warenaustausch auszubrechen und sich dem Produktionsmuster eines eigenständigen modernen Industrie- und Dienstleistungsstaats anzunähern, kann auf protektionistische Massnahmen verschiedener Art nicht verzichtet werden, um die notwendigen kapital- und qualifikationsmässigen Voraussetzungen in Produktion und Marketing zu schaffen. Das gilt unabhängig davon, ob man eher eine aussenhandelfreundlichere Strategie der Exportförderung oder eine mehr binnenorientierte Strategie der Importsubstitution betreibt.

Übrigens sei gleich hier betont, was dann auch für alle folgenden Überlegungen gilt, dass es meist zu jedem „vernünftigen" Vorschlag auch eine Missbrauchsvariante gibt. Im konkreten Fall des Erziehungszolls ist es die bekannte Gefahr, dass solche Erziehungszölle (oder Erziehungssubventionen) zu einer Dauererscheinung werden, sei es um eine Branche trotz nicht erreichbarer Effizienz „im Glashaus" weiter zu schützen, sei es, dass sich hinter der Schutzmauer Monopolrenten entwickeln, deren Nutzniesser (Unternehmer und Belegschaften) sich dem Zollabbau erfolgreich widersetzen. Was daher notwendig und wünschenswert ist – in diesem wie in den folgenden Fällen –, ist eine internationale Anerkennung einer legitimen Rolle bestimmter protektionistischer Malnahmen unter bestimmten sachlichen, örtlichen und zeitlichen Bedingungen durch GATT, WTO, EU etc. (und zwar mehr als das heute schon der Fall ist) und gleichzeitig die Schaffung eines Apparats, der die Ergreifung und Durchführung (einschliesslich einer eventuellen Absetzung) solcher Massnahmen regelt und überwacht.

Der Form nach dem Erziehungszoll ähnlich (temporäre Einführung zur Erreichung einer pfadabhängigen Effizienz), aber auf anderen Ursachen basierend und auch für entwickelte Staaten relevant sind protektionistische Faktoren, die mit „economies of scale and scope" zusammenhängen. Das starke Argument des traditionellen theoretischen Freihandelspostulats ruhte auf zwei Säulen. Internationaler

Warenaustausch führe – je freier, desto mehr – zu höherer Effizienz und damit zu höherem Wohlstand erstens wegen der ungleichen Ausstattungen verschiedener Länder und Regionen in Bezug auf natürliche und (eher vorübergehend) auch auf menschliche Ressourcen, welche unterschiedliche Standorte begünstigen und einen komplementären Warenaustausch nahelegen, und zweitens – auch bei ähnlicher Ausstattung – weil Unternehmen eine bestimmte Marktgrösse benötigen, um die economies of scale bis zur (konkurrenzfähigen) Kostenminimierung ausdehnen zu können.

Beide Argumente müssen unter neueren Bedingungen in einem modifizierten Licht gesehen werden. Was die „natürlich“ bedingten Standorte betrifft, so spielen sie mit wachsendem Aussenhandelesortiment und technologischem Fortschritt eine immer geringere Rolle. In dem Bedarf einer zunehmend wohlhabenderen Welt wächst der Anteil von Waren und Dienstleistungen, deren Produktion weniger rohstoffintensiv, dafür aber mehr qualifikations- und marketingintensiv und damit weniger fest und dauernd an bestimmte geographische Regionen gebunden ist. Standorte können freier gewählt werden, was ja auch darin zum Ausdruck kommt, dass „Standortspolitik“ heute mit politischen Mitteln betrieben wird (Subventionen, Infrastruktur, Steuer- und Lohnpolitik). Damit gewinnt der Handel zwischen ähnlich strukturierten Staaten wachsende Bedeutung. Bei ähnlichen Nachfrage- und Produktionestrukturen können ähnliche, aber differenzierte Waren erzeugt und international vermarktet werden.

Gemäss der traditionellen Theorie ermöglicht dies jedem Land (bei „guter“ Wirtschaftspolitik) eine beliebige, insbesondere auch zeitgemässe Industrie- und Wirtschaftsstruktur zu „gebären“, da der internationale Markt ausreichen sollte, dass die Unternehmen die Möglichkeiten der economies of scale voll ausnützen und eine optimale Grösse erreichen können. Nun zeigt sich aber – und das spiegelt sich unter anderem in der rapiden Ausweitung von Fusionen, Kooperationen etc. wider –, dass unter den heutigen technischen und organisatorischen (insbesondere Marketing) Bedingungen in weiten Bereichen die Möglichkeiten für economies of scale and scope weit extensiver sind (d.h. auf der Produktionsskala viel weiter „draussen“ liegen) als dies früher der Fall war und als insbesondere die Theorie mit ihrer (theorieimmanent bedingten) Vorliebe für die Annahme relativ früh einsetzender steigender Grenzkosten (diminishing returns) annimmt. Die Erreichung einer effizienten Grösse in diesen Bereichen, die of beträchtliche „sunk costs“ mit sich bringen, erfordert nicht nur beachtliche Kapitalien, sondern auch Zeit, um die nötigen Qualifikationsbedingungen und Absatzkontakte voll zum Tragen zu bringen. Insbesondere im Bereich neuer Produkte spielt dies eine Rolle. Der Standort neuer Industrien ist dann nicht so sehr (bzw. nicht ausschliesslich) durch natürliche Faktoren oder die Existenz eines tüchtigen Managements und einer tüchtigen Belegschaft gesichert, sondern kann entscheidend davon abhängen, wer frühzeitig kommt und einen dominierenden Marktanteil erobern kann. Das schafft längerfristige Kostenvorteile, die es potentiell leistungsfähigen Firmen in anderen Staaten riskant erscheinen lassen, sich in diesem Bereich zu engagieren. Die Analogie zum Erziehungszoll wird hiermit sichtbar. Protektionistische Massnahmen (Zölle, Exportförderung, Subventionen, staatliche Aufträge), die es Firmen ermöglichen, frühzeitig und/oder auf breiter Basis in die Produktion solcher „scale"-Produkte (in Produktion und Marketing) einzusteigen, schaffen damit jene (absoluten oder komparativen) Vorteile, die für diese Industrie und ihre Zulieferer einen geeigneten Standort konstituieren mit all den Agglomerationstendenzen, die damit verbunden sind.

Die beiden eben behandelten Fälle – die alte Idee des Erziehungszolls und die neuerdings wichtiger gewordene Bedeutung der economies of scale –, konzentrieren sich ausschliesslich auf das grundliegende normative Element der traditionellen Freihandelstheorie, nämlich auf die Frage und das Ziel einer möglichst grossen (allokativen) Effizienz. Aber andere – teils alte, teile neuere – Konstellationen, die mit ökonomischen und sozialen Elementen (bzw. mit Konflikten zwischen ihnen) zu tun haben, müssen auch zur Sprache kommen. An vorderster Stelle muss da wohl die Beschäftigungsfrage stehen, sowohl wegen ihrer ökonomischen und sozialen Bedeutung wie auch wegen der Tatsache, dass sich die grossen Hoffnungen auf ihre Bewältigung (zumindest in den entwickelten Staaten), die durch die „goldenen" Sechzigerjahre genährt wurden, nicht bewahrheitet haben. Die Freihandelsfrage ist mit dem Beschäftigungsproblem in zweierlei Hinsicht verknüpft, einmal in Zusammenhang mit Problemen konjunktureller und säkularer Arbeitslosigkeit und zweitens in Zusammenhang mit struktureller Arbeitslosigkeit.

Bekanntlich ist die „reine" Theorie des Freihandels und seiner Effizienzeffekte im Modell einer vollbeschäftigten Konkurrenzwirtschaft mit flexiblen Preisen und Löhnen sowie mobilen Produktionsfaktoren entwickelt worden und dieses Modell prägt häufig noch immer das theoretische und wirtschaftspolitische Denken. Angesichts der Realität einer Welt mit immer wiederkehrender und andauernder Arbeitslosigkeit einerseits und dem Wunsch, diese Arbeitslosigkeit zu bekämpfen andererseits, stellt sich die Frage, ob dieses Modell des Freihandels und seine normative Verabsolutierung unkritisch in die Praxis übernommen werden darf. Nun könnte man ja sagen – und das ist tatsächlich ein häufig vorgebrachtes Argument –, dass es sich hier um zwei verschiedene wirtschaftspolitische Ziele handelt – Effizienz und Vollbeschäftigung –, die mit zwei parallel laufenden Instrumenten angestrebt werden sollen: Freihandel auf der einen Seite, Beschäftigungspolitik (z.B. Nachfragestimulierung im konjunkturellen oder säkulären Tief) auf der anderen.

Nun ist das ein Rezept, das innerhalb eines Staates mit einem wirtschaftspolitischen Konsens, relativ hoher Mobilität, funktionierendem Finanzausgleich etc. durchaus anwendbar ist. Im internationalen Bereich, wo wir es mit verschiedenen politischen Einheiten (Staaten), mit verschiedenen und verschieden gewichteten Zielsetzungen und mit verschiedenen Institutionen zu tun haben, liegen die Dinge anders. Das Problem besteht darin, dass die Anwendung der Zwei-Instrumenten-Regelung (Freihandel, Beschäftigungspolitik) gegenwärtig nicht „symmetrisch“ eingesetzt wird: Freihandel ist eine international festgeschriebene Verpflichtung, Beschäftigungspolitik bleibt hingegen den einzelnen Ländern überlassen. Das bedeutet, dass es für einzelne Länder, welche der Beschäftigungspolitik hohes, bzw. höheres Gewicht als andere Staaten beimessen, schwierig bis unmöglich ist, eine solche Politik zu befolgen. Ihre Expansionspolitik würde infolge höherer Importnachfrage zwar günstige Wirkungen auf andere Staaten ausüben, den expandierenden Staat selbst aber in Schwierigkeiten bringen. Die Nachfragebelebung würde nur zum Teil dem Inland zugutekommen, die Zahlungsbilanz würde sich aber verschlechtern und zwar nicht nur wegen des Ungleichgewichts der unmittelbaren Import-Exportströme, sondern auch wegen der mit einer Beschäftigungspolitik verbundenen Inflationstendenz.

Um beschäftigungsorientierten Staaten in einer eng verflochtenen Welt die Verfolgung dieses Ziels zu ermöglichen bzw. zu erleichtern (was als „Lokomotivfunktion“ auch anderen Staaten zugute kommt), gibt es drei Möglichkeiten: (1) Analog zum Freihandelsziel auch das Beschäftigungsziel durch internationale Absprachen simultan zu verfolgen, (2) Abwertung, und (3) Zulassung (mit Unterstützung gemeinsamer Regeln und Kontrollen) von beschränkten Eingriffen in den Freihandel (durch gezielte Zölle, Exportsubventionen, „freiwillige“ Exportbeschränkungen anderer Länder etc.), die bei steigenden Importen eine zu starke Passivierung der Zahlungsbilanz in kurzer und mittlerer Frist verhindern. Da für (1) derzeit keine Chancen zu bestehen scheinen und (2) aus verschiedenen Gründen nicht immer wünschenswert ist, könnten entsprechende Klauseln im Freihandelsregime einen Ausweg bieten.

Die oben gemachten Bemerkungen bezogen sich auf konjunkturelle und säkuläre Beschäftigungsprobleme. Ein spezieller und in neuerer Zeit akuter werdender Aspekt ergibt sich in Zusammenhang mit struktureller Arbeitslosigkeit. Strukturverschiebungen in den Nachfrage und Angebotsbedingungen sind in einer dynamischen Welt mit ständigen demographischen, technologischen und einkommensbedingten Veränderungen ein grundlegendes Charakteristikum des Wirtschaftsprozesses und die dynamische Aufgabe des Aussen- und Freihandels ist es nicht zuletzt, solche Strukturverschiebungen weltweit möglichst so zu lenken, dass komparative Vorteile und damit Effizienz voll zum Tragen kommen. Historische Beispiele hierfür, wie etwa die Umschichtung einfacher Textil- und Bekleidungsfertigung von Europa in den Fernen Osten im vorigen und diesen Jahrhundert oder neuerdings im Bereich der PKW-Erzeugung, gibt es jede Menge.

Ein besonderer Zusammenhang zwischen (internen und internationalen) Strukturverschiebungen und dem Beschäftigungsproblem besteht darin, dass solche Wandlungen zeit- und kostenmässig sehr aufwendig sind. Weder Maschinen noch Menschen können – wie es in „zeitlosen" theoretischen Modellen manchmal impliziert zu sein scheint – über Nacht auf die neuen Verhältnisse umgestellt werden. Dieses Problem betrifft die Menschen noch weit mehr als die Kapitalausstattung. Diese kann, falls es die Rentabilität zulässt, durch Importe relativ rasch angepasst werden. Aber Menschen mit ihren angelernten Qualifikationen und ihren (durch Wohnung und Freundeskreis bedingten) örtlichen Bindungen können nicht so leicht und so rasch umgemodelt werden. Strukturarbeitslosigkeit ist somit ein längerfristiges Problem und wird noch dadurch verschärft, dass die Erfahrung zeigt, dass ein „Hysterese-Problem" besteht, d.h. dass Langzeitarbeitslosigkeit als solche Ursache (weiterer) Arbeitslosigkeit wird, so dass Strukturarbeitslosigkeit Spuren hinterlässt, auch nachdem die Strukturanpassungen vollzogen wurden.

Es ist klar, dass intern (innerhalb eines Staates) auftretende Strukturschocks weniger Probleme aufwerfen als extern bedingte. Denn innerhalb eines Landes können sich die neu auftretenden Tendenzen, welche die Errichtung neuer Betriebe und die Erwerbung neuer Qualifikationen erfordern, nur verhältnismassig langsam entwickeln, so dass der Umschichtungsprozess durch Umlernen und Generationswechsel allmählich und mit weniger Reibungsverlusten bewältigt werden kann als wenn der Anstoss durch massive Import und/oder Exportänderungen von aussen kommt und sich in relativ kurzer Zeit voll auswirken kann. Dass solche internationale Strukturverschiebungen in einzelnen Ländern und besonders in bestimmten Regionen zu schwierigen Umstellungen und langanhaltender Stagnation und Arbeitslosigkeit führen können, lässt sich durch zahlreiche Beispiele belegen. Vielleicht zu wenig beachtet wird aber, dass sich die Problematik dieses Prozesses durch neuere Tendenzen verschärft hat. Zwei Faktoren sind in diesem Zusammenhang besonders zu nennen.

Der eine, schon längere Zeit wirksame, beruht auf den zunehmenden Möglichkeiten und der zunehmenden (relativen) Verbilligung der Kommunikation (Transport und Information), welche die Welt zum „global village" zusammenschrumpfen lässt. Während früher – zusätzlich zu protektionistischen Hindernissen – schon die Transport- und Kommunikationskosten das Vordringen von neuen Entwicklungen bremsten und über einen längeren Zeitraum erstreckten (bis die neuen Produkte genügend verbilligt waren, um diese Kosten zu absorbieren), haben heutzutage diese Umstände viel an Wirksamkeit verloren und die Diffusion neuer Entwicklungen kann weit rascher erfolgen mit entsprechend höheren Anpassungserfordernissen in den betroffenen Regionen.

Bedenklicher ist aber wahrscheinlich der zweite Faktor. Was sich gegen früher entscheidend verändert hat, ist das Tempo und der Umfang des technologischen Wandels sowohl im Bereich der Produktionsprozesse wie der Produktinnovation. Ein enorm angewachsenes wissenschaftlich-technisches Establishment in einem gleichermassen gewachsenen F&E (Forschungs- und Entwicklungs-) Sektor sowie die „non-price competition" oligopolistischer Unternehmen sind die Hintergründe dieser Tendenz. Diese Beschleunigung struktureller Wandlungen stellt erhöhte Anforderungen an das Anpassungsvermögen, insbesondere im Bereich der Arbeitskräfte. In den Forderungen nach „lebenslangem Lernen", „mehrmaligem Berufswechsel im Laufe des Arbeitslebens" etc. kommt dies deutlich zum Ausdruck. Das Tempo des strukturellen Wandels ist ausser Takt mit den zumutbaren biologisch-psychologischen Möglichkeiten vieler Menschen geraten und das verschärft das Problem und die Hartnäckigkeit der Strukturarbeitslosigkeit. Aus der Perspektive dieser Änderungen ergibt sich die Frage, wie weit im internationalen Konsens Einschränkungen des absoluten Freihandels (auch hier temporärer Natur) zugelassen werden sollten, wenn durch plötzliche und massive Verschiebungen der Weltwirtschaftsstruktur grössere Regionen oder ganze Länder von zu plötzlichen und nicht verkraftbaren Anpassungsproblemen und nachfolgender Langzeitarbeitslosigkeit bedroht sind.

Die bisher aufgezählten Beispiele hatten alle neben sozialen Überlegungen einen überwiegend ökonomischen Hintergrund – Produktions- und Wachstumsverluste durch Unterentwicklung und Arbeitslosigkeit. Hinzu kommen mögliche (normative) Einwände gegen völlig unregulierten Freihandel aus ausserökonomischer Sicht und ausserökonomischen Wertvorstellungen, die Einschränkungen des Freihandels selbst dann hinzunehmen bereit sind, wenn dies mit einer („vertretbaren") Reduzierung der Effizienzvorteile verbunden ist (The Group of Lisbon 1995). Dazu gehören zum Beispiel Überlegungen über nationale Sicherheit, gewünschte Reformen der Einkommensverteilung, ökologische oder kulturelle Zielsetzungen usw. Beispiele für solche Bestrebungen und Argumente lassen sich leicht finden. So wurden und werden protektionistische Schutzmassnahmen im Agrarbereich mit der Notwendigkeit einer Basisversorgung im Kriegsfall und/oder mit dem Wunsch der traditionellen Erhaltung bestimmter Bevölkerungsschichten und Regionen begründet, ökologische Forderungen beruhen auf einer Werthaltung, welche Verantwortung für die Natur und künftige Generationen fordert, kulturelle Elemente spielten z.B. eine wichtige Rolle in den Auseinandersetzungen zwischen den USA und Europa in der Frage von Schutzmassnahmen zugunsten des Überlebens einer eigenständigen europäischen Filmindustrie und Filmkunst.

Um Missverständnissen vorzubeugen, soll zum Abschluss noch einmal betont werden, worum es in diesem Paper geht. Es ist definitiv nicht gedacht als ein Pamphlet für eine protektionistisch orientierte Politik. Über die unabdingbare und effizienzsteigernde Rolle der internationalen Arbeitsteilung und die Vorteile intensiver internationaler Handelsbeziehungen kann überhaupt kein Zweifel bestehen. Wogegen sich das Paper wendet, ist die Verabsolutierung des Freihandels als Ziel und Massstab in einer Welt mit nationalen Einheiten, die unter verschiedenen Bedingungen und unter Berücksichtigung verschiedener politischer Ziele und Entscheidungsprozesse agieren müssen.

So wie wir im Inneren eines Landes eventuell von Steuerfreiheit als Idealziel eines „freien" Marktes träumen können, aber in der „rauhen" Wirklichkeit und unter Berücksichtigung einer Zielvielfalt und von Marktversagen Steuern als eine notwendige Einrichtung akzeptieren und die entscheidende Frage zu lauten hat, wie viel und wofür Steuern zulässig sind (eine wirtschaftspolitische und politische Frage!), so sollte im internationalen Bereich die Frage des wie viel und wofür von Protektionismus in bestimmten Situationen akzeptiert werden kann im Vordergrund der internationalen wirtschaftspolitischen Debatten stehen. Mag sein, dass protektionistische Tendenzen auf Grund partieller Interessen im allgemeinen die grössere Gefahr darstellen und einen undifferenzierten Freihandelsappell nahelegen. Aber wenn man den echten Problemen der unvermeidlichen Mischung von Freihandel und protektionistischen Modifikationen nicht genügend Aufmerksamkeit widmet und institutionell auf dem Konsensweg begründbare Regeln herausarbeitet (mehr als das heute der Fall ist), besteht die Gefahr, dass sich „hinten herum" immer wieder protektionistische Tendenzen einschleichen werden, „berechtigte" und „unberechtigte", auf jeden Fall aber unkontrollierbar und konfliktträchtig.

Anhang

Es wäre interessant, wenn es möglich wäre, empirisch zu überprüfen, ob ein Zusammenhang zwischen dem Mischungsgrad von Freihandel und (offenen und indirekten) protektionistischen Elementen einerseits und den nationalen Unterschieden in Produktion oder Konsum andererseits besteht. Das würde aber nicht nur einen aussagekräftigen Indikator für den Grad des Protektionsniveaus (im weitesten Sinn) erfordern, sondern auch verlässliche grössere ökonometrische Modelle der untersuchten Staaten, um den Einfluss des Protektionsgrades isolieren zu können. Das kann hier nicht und vielleicht überhaupt nicht befriedigend geleistet werden. An Stelle dessen sei hier nur eine „Milchmädchen"-Uberlegung angefügt. In der folgenden Tabelle sind für 16 europäische Staaten Indizes des realen Bruttoinlandsprodukts (BIP) pro Kopf (BK), beruhend auf OECD-Berechnungen mit kaufkraftmodifizierten Wechselkursen, den Anteilen der Exporte am BIP (EB) gegenübergestellt. Letztere sollen als grober Indikator für die internationale Verflochtenheit und damit für den „Freihandelsgrad" dienen. (Importe oder Exporte plus Importe könnten ebenso herangezogen werden, würden aber wenig Änderung in der relativen Reihung bringen.)

Tabelle

Land	Reales BIP/Kopf (1992) Durchschnitt der 16 Länder = 100	Exporte / BIP (1990–92) in %
Österreich	112.0	39.6
Belgien	112.6	71.0
Deutschland	126.5	32.6
Dänemark	110.4	35.8
Finnland	90.0	26.3
Frankreich	115.1	22.8
Griechenland	51.4	22.4
Grossbritannien	101.2	24.3
Irland	76.7	54.7
Italien	108.2	21.0
Niederlande	105.4	52.7
Norwegen	109.9	43.9
Portugal	60.6	27.8
Schweden	102.7	29.6
Schweiz	146.6	36.1
Spanien	68.0	17.9

Schon ein flüchtiger Blick auf die Daten zeigt, dass zwischen den beiden Reihen kein enger Zusammenhang besteht. Eine einfache lineare Regression des BIP/Kopf zum Exportanteil ergibt zwar den (gemäss Freihandelsargument) erwarteten positiven Zusammenhang (BK=84.06+0.45 EB), er ist aber mit einem r^2 = 0.07 so gut wie nicht existent. Das Bild ist aber selbstverständlich nicht nur dadurch verfälscht, das alle anderen Einflussgrössen nicht berücksichtigt sind, sondern vor allem auch systematisch dadurch, dass grosse Staaten natürlicher- und notwendigerweise einen kleineren Exportanteil haben als kleine Staaten. (Für die Welt als ganzes ist der Exportanteil gleich Null.) Um dies zu berücksichtigen, wurde ein Dummy (D) eingeführt, der 1 für Grossstaaten mit mehr als 20 Millionen Einwohnern beträgt (in unserem Fall: Deutschland, Frankreich, Grossbritannien, Italien und Spanien) und 0 für alle anderen. Als Ergebnis erhält man (t-Werte in Klammern):

$$\underset{(3.06)}{BK = 66.99} + \underset{(1.51)}{0.78\ EB} + \underset{(1.17)}{18.40\ D}; \quad R^2 = 0.16$$

Wie man sieht wird jetzt – neben dem Grösseneffekt – der spezielle Einfluss der Aussenverflochtenheit etwas deutlicher, aber die niedrigen Werte des Determinationskoeffizienten (R^2=0.16) und des t-Werts des Regressionskoeffizienten lassen erkennen, dass kein gesicherter positiver Zusammenhang abgeleitet werden kann. Das kann natürlich eine Folge davon sein, dass andere (nicht erfasste) Faktoren dem Aussenhandelseinfluss entgegengewirkt haben. Andererseits ist aber auch die Möglichkeit einer umgekehrten Kausalkette zu bedenken. Statt vom Aussenhandel zur Produktion und Produktivität kann der Einfluss von hoher Produktivität (und insbesondere von Produktivität bei neuen Produkten) zu höheren Exporten und Importen führen.

Literatur

Dow, S.C. (1990), „Beyond dualism", Cambridge Journal of Economics, 14/2, 143–157.

Heinemann H.J. (1986), „Der Vorteil internationaler Wirtschaftsbeziehungen. Überlegungen zu einem alten Thema" in Ertel R. und Heinemann H.J. (Hsg.), Aspekte internationaler Wirtschaftsbeziehungen. Niedersächsisches Institut für Wirtschaftsbeziehungen: Hannover, S. 1–21.

Little I.M.D. (1950), A Critique of Welfare Economics. Oxford University Press: London.

Machlup, F. (1977), A History of Thought on Economic Integration. Columbia University Press: New York.

Mander, J. (1993), „Megatechnology, Trade, and the New World Order" in Nader, R. et al. (eds), The Case against 'Free Trade'. GATT, NAFTA and the Globalization of Corporate Power. North Atlantic Books: Berkeley, S. 13–22.

Nye, J.V.(1991), „The myth of Free Trade Britain and Fortress France: tariffs and trade in the nineteenth century", Journal of Economic History, 51/l, 23–46.

The Group of Lisbon (1995), Limits to Competition. MIT Press: Cambridge MA.

Woll, A. (1984), Allgemeine Volkswirtschaftslehre, 8.Aufl. Franz Vahlen-Verlag: München.

Yeager, B.L. and Tuerck, D.G. (1983/84), „Realism and free trade policy", CATO Journal, 3/3, 645–666.

The Political Economy of the Better Régime: A Historical Test of the Theory of Social Situations

Institut für Finanzwissenschaft und Sozialpolitik der
Christian-Albrechts-Universität zu Kiel
Olshausenstraße 40
D-24098 Kiel, Germany

By Christian Seidl

1. Introduction

Economics has always been concerned with examining the comparative superiority of economic régimes, investigating the properties of optimum economic régime, or with choosing the best set of institutions making up an economic régime. Remember, e.g., Adam Smith's *Wealth of Nations*, Ricardo's plea for free trade, Marxian economics, the Mises-Lange-Hayek debate on economic calculation, and the modern theories of mechanism design initiated by Hurwicz's seminal work. However, when it comes to compare economic régimes, economics has not much to offer beyond the Pareto criterion and some stability concepts in cooperative game theory. These are rather poor instruments for evaluating economic régimes on the scale of better or worse.

Joseph Greenberg's recently developed theory of social situations[1] seems to be particularly suitable for the comparison of economic régimes. The purpose of these article is to check whether this prima facie impression comes true, or whether the theory of social situations lodges inherent pitfalls which do not render it particularly appropriate to compare economic régimes. Such weaknesses, if properly demonstrated, may eventually lead to improvements of the theory of social situations.

---

1 Greenberg (1990a,b)

Examining the appropriateness of the theory of social situations for the comparison of economic régimes is best exemplified for some real issue which had excited people´s temper at some time. As the present article is to appear in a Festschrift for a renowned Austrian economist, we best exemplify the acid test of the theory of social situations with a struggle between different régimes to organize the Austrian economy. The most spectacular struggle between economic régimes which had ever convulsed Austria is by all means the socialization debate in the aftermath of the First World War.

In Section 2 we shall set forth the theory of social situations as concisely as possible and examine its explanatory possibilities and its performance. In Section 3 we apply the theory of social situations to the Austrian socialization debate as it crystallized in its two great antagonists, viz. Otto Bauer and Josef Schumpeter.

2. The Theory of Social Situations

There are three building blocks in Greenberg´s theory, viz. a *position*, an *inducement correspondence*, and a standard of behaviour.

DEFINITION 1[2]: A position G is a triple $G \equiv [N(G), X(G), \{u^i(G)\}_{i \in N(G)}]$, where $N(G)$ denotes the set of players, $X(G)$ denotes the set of all feasible outcomes, and $u^i(G)$ denotes the utility function of player i in position G with respect to the outcomes, that is, $u^i(G): X(G) \rightarrow \mathfrak{R}$.

This shows that a position describes a current state of affairs. We shall assume that there is a status quo in any state of affairs, $x^* \in X(G)$. This status quo describes the point of departure of any further economic development. Given a position G and a status quo $x^* \in X(G)$, an inducement correspondence denotes the set of all positions which a coalition of players $S \subset N(G)$ can induce from G when x^* is given.

DEFINITION 2[3]: Given a position G and a status quo $x^* \in X(G)$, let $\gamma(S \mid G, x^*)$ denote the set of positions that a coalition $S \subset N(G)$ can induce from G when x^* prevails. An inducement correspondence γ is closed in the set of positions Γ, that is for all $G \in \Gamma$, $S \subset N(G)$, and $x \in X(G)$, we have $\gamma(S \mid G, x) \subset \Gamma$. Moreover, for all $G \in \Gamma$, $S \subset N(G)$ and $x \in X(G)$, if $H \in \gamma(S \mid G, x)$, then $S \subset N(H)$.

2 Greenberg (1990a), 10.
3 Greenberg (1990a), 12.

The last requirement means „that the set of players of each position that a coalition S can induce, includes, but need not coincide with, the players in S.[4]"

DEFINITION 3[5]: A (social) *situation* is a pair (γ, Γ).

Now, a situation comprises the set of possible positions and ways to reach the various positions when a coalition of players $S \subset N(G)$ starts from a status quo $x^* \in X(G)$, $G \in \Gamma$. This is performed by the inducement correspondence γ.

The next question concerns the feasible outcomes which are characterized by some kind of stability, i.e. which are not dominated by outcomes prevailing in other positions. This means that once a stable outcome prevails, no coalition exists which could improve upon this outcome by inducing another position and realizing another outcome associated with this position. These stable outcomes are called *solutions*.

DEFINITION 4[6]: A mapping σ that assigns to each position $G \in \Gamma$ a solution, $\sigma(G) \subset X(G)$, is called a *standard of behaviour* (SB) for Γ.

The critical point is now to confer a pregnant meaning upon the solution concept. As all positions $G \in \Gamma$ are endowed with sets of feasible outcomes $X(G)$, a solution concept amounts to a specification of a preference ordering over sets of alternatives which is derived from a preference ordering over the alternatives in the respective sets. Greenberg, drawing on the von Neumann-Morgenstern solution concept of stable sets, requires a standard of behaviour to satisfy both *internal* and *external stability*. Using these notions, he suggested an *optimistic* stable standard behaviour (OSSB) and a *conservative* stable standard of behaviour (CSSB).

DEFINITON 5[7]: For a position $G \in \Gamma$, define the *optimistic dominion* of G relative to σ by
$\mathrm{ODOM}(\sigma, G) = \{x \in X(G) \mid \exists\, S \subset N(G),\ H \in \gamma(S \mid G, x)$, and $y \in \sigma(H)$ such that for all $i \in S$, $u^i(H)(y) > u^i(G)(x)\}$.

Let (γ, Γ) be a situation, and let σ be an SB for (γ, Γ). Then σ is
(i) optimistic internally stable iff $\forall\ G \in \Gamma$ and $x \in X(G)$, $x \in \sigma(G) \Rightarrow x \notin \mathrm{ODOM}(\sigma, G)$;

4 Greenberg (1990a), 12.
5 Greenberg (1990a), 12.
6 Greenberg (1990a), 15.
7 Greenberg (1990a), 18f.

(ii) optimistic externally stable iff $\forall\ G\in\Gamma$ and $x\in X(G)$, $x\notin\sigma(G) \Rightarrow x\in \mathrm{ODOM}(\sigma,G)$;
(iii) optimistic stable iff $\forall\ G\in\Gamma$, $\sigma(G) = X(G)\backslash \mathrm{ODOM}(\sigma,G)$.

DEFINITION 6[8]: For a position $G\in\Gamma$, define the *conservative dominion* of G relative to σ by
$\mathrm{CDOM}(\sigma, G) = \{x\in X(G) \mid \exists\ S\subset N(G), H\in\gamma(S \mid G, x)$, such that $\sigma(H) \neq \varnothing$ and for all $y\in\sigma(H)$ and $i\in S$, $u^i(H)(y) > u^i(G)(x)\}$.

Let (γ, Γ) be a situation, and let σ be an SB for (γ, Γ).Then σ is
(i) conservative internally stable iff $\forall\ G\in\Gamma$ and $x\in X(G)$, $x\in\sigma(G) \Rightarrow x\notin \mathrm{CDOM}(\sigma,G)$;
(ii) conservative externally stable iff $\forall\ G\in\Gamma$ and $x\in X(G)$, $x\notin\sigma(G) \Rightarrow x\in \mathrm{CDOM}(\sigma,G)$;
(iii) conservative stable iff $\forall\ G\in\Gamma$, $\sigma(G) = X(G)\backslash \mathrm{CDOM}(\sigma,G)$.

Internal stability means that $\sigma(G)$ consists of all outcomes which are not dominated by some outcome associated with some position which can be induced by coalition S starting from some x in position G. External stability means that all elements of $X(G)$ which are not in $\sigma(G)$ are dominated by some outcome associated with some position which can be induced by coalition S starting from some x in position G. An SB σ is stable if it is both internally and externally stable, i.e. no member of some $\sigma(G)$, $G\in\Gamma$, is dominated by some other outcome, and all outcomes which are not elements of some $\sigma(G)$, $G\in\Gamma$, are dominated by an element of some $\sigma(G)$, $G\in\Gamma$.

As already referred to above, the most delicate part of the story is to confer a pregnant meaning to the domination concept. Greenberg´s domination concepts basically compare single elements in $X(G)$ with sets $X(H)$. Consider, for example, some $x\in X(G)$. Then $X(H)$ can be considered better than x by a coalition S if there exists some outcome $y\in X(H)$ such that y is considered to be better than x by all members of S. This expresses an *optimistic* attitude, as the members of S would like to induce H hoping that an outcome of $X(H)$ would finally result which is better than x for each of them. The attitude of the members of S can be *conservative* in the sense that they want *all* outcomes in $X(H)$ to improve their position vis-á-vis x in order to consider $X(H)$ to be better than x.

8 Greenberg (1990a), 18–20

Now, $\sigma(G)$ comprises only those outcomes in $X(G)$ which are not dominated by some $X(H)$, $H \in \Gamma$, according to the respective domination concept. In particular, all outcomes in $X(H)$ which are themselves dominated by other outcomes drop out as ultimately „better“ alternatives. Therefore, comparisons of dominance relations can be confined to the stable outcomes, viz. to the sets $\sigma(G)$, $G \in \Gamma$.

Greenberg´s concepts require inter-positional comparability of the agents` utility functions. To illustrate this problem, suppose, for the sake of simplicity, that $x = X(G)$ and $y = X(H)$. Now, $u^i(H)(y) > u^i(G)(x)$ means that agent i can safely predict that y has greater utility for him in position H than x has in position G. In other words, he is not only perfectly informed about his preferences in different positions, but can evaluate and compare his preferences across positions. It is not difficult to conceive of cases such as $u^i(G)(x) > u^i(G)(y)$ and $u^i(H)(y) > u^i(H)(x)$ for some i. That is, when in position G, agent i considers outcome x as better than outcome y, but when in position H, he considers y as better than x. Suppose that our agent is presently in a miserable status quo z in position J. He realizes that, whatever happens, he can only gain by leaving position J associated with the singleton outcome z. Let his only alternatives be G and H. Which decision should he make when his preferences happen to be not comparable across positions? Thus, it seems that Greenberg elegantly ignored a rather awkward, but by no means unrealistic, problem

An OSSB and a CSSB need not exist. Moreover, there are situations which allow only for one of these SB, but not for the other[9]. Notice also that the Greenberg framework allows only for the derivation of stable standards of behaviour. It provides no ordering over the elements in the set of results $\bigcup_{G \in \Gamma} \sigma(G)$. This is an unfortunate weakness of this theory: it is able to tell you that you should not *leave* a given status quo when it is an element of some $\sigma(G)$, $G \in \Gamma$. But it is not able to advise you (or a coalition) which position you (or the coalition) should choose when you are presently in a status quo which is not element of some solution $\sigma(G)$, $G \in \Gamma$. Finally, the theory of social situations is comparative static in character. Therefore, it cannot deal with dynamic problems such as the analysis of transition problems. We shall see that this trait of the theory of social situations turns out as ist greatest impediment to ist application to historic instances of régime comparisons.

---

9 Cf. Greenberg (1990a), 21.

3. The Socialization Controversy in Terms of Social Situations

Otto Bauer, secretary of foreign affairs and later the president of the Austrian Commission on Socialization was the unrivalled intellectual authority among Socialists after the First World War. Within a few weeks during December 1918 and January 1919, he managed to draft a socialization program which appeared in the *Arbeiter-Zeitung* in a series of articles during the Socialist election campaign in the period from January 5, 1918, to January 28, 1919. Shortly thereafter, these articles were published as a brochure under the title *Der Weg zum Sozialismus* (The Road to Socialism), which enjoyed enormous popularity: it was reprinted twelve times within two years and translated into several other languages. Supplemented by other writings of and speeches of Otto Bauer[10], this brochure became the virtual backbone of the socialist socialization program. With Otto Bauer as its president, the Austrian Commission on Socialization, by and large followed his blueprints for socialization[11].

Bauer´s economic thinking was firmly rooted in the conviction that a socialized economy is far more productive than a capitalist economy. This is amply evidenced in Bauer´s *Der Weg zum Sozialismus*[12] and Bolschewismus *oder Sozialdemokratie?*[13]. Bauer argued that Socialism distributed the national product more equally. However, this more equal distribution can benefit workers only when the national product also increases. Otherwise, a more equal distribution of goods would be useless, if less goods were available for distribution. The main challenge of Socialism is, therefore, to guarantee a more equal distribution of goods without discouraging their production.

This means that significant improvements of the workers` standard of living presuppose a substantial increase of productivity. Bauer was deeply convinced that Socialism is capable of achieving a much higher level of economic productivity by avoiding the anarchy of capitalist production, by planned organization of production and distribution of goods, and by eliminating competition and commerce. He believed that Socialism channeled employment for competitive purposes to more productive uses and economized production by applying the most perfect technologies[14].

---

10 Otto Bauer´s scattered writings appeared fortunately in a series of his collected works. All quotes are taken from this series

11 Gerlich (1980), 143

12 Bauer (1976), 93.

13 Bauer (1976), 334–338.

14 Interestingly enough, Schumpeter, in his Capitalism, Socialism and Democracy, not only joins, but in effect reinforces, these arguments when demonstrating the superiority of Socialism over Capitalism. Cf. Schumpeter (1987), 193–199.

Being a devout Socialist, Bauer never questioned the empirical correctness of these convictions. Instead, he concentrated on how best to establish Socialism, as he understood it. His notion of Socialism had nothing in common with central planning or nationalization of the economy. He was convinced that nobody manages firms worse than governments do[15]. Therefore, he proposed socialization rather than nationalization as the appropriate road to Socialism. Socialized firms should be managed by a council which should consist equally of three groups: (1) representatives of the employees of the firm, (2) representatives of the consumers, and (3) delegates of the government.

Due to the different states of maturity of the various sectors of the Austrian economy, Bauer advocated a piecemeal approach to socialization, rather than a one-stroke socialization of the whole economy[16]. Starting with the most centralized industries, socialization should eventually encompass the whole economy.

Hand in hand with the progress of socialization, the pattern of government revenue should be restructured: the socialized firms` profit transfers to the government should gradually replace tax revenue. However, taxes (performing now a different role) should be used to promote this process. High taxes placed on (private) property and wealth and on income from property and wealth should be used to indemnify the owners, and to cover the interest on bonds which were issued for purposes of indemnification.

This would, however, raise another problem. As socialization proceeds, more and more capitalists would be transformed to rentiers. The burden of further indemnities (and for paying interest on indemnity bonds) would thus be placed on the shoulders of fewer and fewer remaining capitalists – and would eventually fall on the general public when the property of the last capitalists was socialized. Therefore, Bauer´s program provided for the restriction of the inheritance right to the testator´s spouse and children only. Moreover, even these persons should be subject to a rather high and progressive legacy duty. This would do away with the indemnity bonds within few generations.

The Schumpeterian picture of the development of Capitalism and ist eventual demise due to its success, not its failure[17], is much more colorful than Marx´analysis, although not entirely different. Mature Capitalism, understood in

---

15 In this view he paralleled Schumpeter (1920/21), 355, who argued that nationalization implies the replacement of a qualified entrepreneur by an unqualified one.

16 Notice, however, that Bauer´s goal was the eventual socialization of the entire economy.

17 Schumpeters´s arguments for the breaksdown of Capitalism are well known from part II of his Capitalism, Socialism and Democracy. Notice that this book was essentially preshaped in his article „Sozialistische Möglichkeiten von heute“ written in 1920.

the Marxian or Schumpeterian sense, prepares the way for Socialism. As mature Capitalism exemplifies a high degree of centralization of production, all that must be done to attain the next evolutionary stage, Socialism, is to expropriate the last few remaining capitalists (according to Marx), or indemnify the millions of shareholders by interest-bearing bonds (according to Schumpeter)[18], and continue to run business as usual with some minor corrections[19]. With respect to the economic efficiency of Socialism in comparison with Capitalism, we encounter ambiguous views in Schumpeter's writings. In *Die Krise des Steuerstaates* and "*Sozialistische Möglichkeiten von heute*", Schumpeter argued that Socialism is in any case less efficient than Capitalism[20]. In *Capitalism, Socialism and Democracy*, however he expressed confidence that Socialism, when imposed on a mature capitalist economy, functions *more efficiently* than the capitalist economy which it replaced[21].

However, Schumpeter, like Marx, considered Socialism incapable of accomplishing the concentration of the productive units of the economy, a task which Capitalism is supposed to do in a more superior way[22]. Therefore, he held that a socialized economy which was imposed on a yet immature capitalist economy were far less productive than the capitalist economy which it replaced.

Schumpeter insisted that the degree of maturity of an economy is all what is decisive for the ultimate success of its transition to Socialism and the actual method of managing socialized industries is less important. With respect to democratic methods of running the socialized industries (which were considered both by the German and Austrian Commissions of Socialization), he remarked: "It goes without saying that operating socialist democracy... would be a perfectly hopeless task except in the case of a society that fulfills all the requirements of "maturity" ..., in particular, the ability to establish the socialist order in a democratic way and the existence of a bureaucracy of adequate standing and experience[23]". For a mature economy, however, he forecast a smooth transition to Socialism, which would exhibit a greater efficiency than the capitalist economy which it replaced.

As already remarked above, this reflects the view of the old and tolerant Schumpeter. Shortly after his resignation as Secretary of the Treasury, when he wrote "Sozialistische Möglichkeiten von heute" in 1920, he was, however, more

---

18 Schumpeter (1987), 222.
19 Schumpeter (1987), 223.
20 Schumpeter (1953), 56f.; Schumpeter (1920/21), 322, 344f.
21 Schumpeter (1987), 188–199.
22 In particular, Schumpeter (1920/21), 322, argued that Socialism cannot accomplish capital saturation of an economy and cannot cope with a rapidly growing population.
23 Schumpeter (1987), 301.

uncompromising. He maintained that sozialization would inevitably (i.e. also in case of a Socialist régime being imposed on a fully mature capitalist economy) cause a sharp slump in productivity and would thus still exacerbate the general economic distress for anybody. A comprehensive transition to Socialism would require a strong Red Army whose bayonets would have to enforce and protect the new régime[24]. Any socialization, both in Germany and in Austria, would, in the present situation, be premature in the sense that it would encounter strong resistance, both on the part of the bourgeoisie and on the part of the workers who were still feeling in a capitalist mood[25].

With respect to Austrian economic policy, Schumpeter advocated a policy of government non-intervention in economic affairs, low taxes, and free trade – in short, a naive libertarian policy[26]. Furthermore, he contended that Austria´s specific economic situation should prevent even devout Socialists from socialization attempts, if not out of concern for the welfare of the population, then out of consideration for the political future of Socialism itself[27]. The war had postponed the dawn of Socialism and had opened up new challenges for capitalist ventures and private initiatives[28].[29]

Let us now recast the Bauer-Schumpeter controversy on socialization in terms of the theory of social situations and check its appropriateness for the comparison of political-economic institutions along the scale of better or worse.

For the ease of illustration, assume that there were actually three positions available: first, the régime of the war economy which prevailed after World War I. It was a mixture of a capitalist economy and central planning, which we call position *W*. Second, the régime of a by-and-large unfettered capitalist market economy, as endorsed by Schumpeter for the sake of quick economic recovery. Call that *C*. Third, the régime of a Socialist economy characterized by socialized firms, as aspired to by Bauer. Call that *S*. We may safely assume that both Bauer and Schumpeter held that *W* was dominated by some other position. Obviously, Bauer was convinced that *S* dominated *W*, whereas Schumpeter maintained that *C* dominated *W*. Therefore, we may well assume that both agreed that *W* should be left in any case. However, Bauer and Schumpeter disagreed with respect to the direction of leaving *W*. According to Bauer, *S* dominated *C*, according to Schumpeter, *C* dominated *S*.

24 Schumpeter (1920/21), 308.
25 Schumpeter (1920/21), 351ff.
26 Schumpeter (1920/21), 356; Schumpeter (1953), 56f.
27 Schumpeter (1920/21), 357.
28 Schumpeter (1953), 56f; Schumpeter (1920/f21), 358.
29 For a more comprehensive presentation of the Bauer-Schumpeter socialization controversy cf. März (1981) or Seidl (1994).

Now, what meaning can be conferred upon Bauer's and Schumpeter's domination concepts? They did not directly refer to the agents' utility functions. Rather, they relied on their incomes in real terms as a proxy for utility. Let us, therefore, interpret x as a vector of incomes in real terms in position S, where X(S) denotes the set of all income distributions which are attainable under Socialism. Further, we interpret y as a vector of incomes in real terms in position C, with $X(C)$ denoting the set of all income distributions attainable under Capitalism. Let us, moreover, rule out Pareto-inferior income distributions. Then we can concentrate on P(S) and $P(C)$, respectively, which denote the sets of Pareto-efficient income distributions in positions S and C, respectively. Notice that $P(S)$ and $P(C)$ are not the sets of solutions in the Greenberg sense. We think it obvious to assume that $\sigma(S) \subset P(S)$ and $\sigma(C) \subset P(C)$.

Trying to reconstruct Bauer's convictions, we obtain[30]:

BAUER'S WORLD:

(i) $\sum_{i\in N} x^i > \sum_{i\in N} y^i$ for all $x\in\sigma(S)$, $y\in P(C)$;

(ii) x is more equally distributed than y for all $x\in\sigma(S)$, $y\in P(C)$;

(iii) let $x\in\sigma(S)$, $y\in P(C)$ be arranged in non-decreasing order; then for all $x\in\sigma(S)$, $y\in P(C)$, there exists a $k < \#N$ such that $y^i > x^i$ for all $i > k$, $x\in\sigma(S)$, $y\in P(C)$;

(iv) $\sigma(S) \neq \varnothing$; $\sigma(C) = \varnothing$;

(v) $\gamma(T \mid G, z) = \varnothing \;\; \forall \;\; G\in\Gamma,\ z\in X(G)$, when $\#T \leq \frac{1}{2}\#N$.

Condition (i) reflects Bauer's conviction that a Socialist economy is more efficient than a capitalist economy. (ii) reflects Bauer's claim that a Socialist economy is obliged to distribute incomes more equally than a capitalist economy could ever accomplish. (iii) expresses Bauer's view that, in spite of its lower productivity, some agents will enjoy greater real incomes in a capitalist economy than in a Socialist economy. (iv) explains Bauer's faith that no state in a capitalist economy can ever be better than a solution state in a Socialist economy. Finally, condition (v) expresses Bauer's respect for democracy: any change of régimes must be supported by a majority of votes.

Faith in the greater productivity of a Socialist economy would have made it rather easy for Bauer to argue along Paretian lines: let's give the Capitalists their previous incomes and distribute the additional product reaped by virtue of the Socialist régime to the workers. However, such lines of reasoning would have

30 We assume N(S) = N(C) = N.

offended Bauer´s ideological beliefs. The Capitalists had acquired their property by having expropriated the workers' surplus value. Therefore, justice demanded expropriation of the Capitalists, which would return their plunder to the workers. As this should be accomplished in a democratic way, it required a majority of voters T for implementation.

We have no evidence which SB Bauer had in mind, but we best conjecture that he imagined something similar to a CSSB: $S \in \gamma(T \mid G, z)$, $G \in \{W, C\}$, $z \in X(G)$, $\#T > \frac{1}{2}\#N$, $\sigma(S) \neq \emptyset$ and for all $x \in \sigma(S)$, for all $z \in X(G)$, $G \in \{W, C\}$, and for all $i \in T, x^i > z^i$. This means in effect that there exists a majority T of agents which can do better in a Socialist régime as compared to any other régime. This implies that a capitalist régime is incapable of placating the workers with higher incomes, because productivity is lower under a capitalist régime. In addition to that, the necessity to provide higher incomes for the capitalists for incentive reasons cause it to fall behind a Socialist economy. Summarizing, a Socialist economy enjoys both higher productivity and need not maintain an idle class of Capitalists.

Schumpeter´s convictions can be reconstructed in the following way:

SCHUMPETER´S WORLD:

(i) $\sum_{i \in N} y^i > \sum_{i \in N} x^i$ for all $y \in \sigma(C)$, $x \in P(S)$;
(ii) x is more equally distributed than y for all $y \in \sigma(C)$, $x \in P(S)$;
(iii) Let $y \in \sigma(C)$, $x \in P(S)$ be arranged in a nondecreasing order; then $y^i > x^i$ for all $i \in N$, for all $y \in \sigma(C)$, and for all $x \in P(S)$;
(iv) $\sigma(C) \neq \emptyset; \sigma(S) = \emptyset$;
(v) $\gamma(T \mid G, z) = \emptyset \;\; \forall \;\; G \in \Gamma, z \in X(G)$, when $\#T \leq \frac{1}{2}\#N$.

Condition (i) reflects Schumpeter´s axiom that a Socialist economy, when imposed on a capitalist economy which is not yet ripe for the transition to Socialism, is less efficient than a capitalist economy. As to condition (ii), Schumpeter parallels Bauer´s view that income will be distributed more equally in a Socialist economy. (iii) expresses Schumpeter´s confidence that an efficient capitalist economy would provide greater incomes than a Socialist economy for all agents, including all workers. (iv) describes Schumpeter´s faith that no state in a Socialist economy can ever be better than a solution state in a capitalist economy. Condition (v) again expresses respect for democratic decision-making.

Again we have no evidence which SB Schumpeter had in mind, but from his comments we may well conjecture that he imagined something similar to Pareto-superiority, thus adopting in fact a CSSB: $C \in \gamma(N \mid G, z)$, $G \in \{W, S\}$, $z \in X(G)$, $\sigma(C) \neq \emptyset$, and for all $y \in \sigma(C)$ and all $i \in N$, $y^i > z^i$. This means that all agents will do better under a capitalist régime.

This construction seems to indicate that Greenberg's theory of social situations does indeed provide an adequate framework for analyzing the régime comparisons intrinsic to the Bauer-Schumpeter controversy. However, in one respect the theory of social situations proves to be a Procrustean bed: essentially the theory of social situations is appropriate only for comparative static analyses. The choice of régimes of economic institutions, by contrast, is a dynamic process, which extends over considerable time periods. Both Bauer's and Schumpeter's depictions of the development of a capitalist or a socialized economy abound with intertemporal developments. The theory of social situations cannot easily cope with this challenge. Within this limited scope, however, the theory performs well.

Let us finally cast a glance at the political situation in Austria in 1919. The elections of February 16, 1919, brought the Socialists some 40 % of the votes. This was not enough to carry out socialization on the Socialists' own strength; support was needed from other political parties. But however strong the support from other parties had been in March 1919, it soon faded once these parties returned to their grassroots views. According to the 1923 census, some 40 % of the working population were employed in agriculture, some 33 % in mining, industry, and handicrafts, and some 27 % in the services sector[31]. Of the working population in 1923, some 36 % were self-employed (including family members), and some 64 % were paid employees (of which 7,2 % were unemployed)[32]. As the Socialists had hardly any support from the agricultural population, these figures suggest that, at most, 40 % of the population approved of Socialist experiments. Although the Socialists tried to neutralize the agricultural population by largely exempting this sector from their socialization program[33], events in the Soviet Union and statements of left-wing Socialists made farmers suspicious of socialization. Therefore, Socialists could not rely on obtaining a parliamentary majority to realize their program.

31 Butschek (1987), 128.
32 Butschek (1987), 220.
33 Gerlich (1980), 228–241.

We have tried to provide an accurate portrayal of Bauer´s and Schumpeters convictions. A seminal part of these convictions is the attribution of preferences and expectations to all people. Politicians try to influence or entice people to share in their beliefs. We know nothing about people´s beliefs in those days; it has proved to be difficult enough to reconstruct Bauer´s and Schumpeter´s beliefs. However, we do know from history that socialization did not carry the day in 1919. From the bitter experience of millions of people with Communism and Socialism, we know today that this decision was the right one. Ironically, Schumpeter was right in 1919, but wrong in 1942. History has proved that the proper answer to the question "Can Capitalism survive?" is a YES, and the proper answer to the question "Can Socialism work?" is a NO.

4. References

Bauer, Otto (1976): *Werkausgabe, Vol. 2*, Europaverlag, Vienna.

Butschek, Felix (1987): "Historische Arbeitsmarktdaten für Österreich", *Österreichische Zeitschrift für Statistik und Informatik 17*, 213–227.

Gerlich, Rudolf (1980): *Die gescheiterte Alternative, Sozialisierung in Österreich nach dem Ersten Weltkrieg*, Wilhelm Braumüller Universitäts-Verlagsbuchhandlung, Vienna.

Greenberg, Joseph (1990a): *The Theory of Social Situations, An Alternative Game-Theoretic Approach*, Cambridge University Press, Cambridge-New York-Port Chester-Melbourne-Sydney.

Greenberg, Joseph (1990b): "*The Theory of Social Situations*: Illustrated by and Applied to Extensive Form Games" in: J.J. Gabszewicz, J.-F.Richard and L.A. Wolsey (eds.), *Economic Decision-Making: games, Econometrics and Optimization, Contributions in Honor of Jacques H. Dréze*, Elsevier Science Publishers, Amsterdam, 207–231.

Hayek, Friedrich August von (1940): "Socialist Calculation: the Competitive 'Solution' "; *Economica 7*, 125–149.

Hayek, Friedrich August von (1945): "The Use of Knowledge in Society", *The American Economic Review 35*, 519–530.

Lange, Oskar (1936/37): "On the Economic Theory of Socialism", *The Review of Economic Studies 4*, 53–71 and 123–142.

März, Eduard (1981): "Die Bauer-Mises-Schumpeter-Kontroverse", *Wirtschaftspolitische Blätter 28/4*, 66–79.

Mises, Ludwig von (1920/21): "Die Wirtschaftsrechnung im sozialistischen Gemeinschaftswesen", *Archiv für Sozialwissenschaft und Sozialpolitik 47*, 86–121.

Mises, Ludwig von (1922): *Die Gemeinwirtschaft, Untersuchungen über den Sozialismus*, Gustav Fischer, Jena

Schumpeter, Joseph A. (1920/21): "Sozialistische Möglichkeiten von heute", *Archiv für Sozialwissenschaft und Sozialpolitik 48*, 305–360.
Schumpeter, Joseph A. (1953): *Die Krise des Steuerstaates*, in: Joseph A. Schumpeter, *Aufsätze zur Soziologie*, J.C.B. Mohr (Paul Siebeck), Tübingen, 1–71.
Schumpeter, Joseph A. (1987): *Capitalism, Socialism and Democracy*, Unwin Paperbacks, London-Boston-Sydney.
Seidl, Christian (1994): "The Bauer-Schumpeter Controversy on Socialization", *History of Economic Ideas 2*, 41–69.

Wirtschaftspolitik heute: Technik oder Rhetorik?

Richard Sturn[1]

In the social field, as elsewhere, knowledge is wanted both for its own sake and for use in the guidance of action. It is a serious reflection that the unsatisfactory state of affairs in social science has largely resulted from the very progress of science, the revolutionary development of techniques for acquiring knowledge, and applying knowledge, which is an outstanding feature and achievement in our own and recent time.

Frank Knight, Fact and Value in Social Science

1. Warum Wirtschaftspolitik schwierig ist

1.1. Dieser Aufsatz will kritisch *zwei konträre Auffassungen der systematischen Rolle von theoriegestützter Wirtschaftspolitik* beleuchten. Der einen zufolge ist theoriegestützte Wirtschaftspolitik im wesentlichen in Analogie zur naturwissenschaftsgestützten Technik zu begreifen. Ihre praktische Wirkung entfaltet sie darin, Instrumentenbündel für gegebene Ziele zu optimieren. Dem steht eine – derzeit einigermaßen einflußreiche – Auffassung entgegen, welche die Modelle der theoretischen Ökonomik im wesentlichen als rhetorische Mittel im politischen Diskurs, der politischen Auseinandersetzung sieht. Mit diesen beiden Auffassungen korrespondieren – ein Stück weit – *zwei verschiedene Auffassungen vom Prozeß der Politikberatung*. Man kann sie als dezisionistische bzw. als pragmatistische Auffassung bezeichnen (Habermas 1964; Streit 1991). Aufgrund theoretischer Erwägungen über das Verhältnis von Theorie und Praxis wird hier eine *alternative Sicht* vorgeschlagen, welche der Komplexität der Wirkungsebenen angewandter Ökonomik besser gerecht wird. Diese alternative Sicht berücksichtigt eine Reihe von empirisch wichtigen Randbedingungen der Politikberatung: den Schleier des Nichtwissens, der sich erst im Handlungsprozeß stückweise lichtet, sowie vielfältige Beschränkungen mit unterschiedlichem Status und unterschiedlichem Behar-

[1] Teile dieses Aufsatzes beruhen auf der stark modifizierten Version eines Vortrags mit dem Titel „The Importance of Shared Beliefs: the Rise and Decline of Austro-Keynesianism", den ich im Herbst 1995 als Visiting Professor an der University of Minnesota in Minneapolis hielt. Ich danke den Teilnehmerinnen und Teilnehmern an der Diskussion – sowie Gudrun Haberl und Heinz D. Kurz – für hilfreiche Kritik.

rungsvermögen. Dazu kommt der Pluralismus politischer Ziele, dessen Reduktion auf eine eindimensionale Soziale Wohlfahrtsfunktion nicht allgemein möglich und als heuristische Vorstellung oft wenig hilfreich oder sogar irreführend ist[2]. Die Quellen der Ideen zu dieser alternativen Sicht reichen von Carl von Clausewitz bis zur modernen Theorie des *Second-best* und jenen Einsichten, welche das Reich der Marktökonomie als relativ autonomes Subsystem moderner Gesellschaften charakterisieren. Vieles geht auch auf jene Schriftsteller wie Friedrich von Hayek (1952) und Frank Knight (1947) zurück, welche die verbreitete Analogisierung der theoretischen Ökonomik mit den Naturwissenschaften und der angewandten Ökonomik mit der Technik gründlich kritisierten. Im Zentrum steht aber eine in vielem von Gunther Tichy inspirierte Skizze der Politik des Austrokeynesianismus, welcher in mancherlei Hinsicht als Beispiel für diese „realistischere" Auffassung von theoriefundierter Wirtschaftspolitik dienen kann.

1.2. Wenn man eine Einordnung wissenschaftlicher Disziplinen nach dem Grad ihrer Schwierigkeit versuchen würde, so müßte das Fach Wirtschaftspolitik ohne jeden Zweifel ganz oben eingereiht werden. Dies hängt mit drei Typen von Ursachen zusammen. Der erste Ursachentypus ist die hochgradige Komplexität des *Objektbereichs* dieser Wissenschaft, welcher nicht nur die Interdependenzen des ökonomischen Systems umfaßt, sondern zusätzlich auch jene des politischen Systems sowie die Wechselwirkungen zwischen diesen beiden Systemen. Zudem ist der objektive Charakter sozialökonomischer Daten umstritten (Hayek 1952, S. 41ff).

Die zweite Klasse von Ursachen besteht in der Notwendigkeit, diese Interdependenzen nicht nur zu thematisieren, sondern darüber hinaus empirisch zu quantifizieren. Dies in einer Sphäre, wo die Annahme theoriefreier empirischer Beobachtung mehr als heroisch ist und zugleich die unvermeidbare Fehleranfälligkeit bei der empirischen Quantifizierung von Einflüssen noch weniger als in der Medizin durch „Überdosierung" kompensiert werden kann[3]. Der Ungewißheit in der Wirkung von Instrumenten zur Inflationsbekämpfung ist nicht durch deren Überdosierung abzuhelfen, weil Deflation in der Regel ebenso wenig wünschenswert ist wie

---

[2] Vgl. Arrow (1951), Berlin (z.B. 1969, S. xlixff).

[3] Der Vergleich von angewandter Ökonomie mit der Medizin wurde u.a. von Ranke, Roscher und Knight (1982 [1944], S. 398ff) – in einem grundlegenden Aufsatz über die Reichweite von Wirtschaftspolitik mit dem Titel „Möglichkeiten und Begrenzungen kollektiver Rationalität" – gebraucht. Knight zufolge sind in der Ökonomik jedoch empirische Wahrscheinlichkeiten viel weniger „objektivierbar" als in der Medizin, was die größeren Schwierigkeiten bedingt, denen angewandte Ökonomen im Vergleich zu Medizinern im Hinblick auf „rationale Behandlungsstrategien" gegenüberstehen. Auf ähnlichen Einsichten beruht wohl Alfred Marshalls (1920, S. xiv) Bemerkung, „the Mecca of economics lies in economic biology rather than in economic dynamics. But biological conceptions are more complex than those of mechanics; a volume on Foundations therefore must give a relatively large place to mechanical analogies; ..." Vgl. auch Tichy (1996).

Inflation, ganz abgesehen von wahrscheinlichen problematischen Effekten auf andere Pole des „magischen Vielecks“ wirtschaftspolitischer Ziele. Aber ohne Quantifizierung von Einflüssen und Wechselwirkungen sind keine positiven Politikempfehlungen erhältlich, sondern nur mehr oder weniger erhellende Feststellungen, daß alles mit allem zusammenhängt. Manchmal scheinen zwar schon grobe Anhaltspunkte für Politikempfehlungen zu genügen, wenn etwa der empfohlene Mechanismus den herrschenden Informationsmangel über empirische Gegebenheiten berücksichtigt und sein Einsatz ein „Lernen im Anwendungsprozeß“ einschließt. Aber mit reiner Theorie sind höchstens politikrelevante Feststellungen *kritischer* Natur zu begründen, womit auch schon eine äußerst wichtige Funktion der Politikberatung genannt ist.

Der dritte Typ von Schwierigkeit liegt im politischen *Prozeß* der Anwendung dieser Wissenschaft, also der Politikberatung durch Ökonomen. Zwei Komplikationen sind hier besonders zu betonen. Zum einen sind den handelnden Personen im Kontext dieser Anwendung die ersten beiden Typen von Schwierigkeiten oft unzureichend oder gar nicht bewußt. Das Problem dabei ist nicht, daß etwa Politiker eine methodisch exakte wissenschaftliche Reflexion dieser Zusammenhänge vermissen lassen. Dies zu erwarten würde nur von mangelnder Einsicht in den arbeitsteiligen Charakter moderner Gesellschaften zeugen. Das Problem besteht vielmehr darin, daß diese Schwierigkeit relativ selten wenigstens annähernd und auf einer intuitiven Ebene deutlich ist. Das relativ seltene Auftreten tendenziell richtiger Intuitionen ist weder Zufall, noch ein professionell bedingter Defekt von Politikerinnen und Bürokraten, sondern hat kulturelle Hintergründe. Die Ansprüche an die praktische Ökonomik werden weithin vom Bild der (natur)wissenschaftsgestützen Technik bestimmt, mit welcher ein großer Teil unserer zivilisatorischen Errungenschaften eng verwoben ist. Zu dieser wird sie in Analogie gesetzt. An den angewandten Ökonomen werden vom Publikum und von der professionellen Politik daher tendenziell dieselben Erwartungen gerichtet wie an Techniker oder zumindest wie an Ärzte. Es wird übersehen, daß die Schwierigkeiten der Anwendung in der Ökonomik anders gelagert und in gewisser Weise dramatischer sind. Ein „Auftrag“ zur Beseitigung der Arbeitslosigkeit bringt andere Schwierigkeiten mit sich als einer zum Bau einer funktionierenden Rauchgasentschwefelung, auch wenn letzterer komplexe verfahrenstechnische und organisatorische Probleme aufwirft. Und selbst Rauchgasentschwefelungsanlagen haben gelegentlich Funktionsprobleme, deren Diagnose und Remedur auch für gut geschulte und erfahrene Techniker nicht trivial ist.

Zum andern sind politische Akteure in ihrem Handeln von persönlichen und Gruppeninteressen bestimmt, welche sich in einem mehr oder weniger ausbalancierten Muster *anspruchssichernder institutioneller Gestaltungen* der verschiedensten Art verdichtet haben. Diese reichen von gesetzlichen Normen bis hin zu Vorkehrungen, welche die Ansprüche bestimmter Ministerien auf die Administration bestimmter Teile der Steuereinnahmen („Budgettöpfe“) sichern. Gefragt ist daher in der politischen Realität kaum je die wirtschaftspolitische Ideallösung; selbst dort nicht, wo diese theoretisch eindeutig existiert – was selten genug der Fall ist. Eine zeitgemäße Beratungsstrategie besteht vielmehr aus zweierlei: Zunächst muß im ersten Schritt ermittelt werden, welche Teile anspruchssichernder Institutionen bindende Beschränkungen für künftige Reformen sind und welche zur Disposition gestellt werden können. In diesem Zusammenhang besteht die Kunst darin, den *Grad der Offenheit der historischen Situation* richtig zu beurteilen. Im zweiten Schritt ist dann allenfalls eine *Second-best* Lösung zu erarbeiten. Ein Graubereich im Hinblick auf die Beratungspraxis besteht in der Frage, in welcher Form man sich mit zwei Anforderungen auseinandersetzt, die gewöhnlich das Schicksal von Reformvarianten im politischen Prozeß bestimmen:

Anforderung 1: Die Sinnhaftigkeit der „Lösung“ ist auf den verschiedenen entscheidungsrelevanten Ebenen mit jeweils medienadäquater Rhetorik kommunizierbar.

Anforderung 2: Für die „Reformlösung“ ist eine ausreichend große Interessenkoalition zur Durchsetzung gegenüber dem Status quo mobilisierbar.

Im Lichte dieser Probleme darf es nicht überraschen, wenn der Status theoretischer Wirtschaftspolitik ambivalent ist. Die entscheidenden Fragen lauten dabei: „Was *kann* theoretische Wirtschaftspolitik?“ und „Wie *spielt* sich wissenschaftliche Politikberatung *ab?*“ Diesen Fragen gehe ich im folgenden nach, wobei zunächst jene zwei eingangs erwähnten – scharf gegensätzlichen – Auffassungen präsentiert werden, die jeweils auf einer eindimensionalen Sicht praktischer Wirkungsmöglichkeiten der theoretischen Wirtschaftspolitik beruhen. Im Anschluß wird die alternative Sicht entwickelt und am Beispiel des Austrokeynesianismus erläutert. Die Präsenz mehrerer parallel wirkender Einflußebenen wird plausibel gemacht. Dabei wird auch deutlich, daß der Common-sense Standpunkt, wonach „die Wahrheit irgendwo zwischen den beiden Extremen“ liege, wenig erhellend ist. Denn er liefert keinen Ansatz zur Unterscheidung zwischen reflektiertem Umgang mit Beschränkungen im Sinn der Einsichten der Second-best-Theorie einerseits und andererseits popularitätshaschendem oder legitimatorischem Opportunismus, für den die Entscheidungssituation heutiger Politikberatung vermutlich erhebliche Anreize enthält.

2. Ist angewandte Ökonomik Rhetorik?

Die Einschätzung von Wesen und Wert der Ökonomik als praxisbezogener Wissenschaft durch die außerprofessionelle Öffentlichkeit unterliegt gehörigen Schwankungen. Der heutige postmoderne Zeitgeist tendiert in seiner Wissenschaftsskepsis dazu, die praktische Wirkungsmöglichkeit ökonomischer Modelle unter dem Begriff „Rhetorik“ zu verbuchen. Diese Tendenz beschränkt sich bei weitem nicht nur auf die Adepten von „Rhetorics and Economics“, eine Strömung, welche von Deirdre (Donald) McCloskey[4] salonfähig gemacht wurde und deren Hauptpointe in der Betonung des an sich wenig sensationellen Umstands besteht, daß die Modelle der Ökonomik in der politischen Realität zu Mitteln der Rhetorik und damit auch der Machtpolitik werden. Daß sie dies unter anderem *auch* werden, ist gewiß weder neu (am wenigsten für jene, welche mit der Praxis der Wirtschaftspolitik vertraut sind), noch wurde es bisher übersehen. Karl Schiller (1956), dessen Name ironischerweise für besonders technizistische Metaphern (Feinsteuerung, Globalsteuerung) steht, hat diese realpolitische Dimension differenziert und dennoch klar zum Ausdruck gebracht. Oder man denke an die wirtschaftspolitischen Debatten im Schweden eines Gustav Cassel, Eli Heckscher, Bertil Ohlin oder Gunnar Myrdal, in deren Verlauf diese Dimension ökonomischer Theorien und Modelle auf verschiedene Weise beleuchtet wurde[5]. Indes verleihen realhistorische Tendenzen und Brüche dieser Dimension eine neuartige Virulenz. So verdichtet sich seit einiger Zeit der Eindruck, daß die Phase von Medianwählerpolitik und programmatischer Konvergenz abgelöst wird durch eine Phase politischer *Entrepreneurship,* welche wieder Potentiale zu Polarisierungen enthält. Es ist weiterhin klar, daß auf Gesamtsystemebene Tinbergens Konvergenztheorie, welche das „optimale“ Arrangement ökonomischer und sozialer Institutionen rein instrumentell deutete (d.h. als von einem Zielsystem her ableitbar und daher im Prinzip technisch-planerisch implementierbar), ihren realhistorischen Test nicht bestanden hat. Der Ausgang der Perestrojka und die russische Variante der Privatisierung kann wohl nicht als Tinbergen-Konvergenz unter marktwirtschaftlichen Vorzeichen gedeutet werden, da sie fast alles andere eher darstellt als den Kulminationspunkt rationaler dezentralisierender Reformpolitik[6].

---

4 Diese Strömung verbreitete sich in den 80er Jahren und tritt inzwischen in verschiedenen Ausprägungen postmoderner Ökonomie bis hinein in die Betriebswirtschaftslehre in Erscheinung. Die Strömungen sind jeweils den entsprechenden Quellen postmodernen Denkens – von Richard Rortys amerikanischem Pragmatismus bis Foucault – verpflichtet. Vgl. z.B. McCloskey 1994.

5 Vgl. meinen Besprechungsaufsatz Sturn (1997b).

6 Die Umstände der ex-kommunistischen/ex-sozialistischen Privatisierung und das Gesamtmuster der „Liberalisierung“ von Märkten („Globalisierung“) weltweit scheinen – entgegen H.J. Wageners (1994) Ansicht – weniger eine Bestätigung der Konvergenztheorie i.S. Tinbergens als eine Bestätigung für die These der Begrenztheit der Reichweite rationaler Wirtschaftspolitik i.S. Tinbergens zu erlauben. Ich kann dieses Argument hier nicht vertiefen.

War die „Medianwählerpolitik" und die „Konvergenztheorie" durch eine großteils ernstgemeinte technizistische Auffassung der Rolle der wissenschaftlichen Politikberatung geprägt, so bedient sich der politische Entrepreneur von heute bewußt ökonomischer Modelle bzw. sprachlicher Versatzstücke aus deren Umfeld, um begriffliche Koordinatensysteme aufzuspannen, mit denen „Politikfelder besetzt" werden können. Die *Wissenschaftlichkeit* der Modelle erscheint dabei (ganz im Sinn der Deutung McCloskeys) in erster Linie als rhetorischer Hebel. Modelle, die in diesem Sinn nicht passen (wie die Theorie optimaler Währungsgebiete im Europa von Maastricht), werden zum „für die Praxis irrelevanten" Privatvergnügen kritischer Non-Konformisten. Modelle sind in den meisten Fällen nicht wegen ihrer *Abstraktheit an sich* praktisch unbrauchbar, sondern weil ihre Fragestellung oder ihr kategorialer Rahmen quer zum Zeitgeist liegt. Oder weniger salopp ausgedrück: quer zu den nicht immer nur sachlich bestimmten aktuellen politischen Bedürfnissen und insbesondere eben quer zu jenen Modellen, in deren Sprache diese Bedürfnisse artikuliert werden.

Im Zuge postmoderner Dekonstruktionsübungen wird die Ökonomik einmal mehr jenes Nimbus der Neutralität entkleidet, der sie trotz Marx und Myrdal ähnlich wie die Naturwissenschaften mit periodenweise wechselnder Strahlkraft umgibt. Und einmal mehr geht die ideologiekritische Beschäftigung mit der Ökonomik am Problem insofern vorbei, als weder den Ursachen für das fortwährende Wiederaufleben dieses Nimbus auf den Grund gegangen wird, noch die Möglichkeit einer wie auch immer begrenzten, lokalen und kontingenten „Neutralität" der Wirtschaftswissenschaften ausgelotet wird, welche man im Sinn des *Common sense* als „wahren Kern" der überzogenen Neutralitätsideologie vermuten kann. Die Ursachen der Robustheit dieses Nimbus hängen zunächst einmal eng zusammen mit in der Moderne tief verankerten Bedürfnissen der Menschen nach *„rationaler"* Gesellschaftsreform und *„rational"* geleiteter Bekämpfung sozialer Mißstände. Die Existenz dieser Bedürfnisse ist ein positives und geschichtsmächtiges Faktum, obschon sie gewiß durch andersgeartete Bedürfnisse und Gefühle überlagert wird und im übrigen Probleme und Spannungen erzeugt, die etwa Michael Polanyi (1985, S. 53ff) und Friedrich von Hayek (1952) in ihrer Kritik des Konstruktivismus und Szientismus erhellend thematisiert haben. Um diese Ansprüche einzulösen, wird offenbar eine neutrale, wissenschaftliche, den Ansprüchen rationaler Kritik genügende Erklärung gesellschaftlicher Problemlagen benötigt. Programmatisch forciert wurde eine solche Sicht folgerichtig weniger von Ideologen des *status quo* als von emanzipatorisch gesinnten Fortschrittsfreunden wie dem Marquis de Condorcet, wenngleich die Entwicklung Auguste Comtes die Möglichkeit einer eigentümlichen Wendung des Szientismus zu einer Sachzwang-Ideologie mit autoritären Zügen bis hin zum Totalitarismus andeutet. Auch dies entspricht indes einem spezifischen Bedürfnis der Moderne, nämlich nach der ideologischen Kompensation der vielfältigen Indeterminiertheiten moderner Gesellschaften. Comtes unter Saint-Simons Einfluß stehendes Frühwerk „Plan der wissenschaftlichen Arbeiten, die für eine Reform der Gesellschaft notwendig sind" (1822) tendiert allerdings noch nicht eindeutig in diese Richtung. Einige der berühmtesten Ökonomen, man denke nur an John Stuart Mill, Alfred Marshall, Leon Walras, Lord Keynes, Jan Tinbergen oder Kenneth Arrow waren bzw. sind ebenfalls sozialreformerisch motiviert. Einige davon entwickelten ein subtiles Verständnis der praktischen Rolle der Ökonomik (für Mill war beispielsweise Comtes Szientismus ein illiberaler Greuel), aber auch sie sahen soziale Fragen, wie die Beseitigung von Armut (Marshall 1920, S. 2f), als zentrale praktische Motive.

Sowohl die reformistisch-aufklärerische Auffassung der Rolle der Ökonomik (etwa im Sinn Mills) als auch ein Sachzwang-Szientismus à la Comte enthalten ein Spannungsverhältnis, das in ihren konstitutiven Elementen verankert ist. Denn einerseits besitzt der Reformismus bzw. Szientismus eine normativistische Tendenz. Kritiker sprechen von einem „normativistischen Fehlschluß", dem solche Ansätze erlägen.[7] Dieser Vorwurf mag zwar den Sachzwang-Szientismus treffen, aber gerade im Hinblick auf den Argumentationsstil einer *„reformistischen"* Neoklassik – für die etwa die Herausarbeitung der Marktversagenstheorie charakteristisch ist – ist er übertrieben. Denn diese hat nachvollziehbare und gehaltvolle Standards wissenschaftlicher Neutralität entwickelt, welche sich nicht sogleich als Hokus-Pokus disqualifizieren. In diesem Sinn steht die reformistische Neoklassik in der aufklärerischen – nicht in der autoritär-szientistischen – Tradition. Aufklärung ist ihrem Selbstverständnis nach gegen jene irrationalen Mystifizierungen und jenen Aberglauben gerichtet, der die alten sozialen Verhältnisse ideologisch überhöhte. Wissenschaftliche Neutralität muß eingefordert werden, damit die Sozialwissenschaft sich von Mythen und Aberglauben abhebt. Dieser Anspruch kann nur dann wirkungsmächtig werden, wenn die zur Abgrenzung von Sphären der Neutralität vorgeschlagenen Dichotomisierungen – wie jene zwischen *Ethik und Wissenschaft*, zwischen *normativen und positiven Aussagen (Wertungen und Fakten)*, zwischen *Gerechtigkeit und Effizienz*, zwischen *Verteilung und Allokation*, und zwischen *Zielen und Instrumenten* einen gewissen Sinn machen und praktische Orientierungskraft erlangen. Dies schließt nicht aus, daß der Gebrauch dieser Dichotomisierungen prekär, fragil und oft irreführend ist. Ich komme darauf zurück.

Durch ihren Anspruch, positive Wissenschaft mit praktischem Anwendungspotential zu sein, handelte sich die Ökonomik andererseits aber auch den entgegengesetzten Vorwurf ein, sie begünstige tendenziell bestimmte naturalistische Fehlschlüsse, indem sie die bestehende Marktgesellschaft mithilfe der Koordinaten

[7] Vgl. etwa Suchanek (1997), der die neoklassische Wohlfahrtstheorie als normativistisch abtut. Da die Neoklassik – im Unterschied zu einem Sachzwang-Szientismus – theorieimmanente Ressourcen gegen normativistische Tendenzen besitzt, scheint mir dies sehr einseitig zu sein.

„Gleichgewicht“, „Effizienz“ und „Wachstum“ zur besten aller möglichen Welten verkläre. Als Beispiel für solchen Panglossianismus sei nur an einige Argumentationsstränge im Kontext der Diskussion um das Coase-Theorem erinnert[8]. Sowohl die diagnostizierte Tendenz zu normativistischen wie jene zu naturalistischen Fehlschlüssen trifft also jeweils ein reales Problempotential, auch wenn die diesbezügliche Kritik an der Ökonomik meist überzogen und undifferenziert ist.

Wie ist im Lichte dieser Spannung postmoderne Ökonomiekritik einzuordnen? Sind ökonomische Modelle in ihrer praktischen Anwendung *nichts weiter* als rhetorische Mittel unter vielen? Verheißt diese Sicht nicht eine willkommene Aufhebung der schier unlösbaren Problemstellung, in den unruhigen Gewässern zwischen der Skylla naturalistischer Fehlschlüsse und der Charybdis des Normativismus sicher zu navigieren? Unerfüllbare Ansprüche machen, so könnte man spekulieren, postmoderner Entkrampfung Platz. Skepsis gegenüber dieser Auffassung ist angebracht. Denn es liegt zu nahe, daß diese postmoderne Stimmung vor allem ein Reflex auf jene in den sechziger Jahren kulminierende Kombination von Technizismus und Fortschrittsoptimismus ist, welche auch die Sicht der praktischen Rolle der Ökonomik prägte: Die angewandte Ökonomik als technische Wissenschaft, welche die materielle Infrastruktur eines friktionsfreien menschlichen Glücks feinsteuert.

---

[8] Vgl. dazu Milgrom/Roberts (1992, S. 24), die in ihrer Diskussion der Bedingungen von „efficiency as a positive principle“ auf sehr elegante und sparsame Weise einen begrifflichen Rahmen entwickeln, mit dessen Hilfe ideologisch-panglossianische Argumentati onen verortet werden können.

3. Der professionelle Hintergrund von Ökonomen als prägender Einfluß für das Theorie-Praxis-Verständnis: Eine ideengeschichtliche Spekulation

Ich werde in den folgenden Abschnitten argumentieren, daß sowohl die postmoderne als auch die vorhin umrissene „moderne" Auffassung von wissenschaftsgestützter Wirtschaftspolitik zu kurz greift. Dies wird unter anderem am Beispiel von Gunther Tichys Sicht des AustroKeynesianismus illustriert. Der Austro-Keynesianismus *verkörperte* eine andere Auffassung, auch wenn er sie kaum lehrte. Er ist ein exzellentes Beispiel dafür, daß die Frage „Ist angewandte Ökonomik Technik oder ist angewandte Ökonomik Rhetorik?" falsch gestellt ist. Es geht vielmehr darum, in welchem Sinn sie das eine oder das andere ist – und was sie darüber hinaus ist.

Bevor ich diese Frage systematisch und anhand des genannten Beispiels zu beantworten versuche, ist ein Rückgriff auf die Geschichte hilfreich, um die Mehrdimensionalität der Praxiswirkung von Ökonomik auch von daher plausibel zu machen. Der Nationalökonomie ist im 19. und in der ersten Hälfte des 20. Jahrhunderts eine besondere Rolle zugewachsen. Es ist dies jene Rolle, die Gegenstand dieses Aufsatzes ist, nämlich ihre spezifische Rolle in der Politikberatung. Die Ökonomik hat sich von der Philosophie (deren Bestandteil sie bei Aristoteles und in gewissem Sinn noch bei Marx und Smith ist) in einer – verglichen mit anderen Sozialwissenschaften – besonderen Weise emanzipiert: Auf diese Emanzipation geht zurück, daß die angewandte Ökonomik vom Publikum, aber auch von vielen Fachvertretern typischerweise – und typischerweise einseitig – zunächst als technische Wissenschaft (Synonyme sind „Kunstlehre" bzw. „art") aufgefaßt wird. Dabei ist die Analogie zu den Naturwissenschaften offenkundig, die in der naturwissenschaftlich gestützten Technik ihre praktische Anwendung finden. Ökonomik ist jedenfalls faktisch keine reine Reflexionswissenschaft wie die Philosophie, von der sie sich emanzipiert hat. Das Besondere an ihrer Situation ist, daß sie oft zu so etwas wie einer technischen Wissenschaft wird, aber auch andere Ebenen praktischer Anwendung und mehr noch praktischer Wirkung hat. Darin unterscheidet sie sich auch von früheren wirtschaftlichen Kunstlehren, angefangen von der agrarwirtschaftlichen Betriebswirtschaftslehre eines Columella bis hin zur Kameralistik. Was sind die Hintergründe dieser Besonderheiten und der Emanzipation der Ökonomik? In der historischen und institutionellen Herausbildung der modernen Ökonomik hat die Kunstlehre im engeren Sinn eine gewisse Bedeutung als professioneller Hintergrund: Männer der Staatsverwaltung spielten zu gewissen Zeiten eine nicht zu vernachlässigende Rolle in der Herausbildung des Fachs, man denke an Turgot, dessen Ministerämter nur die Krönung einer glänzenden Verwaltungskarriere waren. Für die deutsche Historische Schule typisch war ein starkes Interesse an Philosophie und die enge Anbindung weniger an Administration im engen Sinn, sondern an staatspolitische Angelegenheiten, was in gewisser Weise auch für die Österreichische Schule (Carl Menger, Böhm-Bawerk) gilt. Zum anderen gingen wichtige Einflüsse von Ingenieuren, Naturwissenschaftlern und Mathematikern aus, wie Cournot, Dupuit, Jevons, Wicksell, Pareto und von Neumann[9]. Zu erwähnen sind auch die Ärzte (Petty, Quesnay; auch Locke hatte starke medizinische Interessen). Hayek (1952) hat die Entfaltung der ingenieurwissenschaftlichen Strömung im Frankreich des frühen 19. Jahrhunderts als *Counter-Revolution of Science* polemisch, aber dennoch informativ beschrieben. Eine dritte bedeutende Gruppe waren Kaufleute, Makler und Banker, unter anderen Cantillon und Ricardo. Locke, Hume, Adam Smith, J.St. Mill und Marx waren in erster Linie Philosophen.

Es gibt also in der Ökonomik eine ganze Reihe von Einflüssen, welche ihre Konzeption als technische Wissenschaft förderten, wobei der für die moderne Ökonomik wirkungsmächtigste Einfluß ingenieurwissenschaftliches Denken in abgegrenzten Modellen gewesen sein dürfte[10].

Die im folgenden erörterten verschiedenen Ebenen des Praxisbezugs der Ökonomik können in lockerem Zusammenhang zur Heterogenität des professionellen und intellektuellen Hintergrunds wichtiger Gestalten in der Ideengeschichte der Nationalökonomie vor ihrer akademischen Professionalisierung gesehen werden: Ingenieure, Ärzte und Männer der Staatsverwaltung und -politik haben darin ebenso ihren Platz wie Kaufleute und Philosophen. Es wäre verwunderlich, wenn ihre spezifische und zum Teil gewiß professionell geprägte Problemsicht nicht jeweils Einfluß auf die Art der Behandlung nationalökonomischer und wirtschaftspolitischer Fragestellungen gehabt hätte. Weiterhin kann man spekulieren, daß dieser Einfluß in großteils unartikulierte ideengeschichtliche Unterströmungen mündete, welchen sich spätere Ökonomen je nach Temperament, intellektueller Disposition, politischen Präferenzen und Zeitgeist mehr oder weniger bewußt anschlossen. Aber dies ist in bezug auf die These der Vielschichtigkeit nationalökonomischen Praxisbezugs nur eine subsidiäre Vermutung, der ich hier nicht weiter nachgehen kann. Ich komme im nächsten Abschnitt vielmehr zu einer Darstellung der *systematischen Ursachen* für diese Vielschichtigkeit.

---

9 Walras besuchte interessanterweise die *École des Mines* (ein berühmter zeitgenössischer Absolvent der *École Nationale des Mines* ist der Nobelpreisträger Maurice Allais), schloß diese aber nicht ab und wandte sich sozialtheoretischen Studien, etwa der Lektüre der Schriften des stark normativ ausgerichteten Proudhon, zu. Alfred Marshall war Mathematiker mit philosophischen Interessen.

10 Zur Rolle der französischen *École polytechnique* in diesem Zusammenhang vgl. Hayek (1952, part II).

4. Drei Ebenen von „Praxis" in der Wirtschaftspolitik

Die Schwierigkeit liegt also darin, daß die Ökonomik in einer ganz bestimmten und eingeschränkten Weise, und nur im Kontrast zu ihren anderen Funktionen verständlich, *auch* eine technische Wissenschaft ist. In vereinfachender Schematisierung kann man drei Ebenen unterscheiden, auf denen die Ökonomik praktische Wirkungen hat: (1) die technische Ebene, (2) die Ebene der begrifflichen Infrastruktur für wirtschaftspolitische Fachdiskurse[11] und (3) die Ebene von Reflexion, Kritik und des Einflusses auf Weltbilder und Wirtschaftsstile[12]. Die Ökonomik ist technische Wissenschaft dort, wo Partialmodelle mit hart abgrenzenden Annahmen plausibel formuliert werden können und wo die empirischen Befunde dazu ausreichen, die relevanten Einflüsse ohne wesentliche Ambivalenzen zu quantifizieren. Die Indeterminiertheit ökonomischer Modelle wird dergestalt durch eingrenzende Modellannahmen und empirisches Auffüllen des für quantitatives Räsonnement ohnedies tauglichen Analyserahmens aufgelöst. Es ist beispielsweise auf einer *Common sense* Ebene plausibel, daß in abgegrenzten Politikbereichen wie der Regulierung natürlicher Monopole (Regulierungsmechanismen, Preisbildung bei natürlichen Monopolen) Fälle vorkommen, in denen ein solches Vorgehen Sinn macht. Hier mag es durchaus der Fall sein, daß unter Umständen der Politiker zur Ökonomin (vernünftigerweise!) sagen kann: „Entwickle einen problemadäquaten Regulierungsmechanismus!" – ähnlich wie er zum Ingenieur sagt: „Bau eine problemadäquate Rauchgasentschwefelung!" Ähnliche Fälle kann man in der Anwendung mikroökonomischen Räsonnements auf Probleme im Bereich Kapitalmarkt und Finanzierung (Capital Asset Pricing Model) oder auf betriebswirtschaftliche Probleme im allgemeinen finden, wo dies mit beachtlichem Erfolg praktiziert wird[13]. In diesen Bereichen hebt sich theoriegestütztes Räsonnement von den mitunter guruzentrisch propagierten, raschen Modeschüben unterworfenen Management„philosophien" mit Heilslehrencharakter ab.

Aber nicht nur diese erste, technische Anwendungsebene unterscheidet die Ökonomik von anderen Sozialtheorien und der Philosophie. Eine zweite, vermutlich wichtigere Ebene ist jene der Wissenschaft als Expertinnensprache für den wirtschaftspolitischen Diskurs. In dieser Rolle ist die Ökonomik deswegen einzigartig, weil sich im Laufe der Entwicklung der Disziplin ein geordneter Fundus von mo-

---

[11] Diese Ebene hat Peter Rosner (1996) jüngst trefflich charakterisiert.

[12] Das Verhältnis von Theorie und Praxis insgesamt haben verschiedene Klassiker viel eleganter behandelt, als ich dazu imstande bin. Aristoteles' Lehre, welche Erfahrung, Situationsklugheit und Charakter als Voraussetzung für ein erfolgreiches Betreiben von „Staatswissenschaft" betont, vermittelt etwa immer noch eine wichtige Einsicht. Der charakterlich Unfertige bzw. „der Jüngling" sei dafür nicht geeignet, schreibt Aristoteles in diesem Sinn in der Nikomachischen Ethik (1095a) und fordert damit die Kombination partikulärer Empirie mit eine balancierten Sicht des Ganzen ein.

[13] Eine reflektierte, theoretisch hochstehende und doch vergleichsweise leicht zugängliche Einführung im Hinblick auf diese Ebene bieten etwa Milgrom und Roberts (1992).

delltheoretisch gestützten Aussagen im Hinblick auf wirtschaftspolitisch relevante Interdependenzen (v.a. des ökonomischen Systems) entwickelt hat – Interdependenzen, die in vielen Fällen nur mit den Mitteln der Mathematik charakterisiert werden können und darum auch der noch so aufmerksamen intuitiven Betrachtung verschlossen bleiben müssen. Diese Modellaussagen sind zwar nicht unmittelbar technisch „umsetzbar", aber sie unterscheiden sich doch insofern von anderen rhetorischen Mitteln[14], als man ungleich präziser über die Bedingungen reflektieren kann, unter denen sie gelten. In dieser Beziehung findet auch immer wieder wissenschaftlicher Fortschritt statt, indem das, was vorher nur Vermutung war, durch modelltheoretische Aufarbeitung in seiner Bedingtheit erfaßt werden kann. Betrachten wir etwa die einfache Aussage: „Die Firmen werden eine Erhöhung der Mehrwertsteuer auf die Konsumenten überwälzen." Darüber zu spekulieren ist *eine* Sache. Herauszufinden, unter *welchen Bedingungen* sich die Märkte so verhalten und unter welchen nicht, eine andere. Klare Prognosen sind indes in vielen Fällen nicht ohne aufwendige und kontroversengeladene empirische Untersuchungen zu haben, welche Auskunft über das Vorliegen der Bedingungen geben. Und insofern die empirischen Befunde kontrovers bleiben müssen – je umfassendere Interdependenzen involviert sind, umso eher wird dies tendenziell der Fall sein –, ist die Vorstellung einer technischen Umsetzung irreführend. Was immerhin bleibt, sind Argumente, deren Relevanz für das diskutierte wirtschaftspolitische Thema kaum bestreitbar sein wird. Tatsächlich wird die Relevanz solcher Argumente in wirtschaftspolitischen Diskursen über unterschiedliche ideologische Positionen hinweg anerkannt. Beispielsweise, daß und in welcher Weise die Elastizitäten auf den entsprechenden Märkten für die Überwälzbarkeit von Steuern eine Rolle spielen, oder ob Konkurrenz- oder Monopolverhältnisse herrschen oder diese beiden Faktoren in ihrem Zusammenwirken – oder die Frage, ob das betreffende Problem partialanalytisch geklärt werden kann oder zu einem Modell des Allgemeinen Gleichgewichts übergegangen werden muß. Theoretische Modelle ermöglichen so einiges an Diskussionsökonomie: Bei natürlichen Monopolen etwa hat die Präsenz von *Sunk costs* bestimmte regulierungspolitische Implikationen. Allen Ökonomen, welche die entsprechende Theorie verstanden haben, wird die Logik der diesen Implikationen zugrundeliegenden Interdependenzen klar sein. Man kann sich daher ersparen, diese stets aufs Neue zu entwickeln, was angesichts begrenzter Zeitbudgets und begrenzter Denkkapazitäten praktisch unmöglich wäre. In diesem Sinn kann man auch von einer lokalen und bedingten Neutralität oder „Wertfreiheit" der Ökonomik sprechen, obschon auch diese Formulierung immer prekär bleibt. Aber anders als mit prekären Formulierungen wird man dem zugrundeliegenden Spannungsverhältnis zwischen naturalistischen und normativistischen Fehlschlüssen bzw. zwischen dem modernen Bedürfnis nach einer wertfreien Ökonomik und der Unmöglichkeit seiner umfassenden Einlösung kaum Rechnung tragen können.

---

[14] Für bloße rhetorische Mittel halten sie, wie oben schon angedeutet, manche Vertreterinnen der

Klar ist indes, daß die Gewichtung der Argumente im wirtschaftspolitischen Expertendiskurs kontrovers bleiben kann und vielfach kontrovers bleiben wird. Ob und wann die verbleibende Indeterminiertheit im wirtschaftspolitischen Diskurs in irgendeiner Weise rational aufgelöst oder letztlich aufgrund realpolitischer Mechanismen und machtbestimmter Konfigurationen geschlossen wird, ist eine hier nicht zu beantwortende Frage. Unter besonderen Bedingungen mag es indessen dazu kommen, daß sich in diesen Expertendiskursen über ideologische Unterschiede hinweg konvergierende Einschätzungen über zentrale Aspekte der sozioökonomischen Rahmenbedingungen herausbilden. Gunther Tichy etwa interpretiert die Epoche des Austrokeynesianismus, der eine gewisse Periode in der Entwicklung der österreichischen Sozialpartnerschaft prägte, in dieser Weise.[15] Ich komme darauf zurück.

Nun zur dritten Ebene. Die Ökonomik kann ökonomische Weltbilder beeinflussen und das, was Spiethoff „Wirtschaftsstil" genannt hat[16]. Sie stützt die Reflexion über soziale Zustände, und sie informiert Kritik an sozialen Verhältnissen, man denke an Marx' Kapitalismuskritik oder Hayeks und Mises' Planwirtschaftskritik. Drei theoretische Gründe sind dafür bestimmend, daß die Ökonomik auch auf diese Ebene verwiesen ist: die Indeterminiertheit allgemeiner ökonomischer Modelle, das Prognoseproblem in den Sozialwissenschaften und die Relativierbarkeit der Ziel-Mittel Dichotomie. Zunächst zur unaufhebbaren Indeterminiertheit der allgemeinen sozialtheoretischen Modelle, die einen integrierenden Teil der theoretischen Ökonomie ausmachen[17]. Relativ zu Partialmodellen haben allgemeinere Modelle immer eine potentiell kritische Dimension: Eine Aussage, die in einem Partialmodel als notwendige Implikation erscheint, wird in einem allgemeineren Modell immer in der einen oder anderen Richtung in ihrer Bedingtheit erfaßt. Damit ist ein Argument *vorbereitet*, das etwa lauten könnte: So wie die Dinge sind (scheinen), müssen sie nicht sein. Eine *positive* Alternative liegt damit aber nicht vor. Wer konkrete partialanalytische Modellprognosen relativieren will oder wer die gesellschaftliche Realität kritisieren will, dem steht somit als argumentativer Zug typischerweise der Rekurs zu einem allgemeineren und schließlich allenfalls dem „allgemeinsten" Modell offen, welches keinerlei institutionell „geladene" Annahmen kennt. Eine solche Argumentationsstrategie ist trotz der Tatsache legitim, daß das allgemeinere Modell typischerweise weder theoretisch noch praktisch positive Alternativen direkt stützen kann. Aber es räumt immerhin Hindernisse für die Etablierung alternativer Sichtweisen aus dem Weg, indem es problematische Partialannahmen offenlegt. Institutionenfreie Modelle sind auf der

---

postmodernen Ökonomik (vgl. McCloskey, 1994).

15 V.a. in Tichy 1995.

16 Zum Begriff des Wirtschaftsstils vgl. Schefold 1994.

17 Die Ursachen für diese nicht beseitigbare Indeterminiertheit habe ich in Sturn (1997a) ausführlich behandelt.

Basis des methodologischen Individualismus in der nichtkooperativen Spieltheorie zu entwickeln. Das Werk von Ronald Coase (1937, 1960, 1988) ist insofern als programmatisches Postulat einer ohne institutionenbezogene Annahmen operierenden Sozialtheorie zu verstehen, als die mikroökonomische *Erklärung* aller Institutionen – insbesondere auch nicht-marktlicher – eingefordert wird und mit der Idee der „Transaktionskosten" ein (ziemlich vager) Hinweis für die forschungspraktische Umsetzung dieses Postulats geliefert wird.

Der Übergang zu einem allgemeineren Modell ist zunächst eine rein theoretische Operation. Wie kann eine solche Operation „sozialkritisch" gewendet werden? Nun, die Kritikerin kann argumentieren, das kritisierte Partialmodell fixiere gewisse Aspekte (z.B. Teile der Rechtsordnung) und vernachlässige damit Interdependenzen, die zu vernachlässigen nicht legitim sei. Als Sozialkritikerin kann sie argumentieren, die gegenwärtige Gesellschaftsstruktur schließe diesen oder jenen fixierten Aspekt ein, wo aus den möglichen institutionellen Arrangements, die zur Vermittlung der vorhandenen ökonomischen Interdependenzen prinzipiell geeignet scheinen, ein wenig wünschenswertes „herausgegriffen" worden sei – sei es durch Zufall, sei es als Auswirkung asymmetrischer Machtverhältnisse. Beispielsweise enthält ein relativ allgemeines ökonomisches Modell wie das Walrasianische weder Annahmen noch Aussagen darüber, ob Arbeiter Kapital mieten oder Kapitalisten Arbeiter anstellen. Für die kapitalistische Realität ist indes *dieser Fall* typisch, nicht aber jener. Ein naiver Kritiker kann nun behaupten, umgekehrt wäre es besser (oder eine Planwirtschaft wäre besser), hat aber die Normativität des Faktischen und anderes mehr gegen sich. Die theoretisch fortgeschrittene Kritikerin kann indes unter Rekurs auf das allgemeine Modell zunächst zeigen, daß die Zustände nicht so sein müssen, wie sie sind. Im nächsten Schritt kann sie dann die Überlegenheit des umgekehrten Modells (unter bestimmten plausiblen Annahmen) zu etablieren versuchen.

Nun zum zweiten Problem, dem sogenannten Prognoseproblem in der Sozialtheorie. Man könnte das zugrundeliegende Problem auch umschreiben als das der nicht-technischen, ungeplanten Veränderung der Realität durch die Theorie. Nicht nur für naive, sondern auch für theoretisch fundierte Prognosen stellt sich das Problem, daß sie nicht ausschließlich ein Befund über die Realität sind, sondern diese in vielen Fällen mehr oder weniger direkt herstellen. Es ist keine sehr tiefe Beobachtung, daß in der Sozialtheorie dieses Problem besonders virulent ist, weil die Beobachterin in unmittelbarer Weise Teil des Systems ist. Zunächst ergibt sich hier ein Problem für die technische Interpretation von Ökonomik. Als solche muß sie die Reaktionen auf die Einführung einer bestimmten Politik systematisch antizipieren. Insofern „Einschätzungen" (*beliefs*) der Individuen im Sinn von einfachen Reaktionsvermutungen tangiert werden, ist dieses Problem innerhalb der Spieltheorie thematisierbar, wenn auch nicht allgemein lösbar im

Sinn einer positiven Theorie – man denke an die Probleme der *equilibrium selection*. Eine weithin wahrgenommene Dimension des Problems tritt im Kontext von Konjunkturprognosen auf.

Schließlich existiert ein drittes Problem, welches mit der Relativierbarkeit der Ziel-Mittel Dichotomie zusammenhängt. Ökonomische Theorien können von ökonomischen Modellen wie folgt unterschieden werden: Einzelne Modelle sind jeweils durch ein bestimmtes *Set* von expliziten Annahmen und die Verwendung bestimmter formaler Methoden charakterisiert. Durch Annahmenvariationen entstehen typischerweise „Modellfamilien". Theorien sind hingegen durch ein umfassenderes *Set of beliefs* charakterisiert, welches – oft metaphorisch verdichtet – die modellmäßig zu untersuchenden Fragestellungen und jenes Muster von „Basisannahmen" determinieren, die im Forschungsalltag als gegeben angenommen und nicht mehr variiert werden. Nicht selten werden diese kaum mehr expliziert. Dies geht damit einher, daß bestimmten Mustern sozialer Arrangements implizit oder explizit nicht-instrumenteller Wert beigemessen wird. In diesem Sinn kann etwa die Chicago-Variante der Neoklassik als *Theorie* bezeichnet werden. Sie unterscheidet sich von anderen Varianten der Neoklassik nicht in erster Linie durch die Verwendung bestimmter Modelle oder Modellfamilien. Vergleichen wir sie etwa mit Varianten der Neoklassik, die einen kasuistischen Interventionismus auf der Grundlage der Marktversagenstheorie einschließen: Das für die Vertreter der Chicago-Schule typische Muster von Annahmen übersetzt sich institutionell in der Weise, daß Märkte und privates Unternehmertum als Prinzipien ökonomischer Organisation betrachtet werden, deren Rechtfertigung *jenseits* der „formal conditions for an optimum" liegen. Dies argumentierte etwa Milton Friedman (1953, S. 277ff) gegen politisch linksgerichtete, interventionistische Neoklassiker wie Lange und Lerner[18]. Ein derartiger Argumentationsstil sollte prägend für die faszinierende Mischung aus neoklassischer Analyse, griffigem Politikbezug und Marktrhetorik werden, welche der Chicago-Schule so viele Nobelpreise eingetragen hat.

Betrachten wir das Problem noch von einer anderen Perspektive, nämlich jener der Betroffenen: Gewisse Allokationsprobleme können beispielsweise sowohl über Märkte als auch über Hierarchien oder Normen vermittelt werden. In vielen Fällen dürfte es den Betroffenen nicht gleichgültig sein, welche dieser Institutionen vorherrscht, selbst wenn Ökonomen keine Unterschiede in der Effizienz feststellen sollten. Was der Ökonom ausschließlich als Mittel sieht (ein Allokationsmechanismus), kann so einen intrinsischen Wert besitzen. Dementsprechend werden größere Politikentwürfe oder soziale Reformen (etwa eine umfassende Privatisierung/Vermarktlichung) typischerweise durch die Herausbildung entsprechender

---

[18] Zur Kontroverse um den instrumentellen Charakter marktwirtschaftlich-kapitalistischer Allokationsmechanismen vgl. Sen (1985) sowie die anderen Aufsätze in Heft 2/2 der Zeitschrift *Social Philosophy and Policy*, welches auch diesen Aufsatz Sens enthält.

neuer *Beliefs* in einem umfassenderen Sinn mitgeprägt und gestützt. Viele Normen sind beispielsweise ohne Zweifel Koordinationsinstitutionen. Ihre Funktion hängt von *Beliefs* ab. Gleichzeitig dienen Normen aber auch dazu, Verhalten oder Zustände wertmäßig zu ordnen, womit die Zielebene angesprochen ist. Welchen Status und welche wirtschaftspolitischen Implikationen hat z.B. die Feststellung, daß das allseitige Befolgen einer *Norm der Steuerehrlichkeit* große Wohlfahrtsgewinne ermöglichen würde? Oder jene, daß die *Etablierung stabiler Familienverhältnisse* („mittels" *family values*) große Einsparungen im öffentlichen Sozialbudget ermöglichen würde? Das Problem derartiger *Beliefs* im umfassenderen Sinn ist, daß die Grenze zwischen Mitteln und Zielen theoretisch schwierig und in ihren wirtschaftspolitischen Implikationen kompliziert wird. Als technische Wissenschaft ist die Ökonomik aber eine Wissenschaft, die Ziele ausschließlich als Datum verarbeiten kann. Daraus folgt eine pragmatische Tendenz zur möglichst weitgehenden Konzeptualisierung sozialer Phänomene als Instrumente: Die Reichweite der Theorie ist umso umfassender, je mehr Aspekte des sozialen Lebens als Instrumente aufgefaßt werden können, also im Extremfall das Gesamtensemble aller sozialen Gestaltungen überhaupt, wie bei Tinbergen. Aber auch die Rolle der Ökonomik im Expertendiskurs „lebt" bis zu einem gewissen Grad von diskurspraktischen Konventionen, welche die Zielebene und die Mittelebene auseinander halten. Die pragmatische Notwendigkeit der Ziel-Mittel-Dichotomie konfligiert mit dem Umstand, daß in der Sozialtheorie dieser Unterschied *im Hinblick auf die Reichweite der Bestimmung praktischen Handelns durch Theorie* nicht immer klar zu ziehen ist – je umfassender die Probleme werden, umso weniger ist es möglich. Sozialwissenschaftliche Theorien hängen offenbar mit den Weltbildern von Menschen zusammen, wobei nicht anzunehmen ist, daß es sich bei unterschiedlichen Theorien „nur" um rivalisierende Konzeptualisierungen des Musters objektiv feststellbarer sozialer Interdependenzen handelt, die unterschiedliche Aussagen über die Zweckmäßigkeit von Instrumenten liefern. Vielmehr ist anzunehmen, daß unterschiedliche Ziele, Normen und Wertvorstellungen im Hinblick auf die Gestaltung des sozialen Lebens bei der Formierung von Theorien eine gewisse Rolle spielen.

Ein weiteres Moment dürfte die Ziel-Mittel Dichotomie problematisch machen. Die umfassenden Ziele politischer Gestaltung (Freiheit, Gleichheit, Solidarität, Wohlstand), aber auch die wirtschaftspolitischen Ziele des „magischen Vielecks" stehen in einem Spannungsverhältnis zueinander, welches praktisch vielfach nicht durch Abwägung *„at the margin"* aufgelöst wird. Dafür gibt es systematische Gründe, die ich hier nicht thematisieren kann[19], und empirische Hinweise. Denn es scheint so, als ob die Politik der meisten historischen Epochen eher lexikographische Prioritäten festschreibt, was diese Ziele anbelangt. Lexikographische Ord-

---

[19] Zu einer theoretischen Fundierung eines derartig irreduziblen Pluralismus vgl. Berlin (1969).

nungen unterminieren aber die Vorstellung der Maximierung einer Zielfunktion: Lexikographisches Verhalten kann nicht als Maximierung einer Zielfunktion rationalisiert werden. Maximierungsverhalten ist aber die einzige breit akzeptierte axiomatische Präzisierung der Idee instrumenteller Rationalität. Das bedeutet zum mindesten, daß letztere nicht problemlos angenommen werden kann, wenn es um die Rolle der Theorie in der Formulierung wirtschaftspolitischer Maßnahmen geht. Denn oft scheint es gerade die Theorie zu sein, die im Hintergrund einer solchen lexikographischen Hierarchisierung von Zielen steht. Ein Beispiel: Theoretische Aussagen darüber, daß Umverteilung die Effizienz stört, wurden in der Epoche des Neoliberalismus Teil eines argumentativen Koordinatensystems, welches Argumente „pro Umverteilung" marginalisiert. Das Ziel „gerechte Verteilung" kann dadurch zunächst in seiner praktischen Orientierungskraft ausgedünnt werden und schließlich – *auch schon als Ziel an sich* – weitgehend vom wirtschaftspolitischen Horizont verschwinden oder zumindest zweitrangig werden. Wenn dies aber zutrifft, und wenn zusätzlich der historische Wandel in diesen Prioritäten bedacht wird, dann hat auch die moderne Ökonomik – und nicht nur eine Nationalökonomie im präzeptorialen Stil der Deutschen Historischen Schule, deren Selbstverständnis davon geprägt war – Einfluß auf ökonomische Weltbilder und Wirtschaftsstil. Dies hat sich im Laufe der neoliberalen Revolution der siebziger und achtziger Jahre eindrucksvoll bestätigt.

Welches Fazit ist aus dem bisher Gesagten zu ziehen? Welche Perspektiven ergeben sich daraus? Es liegt nahe, daß die Arbeitsteilung in den Sozialwissenschaften zumindest zwei Dimensionen besitzt. Es läßt sich nicht nur eine auf den Objektbereich bezogene (horizontale) Arbeitsteilung fundieren, wo einer Pluralität von Systemtypen und Fragestellungen mitunter eine arbeitsteilige, pluralistische Methodik entsprechen mag, sondern auch eine Arbeitsteilung im Hinblick auf die Stellung sozialtheoretischer Ansätze zur Praxis der Politik und des sozialen Lebens insgesamt. Dies kann man als vertikale Arbeitsteilung bezeichnen, welche entlang einer Achse verläuft, die von der strikt zweckorientierten Technik bis zur zweckfreien Theorie mit unbeabsichtigten oder kritischen Wirkungsdimensionen reicht.

5. Praxiseinbettung im Austrokeynesianismus

„The man of system...is apt to be very wise in his own conceit; and he is often so enamoured with the supposed beauty of his own ideal plan of government, that he cannot suffer the smallest deviation from it..... He seems to imagine that he can arrange the different members of a great society with as much ease as the hand arranges the different pieces upon a chessboard. He does not consider that the pieces upon the chessboard have no other principle of motion besides that which the hand impresses upon them; but that, in the great chessboard of human society, every single piece has a principle of motion of its own, altogether different from that which the legislature might choose to impress upon it... Some general, and even systematical, idea of perfection of policy and law, may no doubt be necessary for directing the views of the statesman. But to insist upon establishing, and upon establishing all at once, and in spite of all opposition, every thing which that idea seems to require, must often be the highest degree of arrogance." (Adam Smith, Theory of Moral Sentiments VI.ii.17/8)

Der Austrokeynesianismus war eklektisch, pluralistisch und pragmatisch. Ein „System" im Smithschen Sinn ist er aber vor allem aus einem Grund nicht: Er ist ein Beispiel für *Praxiseinbettung* von Wirtschaftstheorie in einer Bedeutung, welche in der üblichen, technizistisch reduzierten Rede von Praxisrelevanz kaum anklingt.[20] Um Mißverständnisse zu vermeiden, welche sich an die naheliegende Kontroverse knüpfen, ob der Austrokeynesianismus nicht ein ex post-Konstrukt sei, ist aber sogleich ein Aspekt hervorzuheben. Die Heterogenität seiner Quellen, welche den Austro-Keynesianismus als „Nicht-System" charakterisiert, hat eine paradoxe Seite: In die Politik des Austrokeynesianismus waren Akteure integriert, die (a) eine im wesentlichen technizistische Politikkonzeption hatten (zumal Politiker aus Gründen der Stimmenmaximierung sich oft als systematisch operierende Macher stilisieren) und/oder (b) eine eher mechanistisch-hydraulische Konzeption makroökonomischer Stabilisierung besaßen und/oder bei denen (c) macht- und

[20] Wollte man eher das Politikverständnis als die zugrundeliegenden makroökonomischen Ideen dieser Epoche österreichischer Wirtschaftspolitik benennen, stellt sich die Frage, ob im Sinn der obigen Passage nicht eher die Bezeichnung Austro-Smithianismus treffend wäre. Denn Keynes selbst dürfte durchaus jenes elitistische Politikverständnis besessen haben, welches der austrokeynesianischen Praxis mit ihrer polyzentrischen korporativistischen Struktur in sich zentralisierter Interessengruppen fremd war. Es gehört zu den Eigentümlichkeiten des Austrokeynesianismus, daß die Idee eines Austro-Smithianismus dennoch zu verwerfen ist. Gerade in der in dieser Phase regierenden Sozialdemokratie dominierte *ideologisch* ein reformistischer Interventionismus, der von Smithschen, aber auch von Marxschen Ideen zum Verhältnis von Theorie und Praxis nur wenig relativiert war. Daß die v.a. von Herbert Ostleitner im Kontext der Diskussion um das SPÖ-Parteiprogramm von 1978 forcierten Versuche, „Hayek und Keynes zu integrieren", in irgendeiner Weise *ideologisch* wirksam wurden, darf bezweifelt werden, da es kaum Anzeichen dafür gibt. Dabei böte eine solche Integration durchaus ein plausibles theoretisches Fundament für den austrokeynesianischen Politikstil in meinem Sinn.

einflußpolitische Imperative alles andere, v.a. aber konzeptionelle und ideologische Fragen strikt dominierten[21]. Allein auf der Basis dieser Elemente wäre austrokeynesianische Politik freilich nicht zustandegekommen; dazu bedurfte es neben einer bestimmten Struktur von Informationsflüssen und Entscheidungsprozessen einiger (auch „theoretischer") Einflüsse, die näher an dem liegen, was heute unter austrokeynesianischer Politik verstanden wird. Beispielsweise kann man spekulieren, daß trotz des durchwegs aufklärerisch modernen Images, welches sich die Kreiskysche Sozialdemokratie zu geben verstand, zwei Unterströmungen einen allzu naiven Steuerungsoptimismus in ökonomischen Angelegenheiten relativierten: Erstens wirkte aus der Marxschen Lehre einiges wenigstens indirekt nach, was die Probleme „moderner Wirtschaftspolitik" kritisch beleuchtet. Zweitens tendieren stark machtpolitisch orientierte Praktiker zu Weltbildern, in denen Moderne und Aufklärung allenfalls in stark gebrochener Form vorkommen. Der Clou eines Nicht-Systems wie des Austrokeynesianismus ist jedoch, daß sein Gehalt nicht ausschließlich von artikulierten Doktrinen, sondern auch einem spezifischen Politikstil bestimmt und von den Akteuren allenfalls partiell reflektiert wird. Deswegen kann ein gewisses Maß an ideologischer Heterogenität absorbiert werden.

Carl von Clausewitz' Schrift „Vom Kriege" enthält zwei Gedankenkomplexe, die für Sozialwissenschaftler in wirtschaftspolitischem Kontext interessant sind. Der eine betrifft rationales Verhalten von Konfliktparteien in Bargaining-Situationen und antizipiert spieltheoretische Motive. Der andere geht von der Beobachtung aus, daß in praktisch-strategischen Problemen „die Wahrscheinlichkeiten des wirklichen Lebens (...) an die Stelle des Äußersten und Abstrakten der Begriffe treten." (*Vom Kriege*, I.i.10) Die Einschätzung dieser Wahrscheinlichkeiten unterliegt aber vielerlei Kontingenzen und ist fehleranfällig. Es ist bei strategischen Problemen auch keine hilfreiche Idee, daß das Bündel strategischer Maßnahmen ausschließlich solche enthalten darf, bei denen man „auf der sicheren Seite" liegt. Verkürzt ausgedrückt: Man kann nicht an allen Fronten dreifach überlegene Kräfte – vielleicht noch doppelt so schnell wie wahrscheinlich nötig – konzentrieren. Dies wäre angesichts strategischer Probleme bei interdependenten Zielen und Zwischenzielen unsinnig oder unmöglich. Technische Lösungen basieren dagegen oft und erfolgreich auf dieser Idee, weil die zugrundeliegenden Probleme einfacher sind; man denke an praktische Lösungen wie dreifach redundante Sicherheitssysteme und Sicherheitsmargen – etwa bei der Berechnung der Stärke des Tragseils einer Seilschwebebahn. Clausewitz hat aus der Reflexion dieser Problemlage ein prozedurales Postulat für die Umsetzung von Theorie formuliert, welches auch für die Konzeption der Wirtschaftspolitik erhellend ist:

---

[21] Vgl. Tichy (1995) sowie die Beiträge in Weber/Venus (1993), v.a. jene von Herbert Ostleitner, Julian Uher, Philipp Rieger und Fritz Weber.

„Da sich all diese Dinge meistens nur nach Voraussetzungen bestimmen lassen, die nicht alle zutreffen, eine Menge anderer, mehr ins einzelne gehender Bestimmungen sich aber gar nicht vorher geben lassen, so folgt von selbst, daß die Strategie mit ins Feld ziehen muß, um das Einzelne an Ort und Stelle anzuordnen und für das Ganze die Modifikationen zu treffen, die unaufhörlich erforderlich werden. Sie kann ihre Hand also keinen Augenblick von dem Werke abziehen. Daß man dieses, wenigstens was das Ganze betrifft, nicht immer so angesehen hat, beweist die frühere Gewohnheit, die Strategie im Kabinett zu haben und nicht bei der Armee, welches nur dann zulässig ist, wenn das Kabinett dem Heer so nahe bleibt, daß es für das große Hauptquartier desselben genommen werden kann. Die Theorie wird also der Strategie in diesem Entwurf folgen, oder richtiger gesagt, sie wird die Dinge an sich und in ihren Verhältnissen zueinander beleuchten und das Wenige herausheben, was sich als Grundsatz oder Regel ergibt."
(*Vom Kriege*, I.iii.1.)

Das „Mit-ins-Feld-Ziehen" steht in engem Zusammenhang damit, daß Theorie im Prozeß ihrer Anwendung immer bereit sein muß, auf Kriterien des *Second-best* zurückzufallen – freilich unter stetiger Einhaltung relativ weniger prozeduraler Regeln. Denn im Prozeß der Anwendung werden fast immer Beschränkungen sichtbar, die eine entsprechende Adjustierung des Mitteleinsatzes im Vergleich zu dem nötig machen, was ursprünglich als optimal erachtet wurde[22]. Was Hayek als falschen „Konstruktivismus" und Smith als irreführendes Systemdenken brandmarkt, geht auf Blindheit in bezug auf dieses Problem zurück. Die banal-opportunistisch klingende Generalstabs-Sentenz, wonach „Strategie ein System von Aushilfen" sei, ist ihrem tieferen Sinn nach nichts anderes als die Betonung der Unsinnigkeit des Festhaltens an einem ex-ante entworfenen *First-best* Plan unter Bedingungen, die Teile dieses Plans faktisch als unrealisierbar erweisen[23]. Als Voraussetzung für den Erfolg einer derartigen situationsspezifischen Flexibilität im Mitteleinsatz wird aber die umfassende Verankerung bestimmter Verfahrensregeln betont[24].

---

22 Die von Lipsey und Lancaster begründete *Theorie des Second-best* lehrt, daß im Fall interdependenter Systemteile (z.B. Märkte) auf die faktische Unmöglichkeit des Erreichens der Optimalbedingungen in einem Teilbereich des Systems (z.B. ein unkorrigierbar falscher Preis auf einem Markt) im allgemeinen mit einer gezielten Abweichung von den *First-best* Optimalbedingungen in anderen Teilbereichen (z.B. anderen Märkten) reagiert werden muß, um ein *Second-best Ergebnis* zu erreichen – und nicht etwa mit einer möglichst weitgehenden Erfüllung der *First-best* Optimalbedingungen.

23 Vgl. v. Manstein 1958, S. 413. V. Manstein (S. 97) zitiert – im Kontext der Schilderung der Kontroverse um den sogenannten Manstein-Plan – auch zustimmend Moltke: „Kein Operationsplan reicht mit einiger Sicherheit über das erste Zusammentreffen mit der feindlichen Hauptmacht hinaus. Nur der Laie glaubt im Verlauf eines Feldzuges die konsequente Durchführung eines im voraus gefaßten, in allen Einzelheiten überlegten und bis ans Ende durchgehaltenen Gedankens zu erblicken."

24 V. Manstein 1958, S. 414.

Meine These ist nun, daß der Politikstil des Austrokeynesianismus als Wirtschaftspolitik der „mittleren Ebene" das als Metapher auf die Wirtschaftspolitik übertragbare Anliegen reflektierte, die Strategie müsse mit ins Feld ziehen – einschließlich der Lektion, die uns die Theorie des Zweitbesten lehrt. Allerdings ist dieser Vergleich nur unter der Einschränkung erhellend, daß strategische Probleme der Wirtschaftspolitik ungleich schwieriger sind als strategische Probleme des Kriegswesens: der Zielkatalog ist mannigfaltiger, die Interdependenzen komplexer, und vor allem ist die Wirtschaft ein relativ zur Politik weitgehend autonomes Subsystem, während Krieg in Clausewitz' Konzeption die Fortsetzung der Politik mit anderen Mitteln ist. Genau dies ist Wirtschaft in einer kapitalistischen Marktwirtschaft im wesentlichen nicht bzw. allenfalls partiell und in einem sehr vorsichtig abzugrenzenden Sinn.

In welchem Sinn läßt sich Clausewitz' Sicht des Theorie-Praxis-Problems auf den Politikstil des Austrokeynesianismus übertragen? Zwei Fragen stellen sich hier: *(1) Inwiefern ist er als Politik des Second-Best zu charakterisieren?* Geht man davon aus, daß die österreichische Wirtschaftspolitik in dieser Zeit keynesianische Intentionen verfolgte, dann kann der tatsächlich gewählte Instrumenten-Mix als Resultat von Second-best Überlegungen gesehen werden. Beispielsweise mußte die österreichische Politik auf den nach der ersten Ölkrise schon bald sehr deutlich werdenden Umstand reagieren, daß der Haupthandelspartner Deutschland keine keynesianische Politik verfolgen würde und aus dieser Not eine „Tugend" machen. Das tat sie auch, und zwar mit einem aus keynesianischer Sicht durchaus unorthodoxen policy-mix. *(2) Inwiefern war für den Austrokeynesianismus das Agieren „vor Ort" typisch*, also ein Politikverständnis, das Wirtschaftspolitik nicht ausschließlich als Sache des Staates begreift, sondern sie im Spannungsfeld von Staat und Gesellschaft ansiedelt? Wir können die besondere Form der Praxiseinbindung der „Wirtschaftspolitik" in drei Elemente auffächern. Erstens: Aufgrund seiner historischen Genese und seinen Institutionen war es eine Richtung, in der das „knowing how" im Unterschied zum „knowing that"[25] nicht nur *nolens volens* einen faktischen, sondern einen systematischen Platz hatte. Unter „knowing how" versteht man jenes vielfach idiosynkratische, lokale Wissen, welches durch Praxis und nicht durch wissenschaftliche Ausbildung erworben wird und oft auch schwer in „normalen" wissenschaftlichen Aussagesystemen kodifizierbar ist. Von Michael Polanyi wird es deshalb als „tacit knowledge" bezeichnet. Hayek hat die Bedeutung des lokalen Wissens im einzelwirtschaftlichen, unternehmerischen Bereich besonders herausgestellt und knüpft daran seine These von der Unentbehrlichkeit des Preissystems und der Impraktikabilität der Planwirtschaft auf der Ebene der Nationalökonomie. Manche Studien behaupten, daß das „knowing how" eingespielter Teams auch bei rein technischen Problemen wie dem Bau der

[25] Diese Unterscheidung geht auf den Philosophen Gilbert Ryle zurück.

Saturn V-Rakete eine weit größere Rolle spielt, als man angesichts des fortgeschrittenen Stands der wissenschaftsgestützten Technik annehmen würde. Um so mehr dürfte eine gewisse Rolle von „knowing how“ in manchen Bereichen der Wirtschaftspolitik plausibel sein – als kontingente Verknüpfung von empirischem Strukturwissen, theoretischem Wissen, Wissen über Entscheidungsabläufe und Beschränkungen und wirtschaftspsychologischen Vermutungen. Ich stelle hier die These zur Diskussion, daß im Argumentationsstil der wissenschaftlichen Politikberatung des Austrokeynesianismus (verkörpert etwa in den Experten des WIFO und der sozialpartnerschaftlichen Beratungsgremien) „knowing how“ einen weit größeren Stellenwert hatte als anderswo. Ein Anzeichen dafür ist, daß reine Modelltheoretiker mitunter mit den Argumentationslinien dieser Experten Probleme haben, weil (im günstigen Fall) darin die Kenntnis spezifischer Bedingungen und Beschränkungen eingearbeitet sind, und zwar oft, wie Schumpeter in anderem Kontext einmal formulierte, chemisch verbunden und nicht mechanisch aneinandergefügt. Beispielsweise schien der deutsche Sachverständigenrat derselben Zeitperiode weit stärker dazu zu neigen, aus Modellaussagen wie dem „Sayschen Gesetz“ Politikempfehlungen abzuleiten. Im wirtschaftspolitischen Kontext bedeutet „knowing how“ nicht einfach eine Ausdehnung der Reichweite praktisch-technischer Lösungen, sondern eine andere Qualität der Lösungsstrategien, welche durch eine zusätzliche Dimension von Empiriebezug erschlossen wird.

Zweitens: Ein Grundfehler einer technizistischen Auffassung von Wirtschaftspolitik war – gerade im Bereich der keynesianischen Makroökonomie im Stil der Hydrauliker – die fehlende Berücksichtung wahrscheinlicher Reaktionen des Publikums auf politisch gesetzte Maßnahmen. Diesen konzeptionellen Fehler vermied der Austrokeynesianismus in dem Sinn, daß sein Politikmodell institutionell und ideologisch durch die Präsenz von Interessengruppen mit *potentiell* konfligierenden Interessen geprägt war. Sind solche Gruppen in prominenter Weise präsent, dann kann man kaum umhin, an ihre Interessen *in concreto* zu denken. Dies stützt Intuitionen – und zwar auch ohne viel wissenschaftliche Reflexion –, daß die Betroffenen auf bestimmte Politiken, die ihre Interessen in dieser oder jener Weise tangieren, systematisch reagieren. Dieses Element verhinderte gleichzeitig naive Politik-Metaphern wie jene vom Politiker, dessen Zielfunktion in der Maximierung des Gesamtwohls besteht, welche lange Zeit die ökonomische Literatur dominierten.

Drittens: Ich habe oben auf die Rolle der Ökonomik als begriffliche Infrastruktur für den Expertendiskurs verwiesen. Dabei habe ich die zentrale Schwierigkeit dieses Diskurses betont, die gleichzeitig aber auch seine Nahrung als kontroversielle Angelegenheit ist: nämlich der zu erwartende Dissens über empirische Einschätzungen. Dem habe ich folgende Spekulation angefügt: Unter besonderen Bedingungen mag es dazu kommen, daß sich in diesen Expertendiskursen über ideologische Unterschiede hinweg konvergierende Einschätzungen über hinreichend viele Cluster von Aspekten der sozioökonomischen Realität herausbilden, sodaß über einige Zeit hinweg eine annähernd kohärente und annähernd theoriegestützte Politik formuliert werden kann. Die „Vorteile“ einer solchen Situation liegen auf zwei Ebenen:

(1) Das Erreichen von so etwas wie „makroökonomischen Gleichgewichten“ wird durch konvergierende Einschätzungen und Erwartungen erleichtert. Fundamentale Unsicherheit wird reduziert. Damit werden die Entscheidungsgrundlagen sowohl für einzelwirtschaftliche als auch für politische Entscheidungen verbessert. Fundamentale Divergenz der Erwartungen über zukünftige Entwicklungen bedeutet hingegen fundamentale Unsicherheit, Investitionsattentismus und Blockierungen auf politischer Ebene.

(2) Verteilungskonflikte können nur durch Verhandlungen im weitesten Sinn gelöst werden. Verhandlungen schließen dabei alle Strategien ein, welche die Gegenseite zum Akzeptieren bestimmter Verhandlungsergebnisse geneigt machen sollen: Diese reichen von Argumenten im Sinn habermasianischer Diskursregeln über Rhetorik bis zu Streiks, Gewaltandrohung und -anwendung. Wie die moderne Bargaining-Theorie zeigt, sind Verhandlungen bei asymmetrischer Information bzw. asymmetrischen Einschätzungen schwierig. Denn bestehen unterschiedliche Einschätzungen über die Drohpunkte der Parteien, dann bestehen wenig Gründe zur Vermutung, daß sie sich auf eine in irgendeinem Sinn „rationale“ Verhandlungslösung einigen werden, welche möglichst viel vom potentiellen kooperativen Surplus lukriert und für die Kontrahenten nutzbar macht. Besonders virulent wird dann auch ein Problem, welches erst in letzter Zeit exakter thematisiert wurde. Die involvierten Parteien neigen nämlich zu einem „self-serving bias“ in der Einschätzung von Verhandlungssituationen, d.h., sie interpretieren Fairneß in einer Weise, die ihnen nützt. Dies erweist sich experimentell in vielen Fällen als besonders gewichtiges Hindernis für rationale Verhandlungslösungen (Linda Babcock und George Loewenstein, 1997). Gerade in Verhandlungsszenarien scheint es daher essentiell zu sein, daß die Parteien *übereinstimmende* Einschätzungen haben. Dagegen würde es nicht viel nutzen, wenn *eine* Partei „das *richtige* Weltmodell“ (einmal angenommen, ein solches ist wissenschaftlich feststellbar) hat, die andere(n) aber aufgrund anderer Modelle agieren.

Die Fähigkeit des österreichischen Modells zur Entschärfung von Verteilungskonflikten ist legendär. Auch die stabilisierungs- und wachstumspolitischen Erfolge in der Glanzzeit des Austrokeynesianismus sind wahrscheinlich unstrittig. Es ist sehr plausibel, daß die Erfolge mit den eben dargestellten drei Spezifika zusammenhängen. Ich habe schon angedeutet, daß die ersten beiden Sondermomente vermutlich stark mit der institutionellen Überformung des Austrokeynesianismus zusammenhängen. Dazu kommen weitere hier nicht zu erörternde Spezifika, welche etwa mit dem Ablauf von Informationsflüssen und nicht zuletzt auch mit persönlichen Stilen (z.B. jenem Kreiskys) zusammenhängen. Sowohl das Rechnen mit der Reaktion der Betroffenen einer Politik als auch der Einbezug von Praktikern mit idiosynkratischem Wissen wird zu einem Gutteil auf die sozialpartnerschaftliche Struktur und die spezifischen Artikulationsmöglichkeiten für Expertenwissen zurückgehen, welche ein Denken in allzu rigiden unitaristischen und rationalistischen Modellen politischer Planung schon institutionell relativierten. Dieser Vermutung will ich hier aber nicht weiter nachgehen. Denn besonders faszinierend ist das dritte Spezifikum des Austrokeynesianismus, welches man als Herausbildung eines konvergierenden ökonomischen Weltbilds (inhaltlich sind das konvergierende *beliefs*, wie die Wirtschaft empirisch funktioniert) bezeichnen könnte.

6. Der Austrokeynesianismus in seiner Epoche

Gunther Tichy (1995) hat die Bedeutung eines solchen konvergierenden ökonomischen Weltbilds für den Austrokeynesianismus betont und seine Herausbildung in ihren Grundzügen skizziert. Grundbedingung dafür ist eine gemeinsame Sprache, deren Herausbildung in den sozialpartnerschaftlichen Gremien und deren Stützung durch kulturelle Gemeinsamkeiten er wie folgt hervorhebt:

„Die große Zahl von Aufgaben, die den Sozialpartnern per Gesetz übertragen wurden, von der Lohn- und Preispolitik über die Begutachtung von Gesetzen, Stellungnahmen zu Fragen der Wirtschaftspolitik und Mitarbeit in über 200 Arbeitsgruppen (Farnleitner/Schmidt 1982, 96) führten zu intensiven Kontakten, mit der Zeit auch zu einer *gemeinsamen Sprache der Verhandlungspartner und zu ähnlichen Auffassungen über wirtschaftliche Fragen......* Während der Hochzeit des Austrokeynesianismus waren die Präsidenten der beiden dominierenden Organisationen, der Handelskammer und der Gewerkschaft, Personen mit demselben soziologischen Hintergrund: traditionsgemäß ist der Präsident der Gewerkschaft ein Facharbeiter, der seinen Beruf seit einigen Jahren aufgegeben hat, um sich auf die Gewerkschaftsarbeit zu konzentrieren; der Präsident der Handelskammer ist durch die Verteilung der Mitglieder und der Stimmen zwangsläufig Kleinunternehmer; der spezialisierte und erfahrene Facharbeiter und der Kleinunternehmer finden relativ leicht eine *gemeinsame Sprache und eine gemeinsame Verständigungsbasis, nicht bloß in ökonomischen Fragen; sie teilen in der Regel auch eine gemeinsame Wertbasis und Weltanschauung....*“ (Tichy 1995, S. 57; Hervorh. von mir, R.St.)

Für das zentrale Problemgebiet der makroökonomischen Stabilisierung zeigt Tichy sodann die Mischung von ökonomischen Einsichten und (durchaus heterogenen) ideologischen Präferenzen, in der die Reduktion von Unsicherheit und die Verstetigung der Entscheidungsgrundlagen für die Wirtschaftssubjekte ein allgemein akzeptiertes Grundelement des Austrokeynesianismus wurde. Historische Zufälligkeiten wie eine bestimmte Richtung der akademisch-ökonomischen Ausbildung von Gruppen einflußreicher Akteure amalgamierten sich dabei mit Elementen wie der traditionellen ideologischen Positionierung ihrer Parteien. So werden die Ursachen klar, weswegen der Austrokeynesianismus vieles aus dem Fundus des Radikalkeynesianismus nutzte und in ein politisch weit moderateres Konzept integrierte, als es etwa einer politisch linksgerichteten Radikalkeynesianerin wie Joan Robinson vorschwebte. Von der Warte theoretischer Wirtschaftspolitik her gesehen, arbeitet Tichy jene paradigmatische Form der Praxiseinbettung der Theorie in einem umfassenden Sinn beispielhaft heraus, die ich in diesem Aufsatz allgemein nachzuvollziehen bestrebt war. Ein besonderer Platz kommt dabei wieder den institutionellen Voraussetzungen des Austrokeynesianismus, v.a. der Sozialpartnerschaft zu, welche überhaupt erst die Voraussetzung für den austrokeynesianischen Instrumenten-Mix darstellte, man denke an die Rolle der Lohnpolitik. Dieser Instrumenten-Mix wurde nicht rein theoretisch konzeptualisiert und dann umgesetzt, sondern er bildete sich in der Dialektik von Theorie und politischer Praxis, von allgemeinen wirtschaftspolitischen Zielen, Institutionen und gruppenspezifischen Interessen heraus: "Die wirtschaftliche Konzeption des Austrokeynesianismus prägte die österreichische Wirtschaftspolitik der siebziger Jahre. Es handelte sich dabei um kein explizites Konzept, das zunächst intellektuell entwikkelt und daraufhin in die Praxis umgesetzt wurde; vielmehr handelte es sich um eine Gewichtsverlagerung bzw. eine Akzentuierung von Elementen der angewandten Wirtschaftspolitik, die schon vorher verwendet wurden, durch die Akzentuierung jedoch eine neue Qualität erlangten. Die Akzentverschiebung erfolgte jedoch keineswegs unbewußt, wenn auch einzelne Akteure auf einzelne Elemente unterschiedliches Gewicht legten, und sich keiner der handelnden Politiker der Konzeption in ihrer Gesamtheit voll bewußt war.“ (Tichy 1995, S. 51)

Hegel vermerkt in der Vorrede zur „Rechtsphilosophie“, daß Theorie als Anleitung der „Praxis“ immer zu spät komme. Damit wird vor allem die naivszientistische Vorstellung relativiert, daß *umfassende* sozialtheoretische Modelle zuerst am grünen Tisch der Wissenschaftler oder Planer konzipiert und anschließend „in der Praxis umgesetzt“ werden könnten. Auch die austrokeynesianische Eule der Minerva begann erst mit der einbrechenden Dämmerung ihren Flug. Tichy (1995, S. 51) ruft ganz in diesem Sinn in Erinnerung, daß „der Name Austrokeynesianismus 1979 in der Konfrontation der österreichischen Wirtschaftspolitik mit der neoklassischen des Deutschen Sachverständigenrates kreiert (wurde).“ Und weiter führt er aus: „Das Konzept wurde von verschiedenen Autoren in einem Zeitschriftenband (*Der Austro-Keynesianismus,* 1982) und von Tichy (1982, 1984) entwickelt, zu einer Zeit also, als die praktische Anwendung ihren Höhepunkt bereits überschritten hatte.“ (Tichy 1995, S.51) Dies heißt aber nicht, daß Theorie als praxisbezogenes Unternehmen nur historisch aktualisierte Lösungen *systematisiert*, aber die Praxis überhaupt nicht *informieren* kann. Dies wäre höchst unplausibel, denn angewandte Ökonomik ist nun einmal ganz offenbar nicht ein ephemerer Teil der Wirtschaftsgeschichte, wozu sie eine solche Sicht reduzieren würde. Allerdings geschieht das Einfließen partiell, in einem komplexen Prozeß mit vielen Wechselwirkungen und unter Formen der Praxiseinbettung von Theorie, welche quer zur szientistisch-technizistischen Mentalität liegen, von der bei weitem nicht nur manche Wissenschaftler ergriffen sind. Dieser Prozeß geht simultan auf den drei verschiedenen Ebenen vor sich, die ich hier unterschieden habe. Zum mindesten hoffe ich Anhaltspunkte für die These geliefert zu haben, daß das Bild einer einfachen technischen Implementierung des theoretischen Gesamtentwurfs *nicht* die beste Auffassung eines solchen Prozesses darstellt.

7. Was ist zu lernen?

Ich will mir hier weder Urteile noch Spekulationen erlauben, inwiefern die Praxiseinbettung von Theorie im Austrokeynesianismus in einem umfassenden Sinn als gelungen zu bezeichnen ist. Ziel dieses Aufsatzes war es nicht, die Epoche des Austrokeynesianismus umfassend zu würdigen. Wäre dies meine Ambition gewesen, dann wäre ich nicht umhingekommen, auch jene Maßstäbe systematisch anzuwenden, mit der man als Ökonom Wirtschaftspolitik schließlich evaluiert: Gerechtigkeit und Effizienz, welche auf Verteilung, Wirtschaftsstruktur und die „mikroökonomische" Verfassung Bezug nehmen. Ich vermute, dabei wären unter anderem auch eher kritische Befunde über Wirkungsmechanismen der Sozialpartnerschaft zutage getreten. Unter anderem hätte nach den Ursachen für manche Degenerationserscheinungen dieses Modells gefragt werden müssen, die seit einiger Zeit weithin diagnostiziert werden. Vor diesem Hintergrund könnte der Verdacht aufkommen, in diesem Aufsatz sei ein Stück weit idyllisierende Verklärung betrieben worden. Um dem Zweck gerecht zu werden, der meiner Diskussion des Austrokeynesianismus zugrundeliegt, war jedoch auf jenes Politikfeld abzustellen, auf dem er „gut funktionierte". Denn historische Beispiele von *Politikversagen* eignen sich zwar gewiß ebenfalls zur Illustration der schwierigen Beziehung von Theorie und Praxis in der Ökonomik im allgemeinen. Sie eignen sich aber nicht zur Illustration der Konsequenzen von Konvergenz auf der Wirkungsebene des „Expertendiskurses" im besonderen. Und diese „Diskursebene" als Ebene wirtschaftspolitisch interessanter Praxisrelevanz anhand eines historischen Beispiels mit Leben zu füllen, war ein Hauptanliegen dieses Aufsatzes. Dem entsprechend ging ich von dem weithin geteilten Eindruck aus, daß die austrokeynesianische Epoche *makroökonomisch* relativ erfolgreich war und dies einer Politik im Sinn des Austrokeynesianismus geschuldet ist.

Ein weiterer Punkt sollte klar geworden sein: Daß und warum austrokeynesianische Politik nicht als technokratische Konzeption beliebig reproduzierbar ist, sondern daß sie an eine bestimmte politische Tektonik, bestimmte Problemlagen, bestimmte Institutionen und bestimmte Akteure mit ihren Einbettungen, Einschätzungen und Idiosynkrasien geknüpft ist. Wenn diese Lektion ernst genommen würde – und man kann sie am Beispiel des Austrokeynesianismus besonders eindrucksvoll absolvieren –, dann wären für die theoretische Wirtschaftspolitik Einsichten gewonnen, die weder technizistisch verkürzende, noch alle Spannungen in Rhetorik auflösende Perspektiven bieten können.

Literatur

Aristoteles (1969), *Nikomachische Ethik.* Reclam, Stuttgart.

Arrow, Kenneth (1951), *Social Choice and Individual Values,* Cowles Foundation for Research in Econ. at Yale University, Monograph 12, New Haven-London.

Babcock, Linda und Loewenstein, George (1997), „Explaining Bargaining Impasse: The Role of Self-Serving Biases", *The Journal of Economic Perspectives* 11, 109–126.

Baigent, Nick (1996) „Never Choose the Uniquely Largest: A Characterization", *Economic Theory* 8, 239–49.

Berlin, Isaiah (1969), *Four Essays on Liberty.* Oxford University Press, Oxford-New York.

Böhm, Stephan (1982), „Die Keynes'sche Renaissance", *Wirtschaftspolitische Blätter* 29, 65–77.

Carlson, Benny (1994), *The State as a Monster. Gustav Cassel and Eli Heckscher on the Role and Growth of the State.* University Press of America, Lanham-New York-London.

Clausewitz, Carl von (1963), *Vom Kriege.* Als Handbuch bearbeitet und mit einem Essay „Zum Verständnis des Werkes" herausgegeben von Wolfgang Pikkert und Wilhelm Ritter von Schramm. Rowohlts Klassiker der Literatur und der Wissenschaft. Rowohlt, Reinbek bei Hamburg.

Coase, Ronald H. (1937), „The Nature of the Firm", *Economica,* N.S., 4/4, S. 386–405.

Coase, Ronald H. (1960), „The Problem of Social Cost", *The Journal of Law and Economics* 3, 1–44.

Coase, Ronald H. (1988), *The Firm, the Market and the Law.* The University of Chicago-Press, Chicago-London.

Coddington, Alan (1976), „Keynesian Economics: The Search for First Principles", *Journal of Economic Literature* 14, 1258–1273.

Comte, Auguste (1973), *Plan der wissenschaftlichen Arbeiten, die für eine Reform der Gesellschaft notwendig sind.* Mit einer Einleitung von Dieter Prokop. Reihe Hanser, 131. Carl Hanser Verlag, München.

Condorcet, Marquis de (1793 [1976]), *Entwurf einer historischen Darstellung der Fortschritte des menschlichen Geistes*. Hrsg. und ins Deutsche übertragen von Wilhelm Alff (in Zusammenarbeit mit Hermann Schweppenhäuser). Suhrkamp, Frankfurt/M.

Farnleitner, Johann und Schmidt, Erich (1982), „The Social Partnership", in: Arndt, S.W. (Hrsg.), *The Political Economy of Austria*. American Enterprise Institute for Public Policy Research, Washington-London, 87–97.

Friedman, Milton (1953), *Essays in Positive Economics*. The University of Chicago Press, Chicago-London.

Habermas, Jürgen (1964 [1968]), „Verwissenschaftlichte Politik und öffentliche Meinung", in: ders., Technik und Wissenschaft als Ideologie. Suhrkamp, Frankfurt/M.

Hayek, Friedrich A. (1952), *The Counter-Revolution of Science. Studies on the Abuse of Reason*. Liberty Press, Indianapolis.

Hegel, Georg W.F. (1821 [1972]), *Grundlinien der Philosophie des Rechts*. Hrsg. und eingeleitet von H. Reichelt. Ullstein, Frankfurt/M.-Berlin-Wien.

Hicks, John M. (1937), „Mr. Keynes and the 'Classics'. A Suggested Interpretation", *Econometrica* 5, 147–159.

Keynes, John M. (1936), *The General Theory of Employment, Interest and Money*. Macmillan, London.

Keynes, John M. (1937), „The General Theory of Employment", *Quarterly Journal of Economics* 51, 209–23.

Kienzl, Heinz (1993), „Gesamtstabilität, der Weg und das Ziel – Einkommenspolitik und Währungspolitik seit 1951", in: Weber, Fritz und Venus, Theodor (Hrsg.), *Austro-Keynesianismus in Theorie und Praxis*. Verlag Jugend und Volk, Wien, 63–72.

Knight, Frank H. (1947 [1982]), *Freedom and Reform. Essays in Economics and Social Philosophy*. Mit einem Vorwort von James M. Buchanan. Liberty Press, Indianapolis.

Kydland, Finn und Prescott, Edward C. (1977), „Rules Rather than Discretion: The Inconsistency of Optimal Plans", *Journal of Political Economy* 85, 473–491.

Lacina, Ferdinand (1993), „Austro-Keynesianismus", in: Weber, Fritz und Venus, Theodor (Hrsg.), *Austro-Keynesianismus in Theorie und Praxis*. Verlag Jugend und Volk, Wien, 15–20.

Lucas, R.E. (1976), „Econometric Policy Evaluation: A Critique", *Journal of Monetary Economics (Supplement)*, 19–46.

Manstein, Erich von (1958), *Verlorene Siege*. Athenäum-Verlag, Bonn.

Marin, Bernd (1982), *Die Paritätische Kommission. Aufgeklärter Technokorporatismus in Österreich*. Internationale Publikationen Ges.m.b.H., Wien.

Marshall, Alfred (1920), *Principles of Economics. An Introductory Volume*. 8. Aufl. Macmillan & Co., London.

McCloskey, Donald N. (1994), *Knowledge and Persuasion in Economics*. Cambridge University Press, Cambridge.

Milgrom, Paul und Roberts, John (1992), *Economics, Organization and Management*. Prentice Hall, Englewood Cliffs.

Ostleitner, Herbert (1993), „Die Budgetpolitik des Austro-Keynesianismus", in: Weber, Fritz und Venus, Theodor (Hrsg.), *Austro-Keynesianismus in Theorie und Praxis*. Verlag Jugend und Volk, Wien, 105–112.

Rosner, Peter (1996), *Truth, Knowledge and Scientific Progress in Economics*, Manuskript, Universität Wien.

Schebeck, Fritz, Suppanz, Hannes und Tichy, Gunther (1980a), „The Effect of Exchange Rate Changes on Foreign Trade in Manufactured Goods and on Prices in Small Open Economies – Preliminary Results for Austria", in: *Kredit und Kapital*, Beiheft 6: The Economics of Flexible Exchange Rates, hrsg. v. Helmut Frisch und Gerhard Schwödiauer; Duncker & Humblot, Berlin, 419–445.

Schebeck, Fritz, Suppanz, Hannes und Tichy, Gunther (1980b), „Die mittelfristigen Folgen der Wechselkurspolitik für Leistungsbilanz und Inflationsrate", *Empirica* Jg. 1980, 139–167.

Schefold, Bertram (1994, 1995), *Wirtschaftsstile*. Vol. 1: Studien zum Verhältnis von Ökonomie und Kultur; Vol. 2: Studien zur ökonomischen Theorie und zur Zukunft der Technik. Fischer Taschenbuchverlag, Frankfurt/M.

Schiller, K. (1956), „Der Ökonom und die Gesellschaft", *Hamburger Jahrbuch für Wirtschafts- und Gesellschaftspolitik* 1, 11–21.

Seidel, Hans (1982), „Der Austro-Keynesianismus", *Wirtschaftspolitische Blätter* 29, 11–15.

Sen, Amartya (1985), „The Moral Standing of the Market", *Social Philosophy and Policy* 2/2.

Smith, Adam (1982 [1976]), *The Theory of Moral Sentiments*, herausgegeben von D.D. Raphael und A.L. Macfie (Reproduktion von Bd. 1 der „Glasgow edition of the works and correspondence of Adam Smith", Oxford University Press). Liberty Fund, Indianapolis.

Streit, Manfred (1991), *Theorie der Wirtschaftspolitik*, 4. neub. u. erw. Aufl. Werner. Düsseldorf.

Sturn, Richard (1997a), *Individualismus und Ökonomik*, Metropolis, Marburg

Sturn, Richard (1997b), „Review: Carlson, Benny, The State as a Monster. Gustav Cassel and Eli Heckscher on the Role and Growth of the State. University Press of America, Lanham-New York-London 1994", erscheint in: *The European Journal of the History of Economic Thought*.

Suchanek, A. (1997), „Erfolgreiche Therapie ohne gute Diagnose. Zum Zusammenhang von positiver und normativer Ökonomik", in: Held, Martin und Nutzinger, Hans (Hrsg), *Norms Matter*, Campus, Frankfurt/M.-New York.

Tichy, Gunther (1996), „Ökonomie, Ökologie, Ethik – aus der Sicht eines Volkswirts“, in: Kolb, Anton/Esterbauer, Reinhold und Ruckenbauer, Hans-Walter (Hrsg.), *Ökonomie, Ökologie, Ethik. Vom Wissen zum richtigen Handeln*. Tyrolia, Innsbruck, 90–100.

Tichy, Gunther (1995), „Austrokeynesianismus – Angewandte Wirtschaftspolitik oder theoretisches Ex-Post-Konstrukt?“, in: Sieder, Reinhard, Steinert, Heinz und Tálos, Emmerich (Hrsg.), *Österreich 1945–1995. Gesellschaft, Politik, Kultur*. Verlag für Gesellschaftskritik, Wien, 213–222.

Wagener, Hans-Joachim (1994), „Konvergenz“, in: Geigant, Friedrich, Haslinger, Franz, Sobotka, Dieter und Westphal, Horst M., *Lexikon der Volkswirtschaft,* 6. neubearbeitete und erweiterte Auflage. Verlag Moderne Industrie, Landsberg am Lech, 506–507.

Weber, Fritz und Venus, Theodor (Hrsg.), *Austro-Keynesianismus in Theorie und Praxis.* Verlag Jugend und Volk, Wien.